DIREITO DO CONSUMIDOR E NOVAS TECNOLOGIAS

MARCOS EHRHARDT JÚNIOR
MARCOS CATALAN
PABLO MALHEIROS
Coordenadores

DIREITO DO CONSUMIDOR E NOVAS TECNOLOGIAS

Belo Horizonte

2021

© 2021 Editora Fórum Ltda.

É proibida a reprodução total ou parcial desta obra, por qualquer meio eletrônico, inclusive por processos xerográficos, sem autorização expressa do Editor.

Conselho Editorial

Adilson Abreu Dallari
Alécia Paolucci Nogueira Bicalho
Alexandre Coutinho Pagliarini
André Ramos Tavares
Carlos Ayres Britto
Carlos Mário da Silva Velloso
Cármen Lúcia Antunes Rocha
Cesar Augusto Guimarães Pereira
Clovis Beznos
Cristiana Fortini
Dinorá Adelaide Musetti Grotti
Diogo de Figueiredo Moreira Neto (*in memoriam*)
Egon Bockmann Moreira
Emerson Gabardo
Fabrício Motta
Fernando Rossi
Flávio Henrique Unes Pereira

Floriano de Azevedo Marques Neto
Gustavo Justino de Oliveira
Inês Virgínia Prado Soares
Jorge Ulisses Jacoby Fernandes
Juarez Freitas
Luciano Ferraz
Lúcio Delfino
Marcia Carla Pereira Ribeiro
Márcio Cammarosano
Marcos Ehrhardt Jr.
Maria Sylvia Zanella Di Pietro
Ney José de Freitas
Oswaldo Othon de Pontes Saraiva Filho
Paulo Modesto
Romeu Felipe Bacellar Filho
Sérgio Guerra
Walber de Moura Agra

FÓRUM
CONHECIMENTO JURÍDICO

Luís Cláudio Rodrigues Ferreira
Presidente e Editor

Coordenação editorial: Leonardo Eustáquio Siqueira Araújo
Aline Sobreira de Oliveira

Av. Afonso Pena, 2770 – 15º andar – Savassi – CEP 30130-012
Belo Horizonte – Minas Gerais – Tel.: (31) 2121.4900 / 2121.4949
www.editoraforum.com.br – editoraforum@editoraforum.com.br

Técnica. Empenho. Zelo. Esses foram alguns dos cuidados aplicados na edição desta obra. No entanto, podem ocorrer erros de impressão, digitação ou mesmo restar alguma dúvida conceitual. Caso se constate algo assim, solicitamos a gentileza de nos comunicar através do *e-mail* editorial@editoraforum.com.br para que possamos esclarecer, no que couber. A sua contribuição é muito importante para mantermos a excelência editorial. A Editora Fórum agradece a sua contribuição.

Dados Internacionais de Catalogação na Publicação (CIP) de acordo com a AACR2

D598	Direito do consumidor e novas tecnologias / Marcos Ehrhardt Júnior, Marcos Catalan, Pablo Malheiros (Coord.). – Belo Horizonte : Fórum, 2021. 345p; 14,5 x 21,5cm
	ISBN: 978-65-5518-253-8
	1. Direito do Consumidor. 2. Direito Digital. 3. Direito Eletrônico. I. Ehrhardt Júnior, Marcos. II. Catalan, Marcos. III. Malheiros, Pablo. IV. Título.
	CDD: 342.5 CDU: 366

Elaborado por Daniela Lopes Duarte – CRB-6/3500

Informação bibliográfica deste livro, conforme a NBR 6023:2018 da Associação Brasileira de Normas Técnicas (ABNT):

EHRHARDT JÚNIOR, Marcos; CATALAN, Marcos; MALHEIROS, Pablo (Coord.). *Direito do consumidor e novas tecnologias*. Belo Horizonte: Fórum, 2021. 345p. ISBN 978-65-5518-253-8.

SUMÁRIO

APRESENTAÇÃO
Marcos Catalan, Marcos Ehrhardt Júnior, Pablo Malheiros 11

INTELIGÊNCIAS ARTIFICIALMENTE MOLDADAS E A
NECESSÁRIA PROTEÇÃO DO CONSUMIDOR NO DIREITO
BRASILEIRO: SINGELAS RUBRICAS INSPIRADAS EM *JANUS*
Marcos Catalan 15
    Referências 29

A VULNERABILIDADE ALGORÍTMICA DO CONSUMIDOR: A
EXTRAÇÃO E O COMPARTILHAMENTO INDEVIDOS DE DADOS
PESSOAIS NAS RELAÇÕES DE CONSUMO DIGITAIS
Dennis Verbicaro, Lis Arrais Oliveira 33
1   Introdução 33
2   A produção flexível e a nova economia informacional 35
3   O capitalismo de vigilância 39
4   Os impactos da extração e compartilhamento de dados nas
    relações de consumo 41
4.1   O consentimento involuntário do consumidor 42
4.2   Assimetria informacional e vulnerabilidade algorítmica do
    consumidor digital 45
4.3   O consumismo decorrente da publicidade direcionada no
    meio virtual 48
4.4   As práticas discriminatórias 52
5   Considerações finais 53
    Referências 56

GEOPRICING, GEOBLOCKING E DISCRIMINAÇÃO ALGORÍTMICA:
PODE A LOCALIZAÇÃO SER UM DADO SENSÍVEL?
Carlos Nelson Konder, Marco Antônio de Almeida Lima 59
1   Introdução 59
2   Abrangência e flexibilidade do conceito de dados sensíveis 60
3   Alcance da vedação de discriminação no direito contratual 64
4   Algoritmos e discriminação no tratamento de dados por meios
    automatizados 71

5	Práticas de *geopricing* e *geoblocking* e seu potencial discriminatório	78
6	Conclusão	81
	Referências	82

HOSTILIDADE DIGITAL CONTRA O CONSUMIDOR: A NECESSÁRIA ATUALIZAÇÃO DO CDC

Arthur Pinheiro Basan, Tales Calaza ... 87

1	Introdução	87
2	Cotidiano digital	89
3	Das relações negociais clássicas às relações digitais de consumo	90
4	A mutação do direito à privacidade: a proteção de dados pessoais do consumidor	94
5	A geodiscriminação a partir de dados pessoais do consumidor	97
6	Considerações finais	102
	Referências	103

"ACHAMOS QUE VOCÊ PODE GOSTAR": OS DESAFIOS DA LIBERDADE DE ESCOLHA ANTE A DEFINIÇÃO DE PERFIS NA SOCIEDADE DA INFORMAÇÃO

Jéssica Andrade Modesto, Marcos Ehrhardt Júnior ... 107

1	Introdução	107
2	Privacidade na sociedade da informação	108
3	A definição de perfis e a ingerência externa na privacidade decisional do indivíduo	111
4	Considerações finais	118
	Referências	121

OPEN BANKING COMO INSTRUMENTO PARA O DESENVOLVIMENTO TECNOLÓGICO A SERVIÇO DO CONSUMIDOR: BENEFÍCIOS E DESAFIOS

Cristina Stringari Pasqual, Thaise Maria Neves Duarte Pacheco ... 123

1	Introdução	123
2	O desenvolvimento tecnológico e seus efeitos na atividade bancária	124
3	Agenda BC#: a agenda de modernização do Sistema Financeiro Nacional e o surgimento do *Open Banking*	128
4	*Open Banking*: benefícios e desafios à tutela dos consumidores	132
5	Considerações finais	139
	Referências	139

RESPONSABILIDADE PELO VAZAMENTO DE DADOS NO ÂMBITO DOS MEIOS DE PAGAMENTO

Geraldo Frazão de Aquino Júnior 143
1   Introdução 143
2   O Sistema de Pagamentos Brasileiro e os Meios de Pagamento. 145
3   Responsabilidade pelo vazamento de dados 154
4   Considerações finais 160
    Referências 161

A LOGÍSTICA REVERSA DE MEDICAMENTOS: RESPONSABILIDADE COMPARTILHADA EM PROL DA SEGURANÇA HUMANA

Laís Bergstein, Helena Messias Gomes 163
1   Introdução 163
2   A resistência bacteriana e a segurança humana 164
3   A responsabilidade compartilhada pela logística reversa de medicamentos 167
4   Medidas preventivas para preservação da saúde 172
5   Considerações finais 175
    Referências 176

A TUTELA PROCESSUAL DOS DIREITOS AO SOSSEGO E À PRIVACIDADE E A RESPONSABILIDADE CIVIL MOTIVADA POR SPAM TELEFÔNICO

Lorenzo Caser Mill 179
1   Introdução 179
2   Sossego e privacidade como bens jurídicos e a sua tutela processual 180
3   Operação do telesserviço: necessidade de novas medidas de proteção ao sossego e à privacidade 186
4   Média diária de ligações para caracterizar-se spam telefônico... 188
5   Conclusão 190
    Referências 191

RESPONSABILIDADE DO FORNECEDOR POR DESCUMPRIMENTO DO DEVER DE SEGURANÇA DO CARRO AUTÔNOMO

Flavia Trentini, Luciano Henrique Caixeta Viana 195
1   Introdução 195
2   Carro autônomo: conceito e padrão 197
3   Dever de segurança: limites e capacidades 202
4   Responsabilidade do fornecedor: nexo e causas de exclusão 207
5   Considerações finais 212
    Referências 213

RESPONSABILIDADE CIVIL EM ACIDENTES DE TRÂNSITO
ENVOLVENDO VEÍCULOS AUTÔNOMOS

Maria Eduarda Pinto Costa, Marcos Ehrhardt Júnior 217

1   Introdução 217

2   Considerações sobre a inteligência artificial 218

3   Veículos autônomos e o atual estágio de sua compreensão pelo
     direito 221

4   Teoria geral da responsabilidade civil aplicada a danos
     provocados por veículos autônomos 228

5   Conclusão 244

     Referências 246

RELACIONES DE CONSUMO EN ENTORNOS DIGITALES: UNA
MIRADA DESDE EL DERECHO ARGENTINO

Sergio Sebastián Barocelli 249

1   Introducción 249

2   El impacto de internet en las sociedades contemporáneas 250

3   Las relaciones de consumo digitales 253

4   Hacia la caracterización del consumidor digital 255

5   En busca del proveedor 258

6   Sobre la hipervulnerabilidad de los consumidores digitales 264

7   La protección de los consumidores digitales en el derecho
     argentino 266

8   Reglas en materia de responsabilidad por daños 271

9   La regulación en el proyecto de nueva Ley de Defensa del
     Consumidor 274

10   A modo de conclusión 276

SOB O OLHO DELE: BIG DATA, GRAVIDEZ E ABUSIVIDADE SOB O
PRISMA DO DIREITO DO CONSUMO

Suzana Rahde Gerchmann 279

1   Introdução 279

2   TMI 281

3   Supervaliosas e hipervulneráveis: paradoxo das gestantes 285

4   O labirinto dos *big data*: práticas violadoras da boa-fé e,
     portanto, abusivas 289

5   Considerações finais 292

     Referências 293

EL ROL DEL PRINCIPIO PRECAUTORIO ANTE LOS AVANCES CIENTÍFICOS Y TECNOLÓGICOS

María Laura Estigarribia Bieber, Sergio Juniors Shwoihort 295

1	Introducción	295
2	Los avances científico – tecnológicos y su relación con la ética ..	297
3	Los avances científico – tecnológicos y su relación con el Derecho	298
4	El rol del principio precautorio en la materia...............................	302
5	Algunas reflexiones de cierre...	306

OS DESAFIOS DO MERCADO DIGITAL PARA O DIREITO DOS CONTRATOS DE CONSUMO À LUZ DO DIREITO EUROPEU

Martim Farinha, Jorge Morais Carvalho.. 309

1	Introdução...	309
2	Dados pessoais e contratos...	310
3	Dados pessoais como contraprestação	312
4	Automatização na contratação a partir da Inteligência Artificial e da *Internet of Things*..	314
5	*Blockchain*, cripto-ativos e criptomoedas	315
6	Plataformas digitais..	317
7	Conteúdos e serviços digitais e bens com elementos digitais.....	322
8	Conclusão..	327

DAÑOS CAUSADOS POR UN AGENTE ARTIFICIAL: REFLEXIONES ACERCA DE LA LEGITIMIDAD PASIVA

Erika Isler Soto 329

1	Introducción	329
2	La concretización del sujeto pasivo..	332
3	Extensión y dilución de la responsabilidad	334
4	Reflexiones finales	337
	Referencias bibliográficas...	337

SOBRE OS AUTORES... 341

APRESENTAÇÃO

A enorme acolhida do livro *Direito Civil e Tecnologia*, publicado pela Editora Fórum, estimulou a gênese de outras duas obras, ora apresentadas com grande alegria e responsabilidade. Alegria, por ver um debate profícuo sobre como os efeitos da tecnologia estimulam pensar o Direito Civil e o Direito do Consumidor, tema deste livro. E responsabilidade, porque coordenar distintos projetos de tamanha envergadura, tendo em vista a qualidade dos textos e dos(as) autores(as), bem como a relevância da temática, é um ponto que nos motiva a realizar estudos cada vez mais profundos e contributivos à qualificação do Direito Civil e do Direito do Consumidor.

Como afirmado na *Apresentação do* livro Direito Civil e Tecnologia, as palavras aqui usadas para significar este projeto editorial ratificam a admiração e a amizade, pessoal e acadêmica, que os coordenadores nutrem uns pelos outros e por quem participa deste livro, tendo em vista a pronta aceitação aos convites para contribuir com este projeto. Além disso, as duas novas obras que seguem o caminho desbravado pelo primeiro projeto contribuem para uma alentada reflexão teórico-prática de importantes juristas do Brasil e do exterior, como se verifica em cada artigo deste livro.

Nesse contexto, um aperitivo do que esta obra nos indica será trazido em poucas linhas e, com certeza, despertará o interesse de quem pesquisa e trabalha na área do Direito do Consumidor, como se passa a expor:

Marcos Catalan inaugura o livro cuidando de como a tomada de decisão por quem consome bens e serviços no mercado é afetada pelo uso da inteligência artificial, muitas vezes, sem maiores preocupações éticas, em métodos comerciais desleais, "práticas que se aproveitam de sua vulnerabilidade estrutural para impingir-lhes seus produtos ou serviços"; ilicitude, evidentemente, não afastada pela desregulamentação idealizada pela Lei da Liberdade Econômica, cujos efeitos começam a ser sentidos no Brasil apesar de sua questionável constitucionalidade".

A vulnerabilidade algorítmica do(a) consumidor afeta à extração e ao compartilhamento indevidos de dados pessoais nas relações de consumo digitais é o mote do artigo de *Dennis Verbicaro* e *Lis Arrais*

Oliveira ao realizarem análise crítica dos principais impactos provocados por transações com "dados pessoais de consumidores".

Carlos Nelson Konder e *Marco Antônio de Almeida Lima* se preocupam em "analisar se o tratamento de dados de localização por algoritmos pode ser considerado discriminatório por se referir a tratamento de dados sensíveis, por meio das práticas de *geopricing* e *geoblocking*. Na mesma linha, *Arthur Pinheiro Basan* e *Tales Calaza* tratam a hostilidade digital nas relações de consumo, "como, por exemplo, a precificação geográfica (*geopricing*) e o bloqueio geográfico (*geoblocking*), estratégias que permitem a oferta de produtos e serviços de forma discriminatória e, consequentemente, abusiva".

Jéssica Andrade Modesto e *Marcos Ehrhardt Júnior* tratam dos riscos à liberdade de escolha diante da definição de perfis na sociedade de consumo, pois o "*profiling* aumentou exponencialmente a capacidade e a eficácia dos agentes de tratamento influenciarem as escolhas dos indivíduos".

Cristina Stringari Pasqual e *Thaise Maria Neves Duarte Pacheco* exploraram os limites e as possibilidades de o *open banking* ser um meio de desenvolvimento tecnológico sem que seja, outrossim, um modo de violar os direitos do(a) consumidor(a).

Geraldo Frazão de Aquino Júnior trata da responsabilidade nas relações de consumo por quem vaza dados na ambiência dos meios de pagamento, a partir "das diferentes perspectivas da responsabilidade pelo vazamento dos dados que estão sob a guarda das instituições financeiras à luz da Lei Geral de Proteção de Dados".

Laís Bergstein e *Helena Messias Gomes* estudam a Política Nacional de Resíduos Sólidos Brasileira, a fim de incrementar a "segurança humana e a prevenção do processo de resistência bacteriana. Na busca por uma ordem jurídica justa, que visa à sustentabilidade e à manutenção de um meio ambiente ecologicamente equilibrado, são propostas, ao final, sugestões de condutas preventivas que podem contribuir para a preservação da saúde humana".

Lorenzo Caser Mill reflete sobre a adequada tutela processual para o caso de responsabilidade civil decorrente da violação do sossego e da privacidade pela prática de *spam telefônico*.

Flavia Trentini e *Luciano Henrique Caixeta Viana* apontam para a responsabilidade do fornecedor, e para a exclusão desta, diante da violação ao dever de segurança do carro autônomo. Na mesma linha, *Maria Eduarda Pinto Costa* e *Marcos Ehrhardt Júnior* estudam sobre a responsabilidade civil em acidentes de trânsito envolvendo veículos autônomos.

Sergio Sebastián Barocelli, atualmente, *Director Nacional de Defensa del Consumidor* na Argentina, demonstra como o direito do consumidor em seu país dialoga com o digital, o que servirá para um robusto estudo de direito comparado para quem se interesse em realiza-lo.

Suzana Rahde Gerchmann cuida da possível violação aos direitos das consumidoras gestantes, tendo em vista o uso dos *big data* (megadados) pelos fornecedores nas ofertas dirigidas a tais pessoas.

María Laura Estigarribia Bieber e *Sergio Juniors Shwoihort* apontam para a aplicação do princípio da precaução diante dos avanços científicos e tecnológicos que influenciam as relações de consumo.

Martim Farinha e *Jorge Morais Carvalho* fazem um estudo do direito do consumo europeu acerca dos desafios do mercado digital para o direito dos contratos.

Por fim, *Erika Isler Soto* trata da legitimidade passiva pelos danos causados por um agente artificial.

Como se vê, os temas trazidos neste livro indicam como o direito do consumidor e o direito das relações de consumo podem ser adequadamente pensados e postos em movimento diante dos influxos tecnológicos que assolam as vidas de todos nós. Por isso, indicamos proveitosa leitura desta obra que a editora Fórum traz agora ao escrutínio da comunidade jurídica e não jurídica.

Porto Alegre, Maceió e Brasília, 29 de junho de 2021.

Marcos Catalan
Marcos Ehrhardt Júnior
Pablo Malheiros

INTELIGÊNCIAS ARTIFICIALMENTE MOLDADAS E A NECESSÁRIA PROTEÇÃO DO CONSUMIDOR NO DIREITO BRASILEIRO: SINGELAS RUBRICAS INSPIRADAS EM *JANUS*[1]

MARCOS CATALAN

A normatividade germinal atribuída à Constituição retira esta do plano residualmente político e lança-a na arena hermenêutica do cotidiano jurídico, mormente no propalado Direito Privado. Esse papel dirigente lhe atribui a condição de meta a ser realizada pelo Estado e Sociedade, por meio de seus membros e instituições. Os direitos fundamentais, imantados pelo desígnio de realização da dignidade da pessoa humana, importam no motor de sentido desse horizonte normativo, implicando diuturnamente a atividade do intérprete do Direito na atualidade.[2]

Desnudadas, por completo, do colorido que vivifica a ousadia fundida a figuras como *Ada Lovelace*, privadas, por inteiro, da genialidade

---

[1] As ideias fundidas de modo a dar vida a este texto serviram como lastro para a comunicação intitulada *Artificial intelligence and consumer protection in Brazilian law*, proferida por ocasião da *International Conference on Artificial Intelligence and Law* havida em janeiro de 2021 na Universidade de Rzeszów, Polônia. O artigo tangencia o objeto delineado no projeto de investigação científica intitulado *Proteção do consumidor à deriva*: uma tentativa de aferição do estado da arte, na tutela jusconsumerista, no âmbito do Superior Tribunal de Justiça, financiado pelo CNPq (407142/2018-5) e desenvolvido junto à Universidade LaSalle, no Rio Grande do Sul.

[2] ARONNE, Ricardo. A longa espera de Penélope: ensaio ligeiro sobre o lento direito privado, estado social e constituição. *Revista Fórum de Direito Civil*, Belo Horizonte, a. 4, n. 9, p. 235-262, mai./ago. 2015. p. 243.

socialmente reprimida em prodígios como *Alan Turing*, despidas da criatividade imantada a espíritos inquietos como o de *Isaac Azimov* e, certamente, tendo sido escritas sem a indefectível generosidade e empatia que tantos, equivocadamente, afirmam caracterizar o povo brasileiro,[3] as linhas adiante esboçadas, tendo por método a imaginação jus-sociológica,[4] foram cosidas na tentativa de mapear alguns dos problemas vivenciados, cotidianamente, pelos consumidores no Brasil. Referidos problemas foram unidos e seccionados pelo fato de terem sido produzidos ou de qualquer modo potencializados pelo surgimento, acelerado desenvolvimento ou difusão exponencial da capacidade, das habilidades e dos usos dados a sistemas de inteligência artificial[5] na contemporaneidade.

O texto doravante tracejado propõe-se, ademais, a pensar alguns dos dilemas que virão a ser experimentados em um futuro bastante próximo, em razão da crescente, irreprimível e incontrolável fusão das muitas possibilidades imanentes à inteligência artificial, à miríade de práticas que impulsionam o consumo no Brasil e, ainda, quiçá restando algum fôlego, a lapidar algumas poucas notas que estimulem reflexões acerca de como o Direito brasileiro resolveria, em tese, ao menos parte das celeumas grafadas ao largo das próximas páginas.

Referido desiderato torna imperiosa a proposição de acordo semântico prévio, um pacto que impõe aceitar que, no contexto das linhas adiante cosidas, eventuais alusões à *inteligência artificial* deverão ser compreendidas como referências a sistemas capazes da tomada de decisões que dispensam a necessária intromissão de seres humanos, sistemas que raciocinam, melhor, que atuam tendo por lastro cálculos estatísticos e prognoses probabilísticas em um processo que envolve, pelo menos, o acoplamento de *software*, *hardware* e ideia:

> Imaginar a inteligência artificial como *software* nos ajuda a concebê-la como uma sequência de códigos e instruções que pode, por exemplo, realizar tarefas humanas, como encontrar associações entre dados e fazer previsões de eventos futuros. Conceber a inteligência artificial como *hardware* nos força a ponderar a capacidade de processamento de

---

[3] Para interessante e atualíssima crítica formulada visando a desconstruir o senso comum erigido em torno da ideia do "brasileiro cordial" *v.* SOUZA, Jessé. *A elite do atraso*: da escravidão à Bolsonaro. Rio de Janeiro: Estação Brasil, 2019.

[4] JACOBSEN, Michael Hviid; TESTER, Keith. Introdução. *In*: BAUMAN, Zygmunt. *Para que serve a sociologia?* (Trad. Carlos Alberto Medeiros). Rio de Janeiro: Zahar, 2015. p. 13-14.

[5] BOSTROM, Nick. *Superinteligência*: caminhos, perigos e estratégias para um novo mundo. (Trad. Aurélio Antônio Monteiro *et al.*). Rio de Janeiro: Darkside, 2018.

informações que é sempre feita em computadores fisicamente presentes em algum lugar – mesmo que no seu celular – e que a inteligência artificial pode ainda ser associada às inovações da robótica, levando o *software* a poder coletar informações ou executar ações de forma autônoma. Por fim, a inteligência artificial precisa ser pensada como ideia, algo que não seja apenas um substituto da mente humana, mas paralelo.[6]

Antes de avançar, registre-se, ainda, no contexto desses prolegômenos, que sistemas de inteligência artificial, mesmo ao interagir com ambos, diferem tanto da *Internet das Coisas* como do *Big Data*. Este último consiste em uma gigantesca base de dados,[7] um conjunto de informações cujas cercanias transcendem, em muito, os muitos saberes catalogados e arquivados na mítica biblioteca de Babel, esta magnífica ideia arquitetada, décadas atrás, entremeio a tantas outras lapidadas pelo gênio e pela pena de Jorge Luis Borges.[8] Aquela, a seu turno, abarca dispositivos com sensores e câmeras, engrenagens que possuem dimensões e se movimentam com ritmos e velocidades distintas e, ainda, objetos com rodas, rolamentos e diferenciais, pés e pernas mecânicas com diferentes tamanhos e que foram concebidos, produzidos, fabricados mediante o uso de inúmeros materiais e formas e, ainda, evidentemente, ao *software* que lhes dá vida ao permitir a coleta e o envio dos dados que alimentarão os sistemas de inteligência artificial, os quais, por sua vez, retroalimentarão os objetos abarcados pela *IoT*[9] em um processo circular que busca, ao menos abstratamente, e, em regra, a máxima eficiência.

Sem quaisquer chances de escapar dos labirintos espalhados por cenários compostos e recompostos, montados e desmontados nas flutuações dos humores da *Fortuna*,[10] aqueles que porventura aceitarem percorrer, com vagar, a trilha metodológica elipticamente antecipada, provavelmente resgatarão dos porões da memória algumas das muitas

---

[6] STEIBEL, Fabro *et al.* Possibilidades e potenciais da utilização da inteligência artificial. *In*: MULHOLLAND, Caitlin; FRAZÃO, Ana (Coord.). *Inteligência artificial e direito*: ética, regulação e responsabilidade. 2. ed. São Paulo: Thomson Reuters, 2020. p. 51-52.

[7] STEIBEL, Fabro *et al.* Possibilidades e potenciais da utilização da inteligência artificial. *In*: MULHOLLAND, Caitlin; FRAZÃO, Ana (Coord.). *Inteligência artificial e direito*: ética, regulação e responsabilidade. 2. ed. São Paulo: Thomson Reuters, 2020.

[8] BORGES, Jorge Luis. *Ficções*. (Trad. Carlos Nejar). São Paulo: Abril, 1972.

[9] Abreviatura de *Internet of Things*, no vernáculo, Internet das coisas.

[10] A personagem integra o panteão dos deuses da mitologia romana, e tem, em Tique, seu correspondente grego. Ela é responsável pela sorte e pelo azar, pelos êxitos e pelas frustrações causadas no contexto do acaso, das incertezas contidas no porvir.

possibilidades imanentes à inteligência artificial, fato que reforça a intuição de que não se pode mais viver sem ela.

Dessarte, ao deixar-se levar, sem medo, por aludido caminho imaginário, talvez vislumbrem, ainda, quadros que ao retratarem os cisnes negros esboçados por Popper,[11] reenviem seus pensamentos às inimagináveis situações nas quais – mesmo que ocultas pela bruma que alberga o porvir e suas quimeras – não podem ser antecipadas, em um sem número de ocasiões, nem mesmo probabilisticamente, em sua existência terrena.[12]

O exercício intelectual proposto permite compreender, ademais, que triunfos e gratificações, confortos físicos e psíquicos dispersos em um ambiente marcado por tão incontrolável quanto inconteste disrupção tecnológica só poderão ser ofuscados pelos perigos e riscos, individuais e sociais, gestados entremeio às sístoles e diástoles que põem em movimento a inteligência artificial,[13] uma estética com força suficiente para arrestar na memória a contradição ínsita aos *Versos íntimos* de Augusto dos Anjos.

> Vês! Ninguém assistiu ao formidável
> enterro de sua última quimera.
> Somente a Ingratidão – esta pantera –
> foi tua companheira inseparável!
> Acostuma-te à lama que te espera!
> O homem, que, nesta terra miserável,
> mora, entre feras, sente inevitável
> necessidade de também ser fera.
> Toma um fósforo. Acende teu cigarro!
> O beijo, amigo, é a véspera do escarro,
> a mão que afaga é a mesma que apedreja.
> Se alguém causa inda pena a tua chaga,

---

[11] POPPER, Karl. *A lógica da pesquisa científica*. (Trad. Leônidas Hegenberg *et al.*). 9. ed. São Paulo: Cultrix, 2001.

[12] Dias depois de lapidar o parágrafo que antecede esta nota de rodapé, a bela construção adiante transcrita visando a reforçar a assertiva lapidada no texto nos foi apresentada pelo acaso: MAGRANI, Eduardo. New perspectives on ethics and the laws of artificial intelligence. *In*: PARENTONI, Leonardo; CARDOSO, Renato César (Coord.). *Law, technology and innovation*: insights on artificial intelligence and the Law. Belo Horizonte: Expert, 2021. v. 2, p 53. "While technical artifacts, such as a chair or a glass, are artifacts "domesticated" by humans, i.e., more predictable in terms of their influence and agency power, it is possible to affirm that intelligent algorithms and robots are still non-domesticated technologies, since the time of interaction with man throughout history has not yet allowed us to foresee most of the risks in order to control them, or to cease them altogether".

[13] BOSTROM, Nick. *Superinteligência*: caminhos, perigos e estratégias para um novo mundo. (Trad. Aurélio Antônio Monteiro *et al.*). Rio de Janeiro: Darkside, 2018.

apedreja essa mão vil que te afaga,
escarra nessa boca que te beija!

Ante a literal falta de espaço para maiores digressões e, especialmente, diante da inconteste ausência de legitimidade para fazê-lo, passa-se ao largo da discussão que se propõe a entender se as tecnologias são (ou não) ontologicamente neutras e, nesse contexto, se podem ser qualificadas como boas ou más.[14]

A fuga desse debate – talvez, de uma contenda sem fim – legitimou o metafórico recurso ao indelével apoio de *Janus*,[15] deus que habita o panteão romano, usualmente identificado por suas duas faces e que é responsável por governar as transições, os câmbios e as flutuações cotidianas; logo, por compreender que paradoxos e aporias[16] são imanentes à contemporaneidade.

A metáfora buscada em *Janus* procura solidificar semioticamente, sem seccioná-las, a possibilidade de valoração das experiências vividas no passado e, paralelamente, dos mistérios, das surpresas contidas no porvir, sem que isso conduza a aporias insolúveis ou a becos intransponíveis. Ela permite reviver, revisitar, revolver conhecimentos acumulados ao longo dos anos, prazeres e confortos vivenciados, bem como dramas e tragédias que não devem ser repetidas. Situado na eterna transição que marca o presente, a face de *Janus* que observa o tempo

---

[14] Para interessante *approach* a essa discussão, v.: OLIVEIRA, Marcos Barbosa de. Neutralidade da ciência, desencantamento do mundo e controle da natureza. *Scientiae Studia*, São Paulo, v. 6, n. 1, p. 97-116, 2008. V. ainda: MAGRANI, Eduardo. New perspectives on ethics and the laws of artificial intelligence. *In*: PARENTONI, Leonardo; CARDOSO, Renato César (Coord.). *Law, technology and innovation*: insights on artificial intelligence and the Law. Belo Horizonte: Expert, 2021. v. 2, p. 54. "A good example is Microsoft's robot Tay, which helps to illustrate the effects that a non-human element can have on society. In 2016, Microsoft launched an artificial intelligence program named Tay. Endowed with a deep learning ability, the robot shaped its worldview based on online interactions with other people and producing authentic expressions based on them. The experience, however, proved to be disastrous and the company had to deactivate the tool in less than 24 hours due to the production of worrying results. The goal was to get Tay to interact with human users on Twitter, learning human patterns of conversation. It turns out that in less than a day, the chatbot was generating utterly inappropriate comments, including racist, sexist and anti-Semitic publications".

[15] Pouco após encontrar em Janus a metáfora que, semioticamente, serviu como fio condutor no enfrentamento de algumas das contradições impregnadas ao tempo presente, reforçando-a, este belo texto nos foi legado pela Fortuna: MESA, Marcelo López. El nuevo Código Civil y Comercial y la responsabilidad civil: de intenciones, realidades, concreciones y mitologías. *Revista Anales de la Facultad de Ciencias Jurídicas y Sociales*, La Plata, a. 13, n. 46, p. 47-53, 2016. p. 60-61.

[16] ARONNE, Ricardo. A longa espera de Penélope: ensaio ligeiro sobre o lento direito privado, estado social e constituição. *Revista Fórum de Direito Civil*, Belo Horizonte, a. 4, n. 9, p. 235-262, mai./ago. 2015. p. 237.

passado interpreta-o e, com isso, ensina, educa, recomenda condutas e protocolos empiricamente experimentados, a que olha furtivamente para o futuro – esse tempo tão incerto quanto indomável – excita, estimula e, ao mesmo tempo, sugere cautela, precaução, prevenção. Enfim, enquanto construção humana, *Janus* não poderia ser diferente: a dualidade está fundida a ele tal qual introjetada na subjetividade de cada ser, afinal, o ser humano parece ser incapaz de pensar para além das experiências que forjam sua existência.

Imagine-se, então, com *Janus*, o deus das dualidades, as muitas funcionalidades afetas aos sistemas de geolocalização.[17] É factível presumir que inúmeros aplicativos usados diariamente não funcionariam sem eles. Aliás, é deveras provável que muitas das pessoas que alcançaram este ponto do texto jamais tiveram contato com um mapa de trânsito impresso – aqueles mapas grandes, em papel, com dobras intermináveis e sérios problemas com o vento soprado para dentro de automóveis em movimento e sem ar condicionado – ou, ainda, com catálogos contendo os números dos telefones fixos – daqueles parcos brasileiros detentores desse histórico privilégio travestido de serviço *hodiernamente* considerado essencial –, bem como o endereço dos usuários.

Ocorre que essas mesmas ferramentas, graças à acurácia de algoritmos desenhados para identificar a localização dos usuários, permitem o recurso a práticas como o *geoblocking* e o *geoprincing*, condutas consistentes, respectivamente, na restrição ao acesso e na diferenciação dos preços praticados a partir da localização geográfica dos usuários da Internet, condutas que, no Brasil, são manifestamente contrárias ao Direito. A primeira, nos termos do artigo 39, inciso II,[18] do Código de Defesa do Consumidor; a segunda, nos moldes do artigo

---

[17] MENDES, Gabriel Lima; GREGORI, Isabel Christine Silva de. O uso do sistema de geolocalização de aplicativos de *startups* em tempos de pandemia covid-19: sob a ótica da *surveillance* e da proteção de dados pessoais. *In*: TOMASEVICIUS FILHO, Eduardo *et al.* (Orgs.). *Inteligência artificial, proteção de dados e cidadania*. Cruz Alta: Ilustração, 2020. v. 2, p. 388. Vale ressaltar que "uma das inovações transformadoras que se popularizou nos últimos anos foi o uso da geolocalização nos aplicativos de *startups*, tendo a função primordial de segmentar vários serviços de acordo com a localização geográfica de seus usuários, tais como: mapas, informações, georreferenciamento de dados e anúncios *online*".

[18] "Art. 39. É vedado ao fornecedor de produtos ou serviços, dentre outras práticas abusivas: [...]
II – recusar atendimento às demandas dos consumidores, na exata medida de suas disponibilidades de estoque [...]".

9, inciso VII, do Decreto nº 5903/06,[19] soluções reforçadas no campo hermenêutico-normativo[20] pelos contornos jurídicos delineadores do princípio da igualdade.

A questão, é preciso dizê-lo, não se restringe ao campo teórico, valendo lembrar, por exemplo, que no início de 2018 a *Decolar.com* foi multada pela SENACON em R$7,5 milhões sob a acusação de manipular (a) o valor de reservas que custaram até 50% a mais para as pessoas discriminadas e, ainda, (b) a disponibilidade de vagas em hotéis, preterindo os consumidores brasileiros em favor de estrangeiros durante os Jogos Olímpicos no Rio de Janeiro.[21]

De outra banda, ainda sob os auspícios de *Janus*, é possível identificar no uso da inteligência artificial em estruturas de *call centers* a possibilidade de filtro das necessidades das pessoas que os demandam, isso, antes mesmo de os telefonemas serem atendidos por personagens reais ou eletrônicas – *chatboots, talkboots* e(ou) outras formas de assistentes virtuais ainda não catalogadas – e, com isso, atribuir, eficazmente, prioridade a situações de urgência, primazia a pessoas idosas ou que possuam alguma deficiência apta a transformar a espera em uma estada sombria e dolorosa às margens do *Styx*.

Ainda tendo referido tema na alça de mira, crê-se ser deveras conhecido o relato feito por Zygmunt Bauman – situações que podem estar sendo vividas, neste exato átimo de tempo, também no Brasil – sobre os critérios utilizados na seleção das prioridades de atendimento com base em balizas ética e juridicamente questionáveis,[22] em especial, quando se resgata, uma vez mais, ser imperiosa a promoção da igualdade

---

[19] Decreto nº 5903/06.
"Art. 9º Configuram infrações ao direito básico do consumidor à informação adequada e clara sobre os diferentes produtos e serviços [...]:
VII – atribuir preços distintos para o mesmo item".

[20] ARONNE, Ricardo. A longa espera de Penélope: ensaio ligeiro sobre o lento direito privado, estado social e constituição. *Revista Fórum de Direito Civil*, Belo Horizonte, a. 4, n. 9, p. 235-262, mai./ago. 2015. p. 244. Afinal, "o núcleo de sentido de tutela das relações de consumo não deve ser buscado no Código de Defesa do Consumidor. Quando se aplicam as normas consumeristas, deve ter-se em vista a realização do projeto constitucional que lhe impregna de sentido. O mesmo se dá com o Código Civil, rejeitando-se o discurso das cláusulas gerais, disfarçado de novo, mas proveniente do encerramento do século XIX, buscando apropriar o sentido da aplicação do Direito na sociedade do século XXI".

[21] MARTINS, Guilherme. O geopricing e o geoblocking e seus efeitos nas relações de consumo. *In*: MULHOLLAND, Caitlin; FRAZÃO, Ana (Coord.). *Inteligência artificial e direito*: ética, regulação e responsabilidade. 2. ed. São Paulo: Thomson Reuters, 2020. p. 654.

[22] BAUMAN, Zygmunt. *Vida para consumo*: a transformação das pessoas em mercadoria. (Trad. Carlos Alberto Medeiros). Rio de Janeiro: Zahar, 2008. p. 10-11.

nas contratações[23] e, ainda, que o necessário respeito aos nem sempre antecipáveis deveres projetados normativamente pelo referido princípio constitucional deve ser lido como imperiosa observância a deveres que pululam por todo o contrato, logo, que podem se manifestar entre uma antípoda e outra.

A metáfora, semioticamente encontrada na alusão ao deus romano, autoriza explorar, outrossim, o advento das chamadas *Insuretechs*, dentre as quais podem ser listadas a *Lemonade,* nos Estados Unidos, a *Charles Taylor,* na Inglaterra, e a *Youse*, no Brasil, sociedades empresárias as quais, se ainda não o fazem, muito em breve terão condições de precificar as coberturas securitárias por elas ofertadas de forma individualizada.

Tais práticas tomaram – ou hão de assumir muito em breve – o lugar outrora ocupado pelo tradicional *profiling* e a correlata categorização dos segurados em grupos criados a partir da identificação de características comuns,[24] grupos criados mediante o recurso a complexas e obscuras[25] fórmulas atuariais.

Como é possível intuir, em tal contexto, se de um lado, talvez, preços menores favoreçam algumas pessoas graças à redução dos custos operacionais obtida mediante a implementação do contato direto com os consumidores,[26] ou ainda, por conta do acesso a informações mais detalhadas acerca dos segurados, de outro, dentre tantas consequências potencialmente nefastas[27] e deveras factíveis, muitos terão que suportar

---

[23] Código de Defesa do Consumidor. "Art. 6º São direitos básicos do consumidor: [...] II – a educação e divulgação sobre o consumo adequado dos produtos e serviços, asseguradas a liberdade de escolha e a igualdade nas contratações [...]".

[24] TZIRULNIK, Ernesto; BOAVENTURA, Vítor. Uma indústria em transformação: o seguro e a inteligência artificial. *In*: MULHOLLAND, Caitlin; FRAZÃO, Ana (Coord.). *Inteligência artificial e direito*: ética, regulação e responsabilidade. 2. ed. São Paulo: Thomson Reuters, 2020. p. 544-551.

[25] Em detrimento da transparência normativamente prometida pelo Código de Defesa do Consumidor. Sobre o tema, nos seja permitido remeter a: CATALAN, Marcos. A hermenêutica contratual no Código de Defesa do Consumidor. *Revista de Direito do Consumidor*, São Paulo, v. 62, p. 139-161, 2007.

[26] TZIRULNIK, Ernesto; BOAVENTURA, Vítor. Uma indústria em transformação: o seguro e a inteligência artificial. *In*: MULHOLLAND, Caitlin; FRAZÃO, Ana (Coord.). *Inteligência artificial e direito*: ética, regulação e responsabilidade. 2. ed. São Paulo: Thomson Reuters, 2020. p. 546-547.

[27] NUNES, Gustavo Finotti dos Reis. Dados pessoais e sua tutela como direitos da personalidade. *In*: TOMASEVICIUS FILHO, Eduardo *et al.* (Orgs.). *Inteligência artificial, proteção de dados e cidadania*. Cruz Alta: Ilustração, 2020. v. 2, p. 141-142. "Exemplos de chances de prejuízos seriam a negativa de determinada seguradora em vista de um determinado histórico de saúde de determinado sujeito (que às vezes pode ser contrário à realidade, tendo em vista que o sujeito pode ter mudado os hábitos de vida) ou até a admissão ou não em determinada empresa que, por meio da consulta dos dados pessoais do Autor, o considera, de forma superficial, "desqualificado" para o cargo".

ônus financeiros mais elevados para terem acesso às mesmas coberturas securitárias, migrarão para contratos menos vantajosos ou, em um cenário bastante obscuro quando se pensa no Brasil, passarão a depender dos sistemas de saúde e de seguridade social públicos, situações que, notadamente, fissuram a solidariedade social.

O emprego de sistemas de inteligência artificial no âmbito securitário permite antever, igualmente, a gênese ou o agravamento de problemas afetos ao cada vez mais crível monitoramento dos hábitos dos consumidores, sobretudo, diante das possibilidades latentes no contexto da *IoT* e seus sensores, microfones e câmeras fundidas a celulares, relógios e *notebooks*, automóveis e até mesmo roupas, calçados e óculos, *gadgets* que dentre outros papéis têm por escopo a coleta de dados que poderão influenciar a compreensão hermenêutica de aspectos contratuais em desfavor dos consumidores.

Tais instrumentos tantas vezes publicitariamente difundidos como necessidades humanas poderão, ainda, ofender direitos afetos à personalidade por meio de práticas como *I-tracking* e, ainda, de outras formas de vigilância eletrônica.[28]

Um único exemplo bem ilustra a preocupação antecipada, hipótese essa afeta à decodificação semântica do que considera-se *informação inexata* ou, ainda, *agravamento considerável dos riscos* previstos no contrato, situação hipotética alocada no factível cruzamento (a) das informações concedidas de boa-fé por segurados quase sempre vulneráveis por ocasião do preenchimento da proposta com (b) os dados capturados em contextos nos quais pode não haver a clara compreensão, quiçá a prévia e válida permissão outorgada pelo contratante, subsídios pinçados com o fim de alimentar algoritmos que, por terem sido moldados nas forjas da eficiência econômica, tenderão a ampliar, dogmaticamente, as situações que afastam a necessidade de cobertura securitária nos termos dos artigos 766 e 769 do Código Civil brasileiro,[29] tensionando critérios interpretativos historicamente solidificados no Direito brasileiro, mormente, ante a aparente impossibilidade de transplantar soluções

---

[28] CATALAN, Marcos. A difusão de sistemas de videovigilância na urbe contemporânea: um estudo inspirado em Argos Panoptes, cérebros eletrônicos e suas conexões com a liberdade e a igualdade. *Revista da Faculdade de Direito da Universidade Federal de Minas Gerais*, Belo Horizonte, v. 75, p. 303-321, 2019.

[29] Código Civil.
"Art. 766. Se o segurado, por si ou por seu representante, fizer declarações inexatas ou omitir circunstâncias que possam influir na aceitação da proposta ou na taxa do prêmio, perderá o direito à garantia, além de ficar obrigado ao prêmio vencido. Parágrafo único. Se a inexatidão ou omissão nas declarações não resultar de má-fé do segurado, o segurador terá direito a resolver o contrato, ou a cobrar, mesmo após o sinistro, a diferença do prêmio.

moldadas com recurso a uma hermenêutica adequada à Constituição abstratamente idealizada para o interior de molduras que abrigam o labor administrativo, judicial e(ou) arbitral.

A racionalidade econômica fundida ao parágrafo anterior, evidentemente, não considera importantes aspectos como a força normativa que pulsa do princípio da vulnerabilidade,[30] tampouco o fato de que a proteção dos direitos da personalidade integra o núcleo duro do direito privado no Brasil, mormente diante do seu regramento constitucional.

Nunca é demais lembrar que, se de um lado

> o discurso é o instrumento de mobilização do sistema [jurídico] e [o espaço no qual] se revelam as hierarquizações axiológicas das diferentes densidades normativas, resolvendo antinomias, colmatando lacunas e procedendo a relativizações no curso dessa trajetória ético comunicativa repleta de intersubjetividade,[31]

de outro, sem dúvida, não se pode olvidar que a linguagem poderá vir a ser utilizada como ferramenta para a manipulação das massas ou para legitimar escolhas ideológicas de critérios de justiça[32] aptos a fundarem não mais que esboços mal-acabados do Direito.

E, ainda mais pontualmente, vislumbram-se os seguros que têm a pessoa e sua saúde como o seu eixo gravitacional. Neles, se de um lado o acesso a informações detalhadas permite a realização de diagnósticos médicos antecipados que fomentam a prevenção e o tratamento precoce de distintos males, de outro, a captura de dados pessoais tornada cada vez mais mundana diante do contato do *Big Data* com os algoritmos usados pelos sistemas de inteligência artificial, para além de potencialmente influenciar o valor do prêmio – o que carrega consigo problemas como os antevistos –, toca, também, a questão dos

---

Art. 769. O segurado é obrigado a comunicar ao segurador, logo que saiba, todo incidente suscetível de agravar consideravelmente o risco coberto, sob pena de perder o direito à garantia, se provar que silenciou de má-fé".

[30] Sobre o tema, por todos, *v.* MARQUES, Cláudia Lima. *Contratos no código de defesa do consumidor.* 6. ed. São Paulo: RT, 2011. E, mais recentemente, *v.* BAROCELLI, Sergio Sebastián. *Consumidores hipervulnerables.* Buenos Aires: El derecho, 2018.

[31] ARONNE, Ricardo. A longa espera de Penélope: ensaio ligeiro sobre o lento direito privado, estado social e constituição. *Revista Fórum de Direito Civil*, Belo Horizonte, a. 4, n. 9, p. 235-262, mai./ago. 2015.

[32] JEVEAUX, Geovany Cardoso. *Direito e ideologia.* Rio de Janeiro: GZ, 2018.

dados sensíveis,[33] tema esse que se encontra tutelado, em abstrato, pela Lei de Geral de Proteção de Dados, vigente no Brasil desde meados de 2020,[34] mas cuja efetividade se desconhece até o momento. Obviamente, o universo de situações que podem ser antevistas na sobreposição dos temas que inspiram estas singelas notas é bastante mais amplo, alcançando as promessas de facilidade e segurança nas transações econômicas viabilizadas por causa do avanço do uso da biometria ou de tecnologias de reconhecimento facial – e os problemas daí resultantes, mormente no contexto da privacidade, da intimidade[35] e das fraudes deveras comuns na dimensão fenomênica –, abraçando aspectos cujas reações oscilam entre efusivos aplausos e preocupações fidedignas diante da emergência de "robôs domésticos, carros sem motorista, traduções simultâneas" e do crescimento exponencial de ferramentas que permitem pesquisar os melhores preços de distintos produtos e serviços ofertados pelo mercado.[36]

O contato da imaginação com molduras fenomênicas sem-fim com a necessidade de dar cabo ao texto gestou uma última angústia, uma derradeira preocupação fecundada na constatação de que, se sistemas de inteligência artificial são capazes de identificar na "velocidade com

---

[33] Lei nº 13.709/18 (LGPD).
"Art. 5º Para os fins desta Lei, considera-se:
I – dado pessoal: informação relacionada a pessoa natural identificada ou identificável;
II – dado pessoal sensível: dado pessoal sobre origem racial ou étnica, convicção religiosa, opinião política, filiação a sindicato ou a organização de caráter religioso, filosófico ou político, dado referente à saúde ou à vida sexual, dado genético ou biométrico, quando vinculado a uma pessoa natural [...]".

[34] Lei nº 13.709/18 (LGPD).
"Art. 11. O tratamento de dados pessoais sensíveis somente poderá ocorrer nas seguintes hipóteses: [...]
§4º É vedada a comunicação ou o uso compartilhado entre controladores de dados pessoais sensíveis referentes à saúde com objetivo de obter vantagem econômica, exceto nas hipóteses relativas à prestação de serviços de saúde, de assistência farmacêutica e de assistência à saúde, desde que observado o §5º deste artigo, incluídos os serviços auxiliares de diagnose e terapia, em benefício dos interesses dos titulares de dados, e para permitir: I – a portabilidade de dados quando solicitada pelo titular; ou II – as transações financeiras e administrativas resultantes do uso e da prestação dos serviços de que trata este parágrafo.
§5º É vedado às operadoras de planos privados de assistência à saúde o tratamento de dados de saúde para a prática de seleção de riscos na contratação de qualquer modalidade, assim como na contratação e exclusão de beneficiários".

[35] V. CATALAN, Marcos. The diffusion of the video surveillance system in the contemporary urbe: Argus Panoptes, electronic brains and their connections with the violation of liberties and equalities. *Revista Jurídica Luso-Brasileira*, Lisboa, v. 4, p. 1029-1045, 2018.

[36] ALMEIDA, Gilberto Martins de. Notas sobre utilização de inteligência artificial por agentes empresariais e suas implicações no âmbito do direito do consumidor. *In*: MULHOLLAND, Caitlin; FRAZÃO, Ana (Coord.). *Inteligência artificial e direito*: ética, regulação e responsabilidade. 2. ed. São Paulo: Thomson Reuters, 2020. p. 423-424.

a qual os usuários movem seu *mouse*" o estado emocional do usuário[37] e, ainda, de mapear pessoas insatisfeitas "por meio do reconhecimento facial",[38] parece factível supor que talvez conheçam as pessoas melhor que elas mesmas.

A dúvida suscitada permite pressupor, em tal contexto, que os algoritmos poderão usar as fragilidades fundidas ao DNA de cada consumidor individualmente considerado em seu favor, melhor, em prol daquele que pagou para que fosse modelado, forjado no utilitarismo que costuma informar as sístoles e diástoles que impulsionam os mercados; preocupação que se agrava face à ausência de transparência[39] travestida de proteção de segredos industriais...

A angústia externada reverbera quando se identifica que em torno de "85% de dados não estruturados – como *posts* em redes sociais –, vídeos e informações de geolocalização" são usados como o material fecundante em exitosas ações publicitárias pré-concebidas a partir da modelação de perfis de usuários com dezenas de dimensões,[40] campanhas que se revelam capazes de fazer os consumidores – com acesso à tecnologia – gastarem mais[41] que outrora gastavam ou mesmo criarem apreço por produtos distintos daqueles que habitualmente compravam,[42] valendo lembrar com David Sumpter, que

---

[37] SUMPTER, David. *Dominados pelos números*: do Facebook e Google às fake news – os algoritmos que controlam nossa vida. (Trad. Anna Maria Sotero e Marcello Neto). Rio de Janeiro: Bertrand Brasil, 2019. p. 44.

[38] STEIBEL, Fabro *et al*. Possibilidades e potenciais da utilização da inteligência artificial. *In*: MULHOLLAND, Caitlin; FRAZÃO, Ana (Coord.). *Inteligência artificial e direito*: ética, regulação e responsabilidade. 2. ed. São Paulo: Thomson Reuters, 2020. p. 57.

[39] V. PASQUALE. Frank. *The black box society*: the secret algorithms that control money and information. Cambridge: Harvard University, 2015.

[40] SUMPTER, David. *Dominados pelos números*: do Facebook e Google às fake news – os algoritmos que controlam nossa vida. (Trad. Anna Maria Sotero e Marcello Neto). Rio de Janeiro: Bertrand Brasil, 2019.

[41] HANS, Daniela Kutschat. Experimentações contemporâneas: um olhar sobre tecnologia e consumo. *In*: HANS, Daniela Kutschat; GARCIA, Wilton. *#consumo_tecnologico*. São Paulo: Instituto Brasileiro de Filosofia e Ciência Raimundo Lúlio, 2015. p. 24.

[42] Buscando inspiração em: DUHIGG, Charles. How companies learn your secrets. *New York Times*, Nova York, 16 fev. 2012. Em artigo ainda inédito Suzana Rahde Gerchmann lembra do "caso da rede norte-americana Target, a qual encarregou estatísticos da missão de prever se uma cliente estava grávida [e que o] texto explica que os novos pais são como o "Santo Graal" para o Mercado em geral, mas, especialmente, para os gigantes do varejo, como a Target, que vende desde o leite, passando pelos brinquedos de pelúcia, bem como equipamentos eletrônicos e móveis para o quarto. Além disso, a gestação e o nascimento de uma criança são valiosos pois são um dos raros momentos em que os hábitos de consumo mudam, nos quais é possível captar e fidelizar novos clientes. Assim, para a companhia, era preciso fidelizar esses clientes de forma oportuna, ou seja, antes de os registros do nascimento se tornarem públicos e, portanto, acessíveis à concorrência. Depois de muita pesquisa e análise de big data, a equipe da Target identificou 25 produtos que, quando

se você usa o Facebook, Instagram, Snapchat, Twitter ou qualquer outra rede social regularmente [...] você está permitindo que sua personalidade seja tratada como um ponto em centenas de dimensões, que suas emoções sejam enumeradas e que seu comportamento futuro seja modelado e previsto. Tudo isso é feito efetiva e automaticamente, de uma maneira que a maioria de nós dificilmente pode entender.[43]

O que ocorre também porque nem sempre é possível *ver através* de algoritmos intencionalmente desenhados para serem opacos,[44] mesmo quando no Brasil, como exposto linhas atrás, tal prática, ao menos em tese, esteja alocada para além dos umbrais da licitude ante seu caráter intencionalmente fosco, opaco, turvo.

Tais questões parecem ganhar corpo. Elas agravam-se quando se compreende, a partir de estudos comportamentais, que os seres humanos não são tão racionais como propõe aquele vetusto direito privado forjado ao largo da Modernidade, um direito que, paradoxalmente, ainda está tão presente no senso comum imaginário dos juristas.

Problemas que crescem em complexidade quando se imagina o potencial a ser explorado pelos sistemas de inteligência artificial aqui pensados idealmente, logo, despidos de críveis desvios éticos,[45] em especial – e aqui tem-se em mente apenas aspectos cognitivo-comportamentais –, diante de sua incomensurável capacidade de capturar e

---

analisados em conjunto, permitiam a previsão de gravidez. Porém, logo entenderam que não seria adequado enviar um catálogo parabenizando os pais pela novidade. Assim, a política dessa sociedade foi a de ser sutil, de misturar, dentre as ofertas enviadas, produtos que as clientes nunca compravam, incluindo artigos relacionados à gestação e aos bebês. Desde que não imaginassem que estivessem sendo espionadas, as pessoas compravam essas mercadorias. Desnecessário dizer que, após a campanha, as vendas da Target de Mamãe e Bebê subiram de US$44 bilhões para US$67 bilhões".

[43] SUMPTER, David. *Dominados pelos números*: do Facebook e Google às fake news – os algoritmos que controlam nossa vida. (Trad. Anna Maria Sotero e Marcello Neto). Rio de Janeiro: Bertrand Brasil, 2019. p. 44.

[44] O'NEIL, Cathy. *Weapons of math destruction*: how big data increases inequality and threatens democracy. London: Penguin Books, 2017. p. 47.

[45] CASTRO, Bruno Fediuk de; BOMFIM, Gilberto. A inteligência artificial, o direito e os vieses. *In*: FERRAO, Angelo Viglianisi; HARTMANN, Gabriel Henrique; PIAIA, Thami Covati. *Inteligência artificial, proteção de dados e cidadania*. Cruz Alta: Ilustração, 2020. v. 1, p. 25. "Por mais que se confie na inteligência artificial para lidar com nossas frágeis limitações, os algoritmos ainda estão mal equipados para neutralizar conscientemente os vieses aprendidos com o pensamento humano. Com a evolução da inteligência artificial e sua curva de aprendizado, esses conflitos tendem a ficar mais latentes – e passíveis de correção, especialmente quando se fala de tendências ideológicas, de gênero ou raça. Assim, a IA terá o papel de guiar as decisões com maior precisão e sem os vieses de quem a programou".

processar dados perante consumidores sujeitos ao efeito *Dunning-Kruger* ou à heurística do afeto.[46]

Tudo isso leva a questionar em que medida o irrefreável avanço da inteligência artificial não ultrapassará, em momentos pontuais, os portais da licitude, mormente quando se resgata ser direito básico do consumidor a proteção contra métodos comerciais considerados desleais[47] e, ainda, que práticas que se aproveitem de sua vulnerabilidade estrutural[48] para impingir-lhes seus produtos ou serviços são expressamente vedadas pelo direito brasileiro;[49] ilicitude, evidentemente, não afastada pela desregulamentação idealizada pela Lei da Liberdade Econômica,[50] cujos efeitos começam a ser sentidos no Brasil apesar de sua questionável constitucionalidade.[51]

---

[46] *V.* THALER, Richard; SUNSTEIN, Cass. *Nudge*: improving decisions about health, wealth and happiness. New Haven: Yale University Press, 2008. E, ainda, KAHNEMAN, Daniel. *Rápido e devagar*: duas formas de pensar. (Trad. Cássio de Arantes Leite). Rio de Janeiro: Objetiva, 2012.

[47] Código de Defesa do Consumidor. "Art. 6º São direitos básicos do consumidor: [...] IV – a proteção contra a publicidade enganosa e abusiva, métodos comerciais coercitivos ou desleais, bem como contra práticas e cláusulas abusivas ou impostas no fornecimento de produtos e serviços [...]".

[48] CATALAN, Marcos. Uma ligeira reflexão acerca da hipervulnerabilidade dos consumidores no Brasil. *In*: DANUZZO, Ricardo Sebastián (Org.). *Derecho de daños y contratos*: desafíos frente a las problemáticas del siglo XXI. Resistencia: Contexto, 2019.

[49] Código de Defesa do Consumidor. "Art. 39. É vedado ao fornecedor de produtos ou serviços, dentre outras práticas abusivas: [...] IV – prevalecer-se da fraqueza ou ignorância do consumidor, tendo em vista sua idade, saúde, conhecimento ou condição social, para impingir-lhe seus produtos ou serviços [...]".

[50] Os estudos que temos dedicado ao assunto permitiu mapear – e, ainda, alinhavar – textos que em nosso sentir merecem ser lidos, dentre os quais *sugere-se*: BUNAZAR, Maurício. A Declaração de Direitos da Liberdade Econômica e seus impactos no regime jurídico do contrato de Direito Comum. *In*: GOERGEN, Jerônimo (Org.). *Liberdade econômica*: o Brasil livre para crescer. Brasília: Câmara dos Deputados, 2019; CATALAN, Marcos. Na escuridão do labirinto, sem a companhia de Ariadne, tampouco a de Teseu: uma ligeira reflexão acerca da medida provisória da liberdade econômica. *Revista Eletrônica Direito e Sociedade*, Canoas, v. 7, n. 2, p. 07-14, 2019; MARQUES NETO, Floriano Peixoto; RODRIGUES JUNIOR, Otávio Luiz; LEONARDO, Rodrigo Xavier (Org.). *Comentários à Lei da Liberdade Econômica*. São Paulo: RT, 2019; PEDROSA, Laurício. La autonomía privada y la libertad contractual: evolución conceptual y análisis de las recientes alteraciones en el Código Civil Brasileño. *Revista Crítica de Derecho Privado*, Montevidéo, n. 16, p. 367-394, 2019.

[51] *V.* BERCOVICI, G. Parecer sobre a inconstitucionalidade da Medida Provisória da Liberdade Econômica (Medida Provisória nº 881, de 30 de abril de 2019). *Revista Fórum de Direito Financeiro e Econômico*, Belo Horizonte, a. 8, n. 15, p. 173-202, mar./ago. 2019; CATALAN, Marcos. Devaneios de Ícaro: uma reflexão ligeira acerca de incongruências vivificadas pela Lei da Liberdade Econômica. *Revista Jurídica Luso-Brasileira*, a. 6, n. 3, p. 1453-1468, 2020.

Referências

ALMEIDA, Gilberto Martins de. Notas sobre utilização de inteligência artificial por agentes empresariais e suas implicações no âmbito do direito do consumidor. *In:* MULHOLLAND, Caitlin; FRAZÃO, Ana (Coord.). *Inteligência artificial e direito:* ética, regulação e responsabilidade. 2. ed. São Paulo: Thomson Reuters, 2020.

ARONNE, Ricardo. A longa espera de Penélope: ensaio ligeiro sobre o lento direito privado, estado social e constituição. *Revista Fórum de Direito Civil*, Belo Horizonte, a. 4, n. 9, p. 235-262, mai./ago. 2015.

BAROCELLI, Sergio Sebastián. *Consumidores hipervulnerables*. Buenos Aires: El derecho, 2018.

BERCOVICI, G. Parecer sobre a inconstitucionalidade da Medida Provisória da Liberdade Econômica (Medida Provisória nº 881, de 30 de abril de 2019). *Revista Fórum de Direito Financeiro e Econômico*, Belo Horizonte, a. 8, n. 15, p. 173-202, mar./ago. 2019.

BORGES, Jorge Luis. *Ficções*. (Trad. Carlos Nejar). São Paulo: Abril, 1972.

BOSTROM, Nick. *Superinteligência*: caminhos, perigos e estratégias para um novo mundo. (Trad. Aurélio Antônio Monteiro *et al.*). Rio de Janeiro: Darkside, 2018.

BUNAZAR, Maurício. A Declaração de Direitos da Liberdade Econômica e seus impactos no regime jurídico do contrato de Direito Comum. *In:* GOERGEN, Jerônimo (Org.). *Liberdade econômica*: o Brasil livre para crescer. Brasília: Câmara dos Deputados, 2019.

CASTRO, Bruno Fediuk de; BOMFIM, Gilberto. A inteligência artificial, o direito e os vieses. *In:* FERRAO, Angelo Viglianisi; HARTMANN, Gabriel Henrique; PIAIA, Thami Covati. *Inteligência artificial, proteção de dados e cidadania*. Cruz Alta: Ilustração, 2020. v. 1.

CATALAN, Marcos. A difusão de sistemas de videovigilância na urbe contemporânea: um estudo inspirado em Argos Panoptes, cérebros eletrônicos e suas conexões com a liberdade e a igualdade. *Revista da Faculdade de Direito da Universidade Federal de Minas Gerais*, Belo Horizonte, v. 75, p. 303-321, 2019.

CATALAN, Marcos. A hermenêutica contratual no Código de Defesa do Consumidor. *Revista de Direito do Consumidor*, São Paulo, v. 62, p. 139-161, 2007.

CATALAN, Marcos. Devaneios de Ícaro: uma reflexão ligeira acerca de incongruências vivificadas pela Lei da Liberdade Econômica. *Revista Jurídica Luso-Brasileira*, a. 6, n. 3, p. 1453-1468, 2020.

CATALAN, Marcos. Na escuridão do labirinto, sem a companhia de Ariadne, tampouco a de Teseu: uma ligeira reflexão acerca da medida provisória da liberdade econômica. *Revista Eletrônica Direito e Sociedade*, Canoas, v. 7, n. 2, p. 07-14, 2019.

CATALAN, Marcos. The diffusion of the video surveillance system in the contemporary urbe: Argus Panoptes, electronic brains and their connections with the violation of liberties and equalities. *Revista Jurídica Luso-Brasileira*, Lisboa, v. 4, p. 1029-1045, 2018.

CATALAN, Marcos. Uma ligeira reflexão acerca da hipervulnerabilidade dos consumidores no Brasil. *In:* DANUZZO, Ricardo Sebastián (Org.). *Derecho de daños y contratos*: desafíos frente a las problemáticas del siglo XXI. Resistencia: Contexto, 2019.

DUHIGG, Charles. How companies learn your secrets. *New York Times*, Nova York, 16 fev. 2012.

HANS, Daniela Kutschat. Experimentações contemporâneas: um olhar sobre tecnologia e consumo. *In*: HANS, Daniela Kutschat; GARCIA, Wilton. *#consumo_tecnologico*. São Paulo: Instituto Brasileiro de Filosofia e Ciência Raimundo Lúlio, 2015.

JACOBSEN, Michael Hviid; TESTER, Keith. Introdução. *In*: BAUMAN, Zygmunt. *Para que serve a sociologia?* (Trad. Carlos Alberto Medeiros). Rio de Janeiro: Zahar, 2015.

JEVEAUX, Geovany Cardoso. *Direito e ideologia*. Rio de Janeiro: GZ, 2018.

KAHNEMAN, Daniel. *Rápido e devagar*: duas formas de pensar. (Trad. Cássio de Arantes Leite). Rio de Janeiro: Objetiva, 2012.

MAGRANI, Eduardo. New perspectives on ethics and the laws of artificial intelligence. *In*: PARENTONI, Leonardo; CARDOSO, Renato César (Coord.). *Law, technology and innovation*: insights on artificial intelligence and the Law. Belo Horizonte: Expert, 2021. v. 2.

MARTINS, Guilherme. O geopricing e o geoblocking e seus efeitos nas relações de consumo. *In*: MULHOLLAND, Caitlin; FRAZÃO, Ana (Coord.). *Inteligência artificial e direito*: ética, regulação e responsabilidade. 2. ed. São Paulo: Thomson Reuters, 2020.

MARQUES, Cláudia Lima. *Contratos no código de defesa do consumidor*. 6. ed. São Paulo: RT, 2011.

MARQUES NETO, Floriano Peixoto; RODRIGUES JUNIOR, Otávio Luiz; LEONARDO, Rodrigo Xavier (Org.). *Comentários à Lei da Liberdade Econômica*. São Paulo: RT, 2019.

MENDES, Gabriel Lima; GREGORI, Isabel Christine Silva de. O uso do sistema de geolocalização de aplicativos de *startups* em tempos de pandemia covid-19: sob a ótica da *surveillance* e da proteção de dados pessoais. *In*: TOMASEVICIUS FILHO, Eduardo *et al.* (Orgs.). *Inteligência artificial, proteção de dados e cidadania*. Cruz Alta: Ilustração, 2020. v. 2.

MESA, Marcelo López. El nuevo Código Civil y Comercial y la responsabilidad civil: de intenciones, realidades, concreciones y mitologías. *Revista Anales de la Facultad de Ciencias Jurídicas y Sociales*, La Plata, a. 13, n. 46, p. 47-53, 2016.

NUNES, Gustavo Finotti dos Reis. Dados pessoais e sua tutela como direitos da personalidade. *In*: TOMASEVICIUS FILHO, Eduardo *et al.* (Orgs.). *Inteligência artificial, proteção de dados e cidadania*. Cruz Alta: Ilustração, 2020. v. 2.

O'NEIL, Cathy. *Weapons of math destruction*: how big data increases inequality and threatens democracy. London: Penguin Books, 2017.

OLIVEIRA, Marcos Barbosa de. Neutralidade da ciência, desencantamento do mundo e controle da natureza. *Scientiae Studia*, São Paulo, v. 6, n. 1, p. 97-116, 2008.

PASQUALE. Frank. *The black box society*: the secret algorithms that control money and information. Cambridge: Harvard University, 2015.

PEDROSA, Laurício. La autonomía privada y la libertad contractual: evolución conceptual y análisis de las recientes alteraciones em el Código Civil Brasileño. *Revista Crítica de Derecho Privado*, Montevidéo, n. 16, p. 367-394, 2019.

POPPER, Karl. *A lógica da pesquisa científica*. (Trad. Leônidas Hegenberg *et al.*). 9. ed. São Paulo: Cultrix, 2001.

SOUZA, Jessé. *A elite do atraso*: da escravidão à Bolsonaro. Rio de Janeiro: Estação Brasil, 2019.

STEIBEL, Fabro *et al.* Possibilidades e potenciais da utilização da inteligência artificial. *In*: MULHOLLAND, Caitlin; FRAZÃO, Ana (Coord.). *Inteligência artificial e direito*: ética, regulação e responsabilidade. 2. ed. São Paulo: Thomson Reuters, 2020.

SUMPTER, David. *Dominados pelos números*: do Facebook e Google às fake news – os algoritmos que controlam nossa vida. (Trad. Anna Maria Sotero e Marcello Neto). Rio de Janeiro: Bertrand Brasil, 2019.

THALER, Richard; SUNSTEIN, Cass. *Nudge*: improving decisions about health, wealth and happiness. New Haven: Yale University Press, 2008.

TZIRULNIK, Ernesto; BOAVENTURA, Vítor. Uma indústria em transformação: o seguro e a inteligência artificial. *In*: MULHOLLAND, Caitlin; FRAZÃO, Ana (Coord.). *Inteligência artificial e direito*: ética, regulação e responsabilidade. 2. ed. São Paulo: Thomson Reuters, 2020.

Informação bibliográfica deste texto, conforme a NBR 6023:2018 da Associação Brasileira de Normas Técnicas (ABNT):

CATALAN, Marcos. Inteligências artificialmente moldadas e a necessária proteção do consumidor no direito brasileiro: singelas rubricas inspiradas em *Janus*. *In*: EHRHARDT JÚNIOR, Marcos; CATALAN, Marcos; MALHEIROS, Pablo (Coord.). *Direito do Consumidor e novas tecnologias*. Belo Horizonte: Fórum, 2021. p. 15-31. ISBN 978-65-5518-253-8.

A VULNERABILIDADE ALGORÍTMICA DO CONSUMIDOR: A EXTRAÇÃO E O COMPARTILHAMENTO INDEVIDOS DE DADOS PESSOAIS NAS RELAÇÕES DE CONSUMO DIGITAIS

DENNIS VERBICARO
LIS ARRAIS OLIVEIRA

1 Introdução

O advento da Internet foi um avanço tecnológico salutar para a humanidade, responsável por reduzir distâncias, construir o mundo globalizado e acarretar o curso de um amplo fluxo informacional em tempo real. Atualmente, com a inserção dos *smartphones* e das redes sociais no cotidiano, o mundo virtual permite que os indivíduos se conectem a qualquer momento e realizem as atividades que desejam, de onde quer que estejam, através de um simples clique.

Todos estão conectados ao universo digital, de maneira que ele se tornou uma extensão do mundo real, sendo o primeiro tão visitado quanto este último. Portanto, é impossível imaginar qualquer rumo que a sociedade poderia ter seguido senão com o advento da Internet e de todas as facilidades provenientes de mecanismos proporcionados por ela.

Entretanto, assim como qualquer invenção tecnológica, o uso excessivo da Internet tem um lado obscuro que pode ser nocivo aos seus usuários e, por isso, demanda atenção. Nesse sentido, a violação da privacidade, da autodeterminação informativa e da liberdade de escolha dos usuários das redes merece destaque, visto que, conforme será abordado nas seções seguintes desta pesquisa, a coleta e o compartilhamento de dados são pressupostos necessários para a manutenção e o funcionamento do meio digital, ou seja, é o custo a ser pago pelos usuários das redes.

No entanto, com o avanço dos sistemas de algoritmos e o aumento de transações envolvendo dados pessoais, este custo vem aumentando sem precedentes, pois a Internet se desenvolveu de tal maneira que se torna cada vez mais difícil se manter distante das redes e, portanto, dos mecanismos de algoritmos, o que fez com que os indivíduos se tornassem matéria prima gratuita de uma nova ordem econômica, caracterizada pela extração de dados e pela venda de informações e previsões comportamentais de maneira oculta, sem a anuência dos titulares dos dados.

Essa prática causou graves impactos econômicos, políticos e sociais, conforme será retratado em ocasião oportuna. Tal fenômeno ficou conhecido como capitalismo de vigilância, e continua interferindo no cotidiano dos usuários das redes, sem que estes possuam o conhecimento suficiente sobre o funcionamento e a atuação destes mecanismos.

Diante disso, as relações de consumo foram diretamente afetadas, visto que houve uma transição nas relações de consumo de analógicas para digitais, com isso, fornecedores e consumidores naturalmente se adequaram ao uso do meio digital. Ademais, conforme será demonstrado em seção seguinte, a tendência da segmentação do marketing e da produção ensejou uma ampla atuação de fornecedores nas transações econômicas provenientes do capitalismo de vigilância. Diante disso, questiona-se quais são as possíveis consequências decorrentes do uso excessivo de mecanismos de coleta, extração e compartilhamento de dados pessoais nas relações de consumo, e os pontos principais nos quais essas práticas são incompatíveis com os mecanismos de proteção ao consumidor.

Sendo assim, a partir de uma pesquisa de natureza aplicada, de abordagem qualitativa, hipotético-dedutiva, com referencial advindo de pesquisa bibliográfica, o artigo se ocupa em apresentar uma análise crítica sobre as consequências que a recorrente prática de extração e compartilhamento de dados pessoais de consumidores traz para as relações de consumo e, consequentemente, para a proteção e garantia dos direitos de privacidade, autodeterminação informativa e liberdade de escolha dos consumidores.

No entanto, inicialmente, é necessário retomar aos acontecimentos que desencadearam novas relações de consumo e, coincidentemente, proporcionaram o surgimento de mecanismos de extração e compartilhamento de dados, quais sejam: a evolução da produção em massa para a produção flexível, bem como o surgimento de uma nova economia informacional, na qual a informação se torna produto do processo produtivo.

2 A produção flexível e a nova economia informacional

Nas palavras do sociólogo Zygmunt Bauman, a transição da "modernidade sólida"[1] para a "modernidade líquida" é marcada por uma individualidade exacerbada nesta última, em contraponto com a homogeneidade compulsória verificada em tempos anteriores. Visto que, na modernidade sólida, os indivíduos não obtinham a identidade valorizada e assegurada.

> As identidades e laços sociais eram pendurados no cabide da porta de entrada junto com os chapéus, guarda-chuvas e capotes, de tal forma que, somente o comando e os estatutos poderiam dirigir, incontestados, as ações dos de dentro enquanto estivessem dentro; o *panóptico* com suas torres de controle e com os internos que nunca podiam contar com os eventuais lapsos de vigilância dos supervisores.[2]

Tal concepção reverbera no modelo econômico de produção que marcou a época, o modelo fordista, o qual "reduzia as atividades humanas a movimentos simples, rotineiros e predeterminados, destinados a serem obedientes e mecanicamente seguidos, sem envolver as faculdades mentais e excluindo toda espontaneidade e iniciativa individual".[3]

A produção em massa desenvolvida por Henry Ford é um ícone memorável da modernidade sólida. Contudo, com o avanço das tecnologias de informação e da sociedade como um todo, que evoluiu em conjunto com a tendência do individualismo exacerbado, a produção em massa não perdura, visto que novos tempos demandam novas necessidades.

---

[1] BAUMAN, Zygmunt. *Modernidade líquida*. (Trad. Carlos Alberto Medeiros). Rio de Janeiro: Jorge Zahar, 2001. p. 33.

[2] BAUMAN, Zygmunt. *Modernidade líquida*. (Trad. Carlos Alberto Medeiros). Rio de Janeiro: Jorge Zahar, 2001. p. 34.

[3] BAUMAN, Zygmunt. *Modernidade líquida*. (Trad. Carlos Alberto Medeiros). Rio de Janeiro: Jorge Zahar, 2001. p. 33.

Nesse sentido, assevera Lypovetsky,[4] houve uma reestruturação no sistema capitalista, marcada não apenas pela revolução nas técnicas de informação, pela globalização e desregulamentação financeira, mas também por mudanças estruturais no plano das empresas, através de uma nova abordagem mercadológica, novos modelos de concorrência e novas políticas de oferta.

> Segmentação dos mercados, diferenciação extrema dos produtos e dos serviços, política de qualidade, aceleração do ritmo de lançamento dos produtos novos, preeminência do marketing, umas tantas novas estratégias que, chocando-se frente com o modo fordista de organização da produção, favoreceram a emergência de novos modelos de consumo. Sobre o fundo de uma oferta pletórica e variada, despadronizada e acelerada, a economia da sociedade de hiperconsumo distingue-se pela "redescoberta do cliente". A viragem que se produziu é considerável: de um mercado comandado pela oferta, passou-se a um mercado dominado pela procura.[5]

Surge então, um novo modelo de produção, o modelo de produção flexível, o qual se desenvolve em observância às individualidades de cada um, buscando oferecer aos consumidores o que eles querem, quando querem e como querem.

Dessa forma, o setor econômico se depara com um novo desafio, qual seja, encontrar novos mercados capazes de absorver uma crescente capacidade de produção de bens e serviços. Diante disso, no final do século XX, surge, em escala global, uma nova economia, em conjunto com o aprimoramento das principais tecnologias de informação.[6]

De acordo com Manuel Castells,[7] trata-se de uma economia informacional e global, na qual a produtividade e a competitividade de agentes dependem da sua capacidade em gerar, processar e aplicar de forma eficiente a informação, visto que um novo paradigma tecnológico, organizado em torno das novas tecnologias da informação, possibilita que a própria informação se torne o produto do processo produtivo.

---

[4] LYPOVESTKY, Gilles. *A felicidade paradoxal*: ensaio sobre a sociedade do hiperconsumo. São Paulo: Companhia das Letras, 2007. p. 76.

[5] LYPOVESTKY, Gilles. *A felicidade paradoxal*: ensaio sobre a sociedade do hiperconsumo. São Paulo: Companhia das Letras, 2007. p. 77.

[6] CASTELLS, Manuel. *A sociedade em rede. A era da informação*: economia, sociedade e cultura. 21. ed. São Paulo: Paz&Terra, 2020. v. 1, p. 151.

[7] CASTELLS, Manuel. *A sociedade em rede. A era da informação*: economia, sociedade e cultura. 21. ed. São Paulo: Paz&Terra, 2020. v. 1, p. 135.

Embora o sistema capitalista de produção seja caracterizado por sua expansão continua, sempre tentando superar limites temporais e espaciais, foi apenas no final do século XX que a economia mundial conseguiu tornar-se verdadeiramente global, com base na nova infraestrutura, propiciada pelas tecnologias de informação e da comunicação com a ajuda decisiva das políticas de desregulamentação e da liberalização postas em prática pelos governos e pelas instituições internacionais.[8]

De acordo com Lypovetsky, essa nova fase da economia tem por base a "abertura dos espaços econômicos, concretizada especialmente na mudança de escala das operações de fusão-aquisição, na corrida do crescimento externo, na concentração crescente dos mercados, na febre da internacionalização".[9] Houve, portanto, uma grande expansão do mercado nas últimas décadas do século XX, que se transformou em propulsora do crescimento econômico no mundo inteiro. Sendo assim, a nova fase do capitalismo, caracterizada pela ampla disseminação de políticas neoliberais, pelo desenvolvimento de megamarcas ou hipermarcas e pelas tecnologias de informação que proporcionam a segmentação da produção e do marketing global, são fatores que contribuíram para que os anos seguintes fossem os anos mais promissores para o mercado, para a produtividade e para a lucratividade das grandes empresas.

Daí o desenvolvimento de empresas gigantescas, possuidoras de marcas mundiais que por vezes mobilizam orçamentos de comunicação da mesma ordem de grandeza que as despesas ligadas à produção industrial. Avalia-se em 3 mil o número dessas grandes marcas mundiais: é sobre as ruínas do capitalismo regulamentado que se elevam novos gigantes, as hipermarcas de ambição mundial com comunicação global.[10]

A lógica de acumulação do sistema capitalista evolui e, com isso, a comunicação global, o uso recorrente de tecnologias de informação e o grande fluxo informacional passa a interferir diretamente no processo. Ademais, a ideia de que o crescimento econômico seria benéfico para todos os agentes, aumentando a renda dos mais pobres

---

[8] CASTELLS, Manuel. *A sociedade em rede. A era da informação*: economia, sociedade e cultura. 21. ed. São Paulo: Paz&Terra, 2020. v. 1, p. 156.

[9] LYPOVESTKY, Gilles. *A felicidade paradoxal*: ensaio sobre a sociedade do hiperconsumo. São Paulo: Companhia das Letras, 2007. p. 77.

[10] LYPOVESTKY, Gilles. *A felicidade paradoxal*: ensaio sobre a sociedade do hiperconsumo. São Paulo: Companhia das Letras, 2007. p. 77.

e tornando a distribuição de recursos mais equitativa fica para trás, e, por consequência, a distância entre os agentes econômicos do topo da escala e os que integram as camadas mais baixas das sociedades contemporâneas aumenta cada vez mais.

Em análise, a lucratividade e a competitividade contribuem para que as empresas invistam nas inovações tecnológicas e de produção. Contudo, em observância às políticas neoliberais, os agentes de mercado não se submetem a regramentos ou regulamentações para exercerem essas atividades e alcançarem o objetivo final, qual seja, uma maior obtenção de lucro. Sendo assim, não há limites para a atuação dos agentes mercadológicos no que tange aos investimentos em novas tecnologias, novos produtos e novas atividades econômicas, desde que estes gerem lucratividade.

Ocorre que isso possibilita que os agentes econômicos negligenciem direitos individuais e de grupos em prol do exercício de sua atividade. Nesse sentido, em que pese todas as benesses que o livre mercado proporcionou, quais sejam, as inovações tecnológicas, a otimização de serviços e um maior desenvolvimento da atividade econômica em geral, essa evolução ocorre em detrimento da segurança e estabilidade na garantia de outros direitos individuais e coletivos dos indivíduos envolvidos em algumas transações econômicas.

Como exemplo, o princípio que faz prosperar a indústria digital na atualidade é a extração de dados pessoais e a venda aos anunciantes da previsão comportamental dos indivíduos. De acordo com Shoshanna Zuboff, "para que os lucros cresçam, os prognósticos devem ser cada vez mais certos. Para tanto, não é necessário apenas prever: trata-se de modificar em grande escala os comportamentos humanos".[11]

Esse fenômeno ficou conhecido como capitalismo de vigilância, o qual permite que a busca por mais informações aperfeiçoe métodos de extração e venda de dados pessoais, bem como a criação, através do sistema de algoritmos, de verdadeiros perfis virtuais dos usuários, os quais não atuam unicamente com a finalidade de armazenar os seus dados pessoais, mas também com a intenção de influenciar e, possivelmente, alterar comportamentos, para que os indivíduos permaneçam cada vez mais conectados e sejam cada vez mais influenciados pelos produtos, serviços e ideais propagados na internet.

---

[11] ZUBOFF, Shoshanna. *Um capitalismo de vigilância. Le monde diplomatique.* 03 jan. 2019. Disponível em: https://diplomatique.org.br/um-capitalismo-de-vigilancia/. Acesso em 26 dez. 2020.

3 O capitalismo de vigilância

O capitalismo de informação evoluiu para um paradigma de vigilância altamente lucrativo no início dos anos 2000, quando a Google – empresa pioneira do fenômeno – desenvolveu uma estratégia para multiplicar o dinheiro de seus investidores, que consiste em usar informações dos usuários para publicidade direcionada, ou seja, a lógica da acumulação passa a funcionar de maneira a utilizar as informações dos perfis dos usuários das redes para disseminar anúncios de publicidade.

Não obstante, o mecanismo não ficou restrito ao Google, e logo se disseminou por toda a Internet. Sendo assim, as informações pessoais disponibilizadas, produzidas e distribuídas a todo instante pelos indivíduos usuários das redes se tornaram matéria-prima para novas transações econômicas, visto que a necessidade de determinar as preferências de indivíduos e grupos impulsionou o sistema capitalista, formando-se um novo mercado.

A extração de informação evolui para o campo da execução, de modo que os padrões de comportamento passam a ser objeto de transações, pois garantem resultados financeiros. Isso ocorre porque as tecnologias se desenvolveram de tal forma que proporcionaram a possibilidade de prever comportamentos e interferir nestes. Com isso, as programações passam a ser executadas de maneira a influir no mundo real, manipulando e modificando comportamentos, através de execução de ações tendenciosas, a fim de guiar os indivíduos em determinada direção.

> Essas intervenções são projetadas para aumentar a certeza através de certas atividades: elas incentivam, sintonizam, vigiam, manipulam e modificam o comportamento em direções específicas ao executar ações sutis, tais como inserir uma frase específica no *Feed* de notícias do *Facebook* ou desligar o motor do seu carro quando o pagamento de seguro está atrasado.[12]

Conforme alude Shoshanna Zuboff,[13] chegamos em um ponto no qual a indústria da tecnologia está comprometida em melhorar cada vez mais seus mecanismos de atração e de vigilância dos indivíduos, a fim de promover uma coleta de informações e previsão comportamental

---

[12] ZUBOFF, Shoshanna. *A era do capitalism de vigilância*: a luta por um futuro humano na nova fronteira do poder. (Trad. George Schlesinger). Rio de Janeiro: Intrínseca, 2021. p. 234.

[13] ZUBOFF, Shoshanna. *A era do capitalism de vigilância*: a luta por um futuro humano na nova fronteira do poder. (Trad. George Schlesinger). Rio de Janeiro: Intrínseca, 2021. p. 19.

mais eficiente a respeito dos usuários. Assim, a economia entra em uma nova fase, na qual a monetização de dados adquiridos faz surgir um novo sistema capitalista, o capitalismo de vigilância. Vivemos, então, em uma nova ordem econômica, na qual os dados pessoais, a previsão comportamental dos indivíduos e a possibilidade de intervir nas decisões passam a ser objetos de transações ocultas, com fins comerciais.

O capitalismo de vigilância deve o seu sucesso a uma colisão destrutiva de duas forças históricas opostas, quais sejam: a crise da produção em massa e o surgimento da nova economia com especialização flexível, em conjunto com as décadas de elaboração e implementação do neoliberalismo econômico, com a consequente transformação social, vez que a autodeterminação psicológica e moral dos indivíduos se alterou.[14]

O mundo virtual gera imensuráveis consequências no mundo real, visto que a vida cotidiana é diretamente influenciada por estes mecanismos e os usuários sequer possuem o conhecimento necessário sobre como estes podem ser nocivos.

Essas informações passaram a ser utilizadas para fundamentar tomadas de decisões econômicas, políticas e sociais, afetando a vida em sociedade, a economia e a democracia. Nesse sentido, cumpre mencionar certos acontecimentos que causaram um enorme impacto social. Em 2013, Edward Snowden, na época agente da *NSA – Agência Nacional de Segurança dos Estados Unidos – trouxe a público documentos ultrassecretos que comprovavam o esquema de espionagem do governo americano, o qual exercia constante vigilância dos cidadãos, sem que eles tivessem qualquer conhecimento, para fundamentar tomadas de decisões políticas.*

Em 2018, o escândalo envolvendo a empresa de análise de dados *Cambridge Analytica* e o *Facebook* chamou a atenção do mundo inteiro. De acordo com os jornais *The New York Times* e *The Guardian*, o *Facebook* havia repassado para *Cambridge Analytica* dados pessoais de seus usuários, sem o consentimento destes. Esses dados teriam contribuído para manipular a política em larga escala, com uma possível interferência nas eleições dos Estados Unidos em 2016 e na campanha do *Brexit* em 2017.

Esses acontecimentos retratam perfeitamente o funcionamento do capitalismo de vigilância, contudo, geralmente, as transações advindas desse fenômeno envolvem interesses econômicos. A diferença consiste no fato de que as transações supracitadas foram utilizadas para fins políticos e não comerciais, razão pela qual causaram um grande impacto

---

[14] ZUBOFF, Shoshanna. *A era do capitalism de vigilância*: a luta por um futuro humano na nova fronteira do poder. (Trad. George Schlesinger). Rio de Janeiro: Intrínseca, 2021. p. 45.

e comoção social. Diante disso, a extração e o compartilhamento de dados pessoais repercutem não apenas no âmbito econômico, mas também nas relações sociais e políticas.

Observa-se que quanto maior a precisão sobre os dados, as preferências, os padrões de comportamento, as emoções e as vulnerabilidades dos indivíduos, maiores são os lucros alcançados, enquanto a anuência do titular das informações não é necessária para que as transações se concretizem. Por essa razão, pode-se conceituar o capitalismo de vigilância como uma nova ordem econômica na qual a experiência humana é a matéria prima gratuita para transações comerciais ocultas de extração de dados pessoais e de previsão de comportamentos futuros. É um movimento que busca impor ordens coletivas baseadas em certeza absoluta, gerando uma expropriação de direitos humanos essenciais, que pode ser compreendida como a destituição da soberania das pessoas.[15]

Dito isso, o tratamento de dados pessoais se tornou um assunto que deve suscitar maior interesse, atenção e cuidado dos usuários, ao mesmo tempo em que a demanda pelos serviços de extração, armazenamento e compartilhamento de dados cresceu sem precedentes, o que faz com que os mecanismos que atuam nesse cenário se multipliquem e sejam utilizados para as mais diversas finalidades, principalmente, por fornecedores que visam a obter informações precisas sobre consumidores, de modo que possam realizar sua segmentação de acordo com características comuns. Por esta razão, diante da complexidade da problemática apresentada, a presente pesquisa se ocupa em analisar as consequências do fenômeno nas relações de consumo, em razão da ampla atuação dos fornecedores nas transações em análise.

4 Os impactos da extração e compartilhamento de dados nas relações de consumo

Os fornecedores estão presentes de maneira recorrente nas transações econômicas provenientes de extração e compartilhamento de dados, visto que buscam a redução de riscos da sua atividade e a garantia de uma resposta direta dos consumidores. Além disso, são motivados pelas demais facilidades provenientes do uso do meio digital e dos mecanismos de extração e compartilhamento de dados pessoais.

---

[15] ZUBOFF, Shoshanna. *A era do capitalism de vigilância*: a luta por um futuro humano na nova fronteira do poder. (Trad. George Schlesinger). Rio de Janeiro: Intrínseca, 2021.

Nesse sentido, a ameaça passa a ser representada pelas milhares de empresas que coletam, armazenam e processam dados, as quais atuam, portanto, como provedores e receptores do amplo fluxo informacional disseminado pela navegação no mundo digital.

Fato é que, naturalmente, algumas empresas possuem maior acúmulo de informações que outras, por circunstâncias operacionais e funcionais, em decorrência do serviço ou produto oferecido. Entretanto, mesmo as relações de consumo que se consolidam de maneira analógica, ou seja, as que fogem da lógica do mercado virtual, efetuam a coleta de dados com o uso de mecanismos digitais, dessa forma, os consumidores não conseguem mais escapar do fornecimento de seus dados pessoais através de meios digitais, e nem da tendência a contratações digitais.

Sendo assim, a problemática necessita de atenção, visto que a coleta, a extração e o compartilhamento de dados pessoais trazem inúmeras consequências aos consumidores. Inicialmente, as contratações digitais provenientes de navegações em sites, aplicativos e redes sociais são problemáticas no que tange aos métodos de aceite dos termos de uso e das políticas de extração e uso de dados pessoais – quando presentes – visto que os indivíduos são compelidos a fornecer suas informações pessoais e de navegação caso necessitem prosseguir navegando, pois inexiste qualquer possibilidade de negociação ou modulação dos dados a serem fornecidos.

Além disso, os consumidores disponibilizam informações excessivas aos fornecedores, em detrimento do déficit informacional existente, o que configura a condição de assimetria informacional do consumidor e, por conseguinte, da vulnerabilidade algorítmica, que surge em conjunto com o avanço da segmentação do marketing e da publicidade direcionada, em decorrência da atuação massiva dos sistemas de algoritmos que, com o excesso de informações obtidas, funcionam de maneira a influenciar consumidores a adquirirem cada vez mais produtos, aumentando, portanto, o assédio de consumo e o consumismo, conforme será abordado nas seções seguintes.

4.1 O consentimento involuntário do consumidor

Para que a privacidade e a autonomia do consumidor sejam asseguradas, é imprescindível que seus dados sejam disponibilizados mediante o seu consentimento livre e informado, ou seja, é necessário que esteja de acordo com o fornecimento de suas informações pessoais, bem como com o tratamento que lhes será destinado.

Na era da informação, a privacidade passa a estar associada à noção de autodeterminação informativa, na qual o indivíduo é responsável pelas decisões sobre a utilização de seus dados pessoais, de modo que lhe deve ser assegurada a possibilidade de conhecer e controlar a obtenção, o tratamento e a transmissão de informações, ou seja, a proteção também abrange a liberdade e o poder de discernir, decidir e agir sobre o uso de suas informações pessoais.

Diante disso, é adequado que seja fornecido ao titular fácil acesso à forma e duração do tratamento de seus dados, à identificação do controlador, a informações sobre o uso e compartilhamento de dados e a sua finalidade. Contudo, não é o que ocorre na realidade, visto que o consentimento dos titulares sobre a cessão de suas informações pessoais não é obtido de forma adequada.

A ausência de consentimento é recorrente nos mecanismos de extração de dados que funcionam mediante vigilância, posto que, conforme exposto anteriormente, as transações são ocultas em sua totalidade, ou seja, pressupõem automaticamente a inexistência de consentimento livre e informado dos indivíduos. Além disso, são mecanismos dotados de tamanha complexidade, que qualquer especificação do fluxo de informações se torna inviável.

De onde vêm essas informações? Nas palavras de seus inventores, elas "podem ser deduzidas". Suas novas ferramentas permitem criar perfis por meio da integração e análise dos hábitos de pesquisa de um internauta, dos documentos solicitados e de uma infinidade de outros sinais de comportamento on-line, mesmo quando os usuários não fornecem diretamente essas informações pessoais. O perfil do usuário, previnem os inventores, "pode ser criado (ou atualizado ou expandido) mesmo que nenhuma informação explícita seja fornecida ao sistema". Assim, eles manifestam sua vontade e sua capacidade de superar quaisquer atritos relativos aos direitos de decisão dos usuários.[16]

Nesse sentido, tais mecanismos não se ocupam em assegurar o consentimento voluntário dos indivíduos, visto que, mesmo que não ocorra qualquer cessão de informações por parte de seus titulares, estas acabam sendo "deduzidas" em decorrência do avanço do sistema de algoritmos. Ou seja, basta o indivíduo utilizar o meio digital, uma única

---

[16] ZUBOFF, Shoshanna. *Um capitalismo de vigilância. Le monde diplomatique.* 03 jan. 2019. Disponível em: https://diplomatique.org.br/um-capitalismo-de-vigilancia/. Acesso em 26 dez. 2020.

vez sequer, para fazer parte da ampla gama de extração e disseminação de informações.

Além disso, mesmo que haja "consentimento", este não se dá de maneira voluntária, pois o uso da internet se naturalizou de tal forma que os usuários navegam nas redes porque necessitam, sendo assim, ao acessar determinado site ou utilizar determinada rede social, não calculam o ônus que lhes é imposto, qual seja, de serem compelidos a fornecerem as suas próprias informações de navegação, os chamados *"cookies"*, para que estas sejam objeto de transações econômicas que filtram suas preferências e se transformam em estratégias de mercado, beneficiando, portanto, os provedores de navegação e possíveis anunciantes.

Destarte, mesmo que reflitam sobre o uso dos *cookies*, não lhes é garantido qualquer direito de impugnação sobre o tratamento dos dados ou acesso a mais informações, o que viola a transparência da coleta de dados e a autodeterminação informativa dos titulares. Dessa forma, o consentimento involuntário configura uma violação à privacidade do consumidor, visto que ele fica impedido de modular ou selecionar os dados que deseja fornecer às empresas, bem como decidir não fornecer quaisquer dados, pois se encontra em um contexto de contrato de adesão.[17]

Com as legislações que surgiram em diversos países com a máxima de garantir a Proteção de Dados – como exemplo a Lei Geral de Proteção de Dados (Lei Federal nº 13.709/2018), a qual passou a vigorar em setembro de 2020 no Brasil, alguns sites passaram a inserir abas que informam o uso de *Cookies* e exigem que o usuário preste sua anuência através de um clique, enquanto outros apenas adicionaram abas informando o uso de *cookies*, sem exigir a anuência dos usuários. Contudo, caso o usuário não preste a sua ciência sobre o uso das informações, fica impedido de prosseguir navegando. Dessa forma, o indivíduo é compelido a prestar ciência caso haja necessidade de acessar o site, o que não configura consentimento voluntário.

> Muitas vezes, o usuário clica para aceitar os termos ou os *cookies* dos endereços eletrônicos sem ao menos entender que acaba de conceder a empresa alguns dados mínimos que serão continuamente utilizados

---

[17] MAZIVIERO, Luiza Nobre; ROCHA, Luiz Alberto. Por um clique: como a Lei Geral de Proteção de Dados Pessoais possibilidade o "consentimento involuntário de fornecimento de informações de Particulares a Empresas. *In*: VERBICARO, Dennis; VERBICARO, Loiane; VIEIRA, Janaina (Coord.). *Direito do consumidor digital*. Rio de Janeiro: Lumen Juris, 2020. p. 13.

para filtrar as preferências pessoais e servir de estratégias de mercado. Entende-se que o tal "consentimento" não é tão informado e inequívoco como o legislador gostaria que fosse.[18]

Nesse sentido, as legislações foram omissas ao não conceder aos consumidores o direito de impugnação sobre os dados a serem coletados e a sua finalidade, visto que o consentimento não é voluntário quando não ocorre mediante um processo esclarecido e refletido, e principalmente, quando não é assegurado ao consumidor outras possibilidades senão a concordância dos termos em sua integralidade. Dessa forma, cabe aos mecanismos de proteção ao consumidor que desenvolvam métodos para que o consentimento ocorra de maneira clara, esclarecida e efetivamente voluntária no que tange à cessão de suas informações pessoais.

Por enquanto, a ausência de consentimento é naturalizada pelos mecanismos que atuam por vigilância, e o consentimento involuntário é consequência dos problemáticos métodos de aceite no mundo virtual, bem como da impossibilidade de negociação e do grande déficit informacional existente. Tais fatores são determinantes para a vulnerabilidade agravada do consumidor no ambiente digital, conforme será demonstrado na seção seguinte.

4.2 Assimetria informacional e vulnerabilidade algorítmica do consumidor digital

Em sendo a vulnerabilidade um conceito tão caro ao Direito do Consumidor, seja por integrar o conceito de consumidor, seja por constituir um de seus princípios estruturantes, não poderia ficar estagnada no tempo.

Ao contrário, está em constante atualização, pois além de sua acepção econômica, que justificou a criação das desigualdades jurídicas de tratamento em favor do consumidor por não ter como participar do processo produtivo (art. 4, I, CDC), é possível analisá-la sob a perspectiva comportamental diante do fenômeno do assédio de consumo; sob viés situacional, diante da hiperconfiança do consumidor em sua arriscada imersão tecnológica; como também, mais recentemente, numa dimensão

---

[18] MAZIVIERO, Luiza Nobre; ROCHA, Luiz Alberto. Por um clique: como a Lei Geral de Proteção de Dados Pessoais possibilitou o "consentimento involuntário de fornecimento de informações de Particulares a Empresas. *In*: VERBICARO, Dennis; VERBICARO, Loiane; VIEIRA, Janaina (Coord.). *Direito do consumidor digital*. Rio de Janeiro: Lumen Juris, 2020. p. 11.

algorítmica, pela coleta indevida e utilização mercadológica de seus dados pessoais, mediante um consentimento involuntário.

Nesse contexto, o consumidor, diante da disposição de seus dados pessoais, passa a ser a própria mercadoria, uma vez que suas informações são dinamizadas e utilizadas pelo mercado, seja para um direcionamento publicitário invasivo, através de programas de inteligência artificial, seja pelo risco de exposição dessas informações sensíveis em plataformas inseguras e eventual uso ilícito dos referidos dados, daí porque se fala numa nova espécie de vulnerabilidade para melhor aprimorar a proteção do consumidor, a saber: a algorítmica.

Portanto, inegável que existente uma grande assimetria informacional e o agravamento da condição de vulnerabilidade do consumidor no ambiente virtual.

De acordo com Cláudia Lima Marques,[19] a concentração do controle informacional, técnico e de linguagem do fornecedor, em detrimento do conhecimento e da falta de controle do consumidor, bem como, a alta complexidade das transações virtuais e a pluralidade inerente ao mundo virtual são fatores que contribuem para a condição de vulnerabilidade do consumidor no ambiente digital.

Ademais, conforme exposto anteriormente, a impossibilidade de negociação e flexibilização das cláusulas contratuais as configura não como cláusulas contratuais comuns, mas como imposições do fornecedor, visto que o consumidor tem que concordar com todos os termos, e principalmente com a extração de dados em sua integralidade, se quiser continuar navegando nas redes, obter o produto ou o serviço, e negociar com empresa.

Esse condicionamento do usuário de aceitar para só então poder usar o serviço configura violação ao direito do consumidor, pois as empresas se aproveitam da vulnerabilidade deste para lucrar e impor termos que trazem consequências desconhecidas a ele, como a coleta e o armazenamento de dados para futuras estratégias de marketing digital.[20]

---

[19] MARQUES, Cláudia Lima. *Confiança no comércio eletrônico e a proteção do consumidor*: um estudo dos negócios jurídicos de consumo no comércio eletrônico. São Paulo: Revista dos tribunais, 2004. p. 73.

[20] MAZIVIERO, Luiza Nobre; ROCHA, Luiz Alberto. Por um clique: como a Lei Geral de Proteção de Dados Pessoais possibilidade o "consentimento involuntário de fornecimento de informações de Particulares a Empresas. *In*: VERBICARO, Dennis; VERBICARO, Loiane; VIEIRA, Janaina (Coord.). *Direito do consumidor digital*. Rio de Janeiro: Lumen Juris, 2020. p. 14.

Sendo assim, os mecanismos de defesa e proteção ao consumidor esbarram nas características inerentes ao contexto digital em diversos aspectos. Dentre os quais, destaca-se a situação de vulnerabilidade agravada em razão do desequilíbrio informacional exacerbado entre consumidores e fornecedores, visto que os fornecedores possuem uma quantidade excessiva de informações sobre os consumidores, enquanto estes não possuem conhecimento suficiente sobre as empresas e os demais aspectos referentes às transações econômicas. Portanto, existe uma grande debilidade informativa sobre o fluxo de dados pessoais, e das complexidades inerentes às transações em geral, visto que todas as informações são disponibilizadas a critério do fornecedor.

Conforme aduz Mendes,[21] relacionamentos exigem que cada parte tenha conhecimento sobre a outra, o que se tornou possível a partir das tecnologias da informação. Entretanto, nas relações de consumo, tal conhecimento é extremamente assimétrico, visto que a empresa conhece o consumidor, enquanto este não conhece a empresa. O conhecimento exacerbado a respeito do consumidor é fruto da massiva coleta de dados pessoais deste, em detrimento da sua perda de controle no que tange ao fluxo de suas informações pessoais, sendo assim, a única opção disponível aos consumidores é confiar que as empresas darão uma destinação adequada às informações coletadas.

No entanto, surge, nesse cenário, como capitalismo de vigilância, a garantia de sucesso na busca por lucratividade e pela diminuição de riscos das empresas. Dessa forma, grande parte das informações extraídas são utilizadas para fins de mais vigilância, para que os fornecedores possuam perfis mais exatos de preferências, vulnerabilidades e comportamento de consumidores ou possíveis consumidores, especialmente no ambiente das redes e mídias sociais.

> Esse *imperativo de extração* resultou em economias de escala que proporcionariam uma vantagem competitiva única no mundo, em um mercado no qual os prognósticos dos comportamentos individuais representam um valor que se compra e se vende. Mas, sobretudo, o espelho unidirecional simboliza as relações sociais de vigilância particulares baseadas em uma espetacular assimetria de conhecimento e poder.[22]

---

[21] MENDES, Laura Schertel. *Privacidade, proteção de dados e defesa do consumidor*: linhas gerais de um novo direito fundamental. São Paulo: Saraiva, 2014.

[22] ZUBOFF, Shoshanna. *Um capitalismo de vigilância. Le monde diplomatique.* 03 jan. 2019. Disponível em: https://diplomatique.org.br/um-capitalismo-de-vigilancia/. Acesso em 26 dez. 2020.

Nesse sentido, todos se tornaram "consumidores de vidro", visto que, com tantas informações coletadas e processadas a respeito dos indivíduos, é como se as empresas vissem por dentro de cada um, porém, sem considerar os interesses desses próprios indivíduos no que tange à massiva coleta e compartilhamento de suas informações pessoais.

Ademais, o uso contínuo das mídias e redes sociais submeteu os consumidores a mecanismos programados para influir em seu cotidiano, em decorrência da quantidade excessiva de informações extraídas e compartilhadas a todo instante, entre empresas e plataformas digitais, a respeito de comportamentos, preferências e vulnerabilidades de seus usuários. Dessa forma, o uso excessivo da internet associado ao desequilíbrio informacional das relações de consumo e a tendência de segmentação do marketing contribuíram para a evolução dos mecanismos de algoritmos e para a caracterização da vulnerabilidade algorítmica do consumidor.

Com isso, em busca de maiores ganhos econômicos pelos fornecedores e provedores de navegação, as publicidades direcionadas no meio virtual ganham destaque, visto que conseguem influenciar e guiar o consumidor digital em uma direção, qual seja, a compra de produtos e serviços em quantidade cada vez maior, pois esse tipo de abordagem desperta desejos nos indivíduos que não existiriam se não fosse em decorrência dela.

4.3 O consumismo decorrente da publicidade direcionada no meio virtual

Conforme exposto anteriormente, a crise da produção em massa no setor econômico proporcionou o desenvolvimento de uma produção flexível de produtos e serviços. Nesse sentido, o modelo flexível da economia apresenta a tendência da customização do marketing e da produção, ou seja, tal modelo de produção fornece bens e serviços com uma variedade suficiente para criar e fidelizar diferentes segmentos de consumidores.

As empresas investem na diferenciação de produtos e serviços para adquirir vantagens competitivas e aumentar a lucratividade, o que exige também uma alteração na realização do marketing. Contudo, para alcançar tal objetivo, é imprescindível que haja uma coleta massiva de informações sobre os consumidores. Dessa forma, as empresas adquirem a capacidade de ofertar produtos especializados e qualificados, bem como de direcionar a publicidade de maneira especializada. Portanto, a economia passa a exigir para o seu funcionamento, uma quantidade enorme de dados pessoais.[23]

A obtenção de informações sobre os consumidores é um pressuposto para a adaptação e diversificação dos produtos e serviços para diferentes segmentos de clientes, e dessa forma, o tratamento de dados pessoais pelas empresas privadas objetiva atingir uma maior previsibilidade e diminuição de riscos e mais interação com o consumidor.

Ocorre que a vigilância sobre os consumidores acarreta um ciclo ininterrupto de obtenção de informações, visto que a informação gerada por vigilância não traz segurança ou certeza, apenas gera maior necessidade de informações sobre os riscos existentes e, por consequência, de mais vigilância.[24]

Dessa forma, pode-se afirmar que a produção customizada relaciona-se ao marketing customizado, que por sua vez, relaciona-se à vigilância do cliente. Nesse cenário, com o advento das redes sociais e das grandes plataformas digitais, bem como das publicidades direcionadas, houve uma completa alteração na maneira pela qual as empresas obtêm a atenção dos indivíduos, visto que, a partir de informações sobre preferências, comportamentos e vulnerabilidades dos consumidores, a publicidade os atinge diretamente, despertando um desejo de aquisição de bens de consumo.

> A invenção, explicam, buscaria "estabelecer as informações dos perfis do usuário e usá-las para a disseminação de anúncios". Em outras palavras, o Google não se contentaria mais em extrair dados comportamentais para melhorar seus serviços. Ele passaria a ler o pensamento dos usuários a fim de fazer os anúncios corresponderem aos seus interesses, que, por sua vez, seriam deduzidos dos traços colaterais do comportamento on-line. A coleta de novos conjuntos de dados, denominada User Profile Information, melhoraria consideravelmente a precisão dessas previsões. [...]
>
> A *economia de vigilância* baseia-se em um princípio de subordinação e hierarquia. A velha reciprocidade entre as empresas e os usuários desaparece por trás do projeto de extrair excedentes de nosso comportamento para fins concebidos por outros – vender publicidade. Nós não somos mais os sujeitos da realização do valor. Também não somos, como alguns já afirmaram, o "produto" vendido pelo Google. Somos os

---

[23] MENDES, Laura Schertel. *Privacidade, proteção de dados e defesa do consumidor*: linhas gerais de um novo direito fundamental. São Paulo: Saraiva, 2014.

[24] MENDES, Laura Schertel. *Privacidade, proteção de dados e defesa do consumidor*: linhas gerais de um novo direito fundamental. São Paulo: Saraiva, 2014.

objeto cuja matéria é extraída, expropriada e em seguida injetada nas usinas de inteligência artificial, as quais fabricam os *produtos preditivos* que são vendidos a clientes reais – as empresas que pagam para jogar nos novos mercados comportamentais.[25]

Esses anúncios invadem a privacidade e a liberdade de escolha dos indivíduos, visto que, na internet, através dos *cookies*, os dados que são deixados pelos consumidores são utilizados para monitorar o seu comportamento e os seus atos de consumo, para então desenvolver a publicidade comportamental dos consumidores, usadas como estratégias de mercado para direcionar a oferta de produtos e serviços e, consequentemente, aumentar as vendas.

Diante disso, as empresas privadas atuam ora como receptoras de informação, ora como provedoras de informação. Existem diversos benefícios para os fornecedores na publicidade eletrônica em comparação com a analógica, razão pela qual as empresas migraram para o meio virtual para efetuar o marketing segmentado. Inicialmente, o custo do investimento em publicidade de redes sociais é menor se comparado a outros mecanismos, além disso, existe a possibilidade da resposta direta e imediata do consumidor, ou seja, ao visualizar o anúncio, com apenas um clique, o consumidor pode adquirir o produto ou o serviço, o que aumenta as chances de sucesso daquele anúncio.

Ademais, existe uma mudança de comportamento do consumidor, posto que ele deixa de ser apenas um receptor de informação e se torna também um produtor e distribuidor de conteúdo, o que possibilita que as empresas atuem de maneira mais próxima e direta por intermédio da publicidade direcionada, e com isso, desperte um desejo de aquisição de bens de consumo, o qual não surgiria se não fosse em decorrência daquele anúncio.

Nesse sentido, a publicidade nas redes sociais é um estímulo ao consumismo, o qual, de acordo com o sociólogo Zygmunt Bauman,[26] é um atributo da sociedade, que surge quando o consumo se torna um ponto central na vida humana, quando a capacidade de querer, desejar e experimentar tais emoções repetidas vezes, de fato, passou a sustentar a economia.

---

[25] ZUBOFF, Shoshanna. *Um capitalismo de vigilância. Le monde diplomatique.* 03 jan. 2019. Disponível em: https://diplomatique.org.br/um-capitalismo-de-vigilancia/. Acesso em 26 dez. 2020.

[26] BAUMAN, Zygmunt. *Vida para consumo*: a transformação das pessoas em mercadorias. Trad. Carlos Alberto Medeiros. Rio de Janeiro: Jorge Zahar, 2008. p. 39.

Novas necessidades exigem novas mercadorias, que por sua vez, exigem novas necessidades e desejo; o advento do consumismo inaugura uma era de "obsolescência embutida" dos bens oferecidos no mercado. [...] A instabilidade dos desejos e a insaciabilidade das necessidades, assim como a resultante tendência ao consumo instantâneo e a remoção, também instantânea, de seus objetos, harmonizam-se bem com a nova liquidez do ambiente em que as atividades existenciais foram inscritas e tendem a ser conduzidas no futuro previsível.[27]

Vivemos na era do desfrute imediato de prazeres, um ambiente líquido-moderno, no qual os indivíduos buscam satisfação pessoal através do ato de consumir bens, que geralmente não lhes são essenciais ou necessários. Sendo assim, o marketing direcionado contribui em larga escala para que o consumismo se manifeste de uma maneira jamais antes vista, estimulando também uma sensação de frustração nos consumidores que buscam validação mediante aquisição de produtos e serviços.

Isso ocorre porque os consumidores passaram a lidar com um maior assédio de consumo no ambiente virtual, o que causa um aumento do sentimento de frustração nesses indivíduos, visto que, mesmo após a aquisição do produto ou serviço, o assédio de consumo não cessa, assim como a necessidade de continuar adquirindo produtos e serviços em busca de felicidade, aceitação e pertencimento. Ademais, cumpre mencionar que o consumismo contribui para o superendividamento, em decorrência de decisões irrefletidas proporcionadas e impulsionadas pelo ambiente do mercado virtual.

Sendo assim, os mecanismos de extração de dados atuam de maneira a garantir exatidão acerca de preferências, necessidades e vulnerabilidades de cada um, dessa forma, o "assédio" ocorre de maneira mais séria, trazendo consequências na realidade, e um sentimento de frustração mais profundo. Nesse diapasão, cumpre mencionar que as publicidades direcionadas no meio digital foram negligenciadas por todas as legislações que objetivam regular o uso do meio digital, como exemplo do Marco Civil da Internet (Lei Federal nº 12.965/2014) e da Lei Geral de Proteção de Dados (Lei Federal nº 13.709/2018). Portanto, é necessário e imprescindível que os mecanismos de proteção e defesa do consumidor atuem nesse sentido, de maneira a regular e a estabelecer limitações para a prática da publicidade direcionada no meio virtual.

---

[27] BAUMAN, Zygmunt. *Vida para consumo*: a transformação das pessoas em mercadorias. Trad. Carlos Alberto Medeiros. Rio de Janeiro: Jorge Zahar, 2008. p. 45.

4.4 As práticas discriminatórias

O acúmulo e a propagação de informações pessoais de indivíduos também podem ser atividades nocivas quando utilizadas para classificar os indivíduos em categorias ou fundamentar tomadas de decisões discriminatórias, como por exemplo, para impedir que o consumidor tenha acesso a um determinado bem de consumo ou à prestação de um serviço.

No Brasil, os órgãos de proteção ao crédito inauguram os bancos de dados cadastrais de consumidores, que são utilizados pelos fornecedores como uma ferramenta de controle de riscos de suas atividades, proporcionado pelo armazenamento de informações pessoais de terceiros, para o uso em operações de consumo. Exemplos disso são o SPC e o SERASA, que atuam de maneira a obter, organizar, armazenar e divulgar informações financeiras e patrimoniais, geralmente, dos consumidores aos fornecedores, com objetivo de subsidiar o exame destes da conveniência da celebração do contrato.[28]

> Dessa forma, os serviços prestados pelas entidades arquivistas tentam suprir, exatamente a falta de informações acerca dos candidatos à concessão de crédito. Essas entidades, portanto, funcionam como um terceiro que influencia na realização dos negócios jurídicos, sendo certo que, sem essas informações, a atividade de concessão de crédito se tornaria demasiadamente arriscada, como nos contratos antigos feitos simplesmente por meio do princípio da confiança.[29]

Nesse sentido, o funcionamento de tais entidades é regido por diversos regramentos e princípios, como exemplo o do dever de informação e aconselhamento ao consumidor, para que, dessa forma, possam funcionar como instrumentos hábeis e efetivos ao controle de contratos de crédito, e não como mecanismos capazes de estimular condutas discriminatórias, classificando consumidores entre "bons" e "maus pagadores".

Entretanto, com a massiva extração de dados pessoais dos indivíduos a todo instante, o acervo particular de cada empresa privada se torna um "banco de dados" capaz de substituir os órgãos de proteção ao crédito, especialmente para cumprir com a finalidade que os órgãos

---

[28] GUIMARÃES, Felipe. *Direito do Consumidor Superendividado*: perspectivas para uma Tutela Jurídico-Econômica no Século XXI. Rio de Janeiro: Lumen Juris, 2017. p. 117.

[29] GUIMARÃES, Felipe. *Direito do Consumidor Superendividado*: perspectivas para uma Tutela Jurídico-Econômica no Século XXI. Rio de Janeiro: Lumen Juris, 2017. p. 119.

de proteção ao crédito buscaram se eximir, qual seja, o uso do mecanismo como ferramenta capaz de analisar e classificar pessoas de maneira discriminatória. Visto que é fato que as grandes empresas tomam as suas decisões de investimento referentes a estratégias, produção e locação de pontos de venda, baseada em análises a respeito da renda, preferências e comportamento de seus clientes.

Não obstante, o enorme processamento de dados pessoais por empresas para justificar tomadas de decisões proporciona a classificação das pessoas em categorias a partir da avaliação de seus riscos e, com isso, ocorre a discriminação do acesso a determinados bens e serviços. Sendo assim, existe uma ameaça à personalidade do consumidor e ao equilíbrio do mercado de consumo como um todo, visto que o fluxo de dados pode ser utilizado para limitar o acesso dos consumidores a bens e serviços, selecioná-los e classificá-los de maneira discriminatória, o que consiste na diminuição da autonomia do consumidor, bem como no risco de ser discriminado no mercado de consumo.[30]

Nesse sentido, o consumidor perde o controle sobre as suas próprias informações que circulam no mercado de consumo e na sociedade, visto que não pode determinar quais informações podem ser utilizadas para tomada de decisões que influenciem a sua vida. Além disso, pode ter negado o acesso a bens e serviços, ou sofrer com a redução de chances e oportunidades, em decorrência de informações armazenadas em bancos de dados que são utilizadas de forma discriminatória. Dessa forma, observa-se a importância de informações adquiridas por empresas serem analisadas e tratadas com muita atenção e cautela, para não incidir em qualquer tipo de prática discriminatória contra consumidores.

5 Considerações finais

Ao final, observa-se que a evolução da economia, dos meios de produção e do sistema capitalista foram essenciais para a construção de uma nova sociedade, caracterizada pelo surgimento de novas tecnologias de informação, dentre as quais se destacam o advento da Internet, das redes sociais e dos *smartphones*.

O meio virtual trouxe um ônus para o seu funcionamento e manutenção, qual seja, a coleta e o compartilhamento de dados pessoais

---

[30] MENDES, Laura Schertel. *Privacidade, proteção de dados e defesa do consumidor*: linhas gerais de um novo direito fundamental. São Paulo: Saraiva, 2014.

de seus usuários. Diante disso, a prática corriqueira de extração e venda de dados pessoais fez com que surgisse uma nova ordem econômica, na qual as transações têm como objetivo a previsão comportamental dos indivíduos, as suas preferências e vulnerabilidades, o que torna os perfis virtuais dos usuários cada vez mais precisos, e assim, fornecedores e provedores de navegação são beneficiados pelo alto lucro proveniente dessas transações econômicas.

Esse fenômeno ficou conhecido como capitalismo de vigilância, e trouxe consequências para a política, para a economia, para a democracia e para a sociedade como um todo. Nesse cenário, efetuar uma análise sobre as transformações causadas nas relações de consumo faz-se necessário, pois demonstra de forma clara o funcionamento desse fenômeno no mundo real, visto que os consumidores foram especialmente afetados pelo uso de mecanismos de extração e compartilhamento de dados, em razão da presença em grande monta de fornecedores nessas transações, atuando em busca de obter perfis precisos de consumidores e possíveis consumidores, e dessa forma, efetuar a segmentação do marketing e da produção de bens e serviços.

Dessa forma, o custo pago pelos consumidores para utilizarem os mecanismos digitais vem aumentando sem precedentes, visto que a internet se tornou uma extensão do mundo real, sendo assim, torna-se impossível não estar inserido na lógica dos sistemas de algoritmos e de vigilância. E diante da transição do consumo do analógico para o digital, os mecanismos de proteção e defesa do consumidor não conseguiram evoluir em conjunto com os avanços tecnológicos, regular de maneira adequada tais práticas nocivas e, tampouco, proporcionar amparo jurídico digno aos envolvidos.

Nesse sentido, os consumidores continuam sem a opção de não ceder suas informações pessoais ou modular os dados que desejam fornecer quando acessam sites ou redes sociais; além disso, não possuem fácil acesso ao fluxo de seus dados fornecidos ou extraídos, em razão da complexidade do meio virtual das políticas de privacidade invasivas. Portanto, os consumidores se tornaram matéria-prima gratuita da nova ordem econômica que funciona por vigilância e, dessa forma, sofrem interferência na vida cotidiana sem possuir conhecimento suficiente sobre tais mecanismos e tampouco fornecer o livre consentimento para tanto, o que, inclusive, configura violação a direitos, visto que os dados são de propriedade dos titulares.

Dentre as consequências nocivas elencadas na pesquisa, destaca-se a grande assimetria informacional no meio digital, pois as informações são fornecidas a critério do fornecedor e, além disso, o meio virtual impõe uma linguagem técnica e riscos ocultos que, atrelada à tão difundida hiperconfiança, maculam a plena liberdade de escolha do consumidor. Da mesma forma, o controle preventivo e os mecanismos de responsabilidade são insuficientes, mesmo como o advento da Lei Federal nº 13.709/2018 (Lei Geral de Proteção de Dados) e de seu necessário diálogo com a Lei nº 8.078/90 (Código de Defesa do Consumidor), muito será necessário avançar, sobretudo na concepção e execução de uma Política Nacional de Proteção de Dados e melhor aparelhamento da Autoridade Nacional de Dados, criada pela LGPD.

Deve-se resgatar a participação do Estado na confecção e execução (ao lado da sociedade civil e dos agentes econômicos) de uma verdadeira Política Nacional para a Tutela de Dados Pessoais no Brasil, implementando compromissos éticos, diretrizes para atuação das plataformas eletrônicas, tais como mecanismos de monitoramento periódico, modelos de *compliance* que valorizem não apenas a transparência na coleta e tratamento dos dados, mas também que imponham o dever ético de assumir, junto às autoridades e aos consumidores prejudicados, falhas de segurança e, desde logo, busquem assumir responsabilidades e mitigar os danos imediatamente causados e aqueles que ainda se materializarão no futuro, sem prejuízo da aplicação rigorosa das sanções administrativas previstas na LGPD.

Da mesma forma, a atuação administrativa no cumprimento de diretrizes governamentais oriundas de uma política pública para a tutela de dados pessoais tem grande potencial para repercutir diretamente no sucesso ou na ineficácia da norma legal, daí porque a noção de autoridade política compartilhada emanada do CDC, na expressão de Verbicaro,[31] seria igualmente apropriada para a criação de um debate político qualificado entre a sociedade de consumidores, os titulares dos dados pessoais, os provedores de acesso e plataformas eletrônicas, sob a mediação responsável do Estado.

Além disso, o excesso de informação obtido por fornecedores e provedores de navegação faz com que o consumidor se torne refém do sistema de algoritmos, o qual o assedia corriqueiramente com anúncios capazes de despertar desejos de consumo que não teria senão em razão da publicidade direcionada.

Outrossim, a nova vulnerabilidade algorítmica e a publicidade direcionada são responsáveis pelo aumento do consumismo nas redes

---

[31] VERBICARO, Dennis. *Consumo e cidadania*: identificando os espaços políticos de atuação qualificada do consumidor. Rio de Janeiro: Editora Lumen Juris, 2017. p. 255.

sociais, bem como favorecem outras práticas discriminatórias, tais como o *geoprincing* e o *geoblocking*, que impedem ou restringem o acesso a bens e serviços em razão da localização, da nacionalidade ou do perfil econômico do consumidor.

Por fim, a partir do estudo sobre as causas e consequências das práticas de extração e compartilhamento de dados pessoais de consumidores, conclui-se que as mencionadas consequências nocivas decorrentes da prática podem ser mitigadas através de uma melhor redação dos regulamentos que dispõem sobre o uso e o compartilhamento de dados por empresas privadas, bem como por uma atuação incisiva dos mecanismos de proteção ao consumidor, em especial atenção às publicidades no meio virtual, as quais foram negligenciadas pela Lei Geral de Proteção de Dados e pelas demais regulamentações, e, por último, pela disseminação de informações claras e qualificadas sobre o assunto, especialmente sobre a importância da garantia da privacidade, da autonomia e da liberdade de escolha dos indivíduos e consumidores no meio digital.

Referências

BRASIL. Câmara dos deputados. Lei nº 13.709, de 14 de agosto de 2018. Lei Geral de Proteção de Dados pessoais. *Diário Oficial da União*, Brasília, 15 ago. 2018. Disponível em: http://www.planalto.gov.br/ccivil_03/_ato2015-2018/2018/lei/L13709.htm. Acesso em 26 nov. 2020.

BAUMAN, Zygmunt. *Modernidade líquida*. (Trad. Carlos Alberto Medeiros). Rio de Janeiro: Jorge Zahar, 2001.

BAUMAN, Zygmunt. *Vida para consumo*: a transformação das pessoas em mercadorias. Trad. Carlos Alberto Medeiros. Rio de Janeiro: Jorge Zahar, 2008.

CASTELLS, Manuel. *A sociedade em rede. A era da informação*: economia, sociedade e cultura. 21. ed. São Paulo: Paz&Terra, 2020. v. 1.

GUARDIAN, The. *Edward Snowden*: 'as pessoas ainda estão impotentes, mas agora estão cientes'. 04 jun. 2018. Disponível em: https://www.theguardian.com/us-news/2018/jun/04/edward-snowden-people-still-powerless-but-aware. Acesso em 04 dez. 2020.

GUARDIAN, The. *Revelado*: 50 milhões de perfis do Facebook coletados para Cambridge Analytica em grande violação de dados. 17 mar. 2018. Disponível em: https://www.theguardian.com/news/2018/mar/17/cambridge-analytica-facebook-influence-us-election. Acesso em 04 dez. 2020.

GUIMARÃES, Felipe. *Direito do Consumidor Superendividado*: perspectivas para uma Tutela Jurídico-Econômica no Século XXI. Rio de Janeiro: Lumen Juris, 2017.

LYPOVESTKY, Gilles. *A felicidade paradoxal*: ensaio sobre a sociedade do hiperconsumo. São Paulo: Companhia das Letras, 2007.

MARQUES, Cláudia Lima. *Confiança no comércio eletrônico e a proteção do consumidor*: um estudo dos negócios jurídicos de consumo no comércio eletrônico. São Paulo: Revista dos tribunais, 2004.

MAZIVIERO, Luiza Nobre; ROCHA, Luiz Alberto. Por um clique: como a Lei Geral de Proteção de Dados Pessoais possibilidade o "consentimento involuntário de fornecimento de informações de Particulares a Empresas. *In*: VERBICARO, Dennis; VERBICARO, Loiane; VIEIRA, Janaina (Coord.). *Direito do consumidor digital*. Rio de Janeiro: Lumen Juris, 2020.

MENDES, Laura Schertel. *Privacidade, proteção de dados e defesa do consumidor*: linhas gerais de um novo direito fundamental. São Paulo: Saraiva, 2014.

TIMES, The New York. *Cambridge Analytica e Facebook*: the Scandal and the Fallout So Far. 04 abr. 2018. Disponível em: https://www.nytimes.com/2018/04/04/us/politics/cambridge-analytica-scandal-fallout.html. Acesso em 04 dez. 2020.

TIMES, The New York. *NSA triplica coleta de dados de empresas de telefonia dos EUA*. 04 mai. 2018. Disponível em: https://www.nytimes.com/2018/05/04/us/politics/nsa-surveillance-2017-annual-report.html. Acesso em 04 dez. 2020.

VERBICARO, Dennis. *Consumo e cidadania*: identificando os espaços políticos de atuação qualificada do consumidor. Rio de Janeiro: Editora Lumen Juris, 2017.

ZUBOFF, Shoshanna. *A era do capitalism de vigilância*: a luta por um futuro humano na nova fronteira do poder. (Trad. George Schlesinger). Rio de Janeiro: Intrínseca, 2021.

ZUBOFF, Shoshanna. *Um capitalismo de vigilância*. Le monde diplomatique. 03 jan. 2019. Disponível em: https://diplomatique.org.br/um-capitalismo-de-vigilancia/. Acesso em 26 dez. 2020.

Informação bibliográfica deste texto, conforme a NBR 6023:2018 da Associação Brasileira de Normas Técnicas (ABNT):

VERBICARO, Dennis; OLIVEIRA, Lis Arrais. A vulnerabilidade algorítmica do consumidor: a extração e o compartilhamento indevidos de dados pessoais nas relações de consumo digitais. *In*: EHRHARDT JÚNIOR, Marcos; CATALAN, Marcos; MALHEIROS, Pablo (Coord.). *Direito do Consumidor e novas tecnologias*. Belo Horizonte: Fórum, 2021. p. 33-57. ISBN 978-65-5518-253-8.

GEOPRICING, GEOBLOCKING E DISCRIMINAÇÃO ALGORÍTMICA: PODE A LOCALIZAÇÃO SER UM DADO SENSÍVEL?

CARLOS NELSON KONDER
MARCO ANTÔNIO DE ALMEIDA LIMA

1 Introdução

Os acelerados avanços tecnológicos têm permitido um exponencial aumento na capacidade de coleta, uso e transmissão de dados, especialmente por meio de algoritmos. Por um lado, essas tecnologias têm a capacidade de facilitar nossa vida cotidiana, garantindo serviços personalizados e até mesmo possibilitando a realização de tarefas de maneira automatizada, com o objetivo de tornar certas atividades mais eficientes e rápidas.

No entanto, a reboque dos efeitos benéficos que inegavelmente são verificados na atual sociedade da informação, abrem-se também novas possibilidades de violações a manifestações fundamentais da dignidade da pessoa humana, especialmente pelo tratamento de dados pessoais de maneira discriminatória ou desigual. Mais do que isso, aponta-se que "os bancos de dados que contêm dados pessoais, tão comuns em nossos dias, proporcionam uma nova definição dos poderes e direitos sobre as informações pessoais e, consequentemente, sobre a própria pessoa".[1]

Nessa direção, com o objetivo de garantir maiores instrumentos à proteção de dados pessoais, reconhecidos como manifestação da

---

[1] DONEDA, Danilo. O direito fundamental à proteção de dados pessoais. *In*: MARTINS, Guilherme Magalhães (Coord.). *Direito privado e internet*. São Paulo: Atlas, 2014. p. 66.

personalidade dos indivíduos, foi promulgada a Lei Geral de Proteção de Dados pessoais (LGPD – Lei nº 13.709/2018). A lei regula, de maneira bem ampla, o tratamento[2] de dados pessoais, incidindo

> sobre o tratamento de dados pessoais, inclusive nos meios digitais, por pessoa natural ou por pessoa jurídica de direito público ou privado, com o objetivo de proteger os direitos fundamentais de liberdade e de privacidade e o livre desenvolvimento da personalidade da pessoa natural. (Art. 1º).

Alguns dados pessoais, no entanto, foram considerados pela LGPD merecedores de especial proteção: são os chamados dados sensíveis. Nesse sentido, o presente trabalho tem como objetivo verificar se dados de localização dos indivíduos, utilizados rotineiramente por aparelhos, aplicativos e programas que utilizam algoritmos, podem ser considerados dados sensíveis à luz das disposições da LGPD e, consequentemente, merecedores dessa tutela particular.

2 Abrangência e flexibilidade do conceito de dados sensíveis

A LGPD, paralelamente à proteção geral que oferece aos dados pessoais, determina um regime jurídico especial aos dados pessoais ditos *sensíveis*. De início, impõe-se restrição formal: o "consentimento do titular" exigido para o tratamento de quaisquer dados pessoais demanda "forma específica e destacada, para finalidades específicas" (art. 11, I) quando se trata de dados sensíveis. Além disso, há restrição nas hipóteses de tratamento de dados sem consentimento: a possibilidade de fazê-lo "quando necessário para a execução de contrato ou de procedimentos preliminares relacionados a contrato do qual seja parte o titular, a pedido do titular dos dados"; "quando necessário para atender aos interesses legítimos do controlador ou de terceiro" ou "para a proteção do crédito" (art. 7º, V, IX e X, respectivamente) não se aplica aos dados sensíveis.

Junte-se a isso hipótese específica de tratamento de dados sensíveis sem consentimento do titular, quando atuar medida para sua segurança

---

[2] Segundo o art. 5º, inciso X, o tratamento pode ser definido como "toda operação realizada com dados pessoais, como as que se referem a coleta, produção, recepção, classificação, utilização, acesso, reprodução, transmissão, distribuição, processamento, arquivamento, armazenamento, eliminação, avaliação ou controle da informação, modificação, comunicação, transferência, difusão ou extração".

e prevenção de fraude, nos processos de identificação e autenticação de cadastro em sistemas eletrônicos, mas necessariamente limitada ao prevalecimento de direitos e liberdades fundamentais do titular que exijam a proteção dos dados pessoais (art. 11, II, "g"). Por fim, mesmo nos casos de tratamento de dados sensíveis para cumprimento de obrigação legal ou regulatória pelo controlador ou para execução de políticas públicas previstas em leis e regulamentos, em que se dispensa o consentimento, o tratamento deve ser objeto de publicização, "fornecendo informações claras e atualizadas sobre a previsão legal, a finalidade, os procedimentos e as práticas utilizadas para a execução dessas atividades, em veículos de fácil acesso, preferencialmente em seus sítios eletrônicos" (art. 23, I, c/c art. 11, §2º, da Lei nº 13.709/2018).

Esse panorama ilustrativo permite a Negri e Korkmaz concluírem que, "em síntese, é possível identificar um standard de proteção mais rigoroso para os dados pessoais sensíveis em razão da sua natureza".[3] Trata-se de cenário normativo que revela a importância da diferenciação entre dados pessoais sensíveis e não sensíveis, a qual, contudo, não parece ser tão clara à primeira vista. Segundo as definições da Lei Geral de Proteção de Dados, dado pessoal é "informação relacionada a pessoa natural identificada ou identificável" (art. 5º, I) e dado sensível é "dado pessoal sobre origem racial ou étnica, convicção religiosa, opinião política, filiação a sindicato ou a organização de caráter religioso, filosófico ou político, dado referente à saúde ou à vida sexual, dado genético ou biométrico, quando vinculado a uma pessoa natural" (art. 5º, II).

O legislador optou por conceituação exemplificativa, fazendo referência a informações de caráter racial, étnico, político, sindical, religioso, filosófico, de saúde, sexual, genético ou biométrico. Essa opção costuma ser tributada à influência da legislação europeia (GDPR) sobre a LGPD que, posto não utilizar expressamente a terminologia, define da mesma forma os dados submetidos à seção "Tratamento de categorias especiais de dados pessoais".[4] Entretanto, Caitlin Mulholland

---

[3] NEGRI, Sergio Marcos Carvalho de Ávila; KORKMAZ, Maria Regina Detoni Cavalcanti Rigolon. A normatividade dos dados sensíveis na lei geral de proteção de dados: ampliação conceitual e proteção da pessoa humana. *Revista de Direito, Governança e Novas Tecnologias*, Goiânia, v. 5, n. 1, p. 63-85, jan./jun. 2019. p. 75.

[4] Art. 9º, 1. "É proibido o tratamento de dados pessoais que revelem a origem racial ou étnica, as opiniões políticas, as convicções religiosas ou filosóficas, ou a filiação sindical, bem como o tratamento de dados genéticos, dados biométricos para identificar uma pessoa de forma inequívoca, dados relativos à saúde ou dados relativos à vida sexual ou orientação sexual de uma pessoa". Sobre a influência, v. MULHOLLAND, Caitlin Sampaio. Dados pessoais sensíveis e a tutela de direitos fundamentais: uma análise à luz da lei geral de proteção

destaca que esse modelo "já é conhecido da legislação brasileira desde a promulgação da Lei de Cadastro Positivo – Lei nº 12.414/11".[5]

A interpretação do dispositivo pela doutrina, todavia, preconiza chave de leitura teleológica e axiológica, afastando a caracterização do rol legal como taxativa. De maneira geral, observa-se a associação entre a sensibilidade do dado e seu potencial uso com efeitos discriminatórios. Afirma-se que o "princípio de não discriminação é [...] o ponto fundamental quando diante do uso de dados sensíveis",[6] e que "a proteção do dado sensível tenta prevenir ou eliminar discriminações".[7] O próprio anteprojeto da legislação identifica que o fim precípuo do tratamento diferenciado dos dados sensíveis é impedir a discriminação da pessoa humana com base nas suas informações.[8]

Amplia-se o alcance desse rol na medida em que o próprio legislador reconhece que se aplicam as regras relativas ao tratamento de dados sensíveis aos dados pessoais que, posto não serem em si sensíveis, podem vir a revelar dados sensíveis (LGPD, art. 11, §1º). Reconhece-se que o tratamento realizado sobre os dados e sua conjunção com outros dados pode sensibilizar dados originalmente reputados não sensíveis. Nesse sentido, leciona Gustavo Tepedino:

> É importante sublinhar, contudo, que dados que parecem inofensivos ou meramente estatísticos, uma vez transferidos, cruzados ou organizados, podem resultar em informações de caráter sensível sobre a pessoa, com riscos de violação à privacidade e à igualdade, propiciando discriminação informativa. Há casos, por exemplo, registrados nos Estados Unidos, de

---

de dados (Lei nº 13.709/18). *Revista Dir. Gar. Fund.*, Vitória, v. 19, n. 3, p. 159-180, set./dez. 2018. p. 167; SCHREIBER, Anderson. Proteção de Dados Pessoais no Brasil e na Europa. *Carta Forense*, 05 set. 2018. Disponível em: http://www.cartaforense.com.br/conteudo/colunas/protecao-de-dados-pessoais-no-brasil-e-na-europa/18269. Acesso em 25 jan. 2019; VERONESE, Alexandre; MELO, Noemy. O Projeto de Lei nº 5.276/2016 em contraste com o novo Regulamento Europeu (2016/679 UE). *Revista de Direito Civil Contemporâneo*, São Paulo, v. 5. n. 14, p. 71-99, jan./mar. 2018.

[5] MULHOLLAND, Caitlin Sampaio. Dados pessoais sensíveis e a tutela de direitos fundamentais: uma análise à luz da lei geral de proteção de dados (Lei nº 13.709/18). *Revista Dir. Gar. Fund.*, Vitória, v. 19, n. 3, p. 159-180, set./dez. 2018. p. 165.

[6] MULHOLLAND, Caitlin Sampaio. Dados pessoais sensíveis e a tutela de direitos fundamentais: uma análise à luz da lei geral de proteção de dados (Lei nº 13.709/18). *Revista Dir. Gar. Fund.*, Vitória, v. 19, n. 3, p. 159-180, set./dez. 2018. p. 166.

[7] LIMBERGER, Têmis. Da evolução do direito a ser deixado em paz à proteção dos dados pessoais. *Revista de Direito da Unisc*, n. 30, p. 138-160, jul./dez. 2008.

[8] BRASIL. Ministério da Justiça. *EMI nº 73/2016*. 29 abr. 2016. Disponível em: https://www.camara.gov.br/proposicoesWeb/prop_mostrarintegra;jsessionid=62B6CCB8D15F03BD169F7421D3CDB6EE.proposicoesWeb1?codteor=1457971&filename=Avulso+-PL+5276/2016. Acesso em 26 jan. 2019.

negativa de concessão de crédito para pessoas em razão do bairro onde moram ou em razão de seus prenomes, estatisticamente, serem os mais recorrentes em determinadas comunidades. Assim, o simples domicílio ou o prenome, em certo contexto, torna-se dado sensível para fins de tutela da igualdade. Nessa direção, a previsão legal de dados sensíveis não deve ser considerada taxativa, somente sendo possível caracterizar certa informação pessoal como dado sensível tendo-se em conta o tratamento a ser efetuado, seu contexto e a finalidade a que se destina.[9]

Doneda e Monteiro trazem o exemplo da nacionalidade, que, embora não seja comumente considerada em si como uma informação sensível, em certo contexto pode indicar tratamento sensível eis que "capaz de estigmatizar, classificar, pré-julgar e mesmo comprometer a segurança dos cidadãos afetados".[10] Para Frazão, mesmo os

> identificadores comuns, como nome, número de identificação, dados de localização, bem como os chamados identificadores eletrônicos, tais como aparelhos, aplicações, ferramentas e protocolos, como o endereço IP (protocolo internet), testemunhos de conexão (cookies) e etiquetas de identificação por radiofrequência, podem ser combinados de forma a exigir a atenção do intérprete.[11]

A esses exemplos pode ser aduzido o caso pitoresco do aplicativo de exercícios Fitbit, que permitiu à inglesa Nadia Essex constatar a traição do namorado pela informação de que ele teria gasto quinhentas calorias de madrugada, enquanto informara que estava apenas bebendo com os amigos.[12]

Assim, por exemplo, dados de hábitos de compras, preferências de filmes e histórico de pesquisa podem parecer inofensivos isoladamente, mas um rápido tratamento em conjunto pode servir a identificar

---

[9] TEPEDINO, Gustavo. Desafios da Lei Geral de Proteção de Dados (LGPD). *Revista Brasileira de Direito Civil – RBDCivil*, Belo Horizonte, v. 26, p. 11-15, out./dez. 2020. p. 13.

[10] DONEDA, Danilo; MONTEIRO, Marília. Acesso à informação e privacidade no caso da Universidade Federal de Santa Maria. *Jota*, 20 jul. 2015. Disponível em: https://www.jota.info/opiniao-e-analise/artigos/acesso-a-informacao-e-privacidade-no-caso-da-universidade-federal-de-santa-maria-02072015. Acesso em 15 fev. 2019.

[11] FRAZÃO, Ana. Nova LGPD: o tratamento dos dados pessoais sensíveis. *Jota*, 19 set. 2018. Disponível em: https://www.jota.info/opiniao-e-analise/colunas/constituicao-empresa-e-mercado/nova-lgpd-o-tratamento-dos-dados-pessoais-sensiveis-26092018. Acesso em 15 fev. 2019.

[12] MOREIRA, Fernando. Inglesa termina romance após descobrir queima de 500 calorias pelo namorado de madrugada. *Extra*, 17 mar. 2021. Disponível em: https://extra.globo.com/noticias/page-not-found/inglesa-termina-romance-apos-descobrir-queima-de-500-calorias-pelo-namorado-de-madrugada-24929426.html. Acesso em 14 mai. 2021.

orientação religiosa, política e mesmo sexual. Doneda conclui, "em síntese, que um dado, em si, não é perigoso ou discriminatório – mas o uso que dele se faz pode sê-lo".[13]

Poderia, nesse sentido, a localização geográfica do usuário, utilizada para as práticas de *geopricing* e *geoblocking*, ser caracterizada como um dado sensível, exigindo, portanto, aqueles cuidados especiais no tratamento dessa informação? O caminho para responder a tal questionamento parece demandar investigação acerca da interpretação do termo discriminação, conforme referido pela doutrina, como chave interpretativa para a identificação da sensibilidade dos dados pessoais.

3 Alcance da vedação de discriminação no direito contratual

A dificuldade de precisão sobre o termo "dado sensível" não parece resolvida pela sua vinculação ao seu potencial discriminatório, tendo em vista que tampouco o termo discriminação tem significado e alcance inequívocos. Com exceção de casos extremos, delimitar quais condutas podem ser reputadas discriminatórias é tarefa difícil de se empreender com segurança no plano jurídico. A doutrina incipiente do que já se vem denominando "direito antidiscriminação"[14] destaca essa dificuldade de plano e diverge sobre critérios precisos capazes de ir além daquilo que Jorge Cesa Ferreira da Silva refere como "sentido emotivo" da expressão.[15]

Entre os poucos pontos sobre os quais a doutrina converge está o reconhecimento de que a discriminação pode ocorrer não somente de forma direta, mas também de forma indireta. A discriminação indireta ocorre, na definição de Jorge Cesa Ferreira da Silva, em condutas "aparentemente neutras, mas que acabam por colocar pessoas pertencentes a um dado grupo protegido em condição de considerável desvantagem em relação a outro(s) grupo(s), sem que haja uma justificativa razoável que sustente a conduta que gera esse resultado".[16]

---

[13] ESCOLA NACIONAL DE DEFESA DO CONSUMIDOR. *A proteção de dados pessoais nas relações de consumo*: para além da informação creditícia. Brasília: SDE/DPC, 2010. p. 26.

[14] Entre nós, destaque-se o trabalho pioneiro de: RIOS, Roger Raupp. *Direito da antidiscriminação*: discriminação direta, indireta e ações afirmativas. Porto Alegre: Livraria do Advogado, 2008.

[15] SILVA, Jorge Cesa Ferreira da. *Antidiscriminação e contrato*: a integração entre proteção e autonomia. São Paulo: Thomson Reuters Brasil, 2020. *e-book*.

[16] SILVA, Jorge Cesa Ferreira da. *Antidiscriminação e contrato*: a integração entre proteção e autonomia. São Paulo: Thomson Reuters Brasil, 2020. *e-book*. Ilustra o autor: "Exemplo

Também é possível identificar certo consenso no sentido de que a intenção de discriminar não é requisito necessário para a caracterização da discriminação, bastando que se caracterize o efeito discriminatório.[17] Nesse sentido, embora se encontrem referências a "intuito discriminatório" nas explicações sobre dados sensíveis, não se deve depreender que a configuração da discriminação depende efetivamente do objetivo de discriminar. Privilegia-se, nesse sentido, uma acepção de discriminação objetiva.[18]

Quando, todavia, o debate se desloca para o fundamento da discriminação e seus critérios – o que acaba por refletir no alcance da expressão – o consenso se dissipa. Por vezes relacionada também à liberdade e à dignidade, o fundamento constitucional mais invocado para a caracterização da discriminação costuma ser a violação à isonomia.[19]

Sobre a violação ao princípio da isonomia destaca-se, naturalmente, que não será qualquer desigualação capaz de violar a ordem jurídica. Celso Antonio Bandeira de Mello explica que mesmo os fatores utilizados para a diferenciação, como sexo, raça, religião e origem, não são capazes, por si sós, de identificar ilicitude da diferenciação.[20]

---

rotineiramente citado dessa espécie técnica de discriminação é o reconhecimento de direitos inferiores (desde menores salários por hora até redução de chances de promoções) para trabalhadores com jornada menor em comparação àqueles que executam a jornada integral. Tal deliberação, apesar de não se mostrar voltada contra certa pessoa ou grupo, acaba por gerar uma especial desvantagem às mulheres, já que são elas as que mais frequentemente são contratadas para esses postos. Outro exemplo encontra-se na realização de provas de um concurso público durante sextas-feiras à noite e/ou aos sábados, datas que, apesar de não se mostrarem contrárias a nenhum grupo, impediriam ou dificultariam sobremaneira a participação no certame daqueles candidatos que professam religiões que exigem que não se trabalhe aos sábados".

[17] Destaca Miragem: "A proibição da discriminação injusta não se limita apenas ao comportamento que se dirige a discriminar, senão também em qualquer situação na qual ela é resultado de uma determinada conduta" (MIRAGEM, Bruno. A lei geral de proteção de dados (Lei nº 13.709/2018) e o direito do consumidor. *Revista dos Tribunais*, v. 1009, p. 173-222, nov. 2019). Na mesma linha, JUNQUEIRA, Thiago. *Tratamento de dados pessoais e discriminação algorítmica nos seguros*. São Paulo: Thompson Reuters Brasil, 2020. p. 248.

[18] SILVA, Jorge Cesa Ferreira da. *Antidiscriminação e contrato*: a integração entre proteção e autonomia. São Paulo: Thomson Reuters Brasil, 2020. e-book.

[19] Entre outros, BIONI, Bruno Ricardo. *Proteção de dados pessoais*: a função e os limites do consentimento. Rio de Janeiro: Forense, 2019. p. 86; MENDES, Laura Schertel; DONEDA, Danilo. Marco jurídico para a cidadania digital: uma análise do projeto de Lei nº 5.276/2016. *Revista de Direito Civil Contemporâneo*, v. 9, p. 35-48, out./dez. 2016.

[20] MELLO, Celso Antônio Bandeira de. *O conteúdo jurídico do princípio da igualdade*. 3. ed. São Paulo: Malheiros, 2008. p. 17. Na mesma linha: "Origem, raça, sexo, cor e idade são apenas os exemplos mais emblemáticos, em que a discriminação costuma ser inconstitucional e ilegal. Mas é perfeitamente possível que esses fatores, assim como quaisquer outros fatores, sejam utilizados para, constitucional e licitamente, tratar, de formas distintas, pessoas distintas – desde que haja um motivo racionalmente demonstrável para tal tratamento distinto" (CALABRICH, Bruno Freire de Carvalho. Discriminação algorítmica e transparência

Para o autor, o cerne da discriminação se encontra na justificativa para utilização daquele fator distintivo: "fator objetivo algum pode ser escolhido aleatoriamente, isto é, sem pertinência lógica com a diferenciação procedida".[21]

Ragazzo e Barreto exemplificam com a cobrança de preços diferentes por passagens áreas dos mesmos voos para os mesmos destinos, que leva em conta fatores como cancelamento, troca, antecedência da compra, ou quantidade de passagens compradas, bem como o exemplo da oferta de descontos para o consumidor que adquire maior volume de bens idênticos, fundada no repasse ao consumidor do aproveitamento de economias de escala pelo vendedor.[22] Mesmo no tocante à localização, Morassutti exemplifica restrições lícitas, como aquelas baseadas em distinções de regime tributário, em propriedade intelectual com restrição territorial e em regulamentos setoriais que imponham obrigações específicas.[23]

Por outro lado, é questionável se, mesmo no âmbito de distinções reputadas ilícitas, em razão da falta de justificativa idônea, todas poderiam ser consideradas *discriminações*.[24] Jorge Cesa Ferreira da Silva sustenta que nem toda violação à isonomia seria discriminação, uma vez que a caracterização da conduta discriminatória demanda requisitos mais específicos, entre os quais figuraria a referência a um "grupo protegido", que demanda "proteção ampla".[25] Para tanto, define

---

na lei geral de proteção de dados pessoais. *Revista de Direito e as Novas Tecnologias*, v. 8, jul./set. 2020).

[21] MELLO, Celso Antônio Bandeira de. *O conteúdo jurídico do princípio da igualdade*. 3. ed. São Paulo: Malheiros, 2008. p. 18. Tratando especificamente da diferenciação de preços, também defendendo que a questão se centra na justificativa, DIAS, Daniel; NOGUEIRA, Rafaela; QUIRINO, Carina de Castro. Vedação à discriminação de preços sem justa causa: uma interpretação constitucional e útil do art. 39, x, do CDC. *Revista de Direito do Consumidor*, v. 121, p. 51-97, jan./fev. 2019.

[22] RAGAZZO, Carlos; BARRETO, Matheus. Condutas anticompetitivas e inteligência artificial: casos e discussões. *Revista de Direito e as Novas Tecnologias*, v. 9, out./dez. 2020.

[23] MORASSUTTI, Bruno Schimitt. Responsabilidade Civil, discriminação ilícita e algoritmos computacionais: breve estudo sobre as práticas de geoblocking e geopricing. *Revista de Direito do Consumidor*, v. 124, p. 213-234, jul./ago. 2019.

[24] Junqueira afirma que "o ato poderá até ser desconforme à igualdade e, por via da boa-fé ou do abuso do direito, por exemplo, não passar pelo juízo de merecimento de tutela, mas não haverá estritamente uma discriminação" (JUNQUEIRA, Thiago. *Tratamento de dados pessoais e discriminação algorítmica nos seguros*. São Paulo: Thompson Reuters Brasil, 2020. p. 84).

[25] Explica o autor: "Pode-se resumir o perfil das normas de Direito da Antidiscriminação como segue: (i) elas se referenciam a específicos critérios ou motivos de proteção que, ao longo da história, deram ensejo a discriminações (v.g., raça, sexo, deficiência etc.); (ii) tais motivos ou critérios correspondem a grupos abrangentes que podem ser divididos internamente em subgrupos, sendo que, pelo menos um destes demanda proteção; (iii) essa proteção é

discriminação como "todas e quaisquer diferenciações, exclusões ou restrições vivenciadas por alguns grupos que tenham por fim, ou por efeito, impedir ou dificultar o reconhecimento, o desfrute ou o exercício de direitos usuais da vida em sociedade, em igualdade de condições com terceiros".[26]

Sob essa perspectiva mais restrita, o jurista busca abordagem dogmática do tema, contrapondo-se, assim, à utilização do termo discriminação de forma mais lata por outros autores, que parecem remeter de forma ampla à ponderação dos princípios constitucionais envolvidos e a direitos e garantias fundamentais.[27] Estes doutrinadores costumam enfatizar o caráter exemplificativo das listas de fatores caracterizadores de discriminação, como aquela prevista no artigo 3º, IV, da Constituição ("origem, raça, sexo, cor e idade").[28]

---

assimétrica, no sentido de (a) não ser dada de modo equivalente a todos os subgrupos que demandam proteção e (b) envolver a possibilidade de proteções distintas, inclusive dentro do mesmo subgrupo; (iv) quando instituem benefícios concretos, estes não são distribuídos a todos os membros do subgrupo beneficiado de modo igualitário e nem estabelecem, diretamente, direitos subjetivos, já que, entre a norma e o benefício concedido, interfere uma série de atos a serem ainda realizados" (SILVA, Jorge Cesa Ferreira da. *Antidiscriminação e contrato*: a integração entre proteção e autonomia. São Paulo: Thomson Reuters Brasil, 2020. *e-book*).

[26] SILVA, Jorge Cesa Ferreira da. *Antidiscriminação e contrato*: a integração entre proteção e autonomia. São Paulo: Thomson Reuters Brasil, 2020. *e-book*. Em sentido semelhante, Wallace Corbo aponta que, "sob uma perspectiva especificamente jurídica, a discriminação consiste no reflexo da negação institucional de reconhecimento (MCCRUDDEN, 1982, passim): trata-se do fenômeno pelo qual as estruturas sociais – incluindo as formas de organização e os procedimentos de exercício do poder em uma determinada sociedade – produzem a negação (ou obstáculos substanciais) ao gozo e exercício de direitos por indivíduos e grupos sociais em posição de vulnerabilidade (minorias)" (CORBO, Wallace. O direito à adaptação razoável e a teoria da discriminação indireta: uma proposta metodológica. *In*: *Revista da Faculdade de Direito da UERJ*, Rio de Janeiro, n. 34, p. 208-209, dez. 2018).

[27] Nessa linha, defende Barbosa: "O dano informativo também pode gerar ao consumidor violação à pessoa na forma de desrespeito ao subprincípio da igualdade. Assim ocorre, por exemplo, nos casos de geo-blocking e geo-pricing. Essas práticas abusivas levadas a efeito por fornecedores de produtos e serviços ao redor do mundo partem da discriminação entre consumidores em razão de sua origem (geodiscriminação), e acabam por gerar limitação ao livre trânsito de pessoas, com repercussão em outros direitos e garantias fundamentais, como o direito ao lazer e à cultura, sem falar do fortalecimento de preconceitos como resultado indireto, já que o convívio com diferentes indivíduos, grupos e culturas ainda se mostra a sua melhor forma de combate" (BARBOSA, Fernanda Nunes. O dano informativo do consumidor na era digital: uma abordagem a partir do reconhecimento do direito do consumidor como direito humano. *Revista de Direito do Consumidor*, v. 122, p. 203-232, mar./ abr. 2019).

[28] "Ao estatuir explicitamente que a promoção do bem de todos é incompatível com preconceitos de origem, raça, sexo, cor e idade (art. 3º, IV), a Constituição Federal não apresentou um rol fechado de fatores que podem caracterizar um tratamento discriminatório. Qualquer outro fator pode ser utilizado para, ilicitamente, discriminar, sejam esses fatores preferências político-partidárias, convicções futebolísticas ou rendimento mensal familiar" (CALABRICH, Bruno Freire de Carvalho. Discriminação algorítmica e transparência na lei geral de proteção

A questão se coloca de forma mais candente na seara contratual, em que eventual princípio antidiscriminação contrapõe-se ao espaço tradicionalmente reservado à autonomia privada nesse âmbito, sob a forma da liberdade contratual. Na explicação de Rosalice Fidalgo Pinheiro:

> Tal fato explica-se pela natureza de direito fundamental conferida à autonomia privada, na medida em que expressa uma liberdade de modelação da esfera jurídica e que se traduz no poder de fazer escolhas diferenciadas, segundo o livre arbítrio do sujeito. Para tanto, a ninguém é dado revelar os motivos de suas escolhas, prevalecendo critérios subjetivos, que fazem da possibilidade de discriminar o "reverso da autonomia privada". Semelhante prevalência da liberdade limita a extensão do princípio da igualdade no Direito Privado, de tal modo, a se afirmar que se um tratamento desigual caracterizasse afronta àquele princípio, a autonomia privada seria destruída.[29]

A incidência de um princípio antidiscriminação nas relações contratuais insere-se, dessa forma, no debate acerca da chamada eficácia horizontal dos direitos fundamentais, na medida em que remete à vinculação dos particulares a um direito a tratamento igualitário.[30] As

---

de dados pessoais. *Revista de Direito e as Novas Tecnologias*, v. 8, jul./set. 2020). Destaque-se que também Silva entende que o rol é meramente exemplificativo, mas ressalva restrições ao acréscimo de outros atributos: "Importa constatar que, como já demonstrou a história, a listagem de critérios antidiscriminatórios não é fechada. No entanto, a inclusão de um critério novo nessa lista demanda um expressivo conjunto de circunstâncias, entre as quais se encontra a compreensão da necessidade de proteção especial para dado grupo, a sistematicidade de condutas contrárias a ele, a sua condição de inferioridade social, a similaridade da demanda protetiva com aquelas existentes em outros grupos já protegidos. A mera situação pontual de injustiça, ainda que grave, não autoriza o recurso à antidiscriminação, devendo ser sancionada no âmbito das normas gerais" (SILVA, Jorge Cesa Ferreira da. *Antidiscriminação e contrato*: a integração entre proteção e autonomia. São Paulo: Thomson Reuters Brasil, 2020. *e-book*).

29 PINHEIRO, Rosalice Fidalgo. A proibição de discriminação nos contratos no Direito brasileiro em face da experiência europeia. *Direitos Fundamentais e Justiça*, Porto Alegre, n. 28, a. 8, p. 52-81, jul./set. 2014. p. 59.

30 Sobre o tema, v. ALEXY, Robert. *Teoría de los derechos fundamentales*. Madrid: Centro de Estudios Constitucionales, 1997; CANARIS, Claus-Wilhelm. A influência dos direitos fundamentais sobre o direito privado na Alemanha. *In*: SARLET, Ingo Wolfgang (Org.). *Constituição, direitos fundamentais e direito privado*. Porto Alegre: Livraria do Advogado, 2003. p. 223-243 e UBILLOS, Juan María Bilbao. ¿En qué medida vinculan a los particulares los derechos fundamentales? *In*: SARLET, Ingo Wolfgang (Org.). *Constituição, direitos fundamentais e direito privado*. Porto Alegre: Livraria do Advogado, 2003. p. 299-338. Entre nós, v. SARMENTO, Daniel. *Direitos fundamentais e relações privadas*. Rio de Janeiro: Lumen Juris, 2004; TEPEDINO, Gustavo. A incorporação dos direitos fundamentais pelo ordenamento brasileiro: sua eficácia nas relações jurídicas privadas. *In*: *Temas de direito civil*. Rio de Janeiro: Renovar, 2009. t. III, p. 41-64; RODRIGUES JÚNIOR, Otávio Luiz. *Direito civil contemporâneo*:

várias teorias que abordam o tema acabam por remeter a um processo de ponderação, no qual a autonomia privada perde espaço para os direitos fundamentais quanto maior for o desequilíbrio de força entre as partes. Corrobora essa premissa a constatação de que, nas relações de consumo, nas quais em razão do ínsito desequilíbrio entre as partes o espaço da autonomia privada fica mais restrito, o alcance do princípio antidiscriminação parece ser mais significativo.[31]

Nesse âmbito, não se deve confundir a distinção de preços vedada por caracterizar prática discriminatória, por atingir direitos fundamentais da pessoa humana, com aquela proibida por ferir a livre concorrência. Esta última vedação, pautada por razões de ordem econômica, leva em conta critérios que não parecem pertinentes para a avaliação da primeira, relativa à discriminação, como a caracterização de posição dominante de mercado.[32] A tutela antidiscriminação e – talvez de modo mais amplo – a caracterização da sensibilidade dos dados remete necessariamente à tutela da pessoa humana.[33]

A partir desse panorama geral do debate, parece que a invocação do potencial de uso para discriminação como marca distintiva dos dados sensíveis não casa com a abordagem mais restritiva do termo "discriminação". Tome-se o exemplo do site Ashley Madison, que,

---

estatuto epistemológico, Constituição e direitos fundamentais. Rio de Janeiro: GEN, 2019; e seja consentido remeter a KONDER, Carlos Nelson. Direitos fundamentais e relações privadas: o exemplo da distinção de gênero nos planos de previdência complementar. *Interesse Público*, v. 99, p. 47-65, 2016.

[31] Nesse sentido, especificamente quanto ao *geoblocking* e ao *geopricing*, afirma-se que "esse controle pode representar uma ofensa à isonomia e a não discriminação, já que o consumidor se encontra em posição manifestamente desigual nas plataformas em rede" (DIAS, José Carlos Vaz e; SANT`ANNA, Leonardo da Silva; KELLER, Gabriel Muller Frazão. Novos horizontes negociais nas plataformas digitais: a concorrência desleal sob a prática do geoblocking e geopricing. *Quaestio Iuris*, Rio de Janeiro, v. 13, n. 04, p. 1914-1938, 2020. p. 1921). Cf. também: FORTES, Pedro Rubim Borges; MARTINS, Guilherme Magalhães; OLIVEIRA, Pedro Farias. O consumidor contemporâneo no Show de Truman: a geodiscriminação digital como prática ilícita no direito brasileiro. *Revista de Direito do Consumidor*, v. 124, p. 235-260, jul./ago. 2019.

[32] Sobre os critérios para a configuração de conduta anticompetitiva, cf. RAGAZZO, Carlos; BARRETO, Matheus. Condutas anticompetitivas e inteligência artificial: casos e discussões. *Revista de Direito e as Novas Tecnologias*, v. 9, out./dez. 2020; e DIAS, José Carlos Vaz e; SANT`ANNA, Leonardo da Silva; KELLER, Gabriel Muller Frazão. Novos horizontes negociais nas plataformas digitais: a concorrência desleal sob a prática do geo-blocking e geopricing. *Quaestio Iuris*, Rio de Janeiro, v. 13, n. 04, p. 1914-1938, 2020.

[33] Durante o trâmite do projeto de lei no congresso nacional, a redação do dispositivo foi modificada para evitar que se pudesse abarcar como dados sensíveis outras informações, como dados genéticos de plantas. Cf. BRASIL. Câmara dos Deputados. *Parecer do relator Deputado Orlando Silva*. Disponível em: http://www.camara.gov.br/proposicoesWeb/prop_mostrarintegra?codteor=1664206&filename=PPP+1+PL406012+%3D%3E+PL+4060/2012. Acesso em 25 jan. 2018.

voltado a intermediar adultérios, não apagava os dados de seus 37 milhões de usuários como prometido, e, em 2015, foram expostos por hackers:[34] ainda que não se reconheça os "adúlteros" como um grupo historicamente protegido contra discriminação, não se tem dúvidas de que a informação de quem eram os usuários desse site é um dado sensível, porque relacionado à privacidade da vida sexual dos envolvidos.

Assim, ou bem discriminação é referida em sentido mais amplo quando invocada como fundamento da sensibilidade dos dados, ou bem se reconhece que a sensibilidade não se restringe ao potencial efeito discriminatório, mas também a efeitos estigmatizantes ou de outra forma segregadores ou desigualadores. Nesta linha, já foi destacado que a sensibilidade se funda mais claramente no potencial de uso daqueles dados para a violação aos direitos à identidade pessoal e à privacidade, como efeito da cláusula geral de tutela da pessoa humana.[35] Os dois caminhos hermenêuticos condizem com a já destacada amplitude e flexibilidade que vem sendo dada à categoria dos dados sensíveis. Negri e Korkmaz defendem, por meio da associação ao princípio da dignidade da pessoa humana, "a atribuição da natureza de cláusula geral à norma que protege os dados sensíveis", de modo a ampliar o "conceito normativo de dados pessoais sensíveis para abarcar todas as situações que podem conduzir a pessoa humana a práticas de discriminação e desigualdade".[36]

A abertura permite também que se trabalhe com mais facilidade com a contextualização do uso que foi empregado aos dados e às relações empreendidas entre eles, na linha, destacada por Junqueira, de "prestigiar a noção de 'tratamento sensível de dados pessoais' como um todo, e não apenas de alguns de seus aspectos".[37] Ilustrativamente, Bruno Miragem recorre ao exemplo do endereço residencial do consumidor:

---

[34] YADRON, Danny. Hackers target users of infidelity website Ashley Madison. *The Wall Street Journal*, 20 jul. 2015. Disponível em: https://www.wsj.com/articles/affair-website-ashley-madison-hacked-1437402152. Acesso em 15 fev. 2019.

[35] KONDER, Carlos Nelson. O tratamento de dados sensíveis à luz da Lei nº 13.709/2018. *In*: TEPEDINO, Gustavo; FRAZÃO, Ana; OLIVA, Milena. Lei geral de proteção de dados pessoais e suas repercussões no direito brasileiro. São Paulo: Thompson Reuters Brasil, 2019. v. 1, p. 445-463.

[36] NEGRI, Sergio Marcos Carvalho de Ávila; KORKMAZ, Maria Regina Detoni Cavalcanti Rigolon. A normatividade dos dados sensíveis na lei geral de proteção de dados: ampliação conceitual e proteção da pessoa humana. *Revista de Direito, Governança e Novas Tecnologias*, Goiânia, v. 5, n. 1, p. 63-85, jan./jun. 2019. p. 78-79.

[37] JUNQUEIRA, Thiago. *Tratamento de dados pessoais e discriminação algorítmica nos seguros*. São Paulo: Thompson Reuters Brasil, 2020. p. 242. A expressão tem origem em "Trata-se

A utilização do dado relativo ao endereço residencial do consumidor como critério de formação do preço pelo fornecedor. Se o caso envolver o valor do prêmio a ser pago por um determinado segurado em um contrato de seguro de automóvel, o risco que se identifique em razão das estatísticas de furto ou roubo de veículos na região em que se localiza o endereço, a princípio pode configurar critério idôneo para uma majoração do valor a ser pago por este, em relação a segurados que residam em lugares com menor ocorrência destes crimes. Se o mesmo dado, todavia, for utilizado, sem quaisquer outros elementos, para a cobrança de juros mais altos em empréstimos bancários, ou ainda para negar a contratação, a idoneidade e legitimidade do critério será questionável, e o tratamento do dado em questão, considerado discriminatório.[38]

A tecnologia, todavia, incrementa a dificuldade da questão, na medida em que permite que a coleta e o uso do dado sensível – ou o tratamento sensível do dado – não se realize diretamente pela conduta humana, mas por meio automatizado.

4 Algoritmos e discriminação no tratamento de dados por meios automatizados

Com o desenvolvimento tecnológico, especialmente no âmbito da informática e da computação, nota-se a presença cada vez mais massiva de aparelhos capazes de realizar qualquer tipo de tratamento de dados em nossas vidas cotidianas. Computadores, celulares, televisores, geladeiras, assistentes virtuais e até mesmo lâmpadas inteligentes são alguns exemplos desses mecanismos.

Todos, em um primeiro momento, têm o objetivo de auxiliar ou otimizar de alguma forma a vida de seus usuários por meio de tratamento de dados, podendo até mesmo realizar certas tarefas de maneira automatizada, reduzindo significativamente a participação do componente humano na equação.[39] No entanto, muitas vezes, a promessa

---

na realidade, de um tratamento sensível dos dados, que é capaz de transformar dados inofensivos em informações potencialmente discriminatórias" (MENDES, Laura Schertel; DONEDA, Danilo. Marco jurídico para a cidadania digital: uma análise do projeto de Lei nº 5.276/2016. *Revista de Direito Civil Contemporâneo*, v. 9, p. 35-48, out./dez. 2016).

[38] MIRAGEM, Bruno. A lei geral de proteção de dados (Lei nº 13.709/2018) e o direito do consumidor. *Revista dos Tribunais*, v. 1009, p. 173-222, nov. 2019.

[39] A mero título exemplificativo, mas bastante ilustrativo de como os aparelhos inteligentes estão cada vez mais presentes em nossas vidas e podem se apresentar em âmbitos completamente diversos, cite-se o caso da geladeira que avisa determinado fornecedor de cerveja quando o estoque da bebida está se esgotando: COSTA, Marvin. DrinkShift é uma geladeira smart

de algum tipo de benefício por meio da utilização de tais aparelhos vem acompanhada de um considerável incremento nos riscos ao titular dos dados – geralmente não esclarecidos de maneira adequada –, sendo o principal exemplo a maior possibilidade de tratamento de dados de maneira discriminatória ou desigual.

Para que se possa entender de que forma tais riscos são potencializados por aparelhos que realizam o tratamento de dados, especialmente com o objetivo de automatizar processos decisórios, é importante compreender, ao menos por meio de um panorama geral, como funciona o tratamento de dados por tais aparelhos. Nessa direção, destaque-se que as funcionalidades desses aparelhos só podem ser exercidas da maneira que conhecemos hoje em virtude do desenvolvimento do *big data* e do consequente aumento exponencial na possibilidade de coleta, uso e transmissão de dados. Conforme apontam Doneda, Mendes, Souza e Andrade:

> [...] é fácil perceber que o pressuposto para esse processo automatizado de tomada de decisão é o acesso a uma enorme quantidade de dados e, por isso, o debate sobre a utilização de algoritmos está quase sempre associado à discussão sobre *big data*. O termo *big data* refere-se às possibilidades de acesso a grandes quantidades de dados de diferentes tipos, qualidade e formas de coleta (*'volume'*), bem como alta velocidade de processamento (*'velocity'*). Além disso, o *big data* é a base de novos modelos de negócios e possibilidades de várias criações de valor (*'value'*), na medida em que pode ser usado em conjunto com outras tecnologias, como a Internet das Coisas ou o *Cloud Computing* (MAYER-SCHÖNBERGER, 2001).[40]

Dessa maneira, uma vez que se tem um grande volume de dados disponível, com a possibilidade de serem transmitidos em alta velocidade de processamento, potencializa-se a possibilidade de conectá-los, estabelecendo relações entre eles para fins de previsões ou agrupamentos. O trabalho de estabelecer tais relações, por sua vez, é responsabilidade do algoritmo. Conforme indicam Doneda e Almeida, "algoritmos são basicamente um conjunto de instruções para realizar

---

que avisa quando a cerveja está acabando. *Techtudo*, 2019. Disponível em: https://www.techtudo.com.br/noticias/2019/01/drinkshift-e-uma-geladeira-smart-que-avisa-quando-a-cerveja-esta-acabando-ces2019.ghtml. Acesso em 20 mai. 2021.

[40] DONEDA, Danilo Cesar Maganhoto; MENDES, Laura Schertel; SOUZA, Carlos Affonso Pereira de; ANDRADE, Norberto Nuno Gomes de. Considerações iniciais sobre inteligência artificial, ética e autonomia pessoal. *Pensar*, vol. 23, n. 4. Fortaleza: UNIFOR, out-dez./2018, p. 5.

uma tarefa, produzindo um resultado final a partir de algum ponto de partida".[41]

Nessa direção, apesar de, em um primeiro momento, a definição em si de algoritmo não estar necessariamente atrelada ao seu uso por computadores,[42] aponta-se que os algoritmos utilizados por aparelhos para a automatização de tarefas são funções matemáticas, executadas com base na análise de dados (*inputs*), cuja finalidade, necessariamente, é alcançar um determinado propósito previamente estabelecido (*output*).[43] Nesse contexto, importante destacar que o "ponto de partida", ou os inputs, dos algoritmos são dados, pessoais ou não, que serão analisados de acordo com a sua programação, para que atinjam o resultado proposto a eles.

Assim, a utilização de algoritmos já permite, em determinada medida, a automação de tarefas e de tomadas de decisão, com base nos dados que lhes são fornecidos. Nesse particular, destacam Mendes, Mattiuzzo e Fujimoto que "o programa será tanto mais útil quanto mais precisa a informação (ou *input*) fornecida, e estará correto sempre que utilizar essa informação de acordo com suas especificações".[44]

No entanto, mesmo que o algoritmo atue de maneira correta e condizente com sua programação, é possível que o resultado alcançado por ele seja considerado incorreto em relação ao que se espera efetivamente dele. Esse problema, ainda de acordo com as autoras, estaria relacionado não com o "algoritmo em si, mas com as especificações a ele fornecidas".[45] Em outras palavras, vislumbra-se a possibilidade de que o algoritmo em teoria funcione adequadamente para o fim

---

[41] DONEDA, Danilo; ALMEIDA, Virgílio A. F. O que é governança de algoritmos? *In*: BRUNO, Fernanda *et al*. (Orgs.). *Tecnopolíticas da vigilância*: perspectivas da margem. São Paulo: Boitempo, 2018. p. 141.

[42] Nessa direção, Mendes, Mattiuzzo e Fujimoto apontam que o algoritmo não é um "conceito dependente do uso do poder do computador moderno" (MENDES, Laura Schertel; MATTIUZZO, Marcela; FUJIMOTO, Mônica Tiemy. Discriminação algorítmica à luz da Lei Geral de Proteção de Dados. *In*: MENDES, Laura Schertel *et al*. (Coords.). *Tratado de proteção de dados pessoais*. Rio de Janeiro: Forense, 2021. p. 422). No entanto, tendo em vista que o uso de algoritmos por computadores modernos foi, de fato, o fator estimulante para a discussão em torno do tratamento de dados por algoritmos, o presente trabalho limitará sua análise apenas a essa sua vertente.

[43] MITTELSTADT, Brent *et al*. The Ethics of Algorithms: mapping the debate. *Big Data & Society*, p. 2, 2016. DOI: 10.1177/2053951716679679.

[44] MENDES, Laura Schertel; MATTIUZZO, Marcela; FUJIMOTO, Mônica Tiemy. Discriminação algorítmica à luz da Lei Geral de Proteção de Dados. *In*: MENDES, Laura Schertel *et al*. (Coords.). *Tratado de proteção de dados pessoais*. Rio de Janeiro: Forense, 2021. p. 422.

[45] MENDES, Laura Schertel; MATTIUZZO, Marcela; FUJIMOTO, Mônica Tiemy. Discriminação algorítmica à luz da Lei Geral de Proteção de Dados. *In*: MENDES, Laura Schertel *et al*. (Coords.). *Tratado de proteção de dados pessoais*. Rio de Janeiro: Forense, 2021. p. 423.

proposto, mas os dados por ele utilizados e até mesmo o fim para o qual foi programado podem apresentar alguma inadequação indesejada, prejudicando o resultado final que se queria obter.

Nessa direção, deve-se observar que os algoritmos não trabalham propriamente com o estabelecimento de causalidade entre os dados analisados, mas sim, com o estabelecimento de correlações,[46] realizadas com o objetivo de cumprir o objetivo programado. Ocorre que, devido ao grande volume de dados analisados em alta velocidade pelo algoritmo, nem sempre será possível compreender de que maneira a correlação foi estabelecida, ou seja, qual foi o caminho percorrido pelo algoritmo para alcançar tal correlação e, em última análise, o próprio resultado. Inclusive, com o objetivo de atender à finalidade para a qual foi programado, é possível que um aparelho dotado de algoritmos estabeleça autonomamente diversos objetivos secundários, por meio de novas correlações, com maior grau de dificuldade de rastreio, uma vez que não determinados por seus programadores. Há, portanto, uma dificuldade em relação à transparência dos processos realizados pelos algoritmos, que costumam ser apontados como ferramentas opacas.[47]

Ademais, o estabelecimento de correlações pode ser útil em determinada medida para que se possa realizar previsões necessárias para automatização de tarefas e de tomadas de decisão, mas tais correlações nem sempre refletirão adequadamente os fatores que influenciam os dados tratados e, consequentemente, o resultado alcançado. Considerando que as correlações não são acompanhadas por uma análise crítica dos dados tratados, o resultado obtido pelo algoritmo nem sempre representará algum aspecto da realidade dos próprios dados que tratou, podendo ser mero acaso estatístico,[48] ou

---

[46] "Uma correlação é a probabilidade de um evento ocorrer, caso outro evento também se realize. É uma relação estatística entre tais acontecimentos. Em vez de tentar assimilar os mecanismos internos de um fenômeno, as correlações permitem-nos compreender o mundo por meio de *proxies* [...]" (MENDES, Laura Schertel; MATTIUZZO, Marcela; FUJIMOTO, Mônica Tiemy. Discriminação algorítmica à luz da Lei Geral de Proteção de Dados. *In*: MENDES, Laura Schertel *et al.* (Coords.). *Tratado de proteção de dados pessoais*. Rio de Janeiro: Forense, 2021. p. 424).

[47] Sobre a opacidade dos algoritmos e sua verdadeira extensão, confira-se: PASQUALE, Frank. *The Black Box Society*. Cambridge: Harvard University Press, 2015.

[48] Com o objetivo de exemplificar essa conclusão, Calabrich menciona o site e o livro "Spurious Correlations", que mostram "em gráficos de impressionante coincidência estatística contendo dados precisos ano a ano, a aparente relação entre 'a quantidade de filmes protagonizados por Nicolas Cage' e 'o número de pessoas que se afogaram caindo numa piscina' (correspondência de 66,6%); ou entre 'a idade da vencedora do concurso Miss América' e 'número de assassinatos cometidos com o uso de vapor ou objetos quentes' (correspondência de 87,01%)" (CALABRICH, Bruno Freire de Carvalho. Discriminação

pior, mero reflexo de uma estrutura discriminatória e desigual que embasa os dados.[49]

Consequentemente, esses fatores acabam por permitir situações em que as singularidades de cada indivíduo, cujos dados estão sendo objeto de tratamento, são completamente desconsideradas. Com o objetivo de realizar previsões úteis, por meio de correlações, para o atingimento de suas finalidades, é possível que aparelhos cujo funcionamento é baseado em algoritmos estabeleçam grupos ou perfis de pessoas que, supostamente, compartilham dados semelhantes.

Essa perfilização, em determinados casos, pode ser considerada adequada para os fins propostos. Em exemplo recente, é possível citar a definição de grupos de risco para vacinação prioritária contra a Covid-19, considerando a escassez de vacinas e o efeito especialmente nocivo que, estatisticamente, a doença apresenta sobre os indivíduos pertencentes a tais grupos. No entanto, é possível que a perfilização desconsidere a individualidade de uma pessoa de maneira contrária ao ordenamento jurídico, representando especial violação a atributos de sua dignidade como sua identidade pessoal, igualdade e privacidade. É o caso, por exemplo, de possíveis punições ou restrições de direitos por propensão, ou culpa por associação, em virtude da previsão estatística por dados de possíveis e eventuais atitudes ilícitas por uma classe/perfil.[50]

Não há que se falar, então, em neutralidade ou imparcialidade de algoritmos no tratamento de dados, uma vez que eles também podem refletir uma perspectiva falaciosa de seus programadores, uma

---

algorítmica e transparência na lei geral de proteção de dados pessoais. *Revista de Direito e as Novas Tecnologias*, v. 8, jul./set. 2020).

[49] Com o objetivo de ilustrar a questão, Frazão propõe o seguinte exercício: "Imagine-se um algoritmo desenvolvido para o recrutamento de pessoal em que os perfis ideais dos candidatos foram convertidos em fórmula a partir de uma grande base de dados. Não seria nenhuma surpresa que o algoritmo desse maior peso a homens brancos para altos cargos, pois são eles que, de fato, ainda ocupam a maior parte das melhores posições. Não seria surpresa igualmente que, mantendo-se os referidos padrões sociais, os mecanismos de inteligência artificial atribuíssem uma crescente importância a tais aspectos de recrutamento. O grande problema de tal correlação é que ela obviamente não indica que homens brancos são melhores do que homens negros ou mulheres, mas reflete, na verdade, o resultado de aspectos culturais muito mais complexos, tais como a discriminação de raça e de gênero no mercado de trabalho" (FRAZÃO, Ana. Plataformas digitais, big data e riscos para os direitos da personalidade. *In*: TEPEDINO, Gustavo; MENEZES, Joyceane Bezerra de (Coords.). *Autonomia privada, liberdade existência e direitos fundamentais*. Belo Horizonte: Fórum, 2019. p. 344).

[50] "'Perfilamento', claro, é uma palavra forte, e o método apresenta sérios problemas. Se usado de forma errada, pode não só levar à discriminação contra certos grupos como também à 'culpa por associação'" (MAYER-SCHONBERGER, Viktor; CUKIER, Kenneth. *Big Data*: como extrair volume, variedade, velocidade e valor da avalanche de informação cotidiana. (Trad. Paulo Polzonoff Junior). Rio de Janeiro: Elsevier, 2013. p. 112).

inadequação dos dados tratados, ou uma finalidade ilegítima. Com efeito, a adoção de algoritmos para a automação de tarefas ou decisões pode potencializar os riscos de que os dados de determinados titulares sejam utilizados de maneira imprópria, inclusive para fins discriminatórios ou estigmatizantes. Sobre o ponto, anota Frazão:

> Daí o fundado receio de que dados e correlações manejadas por algoritmos possam estar sendo utilizados como veículos de manutenção de discriminações e injustiças, preservando os padrões do passado – ainda que equivocados – ao mesmo tempo em que comprometem as possibilidades do futuro em termos de desenvolvimento e emancipação social. E o pior, na ausência de transparência quanto aos dados, critérios de correlações utilizados, os resultados práticos da aplicação de tais algoritmos computacionais podem ser insuscetíveis de um devido controle.[51]

A situação torna-se ainda mais complexa com o desenvolvimento de tecnologias capazes de garantir mais autonomia aos algoritmos, como a técnica do aprendizado de máquina (ou *machine learning*). Trata-se de técnica que permite ao algoritmo aprender, de certa maneira, com o tratamento de dados realizado por ele mesmo, de modo que ele ganha especial autonomia para definir ou modificar suas próprias regras no processo de tomada de decisão ou de realização de tarefas.[52] Substrato ainda mais desenvolvido do aprendizado de máquina é o aprendizado profundo (ou *deep learning*), por meio do qual busca-se dotar o aparelho de redes neurais artificiais ainda mais próximas do funcionamento do cérebro humano.[53]

Assim, é possível observar que todos esses fatores, intrinsecamente relacionados ao funcionamento e à estrutura dos algoritmos, fazem crescer o risco relacionado ao tratamento de dados de maneira discriminatória, estigmatizante ou desigual, ainda que em diferentes níveis, a depender do grau de automação. Como destacado, o nível reduzido de transparência sobre o funcionamento do algoritmo, principalmente para

---

[51] FRAZÃO, Ana. Plataformas digitais, big data e riscos para os direitos da personalidade. *In*: TEPEDINO, Gustavo; MENEZES, Joyceane Bezerra de (Coords.). *Autonomia privada, liberdade existência e direitos fundamentais*. Belo Horizonte: Fórum, 2019. p. 344.

[52] MITTELSTADT, Brent *et al*. The Ethics of Algorithms: mapping the debate. *Big Data & Society*, p. 2, 2016. DOI: 10.1177/2053951716679679.

[53] MARRAFON, Marco Aurélio; MEDON, Filipe. Importância da revisão humana das decisões automatizadas na Lei Geral de Proteção de Dados. *Consultor Jurídico*, 09 set. 2019. Disponível em: https://www.conjur.com.br/2019-set-09/constituicao-poder-importancia-revisao-humana-decisoes-automatizadas-lgpd. Acesso em 06 jan. 2021.

o titular dos dados, torna especialmente difícil verificar a imprescindível justificativa que eventualmente poderia fundamentar diferenças de tratamento dispensadas a determinados indivíduos.

Assim, com o objetivo de garantir especial proteção contra esse potencial discriminatório, a LGPD dispôs expressamente, em seu artigo 6º, inciso IX, que o tratamento de dados pessoais deve observar, além da boa fé, o princípio da não discriminação, definido no dispositivo como "impossibilidade de realização do tratamento para fins discriminatórios ilícitos ou abusivos".[54] Nessa direção, visando a dar maior concretude ao que dispõe a LGPD, Mendes, Mattiuzzo e Fujimoto apontam que "a ilicitude à qual a lei faz referência é aquela advinda de vedações expressas ao tratamento discriminatório e sem margem para relativizações", e citam como exemplo a Lei nº 7.716/1989, que trata de crimes decorrentes de condutas discriminatórias.[55]

Já em relação ao que seria um tratamento de dados discriminatório abusivo, as autoras destacam que a análise não é tão simples quanto ocorre na discriminação ilícita. Isso porque, para se verificar a existência de abusividade no tratamento de dados de maneira discriminatória, seria "sempre necessário analisar se existe uma justificativa racional e condizente com o ordenamento jurídico para o uso desse critério [discriminatório]".[56]

Tais considerações a respeito dos algoritmos mostram-se fundamentais para definir se o tratamento de dados de localização pode ser abarcado pela especial proteção dos dados sensíveis, considerando principalmente o tamanho de seu potencial discriminatório ou violador da cláusula geral da pessoa humana.

---

[54] A LGPD prevê, ainda, instrumentos jurídicos que buscam mitigar as dificuldades de compreensão das decisões automatizadas, como os chamados direito de revisão e direito à explicação, previstos no art. 20. Sobre o tema, confira-se: FERNANDES, Micaela Barros Barcelos; OLIVEIRA, Camila Helena Melchior Baptista de. O artigo 20 da LGPD e os desafios interpretativos ao direito à revisão das decisões dos agentes de tratamento pelos titulares de dados. *Revista de Direito e as Novas Tecnologias*, v. 8, jul./set. 2020; e MULHOLLAND, Caitlin Sampaio; FRAJHOF, Isabella Z. Inteligência artificial e a lei geral de proteção de dados: breves anotações sobre o direito à explicação perante a tomada de decisões por meio de machine learning. *In*: MULHOLLAND, Caitlin; FRAZÃO, Ana (coords.). *Inteligência artificial e Direito*: ética, regulação e responsabilidade. São Paulo: Revista dos Tribunais, 2019.

[55] MENDES, Laura Schertel; MATTIUZZO, Marcela; FUJIMOTO, Mônica Tiemy. Discriminação algorítmica à luz da Lei Geral de Proteção de Dados. *In*: MENDES, Laura Schertel *et al.* (Coords.). *Tratado de proteção de dados pessoais*. Rio de Janeiro: Forense, 2021. p. 432.

[56] MENDES, Laura Schertel; MATTIUZZO, Marcela; FUJIMOTO, Mônica Tiemy. Discriminação algorítmica à luz da Lei Geral de Proteção de Dados. *In*: MENDES, Laura Schertel *et al.* (Coords.). *Tratado de proteção de dados pessoais*. Rio de Janeiro: Forense, 2021. p. 435-436.

5 Práticas de *geopricing* e *geoblocking* e seu potencial discriminatório

Os dados de localização dos indivíduos, usualmente relacionados aos seus respectivos lugares de residência, são amplamente usados por algoritmos para a realização de tarefas ou tomada de decisões de maneira automatizada. Nessa direção, verifica-se que o local para onde determinado produto será enviado, por exemplo, pode ser determinante no cálculo do valor do frete que fará parte de seu preço final. Além disso, outra situação comum de utilização da localização por algoritmos é a restrição de área de entrega por restaurantes que trabalham em parceria com aplicativos de *delivery*.

O primeiro exemplo pode ser considerado um tipo de *geopricing*. Essa prática no tratamento de dados envolvendo a localização dos usuários pode ser definida como a oferta de produtos ou serviços com preços que podem ser alterados a depender da localização do contratante.[57] Já a restrição na área de entrega de restaurantes pode ser enquadrada como uma prática de *geoblocking*, que pode ser definida como a restrição ou negação de determinados bens e serviços com base na localização do cliente.[58]

Salvo em situações extremas, os exemplos citados de ambas as práticas não soam contrários ao ordenamento jurídico nacional, mesmo consistindo em tratamento de dados de localização de seus titulares. Afinal, a inclusão do valor de frete no preço de produtos é prática comum e, geralmente, não punida de qualquer forma. Da mesma maneira, não é exigível que uma pizzaria no Rio de Janeiro garanta a entrega de seu

---

[57] "O geo-pricing, ou seja, a precificação diferenciada da oferta com base na origem geográfica do consumidor, é tratado pela doutrina econômica como uma modalidade de discriminação de preços, a qual nada mais é do que a prática comercial de vender o mesmo bem por diferentes preços a diferentes clientes" (FORTES, Pedro Rubim Borges; MARTINS, Guilherme Magalhães; OLIVEIRA, Pedro Farias. O consumidor contemporâneo no Show de Truman: a geodiscriminação digital como prática ilícita no direito brasileiro. *Revista de Direito do Consumidor*, v. 124, p. 235-260, jul./ago. 2019).

[58] "Já o geo-blocking pode ser definido como o conjunto de práticas comerciais que impedem determinados consumidores de acessar e/ou comprar bens ou serviços oferecidos por intermédio de uma interface online, com fundamento na localização do cliente. Acrescente-se, ainda, que tal bloqueio pode ser feito de diversas formas, tais como: bloqueio direto de algum conteúdo na interface online (geo-blocking em sentido estrito); redirecionamento de consumidores para uma interface diferente; restrição ao registro na interface online; recusa de entrega de um produto em determinada localidade; recusa de pagamento ou de meio de pagamento proveniente de determinado Estado ou localidade etc." (FORTES, Pedro Rubim Borges; MARTINS, Guilherme Magalhães; OLIVEIRA, Pedro Farias. O consumidor contemporâneo no Show de Truman: a geodiscriminação digital como prática ilícita no direito brasileiro. *Revista de Direito do Consumidor*, v. 124, p. 235-260, jul./ago. 2019).

produto em São Paulo, mesmo que o aplicativo de *delivery* cubra em tese os dois estados.

No entanto, há situações em que o tratamento de dados de localização causa logo estranheza, parecendo contrário ao ordenamento de imediato. É o caso de site de venda de passagens aéreas e de hospedagem que utilizava a localização de seus usuários para oferecer o mesmo quarto de hotel por preços diferenciados ou até mesmo para não permitir o oferecimento de determinadas hospedagens vagas, mesmo que elas de fato existissem.[59]

Deve-se perquirir, portanto, a razão de os exemplos citados serem compreendidos socialmente de maneira diferente e até mesmo receberem respostas diferentes por parte de nosso ordenamento. A saída que se vislumbra passa por buscar a compreensão acerca da maneira que essas decisões automatizadas impactam a vida dos titulares dos dados e da sociedade como um todo.

Nesse sentido, no caso do frete e da restrição da área de entrega em aplicativos de *delivery*, é possível verificar que normalmente há uma justificativa razoável para as diferenciações praticadas, de modo a tornar possível a conclusão de que eventuais impactos sociais e aos titulares de dados não seriam suficientemente comprometedores. Isso porque, geralmente, se o cliente está localizado em região consideravelmente distante daquela em que se situa o fornecedor, é comum as transportadoras cobrarem um valor de frete maior, levando em consideração fatores como a possível utilização de meios de locomoção diferentes e o maior gasto com combustível. O mesmo ocorre com a entrega de comidas por meio de aplicativos de *delivery*, uma vez que o transporte de uma pizza, por exemplo, do Rio de Janeiro para São Paulo certamente não se mostraria benéfico a absolutamente ninguém (nem mesmo ao consumidor, que deixaria de consumir um produto fresco), além de provavelmente representar uma cobertura maior do que o restaurante de fato pode cobrir, considerando sua estrutura.

Contudo, isso não é o que ocorre com o tratamento de dados de localização no exemplo do site de venda de passagem aérea e de reserva de hospedagem. Naquele caso, submetido à análise por um órgão de proteção

---

[59] O exemplo remete ao famoso caso da Decolar.com, multada em R$7.500.000,00 (sete milhões e quinhentos mil reais) pelo Departamento de Proteção e Defesa do Consumidor (DPDC) em virtude de "diferenciação de preço de acomodações e negativa de oferta de vagas, quando existentes, de acordo com a localização geográfica do consumidor, técnicas conhecidas como *geo pricing* e *geo blocking*" (BRASIL. Ministério da Justiça e Segurança Pública. *Decolar.com é multada por prática de geo pricing e geo blocking*. Brasília, 18 jun. 2018. Disponível em: https://www.justica.gov.br/news/collective-nitf-content-51. Acesso em 15 mai. 2021).

do consumidor do Ministério da Justiça, a Companhia buscou demonstrar que não teria ocorrido qualquer prática violadora de direitos de sua parte, mas não teve sua tese acolhida pelo Departamento de Proteção e Defesa do Consumidor (DPDC). Ao contrário, na visão de diretora do DPDC, "houve discriminação da empresa com consumidores por conta da etnia e localização geográfica, o que configura prática abusiva, além de verdadeiro desequilíbrio no mercado e nas relações de consumo".[60]

Nota-se, portanto, que a empresa teve a oportunidade de apresentar suas razões de defesa e, consequentemente, de mostrar que não seria responsável pelas práticas realizadas, seja por tratar-se de responsabilidade de outrem ou por tratar-se de uso regular e justificado de critérios diferenciadores para o fornecimento de seus produtos e serviços. No entanto, considerou-se que não só não seria possível afastar a responsabilidade da companhia, como as práticas levadas a cabo por ela seriam discriminatórias, causando grande impacto negativo não só aos clientes efetivamente prejudicados, como também ao mercado no qual a empresa está inserida.

A solução de buscar compreender os impactos causados pelos tratamentos diferenciados a indivíduos com base em sua localização e as justificativas para tanto parecem também encontrar respaldo em nosso ordenamento jurídico. Assim, a título exemplificativo, verifica-se que o CDC, em seu artigo 39, inciso X, prevê a impossibilidade de o fornecedor de produtos ou serviços de, entre outras práticas abusivas, "elevar sem justa causa o preço de produtos ou serviços". A inserção do termo "sem justa causa" já demonstra que eventual tratamento diferenciado deve ser efetivamente justificado.[61]

Mais recentemente, como já mencionado, a LGPD prevê a "impossibilidade de realização do tratamento para fins discriminatórios ilícitos ou abusivos" (art. 6º, inciso IX). Com efeito, o entendimento da localização como possível dado sensível, cujo objetivo é garantir proteção diferenciada a "aspectos particularmente relevantes da personalidade do titular de dados",[62] mostra-se fundamental para garantir a efetiva

---

[60] (BRASIL. Ministério da Justiça e Segurança Pública. *Decolar.com é multada por prática de geo pricing e geo blocking*. Brasília, 18 jun. 2018. Disponível em: https://www.justica.gov.br/news/collective-nitf-content-51. Acesso em 15 mai. 2021).

[61] DIAS, Daniel; NOGUEIRA, Rafaela; QUIRINO, Carina de Castro. Vedação à discriminação de preços sem justa causa: uma interpretação constitucional e útil do art. 39, x, do CDC. *Revista de Direito do Consumidor*, v. 121, p. 51-97, jan./fev. 2019.

[62] MENDES, Laura Schertel; MATTIUZZO, Marcela; FUJIMOTO, Mônica Tiemy. Discriminação algorítmica à luz da Lei Geral de Proteção de Dados. *In*: MENDES, Laura Schertel *et al*. (Coords.). *Tratado de proteção de dados pessoais*. Rio de Janeiro: Forense, 2021. p. 439.

proteção do titular dos dados, tendo em vista seu enorme potencial discriminatório ou violador de outras manifestações da dignidade humana, algo especialmente potencializado pelo tratamento de dados por meio de algoritmos.

É importante lembrar, ainda, que dados de localização, não raro, podem estar relacionados a questões de raça e classe, por exemplo.[63] Nesse caso, conforme já amplamente demonstrado na seara adequada, não se trata de mera coincidência estatística, mas sim de reflexo de mazelas presentes em nossa sociedade como o racismo e a desigualdade social. Dessa maneira, mesmo considerando uma perspectiva restritiva do conceito de discriminação, como anteriormente apontado, ainda assim a localização poderia representar aspecto discriminador, mesmo que indiretamente.

Dessa maneira, considerando-se a localização como possível dado sensível, atrai-se a ela toda a proteção especial conferida pela LGPD a tais dados, essencial para que se reduza o risco de discriminações ou violações a aspectos fundamentais da dignidade da pessoa humana, especialmente considerando o exponencial uso de algoritmos para tomadas de decisão ou realização de tarefas. Nessa direção, Mendes, Mattiuzzo e Fujimoto chegam a apontar que "quando dados sensíveis são utilizados como *inputs* de algoritmos, há uma presunção *iuris tantum* de abusividade, que, no entanto, pode ser afastada caso fique demonstrada a razoabilidade do tratamento".[64]

6 Conclusão

A compreensão do que pode ser enquadrado como dado sensível não pode se restringir ao rol disposto no art. 5º, inciso II, da LGPD. Ao revés, a interpretação mais adequada do referido dispositivo aponta que os dados ali apresentados como sensíveis representam mero rol

---

[63] A mero título exemplificativo, destaca-se levantamento que relaciona os piores indicadores presentes na cidade de São Paulo às áreas com mais habitantes negros (PREITE SOBRINHO, Wanderley. Menos emprego, mais favela: áreas com mais negros têm piores índices em SP. *Notícias.uol.com.br*, 2019. Disponível em: https://noticias.uol.com.br/cotidiano/ultimas-noticias/2019/11/05/brancos-e-negros-o-que-muda-ao-viver-em-distritos-com-maioria-negra-em-sp.htm. Acesso em 15 mai. 2021). Naturalmente, essa relação não aponta qualquer inferioridade de negros e negras em relação às pessoas brancas, mas representa, sim, reflexo do racismo no Brasil (discriminação de raça), fruto de nosso recente passado escravocrata.

[64] MENDES, Laura Schertel; MATTIUZZO, Marcela; FUJIMOTO, Mônica Tiemy. Discriminação algorítmica à luz da Lei Geral de Proteção de Dados. *In*: MENDES, Laura Schertel *et al.* (Coords.). *Tratado de proteção de dados pessoais*. Rio de Janeiro: Forense, 2021. p. 439.

exemplificativo, garantindo-se amplitude e flexibilidade ao conceito de dados sensíveis. Isso porque costuma-se associar a sensibilidade do dado e seu potencial uso com efeitos discriminatórios, a justificar o enquadramento de outros dados como sensíveis quando estiverem sendo utilizados dessa maneira.

A abertura do conceito de dados sensíveis ganha especial relevância, considerando as dificuldades apontadas em se estabelecer uma definição única de discriminação. Nesse sentido, para que a tutela especial assegurada aos dados sensíveis seja efetivamente garantida de maneira ampla, aponta-se que o caminho mais indicado seria entender a sensibilidade como efeito da cláusula geral de tutela da pessoa humana.

O avanço do desenvolvimento tecnológico também contribui para a complexidade da questão, haja vista que permite a coleta e o uso do dado sensível – ou tratamento sensível do dado – por meio automatizado. Nessa direção, a utilização de algoritmos para a realização de tarefas e tomada de decisões com base no tratamento de dados, inclusive pessoais sensíveis, representa um especial risco de discriminação e de violação a outros aspectos da dignidade humana do titular dos dados, o que reforça a necessidade de o tratamento de dados ser transparente e justificado.

Dessa forma, considerando o especial efeito discriminatório ou estigmatizante e desigual que o uso inadequado da localização pode causar ao titular de dados, considera-se que tais dados podem se inserir no conceito de dados pessoais sensíveis, de modo a justificar sua especial proteção pela LGPD.

Referências

ALEXY, Robert. *Teoría de los derechos fundamentales*. Madrid: Centro de Estudios Constitucionales, 1997.

BARBOSA, Fernanda Nunes. O dano informativo do consumidor na era digital: uma abordagem a partir do reconhecimento do direito do consumidor como direito humano. *Revista de Direito do Consumidor*, v. 122, p. 203-232, mar./abr. 2019.

BIONI, Bruno Ricardo. *Proteção de dados pessoais*: a função e os limites do consentimento. Rio de Janeiro: Forense, 2019.

BRASIL. Câmara dos Deputados. *Parecer do relator Deputado Orlando Silva*. Disponível em: http://www.camara.gov.br/proposicoesWeb/prop_mostrarintegra?codteor=1664206& filename=PPP+1+PL406012+%3D%3E+PL+4060/2012. Acesso em 25 jan. 2018.

BRASIL. Ministério da Justiça. *EMI nº 73/2016*. 29 abr. 2016. Disponível em: https://www.camara. gov.br/proposicoesWeb/prop_mostrarintegra;jsessionid=62B6CCB8D15F03BD169F7421 D3CDB6EE.proposicoesWeb1?codteor=1457971&filename=Avulso+-PL+5276/2016. Acesso em 26 jan. 2019.

BRASIL. Ministério da Justiça e Segurança Pública. *Decolar.com é multada por prática de geo pricing e geo blocking*. Brasília, 18 jun. 2018. Disponível em: https://www.justica.gov. br/news/collective-nitf-content-51. Acesso em 15 mai. 2021.

CALABRICH, Bruno Freire de Carvalho. Discriminação algorítmica e transparência na lei geral de proteção de dados pessoais. *Revista de Direito e as Novas Tecnologias*, v. 8, jul./ set. 2020.

CANARIS, Claus-Wilhelm. A influência dos direitos fundamentais sobre o direito privado na Alemanha. *In*: SARLET, Ingo Wolfgang (Org.). *Constituição, direitos fundamentais e direito privado*. Porto Alegre: Livraria do Advogado, 2003.

CORBO, Wallace. O direito à adaptação razoável e a teoria da discriminação indireta: uma proposta metodológica. *In*: *Revista da Faculdade de Direito da UERJ*, Rio de Janeiro, n. 34, p. 208-209, dez. 2018.

COSTA, Marvin. DrinkShift é uma geladeira smart que avisa quando a cerveja está acabando. *Techtudo*, 2019. Disponível em: https://www.techtudo.com.br/noticias/2019/01/ drinkshift-e-uma-geladeira-smart-que-avisa-quando-a-cerveja-esta-acabando-ces2019. ghtml. Acesso em 20 mai. 2021.

DIAS, Daniel; NOGUEIRA, Rafaela; QUIRINO, Carina de Castro. Vedação à discriminação de preços sem justa causa: uma interpretação constitucional e útil do art. 39, x, do CDC. *Revista de Direito do Consumidor*, v. 121, p. 51-97, jan./fev. 2019.

DIAS, José Carlos Vaz e; SANT'ANNA, Leonardo da Silva; KELLER, Gabriel Muller Frazão. Novos horizontes negociais nas plataformas digitais: a concorrência desleal sob a prática do geo-blocking e geopricing. *Quaestio Iuris*, Rio de Janeiro, v. 13, n. 04, p. 1914-1938, 2020.

DONEDA, Danilo. O direito fundamental à proteção de dados pessoais. *In*: MARTINS, Guilherme Magalhães (Coord.). *Direito privado e internet*. São Paulo: Atlas, 2014.

DONEDA, Danilo; ALMEIDA, Virgílio A. F. O que é governança de algoritmos? *In*: BRUNO, Fernanda *et al.* (Orgs.). *Tecnopolíticas da vigilância*: perspectivas da margem. São Paulo: Boitempo, 2018.

DONEDA, Danilo Cesar Maganhoto; MENDES, Laura Schertel; SOUZA, Carlos Affonso Pereira de; ANDRADE, Norberto Nuno Gomes de. Considerações iniciais sobre inteligência artificial, ética e autonomia pessoal. *Pensar*, vol. 23, n. 4. Fortaleza: UNIFOR, out-dez./2018.

DONEDA, Danilo; MONTEIRO, Marília. Acesso à informação e privacidade no caso da Universidade Federal de Santa Maria. *Jota*, 20 jul. 2015. Disponível em: https://www. jota.info/opiniao-e-analise/artigos/acesso-a-informacao-e-privacidade-no-caso-da-universidade-federal-de-santa-maria-02072015. Acesso em 15 fev. 2019.

ESCOLA NACIONAL DE DEFESA DO CONSUMIDOR. *A proteção de dados pessoais nas relações de consumo*: para além da informação creditícia. Brasília: SDE/DPC, 2010.

FERNANDES, Micaela Barros Barcelos; OLIVEIRA, Camila Helena Melchior Baptista de. O artigo 20 da LGPD e os desafios interpretativos ao direito à revisão das decisões dos agentes de tratamento pelos titulares de dados. *Revista de Direito e as Novas Tecnologias*, v. 8, jul./set. 2020.

FORTES, Pedro Rubim Borges; MARTINS, Guilherme Magalhães; OLIVEIRA, Pedro Farias. O consumidor contemporâneo no Show de Truman: a geodiscriminação digital como prática ilícita no direito brasileiro. *Revista de Direito do Consumidor*, v. 124, p. 235-260, jul./ago. 2019.

FRAZÃO, Ana. Nova LGPD: o tratamento dos dados pessoais sensíveis. *Jota*, 19 set. 2018. Disponível em: https://www.jota.info/opiniao-e-analise/colunas/constituicao-empresa-e-mercado/nova-lgpd-o-tratamento-dos-dados-pessoais-sensiveis-26092018. Acesso em 15 fev. 2019.

FRAZÃO, Ana. Plataformas digitais, big data e riscos para os direitos da personalidade. *In*: TEPEDINO, Gustavo; MENEZES, Joyceane Bezerra de (Coords.). *Autonomia privada, liberdade existência e direitos fundamentais*. Belo Horizonte: Fórum, 2019.

JUNQUEIRA, Thiago. *Tratamento de dados pessoais e discriminação algorítmica nos seguros*. São Paulo: Thompson Reuters Brasil, 2020.

KONDER, Carlos Nelson. Direitos fundamentais e relações privadas: o exemplo da distinção de gênero nos planos de previdência complementar. *Interesse Público*, v. 99, p. 47-65, 2016.

KONDER, Carlos Nelson. O tratamento de dados sensíveis à luz da Lei nº 13.709/2018. *In*: TEPEDINO, Gustavo; FRAZÃO, Ana; OLIVA, Milena. Lei geral de proteção de dados pessoais e suas repercussões no direito brasileiro. São Paulo: Thompson Reuters Brasil, 2019. v. 1.

LIMBERGER, Têmis. Da evolução do direito a ser deixado em paz à proteção dos dados pessoais. *Revista de Direito da Unisc*, n. 30, p. 138-160, jul./dez. 2008.

MARRAFON, Marco Aurélio; MEDON, Filipe. Importância da revisão humana das decisões automatizadas na Lei Geral de Proteção de Dados. *Consultor Jurídico*, 09 set. 2019. Disponível em: https://www.conjur.com.br/2019-set-09/constituicao-poder-importancia-revisao-humana-decisoes-automatizadas-lgpd. Acesso em 06 jan. 2021.

MAYER-SCHONBERGER, Viktor; CUKIER, Kenneth. *Big Data*: como extrair volume, variedade, velocidade e valor da avalanche de informação cotidiana. (Trad. Paulo Polzonoff Junior). Rio de Janeiro: Elsevier, 2013.

MELLO, Celso Antônio Bandeira de. *O conteúdo jurídico do princípio da igualdade*. 3. ed. São Paulo: Malheiros, 2008.

MENDES, Laura Schertel; DONEDA, Danilo. Marco jurídico para a cidadania digital: uma análise do projeto de Lei nº 5.276/2016. *Revista de Direito Civil Contemporâneo*, v. 9, p. 35-48, out./dez. 2016.

MENDES, Laura Schertel; MATTIUZZO, Marcela; FUJIMOTO, Mônica Tiemy. Discriminação algorítmica à luz da Lei Geral de Proteção de Dados. *In*: MENDES, Laura Schertel *et al*. (Coords.). *Tratado de proteção de dados pessoais*. Rio de Janeiro: Forense, 2021.

MIRAGEM, Bruno. A lei geral de proteção de dados (Lei nº 13.709/2018) e o direito do consumidor. *Revista dos Tribunais*, v. 1009, p. 173-222, nov. 2019.

MITTELSTADT, Brent *et al.* The Ethics of Algorithms: mapping the debate. *Big Data & Society*, p. 2, 2016. DOI: 10.1177/2053951716679679.

MORASSUTTI, Bruno Schimitt. Responsabilidade Civil, discriminação ilícita e algoritmos computacionais: breve estudo sobre as práticas de geoblocking e geopricing. *Revista de Direito do Consumidor*, v. 124, p. 213-234, jul./ago. 2019.

MOREIRA, Fernando. Inglesa termina romance após descobrir queima de 500 calorias pelo namorado de madrugada. *Extra*, 17 mar. 2021. Disponível em: https://extra.globo. com/noticias/page-not-found/inglesa-termina-romance-apos-descobrir-queima-de-500-calorias-pelo-namorado-de-madrugada-24929426.html. Acesso em 14 mai. 2021.

MULHOLLAND, Caitlin Sampaio. Dados pessoais sensíveis e a tutela de direitos fundamentais: uma análise à luz da lei geral de proteção de dados (Lei nº 13.709/18). *Revista Dir. Gar. Fund.*, Vitória, v. 19, n. 3, p. 159-180, set./dez. 2018.

MULHOLLAND, Caitlin Sampaio; FRAJHOF, Isabella Z. Inteligência artificial e a lei geral de proteção de dados: breves anotações sobre o direito à explicação perante a tomada de decisões por meio de machine learning. *In*: MULHOLLAND, Caitlin; FRAZÃO, Ana (coords.). *Inteligência artificial e Direito*: ética, regulação e responsabilidade. São Paulo: Revista dos Tribunais, 2019.

NEGRI, Sergio Marcos Carvalho de Ávila; KORKMAZ, Maria Regina Detoni Cavalcanti Rigolon. A normatividade dos dados sensíveis na lei geral de proteção de dados: ampliação conceitual e proteção da pessoa humana. *Revista de Direito, Governança e Novas Tecnologias*, Goiânia, v. 5, n. 1, p. 63-85, jan./jun. 2019. e-ISSN: 2526-0049.

PASQUALE, Frank. *The Black Box Society*. Cambridge: Harvard University Press, 2015.

PINHEIRO, Rosalice Fidalgo. A proibição de discriminação nos contratos no Direito brasileiro em face da experiência europeia. *Direitos Fundamentais e Justiça*, Porto Alegre, n. 28, a. 8, p. 52-81, jul./set. 2014.

PREITE SOBRINHO, Wanderley. Menos emprego, mais favela: áreas com mais negros têm piores índices em SP. *Notícias.uol.com.br*, 2019. Disponível em: https://noticias.uol. com.br/cotidiano/ultimas-noticias/2019/11/05/brancos-e-negros-o-que-muda-ao-viver-em-distritos-com-maioria-negra-em-sp.htm. Acesso em 15 mai. 2021.

RAGAZZO, Carlos; BARRETO, Matheus. Condutas anticompetitivas e inteligência artificial: casos e discussões. *Revista de Direito e as Novas Tecnologias*, v. 9, out./dez. 2020.

RIOS, Roger Raupp. *Direito da antidiscriminação*: discriminação direta, indireta e ações afirmativas. Porto Alegre: Livraria do Advogado, 2008.

RODRIGUES JÚNIOR, Otávio Luiz. *Direito civil contemporâneo*: estatuto epistemológico, Constituição e direitos fundamentais. Rio de Janeiro: GEN, 2019.

SARMENTO, Daniel. *Direitos fundamentais e relações privadas*. Rio de Janeiro: Lumen Juris, 2004.

SCHREIBER, Anderson. Proteção de Dados Pessoais no Brasil e na Europa. *Carta Forense*, 05 set. 2018. Disponível em: http://www.cartaforense.com.br/conteudo/colunas/protecao-de-dados-pessoais-no-brasil-e-na-europa/18269. Acesso em 25 jan. 2019.

SILVA, Jorge Cesa Ferreira da. *Antidiscriminação e contrato*: a integração entre proteção e autonomia. São Paulo: Thomson Reuters Brasil, 2020. *e-book*.

TEPEDINO, Gustavo. A incorporação dos direitos fundamentais pelo ordenamento brasileiro: sua eficácia nas relações jurídicas privadas. *In: Temas de direito civil*. Rio de Janeiro: Renovar, 2009. t. III.

TEPEDINO, Gustavo. Desafios da Lei Geral de Proteção de Dados (LGPD). *Revista Brasileira de Direito Civil – RBDCivil*, Belo Horizonte, v. 26, p. 11-15, out./dez. 2020.

UBILLOS, Juan María Bilbao. ¿En qué medida vinculan a los particulares los derechos fundamentales? *In*: SARLET, Ingo Wolfgang (Org.). *Constituição, direitos fundamentais e direito privado*. Porto Alegre: Livraria do Advogado, 2003.

VERONESE, Alexandre; MELO, Noemy. O Projeto de Lei nº 5.276/2016 em contraste com o novo Regulamento Europeu (2016/679 UE). *Revista de Direito Civil Contemporâneo*, São Paulo, v. 5. n. 14, p. 71-99, jan./mar. 2018.

YADRON, Danny. Hackers target users of infidelity website Ashley Madison. *The Wall Street Journal*, 20 jul. 2015. Disponível em: https://www.wsj.com/articles/affair-website-ashley-madison-hacked-1437402152. Acesso em 15 fev. 2019.

Informação bibliográfica deste texto, conforme a NBR 6023:2018 da Associação Brasileira de Normas Técnicas (ABNT):

KONDER, Carlos Nelson; LIMA, Marco Antônio de Almeida. Geopricing, Geoblocking e discriminação algorítmica: pode a localização ser um dado sensível? *In*: EHRHARDT JÚNIOR, Marcos; CATALAN, Marcos; MALHEIROS, Pablo (Coord.). *Direito do Consumidor e novas tecnologias*. Belo Horizonte: Fórum, 2021. p. 59-86. ISBN 978-65-5518-253-8.

HOSTILIDADE DIGITAL CONTRA O CONSUMIDOR: A NECESSÁRIA ATUALIZAÇÃO DO CDC

ARTHUR PINHEIRO BASAN
TALES CALAZA

1 Introdução

No que se refere ao direito do consumidor, o sistema jurídico brasileiro é um dos mais protetivos do mundo, sendo, inclusive, legislação referência em diversos países. Em que pese esse destaque positivo, não se pode cair na armadilha de acreditar que, por se ter uma legislação principiológica bem redigida, todas as situações estariam previstas e seriam tuteladas, notadamente frente aos novos problemas que emergem com o avanço das tecnologias de informação e comunicação. Vale lembrar, os problemas que outrora eram conhecidos e solucionados no ambiente real, físico e material, agora migram para o ambiente da *internet*, digital e virtualizado, exigindo também novas respostas.

Assim, com as evoluções ocorridas na sociedade e com o advento das tecnologias disruptivas, a cada dia surgem novos formatos de relações e interações de consumo, sejam por *websites*, redes sociais ou outros meios que a nossa imaginação ainda não alcança. Desse modo, é preciso destacar a necessidade de atualização do sistema por meios além das novas legislações, levando em consideração especialmente que a legislação vigente nunca será capaz de acompanhar a velocidade do desenvolvimento tecnológico e, consequentemente, dos problemas dele advindos.

Nessa perspectiva, surge a seguinte problemática: como promover um aprimoramento da tutela do consumidor, de modo a garantir que as pessoas não sejam discriminadas no mercado virtual de consumo? Em outras palavras, como o sistema jurídico deve reagir às práticas de geodiscriminação, evitando que o consumidor seja prejudicado pelos seus dados pessoais de localização inseridos no comércio eletrônico?

Partindo disso, o objetivo geral que este artigo pretende alcançar é apontar práticas atentatórias contra o consumidor do *ecommerce*, principalmente a partir das noções de proteção de dados pessoais já presentes no sistema jurídico brasileiro, de modo a garantir a tutela integral do consumidor. Desdobrando-se este objetivo, apresentam-se as finalidades específicas do artigo, quais sejam: a) analisar o atual contexto de consumo, inserido no ambiente da *internet*; b) expor as relações digitais de consumo, especialmente frente à nova interpretação dada à proteção da privacidade; c) apresentar a relação do uso de dados pessoais com as práticas discriminatórias ao consumidor, que podem ser consideradas verdadeiras hostilidades digitais; d) destacar a proteção de dados como mecanismo de garantia dos direitos básicos do consumidor em rede; e recomece) ressaltar a necessidade de atualização do CDC, notadamente no que se refere à proteção dos dados pessoais do consumidor.

A pesquisa se justifica tendo em vista que a correta proteção do consumidor, em um mundo digital e extremamente dinâmico, aponta para a necessidade de estudos periódicos sobre as novas relações, de modo a alcançar minimamente a segurança jurídica e a tutela ao sujeito vulnerável prometida pelo microssistema de consumo. Com essa finalidade o presente trabalho é proposto, de modo a investigar novas práticas que surgem em conjunto com o desenvolvimento tecnológico e, furtivamente, violam direitos.

Para cumprir o desejado acerto metodológico, o texto foi redigido da seguinte forma: i) a primeira seção fará uma introdução, com o uso do *storytelling*,[1] às práticas de mercado que conflitam com a correta tutela dos direitos dos consumidores; ii) a segunda seção trará uma breve análise histórico-evolutiva dos meios negociais, apontando a realidade contemporânea; iii) em seguida, serão apresentadas as práticas de geodiscriminação que promovem a hostilidade digital, expondo

---

[1] Destaca-se que essa mesma estratégia de redação é utilizada por Bruno Bioni, na introdução de sua obra, inspirado em uma história hipotética extraída do Relatório do Conselho Presidencial de Assessores de Ciência e Tecnologia dos Estados Unidos. (BIONI, Bruno Ricardo. *Proteção de dados pessoais*: a função e os limites do consentimento. Rio de Janeiro: Forense, 2019. p. XXIII-XXIV).

a risco os direitos do consumidor; e, por fim iv), será apresentada a conclusão do assunto, apontando para a importância da proteção de dados na tutela do consumidor, especialmente a partir da LGPD e da necessária atualização do CDC.

2 Cotidiano digital

Imagine a seguinte situação hipotética: Marcos é um brasileiro de classe média que deseja viajar para a Argentina durante as suas férias. Buscando aposentos que sejam condizentes com sua condição social, realiza uma pesquisa envolvendo todos os locais aparentemente disponíveis em um aplicativo de aluguel de residências por temporada. Consegue, após incessante busca, reservar o local com melhor custo-benefício que localizou: um pequeno apartamento, sem qualquer luxo, em um bairro de periferia, pelo valor de R$400,00 (quatrocentos reais) a diária.

Ao chegar no destino de sua viagem, encontra um velho amigo de infância que não via há muitos anos, tendo em vista que este havia se mudado para outra cidade por motivos profissionais. No decorrer da conversa, Marcos fica perplexo com um fato: seu amigo conseguiu reservar um apartamento de luxo, no centro da mesma cidade, com o dobro do espaço do apartamento que ele alugou, pelo valor de R$300,00 (trezentos reais) a diária. Um detalhe importante: os dois amigos reservaram os locais pelo mesmo aplicativo e realizaram a busca no mesmo período!

Apresentada a situação de consumo, fica evidente dessa forma a afronta a um dos direitos mais fundamentais do sistema jurídico, a saber, a igualdade, a partir da não discriminação. Entretanto, práticas como esta ocorrem diariamente, nas mais variadas proporções: preços diferenciados de produtos para determinadas regiões, frete grátis para pessoas selecionadas (mesmo que compartilhem local idêntico), descontos desiguais para produtos, a depender da pessoa, etc.

A título de confirmação, no ano de 2018, a empresa "Decolar.com" foi acionada judicialmente por práticas semelhantes às narradas nesse *storytelling*. Em verdade, a fornecedora foi condenada ao pagamento de multa por diferenciação de preço de acomodações (*geopricing*) e negativa de oferta de vagas (*geoblocking*), quando existentes, de acordo com a localização geográfica do consumidor.[2]

---

[2] BASAN, Arthur Pinheiro; FALEIROS JÚNIOR, José Luiz de Moura. Desafios da predição algorítmica na tutela jurídica dos contratos eletrônicos de consumo. *Revista da Faculdade de Direito da UFRGS*, v. 44, p. 131-153, 2020.

Analisando o microssistema de tutela do consumidor brasileiro, nada justifica a ocorrência de preços diferentes a serviços que são prestados no mesmo local e nas mesmas condições. Com efeito, nesta situação, qualquer consumidor que esteja disposto a pagar por esses serviços deveria ser cobrado na mesma quantia.

Conforme se nota, o caso da empresa "Decolar.com" representa a comprovação do risco no que se refere à utilização indevida de dados pessoais, especialmente para fins de discriminação de consumidores a partir de implementos algorítmicos desprovidos do devido consentimento esclarecido e prévio. Para o presente texto, este caso é a demonstração fática do desenvolvimento de uma hostilidade digital, que coloca em perigo os direitos dos consumidores.

Portanto, ao avaliar práticas do mercado como as expostas, fica visível que o direito do consumidor deve se adaptar ao novo ambiente, onde as relações de consumo se desenvolvem exponencialmente: o meio digital. Não obstante, é preciso destacar como o sistema jurídico deve reagir, visando a combater essa hostilidade evidenciada.

Desse modo, para a correta investigação dos direitos afetados nesses casos, e os mecanismos que se fazem aptos a garantir a proteção do consumidor no ambiente digital, é necessário realizar uma breve contextualização das práticas consumeristas e sua evolução até a realidade contemporânea. Essa é a meta que se persegue a seguir.

3 Das relações negociais clássicas às relações digitais de consumo

Estudos revelam que, em tempos primitivos, a produção de insumos era voltada para a subsistência, não havendo noção de comércio ou cooperação para produção de bens. De maneira resumida, historicamente, o modo de produção humana se caracterizava basicamente pela retirada, da própria natureza, por meio da coleta e da caça, tão somente daquilo que fosse necessário para satisfazer as necessidades básicas das pessoas.[3]

Com o caminhar da humanidade, o processo produtivo foi se tornando mais complexo, de modo que as pessoas começaram a estocar bens e trocá-los entre si: surgindo aí o escambo.[4] Com o advento da

---

[3] JAY, Peter. *A riqueza do homem*: uma história econômica. Rio de Janeiro: Record, 2002. p.32.

[4] BASSOTTO, Lucas. Do escambo ao bitcoin: a história do dinheiro. *Cointimes*, 19 jun. 2018. Disponível em: https://cointimes.com.br/a-historia-do-dinheiro/. Acesso em 05 fev. 2021.

"revolução agrícola", apareceram as concepções inaugurais de civilização a partir do cultivo da terra pela agricultura. É neste contexto que a "primeira onda" de mudanças começou a alterar profundamente o funcionamento da sociedade, a partir do modo de produção implementado para a satisfação de necessidades humanas.[5]

Em determinado momento, começaram a surgir bens com ordens de complexidade e propósitos muito distintos, o que começou a tornar a prática da troca cada vez mais difícil, até que restasse quase inviabilizada. Surgiu, então, nesse contexto, uma nova figura: a moeda, mas não como é hoje conhecida (circular e metálica). No seu surgimento, o conceito de "moeda" era um valor atribuído a um bem mensurável, valorável e facilmente transportável, como a farinha de trigo ou o sal[6] (inclusive, daí o surgimento da expressão "salário").[7]

Posteriormente, começaram a ser utilizadas moedas metálicas, o papel-moeda, e nasceu a figura do crédito,[8] que foi um conceito revolucionário para as formas de negociação até então. Mas foi no período compreendido entre o fim do século XVIII e o início do século XIX que a enorme transformação tecnológica na logística de produção, trazida pela máquina a vapor, destacou-se na Grã-Bretanha,[9] abrindo caminho para a conhecida Revolução Industrial.[10]

Foi também neste contexto que surgiu a denominada "segunda onda", isto é, "a revolução industrial irrompeu através da Europa e desencadeou a segunda grande onda de mudança planetária. Este novo processo – a industrialização – começou a marchar muito mais

---

[5] TOFFLER, Alvin. *A terceira onda*. (Trad. João Távora). 8. ed. Rio de Janeiro: Record, 1980. p. 27.

[6] SILVA, Ângelo Andrey Parreão. *Bitcoin*: a tributação das operações com a moeda virtual. 2018. 55f. Graduação em Direito – Universidade Federal do Maranhão, São Luís (MA), 2018.

[7] CONRADO, Anderson; CHIAPPA, Michelle. Reportagem especial: história do salário. *Justiça do Trabalho*, 21 jan. 2020. Disponível em: https://www.tst.jus.br/noticia-destaque-visualizacao/-/asset_publisher/89Dk/content/reportagem-especial-historia-do-salario. Acesso em 05 mar. 2021.

[8] EL RAFIH, Rhasmye; CABRIOLI, José Vinicius. Dos institutos garantidores de pagamento e a origem e evolução dos títulos de crédito. *Jus.com.br*, set. 2014. Disponível em: https://jus.com.br/artigos/32014/dos-institutos-garantidores-de-pagamento-e-a-origem-e-evolucao-dos-titulos-de-credito. Acesso em 05 mar. 2021.

[9] Neste ponto, destaca Manuel Castells que "na verdade, as descobertas tecnológicas ocorreram em agrupamentos, interagindo entre si num processo de retornos cada vez maiores. Sejam quais forem as condições que determinaram esses agrupamentos, a principal lição que permanece é a que a inovação tecnológica não é uma ocorrência isolada". CASTELLS, Manuel. *A sociedade em rede*. Rio de Janeiro: Paz e Terra, 2018. p. 92.

[10] HUBERMAN, Leo. *História da riqueza do homem*. Rio de Janeiro: Guanabara Koogan, 1986. p. 172.

rapidamente através de nações e continentes".[11] Assim, surgiu a sociedade industrial, que aperfeiçoando a ciência com novas descobertas e invenções, promoveu o progresso dos meios de produção, da agricultura, da pecuária e do comércio.[12]

Com a evolução tecnológica, especialmente dos meios de comunicação, houve a propagação frenética de informações, gerando uma "terceira onda" de mudanças.[13] Somado a isso, o mundo tornou-se cada vez mais globalizado,[14] acelerando de maneira inimaginável o avanço tecnológico dos meios de comunicação e, consequentemente, da informática. O Estado, portanto, passou a ter o seu domínio relativizado no tocante ao controle da produção, distribuição e comercialização de bens e serviços, uma vez que as empresas passaram a atuar em rede,[15] oferecendo produtos cada vez mais imateriais, dado que inseridos no mundo virtual.

Neste ponto, Anderson Perry destaca i) o avanço tecnológico da eletrônica, como uma das principais fontes de lucro e inovação; ii) o crescimento de empresas multinacionais, deslocando as suas atividades para países subdesenvolvidos; iii) a ascensão dos conglomerados de comunicação, com um poder permitido pela mídia sem precedentes na história.[16]

Hoje, as transações são realizadas em grande parte por meios exclusivamente digitais, tendo surgido, inclusive, novas leituras completamente disruptivas para o conceito de "moeda", como o famoso Bitcoin.[17] Não obstante, defende Zygmunt Bauman que o atual contexto qualifica a sociedade como uma nítida "sociedade de consumo", pela qual o trabalhador, operário das indústrias, como ator principal da ordem social, foi substituído pelo consumidor, o verdadeiro responsável pela fluidez do mercado.[18]

---

[11] TOFFLER, Alvin. *A terceira onda*. (Trad. João Távora). 8. ed. Rio de Janeiro: Record, 1980. p. 29.

[12] LISBOA, Roberto Senise. Direito na sociedade da informação. *Revista de Direito do Consumidor*, São Paulo, a, 95, v. 847, p. 78, mai. 2007.

[13] TOFFLER, Alvin. *A terceira onda*. (Trad. João Távora). 8. ed. Rio de Janeiro: Record, 1980. p. 13.

[14] GIDDENS, Anthony. *O mundo na era da globalização*. Lisboa: Presença, 2000. p. 14.

[15] CASTELLS, Manuel. *A galáxia da internet*: reflexões sobre a internet, os negócios e a sociedade. Rio de Janeiro: Zahar, 2003. p. 58.

[16] PERRY, Anderson. *As origens da pós-modernidade*. Rio de janeiro: Jorge Zahar, 1999. p. 66.

[17] ULRICH, Fernando. *Bitcoin*: a moeda na era digital. 1. ed. São Paulo: Instituto Ludwig von Mises Brasil, 2014.

[18] BAUMAN, Zygmunt. *Globalização*: as consequências humanas. (Trad. Marcus Penchel). Rio de Janeiro: Jorge Zahar, 1999. p. 87.

Desse modo, segundo o autor, os projetos de vida das pessoas não giram mais em torno do trabalho ou das capacidades profissionais, mas sim da possibilidade real de consumo. E alterando toda a lógica do mercado, os próprios consumidores se transformaram em mercadoria, inclusive sendo essa qualidade a demonstração de que são membros autênticos dessa sociedade. Afinal, "tornar-se e continuar sendo uma mercadoria vendável é o mais poderoso motivo de preocupação do consumidor, mesmo que em geral latente e quase nunca consciente".[19]

Na atual sociedade, o poder e a riqueza já não se encontram mais na propriedade dos meios de produção ou mesmo no domínio sobre bens materiais, mas sim na posse de informações, especialmente as extraídas dos consumidores. Por isso, a informação ganha uma nova importância, afinal, torna-se o elemento central que organiza a sociedade, como o foi a terra, as máquinas a vapor e a eletricidade nas sociedades agrícola e industrial.[20]

Nessa linha, desde o final do século XX, observou-se a maturação do pensamento sociológico, propiciando projeções de uma sociedade de base informacional,[21] posteriormente designada de "sociedade em rede".[22] No curso da década de 1990, surgiram proposições sobre como os modais inter-relacionais que configuram a base fundamental de sustentação das atividades humanas seriam afetados pela alavancagem tecnológica,[23] em especial pela *Internet*.[24]

Em resumo, diante da capacidade de digitalizar todo tipo de informação, várias formas de vigilância estão surgindo,[25] e isso se deve ao incalculável potencial de "personalização informacional" advinda do

---

[19] BAUMAN, Zygmunt. *Vida para consumo*: a transformação das pessoas em mercadoria. (Trad. Carlos Alberto Medeiros). Rio de Janeiro: Zahar, 2008.

[20] BIONI, Bruno Ricardo. *Proteção de dados pessoais*: a função e os limites do consentimento. Rio de Janeiro: Forense, 2019. p. 5.

[21] DUFF, Alistair A. *Information society studies*. Londres: Routledge, 2000. p. 3. O autor anota o seguinte: "A palavra aqui parece sugerir que 'sociedade da informação' já era uma opção ativa como um possível descritor para a formação social emergente. [...] Uma ampla variedade de pesquisas bibliográficas em bancos de dados encomendadas para a presente pesquisa confirmou que não havia uso do termo em inglês antes de 1970, pelo menos em um título ou resumo de documento. A teoria alternativa afirma que "o termo" sociedade da informação "foi cunhado no Japão".

[22] MASUDA, Yoneji. *The information society as post-industrial society*. Tóquio: Institute for the Information Society, 1980. p. vii.

[23] DIJK, Jan van. *The network society*. 3. rd. Londres: Sage Publications, 2012. p. 6.

[24] CASTELLS, Manuel. *A sociedade em rede*. Rio de Janeiro: Paz e Terra, 2018. p. 469.

[25] "Com a capacidade de digitalizar qualquer forma de informação, os limites entre as várias formas de vigilância estão desaparecendo com a aplicação da tecnologia da informação que vincula as técnicas de vigilância a uma rede quase perfeita de vigilância". LLOYD, Ian J. *Information technology law*. 6. rd. Nova Iorque; Oxford: Oxford University Press, 2011. p. 5.

vínculo entre a informação e um determinado indivíduo, conduzindo à reformulação de sua identidade. Em razão disso, as maiores potências mundiais se esforçam, de maneira ativa, para o desenvolvimento de uma economia baseada em informações. Nesse aspecto, é sempre oportuno lembrar que os dados pessoais, enquanto informação capaz de individualizar alguma pessoa, são considerados o novo petróleo, ou seja, a nova fonte de riqueza no mercado.[26]

Nesse diapasão, diante da coleta e do processamento de dados pessoais, o consumidor resta transformado em um verdadeiro avatar, tornando-se ainda mais vulnerável,[27] visto que decomposto em um "consumidor de vidro".[28] Afinal, as informações sobre o consumidor, bem como seus hábitos de consumo, permitem que os empreendimentos empresariais sejam mais eficientes no mercado. Por outro lado, o uso indevido desses dados permite práticas discriminatórias, como o *geoblocking* e o *geopricing*.

Nesse contexto, nota-se que a sociedade evoluiu de tal forma que hoje há discussões acerca da tutela dos direitos fundamentais denominados de "quarta geração", cujo traço marcante é a tecnologia, como os estudos relacionados à biociência, aos transgênicos, à inseminação artificial e à biodiversidade.[29] Para os fins do presente texto, a quarta geração de direitos fundamentais tem como alicerce a proteção da pessoa frente às novas tecnologias, com destaque para a proteção dos dados pessoais.

4 A mutação do direito à privacidade: a proteção de dados pessoais do consumidor

A discussão acerca da privacidade, conforme revela os estudiosos, se iniciou formalmente em 1890, com o artigo publicado na Harvard Law

---

[26] VAINZOF, Rony. Disposições preliminares. *In*: BLUM, Renato Opice; MALDONADO, Viviane Nóbrega (Coord.). *LGPD*: lei geral de proteção de dados comentada. São Paulo: Thomson Reuters Brasil, 2019. p. 40.

[27] Stefano Rodotà aduz que "assediados por computadores, espiados por olhos furtivos, filmados por telecâmeras invisíveis. Os cidadãos da sociedade da informação correm o risco de parecer homens de vidro: uma sociedade em que a informática e a telemática estão totalmente transparentes". RODOTÀ, Stefano. *A vida na sociedade da vigilância*: a privacidade hoje. (Trad. Danilo Doneda e Luciana Cabral Doneda). Rio de Janeiro: Renovar, 2008. p. 8.

[28] LACE, Susane. *The glass consumer*: life in a surveillance Society. Bristol: Policy, 2005.

[29] ALVES, Eliana Calmon. Direitos de quarta geração: biodiversidade e biopirataria. *Revista do Tribunal Regional do Trabalho da 5ª Região*, v. 4, n. 1, p. 41-61, 2002.

Review, intitulado *The Right to Privacy*.[30] Evidentemente, nesta época, não havia discussões sobre *internet* ou redes sociais. Em verdade, o estudo fazia crítica às invasões que os jornais locais realizavam na vida íntima de pessoas da alta sociedade, vez que o ordenamento jurídico vigente não tutelava questões relacionadas à privacidade e à intimidade.

Atualmente, no complexo cenário da sociedade da informação, o direito à privacidade sofreu grandes transformações, como poucos conceitos jurídicos sofreram nos últimos anos. Isso, porque, da discussão acerca da violação do direito de celebridades fotografadas em situações embaraçosas ou íntimas, o direito à privacidade transformou-se na análise do risco à personalidade de milhares de pessoas, que tem os seus dados pessoais coletados, processados e transferidos entre estados e empresas privadas, a partir das tecnologias da informação e da comunicação.[31]

É justamente em razão dessas mudanças que se nota uma verdadeira mutação na própria noção do direito de privacidade. Justifica-se a afirmação de que a privacidade por si só, no atual contexto, não comporta um conceito fechado ou unitário. Mais do que isso, para a compreensão do problema é preciso ter em mente que a interpretação da privacidade pressupõe uma leitura plural e complexa, em movimento e em uma força expansiva.[32]

Assim, é possível afirmar que a proteção de dados pessoais tem como fundamento o direito à privacidade, entretanto, aquele deve ser considerado um direito autônomo. Dito de outra maneira, a proteção de dados ultrapassa o âmbito da privacidade, tendo em vista que se trata mais de um fenômeno coletivo, totalmente relacionado ao avanço tecnológico, inclusive servindo de base para o desenvolvimento da liberdade informática (autodeterminação informativa), exigindo uma tutela jurídica específica. Consequentemente, Danilo Doneda destaca a importância de sustentar a ideia de metamorfose das estruturas clássicas, isto é, a ideia de que não houve uma ruptura com a ideia de privacidade classicamente construída, mas que "seu centro de gravidade tenha se

---

[30] CALAZA, Tales. O direito à privacidade: origem histórica e jurídica. *In*: LONGHI, João V. R. *et al. Fundamentos do direito digital*. Uberlândia: LAECC, 2020.

[31] MENDES, Laura Schertel. *Privacidade, proteção de dados e defesa do consumidor*: linhas gerais de um novo direito fundamental. São Paulo: Saraiva, 2014. p. 22.

[32] DONEDA, Danilo. *Da privacidade à proteção de dados pessoais*. São Paulo: Thomson Reuters Brasil, 2019. p. 26.

reposicionado decisivamente em função da multiplicidade de interesses envolvidos e da sua importância na tutela da pessoa humana".[33]

Nota-se que a partir do momento em que a tecnologia tornou possível o armazenamento e o processamento de dados pessoais, a proteção da privacidade associou-se à própria proteção de dados pessoais, de modo que, "nesse contexto, percebe-se alteração não apenas do conteúdo do direito à privacidade, mas também do seu léxico, passando a ser denominada privacidade informacional, proteção de dados pessoais, autodeterminação informativa, entre outros".[34]

A diferenciação entre o direito da vida privada e a proteção de dados encontra-se principalmente no âmbito de tutela. Enquanto a vida privada reflete principalmente um aspecto de proteção individualista, no sentido de impedir a interferência, de maneira estática e negativa; a proteção de dados já se refere a regras sobre o mecanismo de processamento de dados, determinando a legitimidade para tomada de medidas, de modo dinâmico, por seguir os dados pessoais em seus movimentos.[35]

Em verdade, nota-se que a proteção de dados pessoais surge mantendo um nexo de continuidade com o direito de privacidade, sendo deste oriundo, mas atualizando-se e promovendo características e tutelas próprias. Pode-se, assim dizer, que "a proteção de dados é uma das facetas do conceito maior de privacidade, e que brotou e floresceu por decorrência do desenvolvimento tecnológico ocorrido nas últimas décadas".[36]

Em síntese, através da proteção de dados pessoais as garantias que antes se relacionavam com o direito à privacidade são tratadas de maneira mais específica, diante da manipulação de dados.[37] Relevante destacar que o direito de proteção de dados surge como instrumento de tutela não dos dados em si, mas sim da pessoa de onde advieram todas essas informações privadas, em especial diante dos consideráveis riscos que o tratamento de dados atualmente pode provocar.

---

[33] DONEDA, Danilo. *Da privacidade à proteção de dados pessoais*. São Paulo: Thomson Reuters Brasil, 2019. p. 48.

[34] MENDES, Laura Schertel. *Privacidade, proteção de dados e defesa do consumidor*: linhas gerais de um novo direito fundamental. São Paulo: Saraiva, 2014. p. 32.

[35] RODOTÀ, Stefano. *A vida na sociedade da vigilância*: a privacidade hoje. (Trad. Danilo Doneda e Luciana Cabral Doneda). Rio de Janeiro: Renovar, 2008. p. 17.

[36] MALDONADO, Viviane Nóbrega. Direitos dos titulares de dados. *In*: BLUM, Renato Opice; MALDONADO, Viviane Nóbrega (Coord.). *Comentários ao GDPR*: regulamento geral de proteção de dados da União Europeia. São Paulo: Thomson Reuters Brasil, 2018. p. 86-87.

[37] DONEDA, Danilo. *Da privacidade à proteção de dados pessoais*. São Paulo: Thomson Reuters Brasil, 2019. p. 204.

No Brasil, o tema foi objeto de regulação específica e organizada em 2018, com a Lei nº 13.709/18 (Lei Geral de Proteção de Dados Pessoais – LGPD), voltando a atenção dos cidadãos nacionais para o tema. Entretanto, mesmo com tantos holofotes sobre a questão, diversas práticas que atentam contra os dados pessoais dos consumidores ainda passam despercebidas, conforme será demonstrado.

5 A geodiscriminação a partir de dados pessoais do consumidor

No Brasil, a Constituição Federal destaca não só a necessária regulação das relações de consumo, mas também a expressa proteção da pessoa, na situação de consumidora. Isso porque, em seus artigos 5º, inciso XXXII e 170, inciso V, dispõe que o Estado deverá promover a proteção do consumidor, demonstrando não só o direito do consumidor como um direito fundamental, mas também como um dos princípios que legitimam a ordem econômica e financeira. Não obstante, o CDC, em seu artigo inaugural, estabelece a finalidade de proteção e defesa do consumidor, matéria de ordem pública e interesse social, repetindo as bases constitucionais e cumprindo função promocional dos direitos humanos.[38]

Em outras palavras, no sistema jurídico brasileiro, só se admite a prática comercial e financeira que, além de outros princípios, respeite a dignidade da pessoa humana, que, em seu sentido mais amplo, congloba os direitos dos consumidores. Significa dizer que a norma constitucional procura compatibilizar a livre iniciativa com a tutela das pessoas vulneráveis expostas às práticas do mercado, utilizando o CDC como mecanismo para a instrumentalização dessa tutela.[39]

Todavia, conforme supracitado, a evolução tecnológica carrega consigo transgressões de direitos até então não previstas e que, a depender da forma que são praticadas, podem passar quase que despercebidas. Isso porque certas práticas digitais são incorporadas de modo tão sutil na utilização de aplicativos e *websites* que não dão

---

[38] Sobre o tema, confira-se: RECASÉNS SICHES, Luis. *Filosofia del derecho*. México: Porrúa, 2008. p. 1-19; SARLET, Ingo Wolfgang. *A eficácia dos direitos fundamentais*: uma teoria geral dos direitos fundamentais na perspectiva constitucional. 10. ed. Porto Alegre: Livraria do Advogado, 2010. p. 79; COMPARATO, Fábio Konder. *A afirmação histórica dos direitos humanos*. 7. ed. São Paulo: Saraiva, 2010. p. 91-92.

[39] GARCIA, Leonardo de Medeiros. *Código de Defesa do Consumidor comentado artigo por artigo*. Salvador: Juspodivm, 2019. p. 25.

margem para o usuário sequer verificar a forma como seus direitos estão sendo manipulados.[40] E é contra esse tipo de conduta que se faz necessário não só o destaque doutrinário como também a reflexão necessária para possíveis atualizações da legislação. A atual realidade social é extremamente dinâmica e hiperconectada. Hoje, uma informação é gerada e percorre o mundo inteiro em segundos.[41] Tendo em vista toda essa complexidade, seria muito ingênuo acreditar que textos legislativos poderiam acompanhar essas transições de modo a tutelar toda e qualquer relação consumerista na sociedade da informação. Por isso, pensando na proteção do consumidor, é preciso sempre destacar as necessárias atualizações do sistema jurídico.

Conforme mencionado na delimitação do tema, o presente texto abordará a precificação geográfica (*geopricing*) e o bloqueio geográfico (*geoblocking*), estratégias que permitem a oferta de produtos e serviços de forma discriminatória e, consequentemente, abusiva. Consoante se nota, essas duas práticas compõem o que é definido pela doutrina como geodiscriminação.[42]

Inicialmente, partindo do caso relatado no início do texto, envolvendo o personagem Marcos, trata-se de um típico exemplo de *geoblocking*. A partir do estudo etimológico, o termo se refere a um neologismo criado a partir da junção das palavras *geographic* (geográfico) e *block* (bloqueio), ou seja, trata-se, literalmente, do bloqueio geográfico de um usuário, de modo que determinadas ofertas sejam indisponibilizadas para ele simplesmente por conta de sua localização geográfica. Em busca de um conceito, pode-se dizer que o bloqueio geográfico é a prática em que determinados usuários são bloqueados da oferta disponibilizada a outros consumidores, a partir de sua localização. Desse modo, há a negativa de oferta a alguns consumidores partindo da sua posição

---

[40] Destacam-se as atualizações de termos e políticas de privacidade que se dão de forma nada intuitiva, vez que utilizam linguagem técnica e complexa, além de inviabilizar sua leitura pela quantidade inesgotável de páginas. Além desta, também há situações em que o fornecedor omite informações, cometendo transgressões ainda mais graves, vez que violam o dever de informação.

[41] A capacidade de processamento de informações chegou a números nunca imaginados. A título de exemplo, em 2012, a equipe do Google revelou que é utilizada a mesma quantidade de processamento para responder uma busca no site do que todo o processamento usado no programa Apollo, que permitiu a ida do homem à lua. KLAUS, Schwab. *A quarta revolução industrial*. São Paulo: Edipro, 2016. p. 124.

[42] FORTES, Pedro R. B.; MARTINS, Guilherme M.; OLIVEIRA, Pedro F. O consumidor contemporâneo no show de Truman: a geodiscriminação digital como prática ilícita no direito brasileiro. *Revista de Direito do Consumidor*, v. 124, p. 235-260, 2020.

geográfica, impedindo, inclusive, o conhecimento da existência daquela oferta, dado que bloqueada.[43]

Já o *geopricing* consiste na prática de precificação de produtos e serviços de modo diverso, a depender da localidade em que o consumidor se encontra. Realizando uma breve análise etimológica, nota-se a junção dos termos *geographic* (geográfico) e *pricing* (precificação). Partindo disso, pensando no exemplo hipotético mencionado no início do texto, imagine que a oferta que Marcos contratou também aparecesse para o seu amigo, entretanto, enquanto para seu amigo constava o valor de R$300,00 (trezentos reais), para Marcos, o valor do mesmo imóvel, no mesmo período, era de R$600 (seiscentos reais). Estaria configurada, portanto, a prática chamada de *geopricing*. A conduta enquadra-se como uma modalidade de discriminação de preços, ou seja, a venda do mesmo bem ou serviço por diferentes preços a diferentes consumidores.[44]

Essas práticas de geodiscriminação são viabilizadas pelo uso da tecnologia na coleta (muitas vezes realizada por *singles clicks*)[45] e interpretação dos dados, os quais permitem, por sua vez, a identificação da posição geográfica do consumidor/usuário. Evidentemente, essa prática mercadológica coloca em perspectiva o real valor da proteção de dados,[46] propiciando uma nova compreensão dos impactos que um mercado rico em dados (*data-rich market*)[47] pode vir a ter sobre a própria estrutura econômica de um país. Como se não bastasse, além

---

[43] GUIMARÃES, Marcelo C. Geoblocking e geopricing: uma análise à luz da teoria do interesse público de Mike Feintuck. *Revista de Direito, Estado e Telecomunicações*, v. 11, n. 2, p. 87-106, 2019.

[44] FORTES, Pedro R. B.; MARTINS, Guilherme M.; OLIVEIRA, Pedro F. O consumidor contemporâneo no show de Truman: a geodiscriminação digital como prática ilícita no direito brasileiro. *Revista de Direito do Consumidor*, v. 124, p. 235-260, 2020.

[45] SANTOLIM, Cesar Viterbo Matos. Os princípios de proteção do consumidor e o comércio eletrônico no direito brasileiro. *Revista de Direito do Consumidor*, São Paulo: Revista dos Tribunais, v. 14, n. 55, p. 53-84, jul./set. 2005. p. 63.

[46] WINEGAR, Angela G.; SUNSTEIN, Cass R. How much is data privacy worth? A preliminary investigation. *Journal of Consumer Policy*, Cham: Springer, v. 42, p. 1-16, 2019. p. 3-5.

[47] MAYER-SCHÖNBERGER, Viktor; RAMGE, Thomas. *Reinventing capitalism in the age of Big Data*. Nova Iorque: Basic Books, 2018. p. 7. Anotam os autores: "The key difference between conventional markets and data-rich ones is the role of information flowing through them, and how it gets translated into decisions. In data-rich markets we no longer have to condense our preferences into price and can abandon the oversimplification that was necessary because of communicative and cognitive limits. This makes it possible to pair decentralized decision-making, with its valuable qualities of robustness and resilience, with much-improved transactional efficiency".

da discriminação, outra abusividade presente nestas práticas reside em ocultar do consumidor o próprio uso dos seus dados pessoais.[48]

Com efeito, em observância ao direito básico do consumidor à informação, a empresa precisaria informar aos consumidores qual tipo de dado estaria sendo utilizado durante a navegação, visando ao cumprimento do dever de transparência. Isso porque "os fornecedores que conduzem negócios por meio eletrônico na Internet devem esclarecer como coletam e usam os dados dos consumidores, em face do direito de informação por estes titularizado (art. 6º, III, da Lei nº 8.078/1990)".[49]

Assim, é certo que o cerne do uso da localização geográfica pelos fornecedores tem seu centro de discussão quanto à razoabilidade da diferenciação, ou seja, se há a possibilidade de os dados pessoais localizadores justificarem o tratamento distinto, de maneira legalmente tolerada. Se a diferenciação dos valores ocorrer, por exemplo, em razão do frete, não há que se falar em geodiscriminação e, consequentemente, não se configura nenhuma prática abusiva. Todavia, quando a geodiscriminação é utilizada no intuito de maximizar lucros, sem a devida 'justa causa', configurar-se-á evidente prática abusiva repudiável, que deve ser combatida pelo sistema jurídico.

Esse raciocínio também pode ser extraído das disposições da LGPD, afinal, ao analisar a norma, destaca-se a sua expressa finalidade de proteger os direitos fundamentais de liberdade e de privacidade e o livre desenvolvimento da personalidade da pessoa. Evidentemente, visando ao cumprimento desses objetivos, a LGPD traça uma porção de exigências para que o tratamento de dados não coloque em risco os direitos fundamentais dos titulares, como a própria igualdade substancial aqui analisada.

Para a proteção dos consumidores frente à geodiscriminação, pode-se destacar a importância dos princípios previstos no artigo 6º da LGPD. Destaca-se o princípio da finalidade, (inciso I), mencionado, expressamente, em outros três incisos, a saber, nos referentes à adequação (inciso II), à necessidade (inciso III) e à qualidade de dados (inciso V). O princípio da finalidade é conceituado pela norma como o dever de realização do tratamento para propósitos legítimos, específicos,

---

[48] DIAS, Daniel; NOGUEIRA, Rafaela; QUIRINO, Carina de Castro. Vedação à discriminação de preços sem justa causa: uma interpretação constitucional e útil do art. 39, X, do CDC. *Revista de Direito do Consumidor*, São Paulo: Revista dos Tribunais, v. 121, p. 51-97, jan./fev. 2019. p. 76.

[49] MARTINS, Guilherme Magalhães. *Responsabilidade civil por acidente de consumo na Internet.* 2. ed. São Paulo: Revista dos Tribunais, 2014. p. 334.

explícitos e informados ao titular. Não obstante, o próprio texto legal destaca a impossibilidade de o tratamento posterior ser realizado de maneira incompatível com a finalidade definida a *priori*. Nota-se, portanto, que a finalidade trata do respeito ao motivo pelo qual o dado pessoal foi coletado e pelo qual passa por tratamento. Evidentemente, uma das grandes funções deste princípio é limitar o tratamento, evitando os riscos decorrentes do uso secundário dos dados, feito de forma desconhecida e não autorizada pelo titular. Assim, em regra, esse princípio exige que o propósito do tratamento seja conhecido antes mesmo da coleta de dados, possuindo grande relevância prática, afinal, é o fundamento para impor restrições, como de transferência de dados a terceiros, ou mesmo servir como base para valorar a razoabilidade do uso de determinados dados para certas finalidades, "fora da qual haveria abusividade".[50]

De acordo com o princípio da finalidade, o propósito da coleta de dados deve respeitar o próprio objetivo final do tratamento. Dessa maneira, a finalidade deve ser i) legítima, ou seja, encontrar amparo legal, especialmente quanto às bases jurídicas do tratamento de dados; ii) específica; iii) explícita e informada, devendo ser claramente revelada, garantindo o entendimento inequívoco do titular, especialmente nas situações em que o consentimento for necessário, promovendo o consentimento devidamente esclarecido.[51]

Se a finalidade legítima, específica, explícita e informada for violada, a conduta praticada pelo agente de tratamento de dados passa a ser considerada ilegal. É o caso, por exemplo, do uso indevido da localização geográfica, como dado pessoal do consumidor. Se essa informação, a princípio utilizada para o cálculo de um frete, for posteriormente utilizada, sem qualquer justificativa legal, para fins de discriminação, evidente estará a ilicitude da prática mercadológica. Há, nesse caso, verdadeira violação do tratamento de dados pessoais pelo fornecedor, conforme exige a LGPD.

Em resumo, o que a LGPD determina é que o uso de dados pessoais deve se restringir às informações adequadas para a finalidade almejada, promovendo o tratamento do mínimo de dados necessários para o alcance do objetivo pretendido. Esse raciocínio permite concluir

---

[50] DONEDA, Danilo. *Da privacidade à proteção de dados pessoais*. São Paulo: Thomson Reuters Brasil, 2019. p. 182.

[51] Nos termos do artigo 5º, inciso XII da LGPD, isto é, "manifestação livre, informada e inequívoca pela qual o titular concorda com o tratamento de seus dados pessoais para uma finalidade determinada".

que, inexistindo qualquer justificativa legal para o uso dos dados geográficos do consumidor, a sua utilização, notadamente para fins de discriminação, deverá ser considerada ilícita.

Desse modo, sem dúvidas, com a vigência da LGPD, o Brasil passará a contar com vasto rol de novos mecanismos que poderão ser impostos a quem atue com a coleta, o tratamento e a armazenagem de dados, a fim de prevenir, objetivamente, danos passíveis de responsabilização. Com a esperada efetivação dos deveres de proteção ao consumidor contidos no texto constitucional, espera-se atuação estatal condizente não apenas com a elaboração legislativa, mas também com o papel fiscalizatório e sancionador do desrespeito aos imperativos de resguardo dos dados pessoais.

6 Considerações finais

A sociedade brasileira passou por profundas transformações tecnológicas nos últimos anos. As relações de consumo acompanharam essas evoluções, de modo que a proteção do consumidor deve ser constantemente atualizada. Isso porque, em uma realidade hiperconectada e disruptiva, começam a surgir novos desafios para a efetiva tutela dos direitos fundamentais, como as práticas de geodiscriminação, que são incorporadas ao cotidiano de forma discreta, quase que imperceptível, e atentam diretamente contra mandamentos constitucionais, notadamente contra o direito de igualdade.

Dessa forma, na mesma medida em que o Estado passa por densa reformulação para se tornar capaz de atender às demandas inauguradas pela nova era comunicacional, os deveres de proteção que lhe são impostos constitucionalmente, com direcionamento especialmente voltado à vedação da proteção insuficiente[52] – cenário desafiador em uma sociedade marcada pela coleta e pelo fluxo massivo de dados e pela interoperabilidade sistêmica em tempo real – de maior relevo será a imposição dos parâmetros de prevenção às corporações que, essencialmente, trabalhem com o novo substrato da economia digital: os dados pessoais.

Na relação de consumo, a lisura e a transparência são deveres fundamentais impostos aos fornecedores, sendo possível integrar o

---

[52] SILVA, Jorge Pereira da. *Deveres do Estado de protecção de direitos fundamentais*: fundamentação e estrutura das relações jusfundamentais triangulares. 3. ed. Lisboa: Universidade Católica Editora, 2015. p. 585.

dever de proteção de dados emanado da LGPD aos deveres de respeito à boa-fé objetiva e à proteção das relações de consumo já delimitados como *standards* normativo-comportamentais do CDC.[53] Assim, não obstante a importante tutela da pessoa vulnerável no mercado digital promovida pela LGPD, a geodiscriminação aponta para a necessidade de aprimoramento do sistema de proteção do consumidor, especialmente quanto aos seus dados pessoais.

Nesse sentido, é necessário o acréscimo do inciso XI ao artigo 6º do CDC, proposto no Projeto de Lei nº 3.514/15,[54] consolidando como direito básico do consumidor a proteção de dados, nos seguintes termos: "XI – a autodeterminação, a privacidade e a segurança das informações e dados pessoais prestados ou coletados, por qualquer meio, inclusive o eletrônico". Logo em seguida, propõe o Projeto o acréscimo do Inciso XII, que proíbe expressamente o assédio de consumo e a discriminação, isto é, "XII – a liberdade de escolha, em especial frente a novas tecnologias e redes de dados, vedada qualquer forma de discriminação e assédio de consumo".

Diante disso, é possível afirmar que o Projeto de Lei que visa a atualizar o CDC frente ao comércio eletrônico corrobora para o entendimento defendido no presente texto. Afinal, a proposta legislativa, em conjunto com a LGPD, demonstra como o sistema jurídico reage, evitando que o consumidor seja discriminado de maneira indevida pela sua localização geográfica ou por qualquer outro dado pessoal tratado de maneira ilegal, impedindo que seja tolerada mais uma forma de discriminação, em um país (já) tão desigual como o Brasil.

Referências

ALVES, Eliana Calmon. Direitos de quarta geração: biodiversidade e biopirataria. *Revista do Tribunal Regional do Trabalho da 5ª Região*, v. 4, n. 1, p. 41-61, 2002.

---

[53] MARQUES, Cláudia Lima. *Contratos no Código de Defesa do Consumidor*. 8. ed. São Paulo: Revista dos Tribunais, 2016. p. 810; MIRAGEM, Bruno. Função social do contrato, boa-fé e bons costumes: nova crise dos contratos e a reconstrução da autonomia negocial pela concretização das cláusulas gerais. *In*: MARQUES, Claudia Lima (Org.). *A nova crise do contrato*. São Paulo: Revista dos Tribunais, 2007. p. 176-200.

[54] BRASIL. Câmara dos Deputados. *Projeto de lei PL nº 3514/2015*. Altera a Lei nº 8.078, de 11 de setembro de 1990 (Código de Defesa do Consumidor), para aperfeiçoar as disposições gerais do Capítulo I do Título I e dispor sobre o comércio eletrônico, e o art. 9º do Decreto-Lei nº 4.657, de 4 de setembro de 1942 (Lei de Introdução às Normas do Direito Brasileiro), para aperfeiçoar a disciplina dos contratos internacionais comerciais e de consumo e dispor sobre as obrigações extracontratuais. Disponível em: https://www.camara.leg.br/proposicoesWeb/fichadetramitacao?idProposicao=2052488. Acesso em 21 mar. 2021.

BASAN, Arthur Pinheiro; FALEIROS JÚNIOR, José Luiz de Moura. Desafios da predição algorítmica na tutela jurídica dos contratos eletrônicos de consumo. *Revista da Faculdade de Direito da UFRGS*, v. 44, p. 131-153, 2020.

BASSOTTO, Lucas. Do escambo ao bitcoin: a história do dinheiro. *Cointimes*, 19 jun. 2018. Disponível em: https://cointimes.com.br/a-historia-do-dinheiro/. Acesso em 05 fev. 2021.

BAUMAN, Zygmunt. *Globalização*: as consequências humanas. (Trad. Marcus Penchel). Rio de Janeiro: Jorge Zahar, 1999.

BAUMAN, Zygmunt. *Vida para consumo*: a transformação das pessoas em mercadoria. (Trad. Carlos Alberto Medeiros). Rio de Janeiro: Zahar, 2008.

BIONI, Bruno Ricardo. *Proteção de dados pessoais*: a função e os limites do consentimento. Rio de Janeiro: Forense, 2019.

BRASIL. Câmara dos Deputados. *Projeto de lei PL nº 3514/2015*. Altera a Lei nº 8.078, de 11 de setembro de 1990 (Código de Defesa do Consumidor), para aperfeiçoar as disposições gerais do Capítulo I do Título I e dispor sobre o comércio eletrônico, e o art. 9º do Decreto-Lei nº 4.657, de 4 de setembro de 1942 (Lei de Introdução às Normas do Direito Brasileiro), para aperfeiçoar a disciplina dos contratos internacionais comerciais e de consumo e dispor sobre as obrigações extracontratuais. Disponível em: https://www.camara.leg.br/proposicoesWeb/fichadetramitacao?idProposicao=2052488. Acesso em 21 mar. 2021.

CALAZA, Tales. O direito à privacidade: origem histórica e jurídica. *In*: LONGHI, João V. R. *et al*. *Fundamentos do direito digital*. Uberlândia: LAECC, 2020.

CASTELLS, Manuel. *A galáxia da internet*: reflexões sobre a internet, os negócios e a sociedade. Rio de Janeiro: Zahar, 2003.

CASTELLS, Manuel. *A sociedade em rede*. Rio de Janeiro: Paz e Terra, 2018.

COMPARATO, Fábio Konder. *A afirmação histórica dos direitos humanos*. 7. ed. São Paulo: Saraiva, 2010.

CONRADO, Anderson; CHIAPPA, Michelle. Reportagem especial: história do salário. *Justiça do Trabalho*, 21 jan. 2020. Disponível em: https://www.tst.jus.br/noticia-destaque-visualizacao/-/asset_publisher/89Dk/content/reportagem-especial-historia-do-salario. Acesso em 05 mar. 2021.

DIAS, Daniel; NOGUEIRA, Rafaela; QUIRINO, Carina de Castro. Vedação à discriminação de preços sem justa causa: uma interpretação constitucional e útil do art. 39, X, do CDC. *Revista de Direito do Consumidor*, São Paulo: Revista dos Tribunais, v. 121, p. 51-97, jan./fev. 2019.

DIJK, Jan van. *The network society*. 3. rd. Londres: Sage Publications, 2012.

DONEDA, Danilo. *Da privacidade à proteção de dados pessoais*. São Paulo: Thomson Reuters Brasil, 2019.

DUFF, Alistair A. *Information society studies*. Londres: Routledge, 2000.

EL RAFIH, Rhasmye; CABRIOLI, José Vinícius. Dos institutos garantidores de pagamento e a origem e evolução dos títulos de crédito. *Jus.com.br*, set. 2014. Disponível em: https://jus.com.br/artigos/32014/dos-institutos-garantidores-de-pagamento-e-a-origem-e-evolucao-dos-titulos-de-credito. Acesso em 05 mar. 2021.

FORTES, Pedro R. B.; MARTINS, Guilherme M.; OLIVEIRA, Pedro F. O consumidor contemporâneo no show de Truman: a geodiscriminação digital como prática ilícita no direito brasileiro. *Revista de Direito do Consumidor*, v. 124, p. 235-260, 2020.

GARCIA, Leonardo de Medeiros. *Código de Defesa do Consumidor comentado artigo por artigo*. Salvador: Juspodivm, 2019.

GIDDENS, Anthony. *O mundo na era da globalização*. Lisboa: Presença, 2000.

GUIMARÃES, Marcelo C. Geoblocking e geopricing: uma análise à luz da teoria do interesse público de Mike Feintuck. *Revista de Direito, Estado e Telecomunicações*, v. 11, n. 2, p. 87-106, 2019.

HUBERMAN, Leo. *História da riqueza do homem*. Rio de Janeiro: Guanabara Koogan, 1986.

JAY, Peter. *A riqueza do homem*: uma história econômica. Rio de Janeiro: Record, 2002.

KLAUS, Schwab. *A quarta revolução industrial*. São Paulo: Edipro, 2016.

LACE, Susane. *The glass consumer*: life in a surveillance Society. Bristol: Policy, 2005.

LISBOA, Roberto Senise. Direito na sociedade da informação. *Revista de Direito do Consumidor*, São Paulo, a, 95, v. 847, p. 78, mai. 2007.

LLOYD, Ian J. *Information technology law*. 6. rd. Nova Iorque; Oxford: Oxford University Press, 2011.

MALDONADO, Viviane Nóbrega. Direitos dos titulares de dados. *In*: BLUM, Renato Opice; MALDONADO, Viviane Nóbrega (Coord.). *Comentários ao GDPR*: regulamento geral de proteção de dados da União Europeia. São Paulo: Thomson Reuters Brasil, 2018.

MARQUES, Claudia Lima (Org.). *A nova crise do contrato*. São Paulo: Revista dos Tribunais, 2007.

MARQUES, Claudia Lima. *Contratos no Código de Defesa do Consumidor*. 8. ed. São Paulo: Revista dos Tribunais, 2016.

MARTINS, Guilherme Magalhães. *Responsabilidade civil por acidente de consumo na Internet*. 2. ed. São Paulo: Revista dos Tribunais, 2014.

MASUDA, Yoneji. *The information society as post-industrial society*. Tóquio: Institute for the Information Society, 1980.

MAYER-SCHÖNBERGER, Viktor; RAMGE, Thomas. *Reinventing capitalism in the age of Big Data*. Nova Iorque: Basic Books, 2018.

MENDES, Laura Schertel. *Privacidade, proteção de dados e defesa do consumidor*: linhas gerais de um novo direito fundamental. São Paulo: Saraiva, 2014.

MIRAGEM, Bruno. Função social do contrato, boa-fé e bons costumes: nova crise dos contratos e a reconstrução da autonomia negocial pela concretização das cláusulas gerais. *In*: MARQUES, Claudia Lima (Org.). *A nova crise do contrato*. São Paulo: Revista dos Tribunais, 2007.

PERRY, Anderson. *As origens da pós-modernidade*. Rio de janeiro: Jorge Zahar, 1999.

RECASÉNS SICHES, Luis. *Filosofia del derecho*. México: Porrúa, 2008.

RODOTÀ, Stefano. *A vida na sociedade da vigilância*: a privacidade hoje. (Trad. Danilo Doneda e Luciana Cabral Doneda). Rio de Janeiro: Renovar, 2008.

SANTOLIM, Cesar Viterbo Matos. Os princípios de proteção do consumidor e o comércio eletrônico no direito brasileiro. *Revista de Direito do Consumidor*, São Paulo: Revista dos Tribunais, v. 14, n. 55, p. 53-84, jul./set. 2005.

SARLET, Ingo Wolfgang. *A eficácia dos direitos fundamentais*: uma teoria geral dos direitos fundamentais na perspectiva constitucional. 10. ed. Porto Alegre: Livraria do Advogado, 2010.

SILVA, Ângelo Andrey Parreão. *Bitcoin*: a tributação das operações com a moeda virtual. 2018. 55f. Graduação em Direito – Universidade Federal do Maranhão, São Luís (MA), 2018.

SILVA, Jorge Pereira da. *Deveres do Estado de protecção de direitos fundamentais*: fundamentação e estrutura das relações jusfundamentais triangulares. 3. ed. Lisboa: Universidade Católica Editora, 2015.

TOFFLER, Alvin. *A terceira onda*. (Trad. João Távora). 8. ed. Rio de Janeiro: Record, 1980.

ULRICH, Fernando. *Bitcoin*: a moeda na era digital. 1. ed. São Paulo: Instituto Ludwig von Mises Brasil, 2014.

VAINZOF, Rony. Disposições preliminares. *In*: BLUM, Renato Opice; MALDONADO, Viviane Nóbrega (Coord.). *LGPD*: lei geral de proteção de dados comentada. São Paulo: Thomson Reuters Brasil, 2019.

WINEGAR, Angela G.; SUNSTEIN, Cass R. How much is data privacy worth? A preliminary investigation. *Journal of Consumer Policy*, Cham: Springer, v. 42, p. 1-16, 2019.

Informação bibliográfica deste texto, conforme a NBR 6023:2018 da Associação Brasileira de Normas Técnicas (ABNT):

BASAN, Arthur Pinheiro; CALAZA, Tales. Hostilidade digital contra o consumidor: a necessária atualização do CDC. *In*: EHRHARDT JÚNIOR, Marcos; CATALAN, Marcos; MALHEIROS, Pablo (Coord.). *Direito do Consumidor e novas tecnologias*. Belo Horizonte: Fórum, 2021. p. 87-106. ISBN 978-65-5518-253-8.

"ACHAMOS QUE VOCÊ PODE GOSTAR": OS DESAFIOS DA LIBERDADE DE ESCOLHA ANTE A DEFINIÇÃO DE PERFIS NA SOCIEDADE DA INFORMAÇÃO

JÉSSICA ANDRADE MODESTO
MARCOS EHRHARDT JÚNIOR

1 Introdução

"Achamos que você pode gostar". Ao adquirir determinado produto em um *website*, o indivíduo logo vê a referida frase, a qual é acompanhada da sugestão de vários itens que, de acordo com a análise do *site*, costumam ser adquiridos por pessoas que também compraram o produto.

Em outro momento, pesquisa-se um produto qualquer num provedor de pesquisa e logo uma infinidade de anúncios relacionados ao item passa a perseguir o indivíduo nas redes sociais e nas páginas que ele visita.

Em outro lugar, uma pessoa navega em determinada rede social e acaba abrindo um vídeo sobre uma celebridade; este, logo depois é fechado, pois não era de seu interesse. Logo em seguida, a pessoa recebe várias sugestões de vídeos e de notícias relacionadas à referida celebridade.

Ainda, certo indivíduo recebe e clica em uma *fake news* sobre a vacinação contra a Covid-19 e, mesmo sem acreditar na referida notícia, passa a receber várias outras notícias falsas semelhantes.

Também, dada pessoa, que possui um carro da marca X, resolve trocar de veículo por algum de outra marca. Para tanto, começa a pesquisar *online* sobre outros automóveis e escolhe um modelo de outro fabricante para fazer um *test drive*. A marca do seu atual carro, que até então não havia lhe enviado mensagem alguma, quando percebe, por meio dos dados de localização coletados do automóvel, que o indivíduo parou numa loja da fabricante concorrente, envia-lhe um SMS com uma oportunidade imperdível para a troca do veículo por um do mesmo modelo, porém novo. O indivíduo faz o *test drive* do carro que desejava comprar, e este corresponde a todas às suas expectativas, no entanto, diante da oportunidade que recebera da fabricante do seu automóvel, ele prefere aceitá-la e adquirir um veículo do mesmo modelo que já possuía.

Nos parágrafos anteriores são descritas cenas que já fazem parte de nosso cotidiano. Tudo isso é possível porque, na sociedade da informação, o comportamento do indivíduo é constantemente rastreado e analisado por meio da coleta e do tratamento de dados pessoais. As organizações empresárias conseguem descobrir padrões nas ações dos consumidores e, após traçar o perfil do indivíduo, inferir quais são os seus interesses. Muitas vezes, isso pode ser útil, até mesmo para o titular dessas informações, visto que tais sugestões personalizadas lhe permitem ter acesso a determinado conteúdo de seu interesse sem despender muito esforço para isso.

Mas, até que ponto a definição de perfis é benéfica aos titulares dos dados pessoais? Esta prática envolve riscos à privacidade do indivíduo? As escolhas e decisões tomadas pelas pessoas, na sociedade da informação, são verdadeiramente livres?

O presente trabalho se propõe a estudar essas questões. Para tanto, será feita uma pesquisa bibliográfica sobre o tema, buscando-se investigar, inicialmente, o alcance da tutela da privacidade na atual sociedade, para, em seguida, examinar o grau de ingerência que a definição de perfis pode exercer na liberdade de escolha do indivíduo.

2   Privacidade na sociedade da informação

A partir do século XX, o mundo viu uma série de avanços tecnológicos, os quais passaram a permitir a coleta e o tratamento de uma extensa quantidade de dados pessoais. Dado pessoal é todo dado relacionado a uma pessoa singular que possa ser identificada, direta ou indiretamente, como, por exemplo, um nome, um número de identificação, dados de localização ou elementos específicos da identidade física, fisiológica, genética, mental, econômica, cultural ou social dessa pessoa singular.

Nas últimas décadas, os equipamentos tecnológicos tornaram-se acessíveis à boa parte da população e das organizações empresárias, por menores que sejam. Nesse contexto, poucas são as relações sociais que não envolvem o tratamento de dados pessoais: a academia, que coleta, além do nome e endereço do indivíduo, dados referentes à sua estrutura corporal; o consultório médico, que registra um histórico detalhado acerca da saúde do paciente; a escola, que armazena as informações acadêmicas dos estudantes; o *site* em que o consumidor adquire um produto desejado; as redes sociais, que os usuários utilizam para postar fotos e acompanhar a vida de seus amigos; o aplicativo de mensagem, praticamente indispensável hoje em dia...

Todas essas atividades envolvem o tratamento de dados pessoais, de modo que o fornecimento de tais informações é hoje uma exigência da vida moderna. É a chamada Sociedade da Informação, na qual o fluxo de dados é imenso e contínuo, e que se orienta pela manipulação dessas informações, que se firmam como essenciais para a tomada de decisão – seja esta política, social ou negocial.

Informação e conhecimento sempre foram fundamentais para o crescimento da economia, assim como a evolução tecnológica sempre influenciou as formas de organização econômica e a capacidade produtiva da sociedade. Entretanto, nas últimas décadas do século XX, surgiu, em escala global, uma nova economia,[1] na qual se firmam modelos de negócios baseados na coleta e no tratamento de dados pessoais.

Assim, não há mudanças nas regras gerais da economia; a mudança que se verifica na economia está na forma como a informação é utilizada. Em outras palavras, o que mudou não foram as atividades em que a humanidade está envolvida, mas a sua capacidade tecnológica de utilizar aquilo que a torna singular, a saber, a sua capacidade de processar símbolos.[2]

Nesse cenário, adquire relevo a monetização de informações, isto é, a transformação de dados – que, a princípio, não possuem nenhum valor agregado – em conhecimento útil e valioso, o que se torna um dos principais componentes dos modelos de negócios modernos da

---

[1]   CASTELLS, Manuel. *A Sociedade em Rede*. (*A era da informação*: economia, sociedade e cultura). São Paulo: Paz e Terra, 1999. v. 1, p. 119.

[2]   CASTELLS, Manuel. *A Sociedade em Rede*. (*A era da informação*: economia, sociedade e cultura). São Paulo: Paz e Terra, 1999. v. 1, p. 142.

economia da informação.[3] Nesse contexto, os dados pessoais são tidos como o novo petróleo[4] e considerados como verdadeiros ativos das organizações empresárias.

A partir do processamento das informações relacionadas aos indivíduos, tais organizações conseguem inferir uma série de conhecimentos que lhes permite tomar diversas decisões que irão maximizar seus lucros, tanto por conseguirem entender, com mais precisão, o funcionamento do mercado, adotando determinadas decisões estratégicas, quanto por serem capazes de influenciar o comportamento das pessoas, manipulando sutilmente suas escolhas, conforme se verá.

Ante essa nova realidade, o direito à privacidade tem seu conceito ampliado, com vistas a tutelar o indivíduo nessas novas formas de violação da esfera privada. A privacidade tutela, hoje, diferentes dimensões da personalidade.

Nessa senda, sua dimensão espacial assegura a proteção da privacidade em sua perspectiva original de "direito a ser deixado só" ou de "direito a ser deixado em paz",[5] no tocante à privacidade existente em um determinado espaço físico, como a casa da pessoa.[6] Já a dimensão informacional da privacidade protege o direito de o indivíduo controlar as suas informações pessoais, podendo conceder ou restringir o acesso de outras pessoas a essas informações.[7]

Por fim, a dimensão decisional da privacidade tutela o modo de vida do indivíduo, seus gostos, seus projetos pessoais, suas características,

---

[3] ADJEI, Joseph K. Monetization of Personal Identity Information: technological and Regulatory Framework. *IEEE Computer Society Washington*, Washington DC/EUA, p. 1, 14 dez. 2015. Disponível em: https://www.researchgate.net/profile/Joseph_Adjei3/publication/325142873_Monetization_of_personal_digital_identity_information_Technological_and_regulatory_framework/links/5be99f48a6fdcc3a8dd1b2a1/Monetization-of-personal-digital-identity-information-Technological-and-regulatory-framework.pdf. Acesso em 2 dez. 2020.

[4] A expressão *"Data is the new oil"* foi dita pela primeira vez em 2006, pelo matemático Clive Humby a Michael Palmer, da Associação de Anunciantes Nacionais. (PALMER, Michael. Data is the new oil. *ANA Marketing Maestros*, 3 nov. 2006. Disponível em: https://ana.blogs.com/maestros/2006/11/data_is_the_new.html. Acesso em 28 jun. 2020). Ao longo do tempo, a expressão vem sendo amplamente utilizada para designar o quão valiosos são os dados na nova economia.

[5] WARREN, Samuel D; BRANDEIS, Louis D. The Right to Privacy. *In: Harvard Law Review*, v. 4, n. 5, p. 193-220, 15 dez. 1890. Disponível em: https://www.cs.cornell.edu/~shmat/courses/cs5436/warren-brandeis.pdf. Acesso em 2 dez. 2020.

[6] PEIXOTO, Erick L. C; EHRHARDT JÚNIOR, Marcos. Os Desafios da Compreensão do Direito à Privacidade no Sistema Jurídico Brasileiro em face das Novas Tecnologias. *In:* EHRHARDT JÚNIOR, Marcos; LOBO, Fabiola Albuquerque (Coord.). *Privacidade e sua Compreensão no Direito Brasileiro*. Belo Horizonte: Fórum, 2019. p. 44.

[7] TAVANI, Herman T. Informational Privacy: concepts, theories, and Controversies. *In:* HIMMA, Kenneth E; TAVANI, Herman T. (Edt.). *The Handbook of Information and Computer Ethics*. Hoboken, New Jersey: Wiley, 2008. p. 141-142.

suas escolhas e, principalmente, as decisões mais fundamentais sobre a sua vida.[8] Protege, portanto, o direito de cada pessoa decidir o seu destino e a forma como quer viver sem sofrer interferências externas em suas decisões. Liga-se, assim, ao direito à autodeterminação,[9] tendo como fim a própria realização existencial da pessoa, uma vez que não há ninguém melhor que o próprio indivíduo para estabelecer quais atos proporcionarão sua realização e seu pleno desenvolvimento.[10]

Essas dimensões não são excludentes, mas complementares, de modo que, numa mesma situação, é possível verificar uma violação ou interferência externa em mais de uma dimensão da privacidade.

Na sociedade da informação, a privacidade decisional é constantemente ameaçada, já que muitas organizações, por meio do tratamento de dados pessoais, interferem nas decisões dos indivíduos, sugestionando suas escolhas e influenciando o seu comportamento, não raramente de modo tão sutil que as pessoas nem chegam a notar tais limitações à sua liberdade de escolher, conforme se explanará a seguir.

3 A definição de perfis e a ingerência externa na privacidade decisional do indivíduo

Uma vez que as organizações, públicas e privadas, conseguem extrair considerável quantidade de conhecimento a partir dos dados pessoais, os indivíduos são submetidos a uma intensa coleta dessas informações, máxime na internet, por meio de diversos mecanismos de captura de dados pessoais.

Os dados de localização do indivíduo permitem a essas entidades saber os locais que o indivíduo visita e com que frequência, bem como os aplicativos instalados em seu *smartphone,* os *sites* por ele visitados, suas redes sociais e os produtos e serviços por ele consumidos são capazes de indicar suas áreas de interesse. A partir dessas informações

---

[8] PEIXOTO, Erick L. C; EHRHARDT JÚNIOR, Marcos. Os Desafios da Compreensão do Direito à Privacidade no Sistema Jurídico Brasileiro em face das Novas Tecnologias. *In:* EHRHARDT JÚNIOR, Marcos; LOBO, Fabiola Albuquerque (Coord.). *Privacidade e sua Compreensão no Direito Brasileiro.* Belo Horizonte: Fórum, 2019. p. 41-42.

[9] SIMÕES, Cristina. *O direito à autodeterminação das pessoas com deficiência.* Porto: Associação do Porto de Paralisia Cerebral; Faculdade de Direito da Universidade do Porto, 2016. p. 8. Disponível em: https://www.appc.pt/_pdf/eBook_FDUP_Dir_PessoasDeficiencia.pdf. Acesso em 13 dez. 2020.

[10] BERALDO, Ana de M. S. Ponderações constitucionais sobre a autonomia psicofísica. *In: Civilistica.com,* a. 3, n. 1, p. 6-7, 2014. Disponível em: http://civilistica.com/ponderacoes-constitucionais-sobre-a-autonomia-psicofisica/. Acesso em 13 dez. 2020.

é possível descobrir se o indivíduo pratica exercícios físicos, qual seu gênero de filme preferido, sua orientação sexual, sua religião, suas opiniões políticas, se namora, em que trabalha, sua idade, sua categoria econômico-social, entre tantas outras inferências.

Os indivíduos são incessantemente monitorados, tendo seu comportamento, suas atividades e preferências rastreados a todo momento. Essa massiva coleta de dados e seu posterior processamento provocam uma substancial assimetria da informação entre essas organizações e os titulares desses dados, o que confere a tais entidades um grande poder de interferência nas escolhas dos indivíduos.

A exemplo disso, em 2012, Charles Duhigg[11] publicou um artigo no New York Times, revelando que a Target desejava identificar suas clientes que estivessem grávidas, uma vez que mulheres até o segundo trimestre de gravidez estão mais suscetíveis a modificar seus hábitos de compra, pois é quando começam a adquirir produtos para o bebê. Para tanto, começou a analisar os dados de seus consumidores, coletados e armazenados durante anos, buscando descobrir como seus hábitos se modificam à medida que se aproxima a data do parto.

Em pouco tempo, a referida rede varejista percebeu que grávidas costumam comprar determinados produtos, como grandes quantidades de loção sem perfume e suplementos vitamínicos. Desse modo, a Target identificou cerca de 25 produtos que, quando analisados em conjunto, permitiam a atribuição a cada cliente de uma pontuação de "previsão de gravidez", além da estimativa da data de parto, para que a empresa pudesse enviar cupons programados para estágios muito específicos da gravidez.

Aproximadamente um ano depois, um pai entrou em contato com a varejista, reclamando do envio de cupons de roupas de bebês e de berços para a sua filha que ainda estava no ensino médio. A seu ver, a Target estaria tentando incentivar sua filha a engravidar. O gerente se desculpou e, alguns dias depois, foi informado que a garota realmente estava gestante. Esse fato fez a varejista perceber que o envio de cupons específicos para produtos de bebês poderia passar a impressão para as mulheres grávidas de que elas estariam sendo espionadas, o que seria capaz de afugentá-las.

Diante disso, a Target passou a enviar livretos de anúncios especialmente projetados para cada cliente, os quais, no caso das

---

[11] DUHIGG, Charles. How Companies Learn Your Secrets. *The New York Times Magazine*, 16 fev. 2012. Disponível em: https://www.nytimes.com/2012/02/19/magazine/shopping-habits. html?pagewanted=1&_r=1&hp. Acesso em 13 set. 2020.

gestantes, passaram a misturar anúncios de produtos que essas mulheres nunca comprariam com anúncios de bebês, fazendo parecer que todos os itens foram escolhidos aleatoriamente. Dessa forma, a grávida presume que todos os seus vizinhos receberam os mesmos anúncios e, por conseguinte, não verá problema em usar os cupons para produtos de bebês que somente ela recebeu.

A situação narrada demonstra como a análise de dados pessoais permite a definição e a aplicação de perfis e como este tratamento de dados pessoais possibilita que o comportamento do consumidor seja influenciado.

A criação de perfis é uma técnica pela qual um conjunto de características de uma determinada classe de pessoa é inferida a partir de experiências anteriores para que, em seguida, sejam identificados indivíduos que se enquadrem nesse conjunto de características.[12]

Um perfil pode ser individual ou de grupo. O perfil individual é usado para identificar um indivíduo numa comunidade ou apenas para inferir seus hábitos, comportamento, preferências, conhecimentos, riscos ou outras características sociais e econômicas.

Por sua vez, o perfil de grupo é usado para encontrar recursos compartilhados entre membros de uma comunidade definida ou para definir categorias de indivíduos que compartilham algumas características.[13] É suficiente identificar um sujeito como um membro do grupo para poder inferir, para este sujeito, um conhecimento herdado do próprio grupo: comportamento provável, atributos, riscos etc.[14]

Numa sociedade que exige rápidas e eficientes tomadas de decisão, as quais devem passar por adequada avaliação e mitigação de riscos, mas que, para tanto, é necessário processar uma massiva quantidade de dados, a construção de perfis assume importante papel como ferramenta de análise e resposta.

No entanto, apesar de tais benefícios, o uso de *profiling* pode acarretar várias consequências à dimensão decisional da privacidade

---

[12] CLARKE, Roger. Profiling: a hidden challenge to the regulation of data surveillance. *Journal of Law, Information and Science*, v. 4, n. 2, p. 2, 1993. Disponível em: https://www.austlii.edu.au/au/journals/JlLawInfoSci/1993/26.html. Acesso em 12 set. 2020.

[13] JAQUET-CHIFFELLE, David-Olivier. Reply: direct and indirect profiling in the light of virtual persons. *In*: HILDEBRANDT, Mireille. *Defining profiling*: a new type of knowledge? Springer: Dordrecht, 2008. p. 35. Disponível em: https://link.springer.com/chapter/10.1007%2F978-1-4020-6914-7_2#citeas. Acesso em 28 nov. 2020.

[14] JAQUET-CHIFFELLE, David-Olivier. Reply: direct and indirect profiling in the light of virtual persons. *In*: HILDEBRANDT, Mireille. *Defining profiling*: a new type of knowledge? Springer: Dordrecht, 2008. p. 35. Disponível em: https://link.springer.com/chapter/10.1007%2F978-1-4020-6914-7_2#citeas. Acesso em 28 nov. 2020.

de um indivíduo. Isso porque, ao privilegiar comportamentos que estejam de acordo com determinado padrão, os indivíduos podem passar a se comportar e a fazer suas escolhas de modo a se encaixar no modelo almejado. Portanto, os perfis podem tornar-se obstáculos ao livre desenvolvimento da personalidade.

Uma vez que os perfis analisam as preferências dos usuários, seus hábitos, gostos e comportamentos, os indivíduos são categorizados em diferentes grupos de interesse. Por exemplo, uma pessoa que adquiriu alguns livros de Direito integra a categoria daqueles que têm interesse em produtos dessa área do conhecimento. Da mesma forma, uma pessoa que clicou em alguma notícia favorável ao atual presidente do Brasil é encaixada na categoria daqueles indivíduos interessados nesse tipo de informação, ao passo que outro usuário que clica numa matéria contrária ao governante é categorizado no grupo daqueles que preferem notícias mais críticas ao presidente.

O problema é que, ao fazer isso, as organizações passam a mostrar e a sugerir ao indivíduo, quase que em sua totalidade, produtos, anúncios, notícias, serviços, oportunidades e informações relacionados ao perfil daquele grupo de interesse no qual a pessoa foi enquadrada. Assim, o usuário tem um acesso muito mais amplo e facilitado àquilo que está de acordo com o modelo estabelecido do que a produtos, serviços e notícias que não estejam em conformidade com o padrão, o que pode limitar suas escolhas.

Utilizando-se das hipóteses mencionadas, a pessoa que adquiriu o livro de Direito será exposta a uma quantidade muito maior de propaganda sobre publicações desse ramo do conhecimento do que sobre livros de qualquer outra área, o que tende a influenciar o consumidor a adquirir mais publicações de Direito, ao tempo que conhecer novos autores e livros que não estejam dentro desse padrão exigirá do consumidor mais esforço para sair de sua zona de conforto e pesquisar sobre outras obras.

Também no que diz respeito aos leitores sobre política, haja vista que os perfis das organizações lhes sugerirão notícias de teor semelhante às já lidas, as pessoas que leram matérias favoráveis ao presidente terão muito mais acesso a outras notícias de conteúdo mais positivo sobre ele, o que tanto reforçará a ideia já formada do leitor acerca do governante, quanto limitará o acesso do usuário a notícias contrárias ao presidente, as quais poderiam influenciar a opinião do indivíduo e sua escolha no pleito eleitoral.

De igual modo, as pessoas enquadradas como leitores com interesse em matérias mais hostis sobre o governante serão expostas a mais informações prejudiciais ao presidente, o que também reforçará sua opinião negativa sobre ele, como também limitará o acesso do leitor a notícias que poderiam influenciar sua opinião e decisões como cidadão. Esse fenômeno recebe o nome de "bolha de opinião" ou "filtro--bolha". Mecanismos algorítmicos de determinadas companhias, como o Google e o Facebook, rastreiam o comportamento e outras informações *online* de cada usuário e, a partir disso, criam um universo que condiciona a navegação do indivíduo na internet ao que estes desejam (ou desejariam) – conforme uma predição algorítmica –, de modo que ele consome quase que somente aquilo com que tem maior afinidade, ao passo que desconhece ou desconsidera dados e opiniões que não são de seu interesse.[15]

A "premissa do *filter bubble é que o usuário não decide deliberadamente o que aparece para ele dentro da bolha, nem tem acesso ao que fica de fora". Apesar de os filtros-bolha gerarem comodismo para o usuário, que encontra de forma rápida e eficaz aquilo que deseja, o excesso de filtragem pode fazer com que os indivíduos, sem terem consciência de tal excesso, afastem-se dos pontos de vista divergentes, "empobrecendo, assim, o valor do debate na esfera pública virtual", e torná-los reféns de publicidade direcionada.[16]*

Os perfis, individuais ou de grupo, podem afetar negativamente a liberdade de escolha. Rodotà já alertava a esse respeito:

> Se, por exemplo, se verifica que a maioria das famílias que habitam em um determinado bairro lê apenas um tipo de publicação, razões econômicas estimularão a distribuição naquela área apenas de livros e jornais correspondentes aos gostos e aos interesses individuados naquele momento particular. Por um lado, portanto, dá-se início a um mecanismo que pode bloquear o desenvolvimento daquela comunidade, solidificando-a no seu perfil traçado em uma situação determinada. Por outro lado, penalizam-se os poucos que não correspondem ao perfil geral, iniciando-se assim um perigoso processo de discriminação de

---

[15] MAGRANI, Eduardo; OLIVEIRA, Renan Medeiros de. A esfera pública (forjada) na era das fake news e dos filtros-bolha. *Cadernos Adenauer XIX*, n. 4, p. 21-22, 2018. p. 21. Disponível em: http://eduardomagrani.com/wp-content/uploads/2019/05/PUBLICACAO-nova-2019-KA-Cadernos-2018.4-site.pdf. Acesso em 10 out. 2020.

[16] MAGRANI, Eduardo; OLIVEIRA, Renan Medeiros de. A esfera pública (forjada) na era das fake news e dos filtros-bolha. *Cadernos Adenauer XIX*, n. 4, p. 21-22, 2018. p. 22. Disponível em: http://eduardomagrani.com/wp-content/uploads/2019/05/PUBLICACAO-nova-2019-KA-Cadernos-2018.4-site.pdf. Acesso em 10 out. 2020.

minorias. A "categorização" dos indivíduos e grupos ameaça anular a capacidade de perceber as nuances sutis, os gostos não habituais.[17]

O *profiling*, mesmo quando não automatizado, pode se constituir em grande obstáculo ao desenvolvimento da personalidade dos indivíduos. Com a internet, este risco é ainda maior, já que as pessoas sofrem a influência desses perfis a cada minuto, em qualquer atividade realizada na rede mundial de computadores.

Assim, a partir da coleta de grandes quantidades de dados pessoais, as organizações conseguem identificar características individuais ou grupos de pessoas que serão mais impactados ou influenciados por determinado anúncio ou conteúdo. Tais dados são capazes de identificar padrões de comportamento e personalidade dos indivíduos e, assim, associá-los em microgrupos que se tornarão um público-alvo muito mais preciso para certas propagandas e notícias. Essa técnica é o que se chama de *microtargeting*.[18]

O direcionamento de anúncios e conteúdos sobre produtos e questões específicas adquire um potencial muito maior de influência nas decisões do indivíduo, independentemente de serem de interesse das pessoas em geral.

O maior exemplo do uso de *microtargeting* e filtro-bolha foi a sua utilização pela *Cambridge Analytica*, durante a campanha eleitoral de Donald Trump para presidente dos Estados Unidos, em 2016. Com os dados coletados pelo Facebook, foram criados modelos e algoritmos capazes de predizer a qual tipo de postagem cada eleitor estadunidense estava mais suscetível, tanto quanto à forma (vídeos, textos ou imagens) como também quanto ao conteúdo, tom e estilo de cada *post*.

Ainda, os modelos matemáticos e algoritmos indicavam quantas vezes uma pessoa precisava ser exposta à postagem para ter sua opinião influenciada. Em seguida, a vasta equipe da *Cambridge Analytica* produzia conteúdos com potencial de influência, os quais eram encaminhados para a equipe de *targeting*, para fazer com que cada uma das postagens

---

[17] RODOTÀ, Stefano. *A vida na Sociedade da Vigilância – a privacidade hoje*. Rio de Janeiro: Renovar, 2008. p. 83.

[18] GUEDES, Paula. Direcionamento de campanhas eleitorais: lições do passado para 2020. *Its Rio*, 9 abr. 2020. Disponível em: https://feed.itsrio.org/direcionamento-de-campanhas-eleitorais-li%C3%A7%C3%B5es-do-passado-para-2020-de58e32e5dbe. Acesso em 10 out. 2020.

alcançasse o maior número possível de eleitores a ela suscetíveis por meio de *posts* patrocinados, bem como por novos *blogs* e *sites*.[19]

Hoje, um dos maiores problemas da sociedade da informação, as *fake news*, é alimentado e fortalecido pelo uso de *profiling*, *microtargeting* e filtro-bolha, alcançando muito mais pessoas e potencializando sobremaneira seus efeitos negativos.

Observa-se que os riscos do *profiling*, máxime na sociedade da informação, não se limitam à restrição de acesso a conteúdo e a oportunidade, mas expandem-se para a própria manipulação do indivíduo. Este sofre forte influência na dimensão decisional de sua privacidade, na maioria das vezes sem ter o menor conhecimento acerca de como seus dados estão sendo tratados e de quais fatores levam os algoritmos a exporem-no a determinados assuntos e propagandas.

Zarsky aponta dois casos fictícios que demonstram bem o grau de periculosidade de tais técnicas. No primeiro exemplo, um fumante, que costuma comprar vários produtos em determinada loja virtual, decide parar de fumar. O algoritmo da loja verifica que o indivíduo parou de comprar cigarros e adquiriu um adesivo de nicotina, concluindo que ele resolveu deixar o referido hábito. A partir disso, o algoritmo começa a lhe apresentar anúncios de cigarros, bem como lhe envia, junto das compras, um maço de cigarros gratuito, buscando estimular o indivíduo a mudar sua resolução.[20]

No segundo exemplo, um indivíduo, carnívoro, reduziu os gastos com carne bovina, além de ter diminuído notavelmente suas visitas a churrascarias. Além disso, passou a assinar revistas sobre natureza, a ler bastante sobre bem-estar animal e a consumir alguns produtos de soja. Uma indústria de carne que rastreou o comportamento dos vegetarianos por anos, percebeu que as atitudes do indivíduo em questão se amoldavam aos comportamentos classificados como "sintomas" iniciais de que uma pessoa está se tornando um vegetariano e, ato contínuo, começou a estimular o consumo de carne pelo indivíduo antes que este optasse, definitivamente, pelo vegetarianismo.

Posto isso, a organização empresária lhe envia cupons para a sua churrascaria favorita, certifica-se de que ele seja exposto a vários

---

[19] Cf.: Cambridge Analytica: tudo sobre o escândalo do Facebook que afetou 87 milhões. *Olhar Digital*, 21 mar. 2018. Disponível em: https://olhardigital.com.br/2018/03/21/noticias/cambridge-analytica/. Acesso em 4 abr. 2020.

[20] ZARSKY, Tal Z. "Mine Your Own Business!": making the case for the implications of the data mining of personal information in the forum of public opinion. *Yale Journal of Law and Technology*, p. 20-39, 2003. p. 20. Disponível em: https://digitalcommons.law.yale.edu/cgi/viewcontent.cgi?article=1008&context=yjolt. Acesso em 28 set. 2020.

comerciais de restaurantes de *fast food*, bem como a matérias e a outros conteúdos que tratam da importância de se comer carne e proteína. Ainda, por meio de supermercado afiliado, evita que o indivíduo receba promoções de produtos de soja.[21]

Tais situações hipotéticas demonstram como as companhias podem aproximar os indivíduos de produtos em que estes não tinham interesse, por meio da grande exposição a ofertas voltadas ao consumo de tais produtos, bem como a argumentos persuasivos em momentos nos quais as pessoas estejam a eles mais suscetíveis.

Apesar de as organizações sempre terem buscado influenciar os gostos, hábitos e as decisões das pessoas, não há dúvidas de que o *profiling* aumentou exponencialmente a capacidade e a eficácia de tais entes impactarem a dimensão decisional da privacidade dos indivíduos, já que, enquanto as estratégias adotadas passam a ser cada vez mais personalizadas, as pessoas não têm conhecimento de como seus dados pessoais são utilizados para influenciar seu comportamento.

4 Considerações finais

Ao longo da história, atores externos sempre buscaram influenciar as escolhas do indivíduo. O conselho de um parente ou amigo, as campanhas políticas, a publicidade dos produtos sempre tiveram o objetivo de afastar de ou levar o ouvinte a determinada decisão. No entanto, antes do intenso tratamento de dados que se verifica na sociedade da informação, era mais fácil a pessoa identificar tais interferências e controlar o grau de ingerência alheia em suas decisões.

Ocorre que, hoje, as organizações, tanto públicas quanto privadas, ampliaram a capacidade de persuadir o indivíduo e de manipular suas escolhas num nível inimaginável. Assim, utilizando-se dos mais diversos meios tecnológicos, essas entidades monitoram toda a atividade do indivíduo e rastreiam o seu comportamento. Em seguida, por meio da aplicação de perfis definidos a partir da massiva quantidade de informação já coletada, conseguem categorizar o indivíduo em determinado grupo, composto por outras pessoas com as quais compartilha características, cujos padrões de comportamento são analisados.

---

[21] ZARSKY, Tal Z. "Mine Your Own Business!": making the case for the implications of the data mining of personal information in the forum of public opinion. *Yale Journal of Law and Technology*, p. 20-39, 2003. p. 39. Disponível em: https://digitalcommons.law.yale.edu/cgi/viewcontent.cgi?article=1008&context=yjolt. Acesso em 28 set. 2020.

Apoiadas nisso, essas entidades conseguem identificar a melhor forma de influenciá-lo, inferindo a quais tipos de notícias e anúncios ele está mais suscetível, em que momento, quantas vezes será necessário expô-lo a determinado conteúdo para que sua escolha seja modificada e qual o meio mais eficaz para essa exposição. Tudo isso acontece a cada segundo que a pessoa utiliza alguma das comodidades presentes na sociedade da informação: *internet, smartphones, smart TVs* etc.

Dessa forma, quase que em tempo real, as organizações são capazes de coletar os dados do indivíduo, de processá-los, de verificar em que grupo ele se enquadra e de decidir qual conteúdo, por qual meio e por quanto tempo lhe exibirão determinados anúncios, notícias e conteúdos, com o objetivo de modificar os hábitos e as decisões da referida pessoa.

Com tamanha exposição, feita de maneira personalizada, o indivíduo tem seu comportamento moldado pelos agentes de tratamento de dados sem perceber. Não é mais a pessoa que escolhe qual matéria quer ler; ela recebe uma série de sugestões de notícias que, segundo seu perfil, podem interessá-la; suas decisões políticas sofrem forte ingerência de *fake news,* bem como da limitação de conteúdo provocada pelos filtros-bolha. Os filmes e músicas que vê e ouve são selecionados por algoritmos; a necessidade por determinados produtos que consome foi criada pela publicidade comportamental, que sabe exatamente o que é preciso para persuadi-lo.

Nesse cenário, a autodeterminação do indivíduo se torna muito mais ameaçada. Os estímulos externos para compeli-lo a ou demovê-lo de determinada decisão são bem maiores. Ademais, determinada notícia, publicidade, *fake news,* vídeos e afins são expostos ao indivíduo em tamanha quantidade e por meios tão bem cuidadosamente selecionados, que dificilmente a pessoa não será atraída e influenciada.

Ao contrário do que ocorria antes desse intenso tratamento de dados pessoais, os indivíduos tinham ciência de que aquilo a que estavam sendo expostos tinha o claro objetivo de influenciar suas escolhas. Na sociedade da informação, contudo, as organizações atuam de maneira bem mais sutil, de modo que as pessoas não percebem tal intenção e, por conseguinte, não questionam o conteúdo que veem ou as práticas dos agentes de tratamento.

No caso da Target, por exemplo, como a grávida pode imaginar que aquele cupom que está recebendo e que aparentemente partiu de uma escolha aleatória da varejista, na verdade lhe foi enviado porque a empresa sabe de sua gravidez e deseja atraí-la à loja, não só para adquirir os produtos para o bebê, mas para fidelizá-la à companhia e, ainda, modificar seus hábitos de compra, levando-a a adquirir produtos outros que não costumava consumir?

Do mesmo modo, como não enxergar uma comodidade no fato de se pesquisar sobre determinada cidade e, em razão disso, receber, por muito tempo, uma série de anúncios e promoções de passagens e viagens para tal localidade? Ora, a pessoa recebeu ofertas promocionais para visitar certo lugar, como isso pode ser ruim? Mesmo que o indivíduo tenha pesquisado a cidade sem intenção alguma de visitá-la, nesta situação, depois de tamanha exposição à publicidade, ele resolveu gastar todo o décimo terceiro salário para viajar com a família para a localidade, já que a oferta recebida fez parecer que a viagem era imperdível. O indivíduo, então, que nem iria viajar, mas utilizar o seu dinheiro extra para pagar as dívidas, agora não só tem viagem marcada como ainda para uma cidade que ela pensa ter escolhido, mas que lhe foi fortemente sugerida pelos algoritmos dos agentes de tratamento de dados.

E o indivíduo que, no momento em que está chegando em casa, depois de um dia inteiro de trabalho, recebe uma promoção de um aplicativo para pedir comida naquele seu restaurante favorito? Como resistir? E mais, como enxergar problema nisso? Ocorre que esta pessoa está acima do peso e tinha dado início a uma dieta. Antes, porém, de fazer qualquer escolha saudável para o seu jantar, recebeu a referida oferta num momento em que está extremamente cansada e com fome. A probabilidade de essa pessoa fazer uso da promoção e sabotar a sua dieta é bem maior do que se ela não recebesse algum estímulo do aplicativo de comida.

Nesse cenário, a ingerência alheia nas decisões dos indivíduos se torna muito mais eficaz na sociedade da informação, de modo que muitas dessas escolhas não são verdadeiramente livres.

É preciso, pois, dotar as pessoas de consciência a respeito do tratamento de dados a que estão submetidas e do modo como isso pode repercutir na sua esfera de autodeterminação, para que, uma vez cientes, possam despender os esforços necessários para se informarem por outras fontes que não as que lhe são sugeridas, para consumirem produtos outros que não os que lhe são anunciados, para questionarem a necessidade de aquisição daquele item ou serviço a que são expostas, a fim de que as escolhas do indivíduo sejam conscientemente tomadas e sua personalidade seja livremente desenvolvida, em vez de moldada pelos algoritmos dos agentes de tratamento de dados pessoais.

É também com esse objetivo que surgem as legislações de proteção de dados pessoais, como a Lei nº 13.709/2018 (a Lei Geral de Proteção de Dados Pessoais – LGPD), que visam a assegurar aos titulares um maior controle sobre suas informações e a adoção de boas e transparentes práticas por parte dos agentes de tratamento desses dados. Essas leis garantem que o indivíduo tenha mais ciência acerca de suas informações estarem ou não sendo submetidas a processamento e para qual finalidade, bem como sobre os riscos envolvidos no tratamento. Intenta-se, pois, criar uma cultura de privacidade em que os agentes de tratamento respeitem, desde o início, os direitos dos titulares dos dados, e os indivíduos estejam mais conscientes dos riscos a que estão submetidos, bem como capacitados para exercer seus direitos e resistir à enorme influência de tais agentes em suas decisões.

Uma vez que a definição de perfis continuará a ser utilizada pelas organizações, não há dúvidas de que, na sociedade da informação, a liberdade de escolha do indivíduo restará constantemente ameaçada.

Referências

ADJEI, Joseph K. Monetization of Personal Identity Information: technological and Regulatory Framework. *IEEE Computer Society Washington*, Washington DC/EUA, p. 1, 14 dez. 2015. Disponível em: https://www.researchgate.net/profile/Joseph_Adjei3/publication/325142873_Monetization_of_personal_digital_identity_information_Technological_and_regulatory_framework/links/5be99f48a6fdcc3a8dd1b2a1/Monetization-of-personal-digital-identity-information-Technological-and-regulatory-framework.pdf. Acesso em 2 dez. 2020.

BERALDO, Ana de M. S. Ponderações constitucionais sobre a autonomia psicofísica. *In: Civilistica.com*, a. 3, n. 1, p. 6-7, 2014. Disponível em: http://civilistica.com/ponderacoes-constitucionais-sobre-a-autonomia-psicofisica/. Acesso em 13 dez. 2020.

CASTELLS, Manuel. *A Sociedade em Rede. (A era da informação*: economia, sociedade e cultura). São Paulo: Paz e Terra, 1999. v. 1.

CLARKE, Roger. Profiling: a hidden challenge to the regulation of data surveillance. *Journal of Law, Information and Science*, v. 4, n. 2, p. 2, 1993. Disponível em: https://www.austlii.edu.au/au/journals/JlLawInfoSci/1993/26.html. Acesso em 12 set. 2020.

DUHIGG, Charles. How Companies Learn Your Secrets. *The New York Times Magazine*, 16 fev. 2012. Disponível em: https://www.nytimes.com/2012/02/19/magazine/shopping-habits.html?pagewanted=1&_r=1&hp. Acesso em 13 set. 2020.

GUEDES, Paula. Direcionamento de campanhas eleitorais: lições do passado para 2020. *Its Rio*, 9 abr. 2020. Disponível em: https://feed.itsrio.org/direcionamento-de-campanhas-eleitorais-li%C3%A7%C3%B5es-do-passado-para-2020-de58e32e5dbe. Acesso em 10 out. 2020.

JAQUET-CHIFFELLE, David-Olivier. Reply: direct and indirect profiling in the light of virtual persons. *In*: HILDEBRANDT, Mireille. *Defining profiling*: a new type of knowledge? Springer: Dordrecht, 2008. Disponível em: https://link.springer.com/chapter/10.1007%2F978-1-4020-6914-7_2#citeas. Acesso em 28 nov. 2020.

MAGRANI, Eduardo; OLIVEIRA, Renan Medeiros de. A esfera pública (forjada) na era das fake news e dos filtros-bolha. *Cadernos Adenauer XIX*, n. 4, p. 21-22, 2018. Disponível em: http://eduardomagrani.com/wp-content/uploads/2019/05/PUBLICACAO-nova-2019-KA-Cadernos-2018.4-site.pdf. Acesso em 10 out. 2020.

OLHAR DIGITAL. *Cambridge Analytica*: tudo sobre o escândalo do Facebook que afetou 87 milhões. 21 mar. 2018. Disponível em: https://olhardigital.com.br/2018/03/21/noticias/cambridge-analytica/. Acesso em 4 abr. 2020.

PALMER, Michael. Data is the new oil. *ANA Marketing Maestros*, 3 nov. 2006. Disponível em: https://ana.blogs.com/maestros/2006/11/data_is_the_new.html. Acesso em 28 jun. 2020.

PEIXOTO, Erick L. C; EHRHARDT JÚNIOR, Marcos. Os Desafios da Compreensão do Direito à Privacidade no Sistema Jurídico Brasileiro em face das Novas Tecnologias. *In*: EHRHARDT JÚNIOR, Marcos; LOBO, Fabiola Albuquerque (Coord.). *Privacidade e sua Compreensão no Direito Brasileiro*. Belo Horizonte: Fórum, 2019.

RODOTÀ, Stefano. *A vida na Sociedade da Vigilância – a privacidade hoje*. Rio de Janeiro: Renovar, 2008.

SIMÕES, Cristina. *O direito à autodeterminação das pessoas com deficiência*. Porto: Associação do Porto de Paralisia Cerebral; Faculdade de Direito da Universidade do Porto, 2016. Disponível em: https://www.appc.pt/_pdf/eBook_FDUP_Dir_PessoasDeficiencia.pdf. Acesso em 13 dez. 2020.

TAVANI, Herman T. Informational Privacy: concepts, theories, and Controversies. *In*: HIMMA, Kenneth E; TAVANI, Herman T. (Edt.). *The Handbook of Information and Computer Ethics*. Hoboken, New Jersey: Wiley, 2008.

WARREN, Samuel D; BRANDEIS, Louis D. The Right to Privacy. *In*: *Harvard Law Review*, v. 4, n. 5, p. 193-220, 15 dez. 1890. Disponível em: https://www.cs.cornell.edu/~shmat/courses/cs5436/warren-brandeis.pdf. Acesso em 2 dez. 2020.

ZARSKY, Tal Z. "Mine Your Own Business!": making the case for the implications of the data mining of personal information in the forum of public opinion. *Yale Journal of Law and Technology*, p. 20-39, 2003. Disponível em: https://digitalcommons.law.yale.edu/cgi/viewcontent.cgi?article=1008&context=yjolt. Acesso em 28 set. 2020.

Informação bibliográfica deste texto, conforme a NBR 6023:2018 da Associação Brasileira de Normas Técnicas (ABNT):

MODESTO, Jéssica Andrade; EHRHARDT JÚNIOR, Marcos. "Achamos que você pode gostar": os desafios da liberdade de escolha ante a definição de perfis na sociedade da informação. *In*: EHRHARDT JÚNIOR, Marcos; CATALAN, Marcos; MALHEIROS, Pablo (Coord.). *Direito do Consumidor e novas tecnologias*. Belo Horizonte: Fórum, 2021. p. 107-122. ISBN 978-65-5518-253-8.

OPEN BANKING COMO INSTRUMENTO PARA O DESENVOLVIMENTO TECNOLÓGICO A SERVIÇO DO CONSUMIDOR: BENEFÍCIOS E DESAFIOS

CRISTINA STRINGARI PASQUAL
THAISE MARIA NEVES DUARTE PACHECO

1 Introdução

O desenvolvimento tecnológico e o surgimento de uma economia digital têm promovido intensas transformações econômicas e sociais, alterando sensivelmente modelos de negócios tradicionais e o formato de interação entre consumidores e fornecedores.

No setor bancário, o processo de digitalização oportunizou o surgimento de novos agentes econômicos e a criação de soluções financeiras inovadoras e desburocratizadas, o que representa uma mudança de paradigma em relação ao clássico formato de prestação de serviços de natureza bancária adotado até então pelos bancos tradicionais.

Esta nova dinâmica do sistema financeiro, no entanto, revela intensos desafios às autoridades reguladoras que precisam viabilizar a atuação dos novos agentes e a realização das inovadoras manifestações econômicas. Diante desse contexto, o Banco Central do Brasil lançou uma agenda de modernização do sistema financeiro denominada Agenda BC#.[1] A agenda de trabalho está centrada no desenvolvimento

---

[1] Sobre a referida agenda, ver: Agenda BC#. *Banco Central do Brasil*. Disponível em: https://www.bcb.gov.br/acessoinformacao/bchashtag. Acesso em 17 jun. 2021.

tecnológico, representa uma extrema mudança de paradigma no Sistema Financeiro Nacional e possui como uma de suas principais inovações a criação de um sistema financeiro aberto, o denominado *Open Banking*.

O *Open Banking* é visto como um sistema financeiro aberto, pois proporciona que, por meio das Interfaces de Programação de Aplicações (*APIs*) padronizadas, outros agentes do mercado interajam tecnologicamente, beneficiando os consumidores.[2] O *Open Banking* viabiliza um maior acesso aos serviços ofertados por instituições financeiras, permitindo que os consumidores de tais serviços possam acessar os mais diferentes fornecedores, e assim escolher a melhor opção para a sua realidade.

Em que pese o surgimento do *Open Banking* ter trazido inegáveis benefícios aos consumidores, proporcionando maior concorrência e democratização de serviços bancários, a complexa e inovadora dinâmica introduzida pelo sistema financeiro aberto impõe alguns desafios para a adequada proteção do consumidor.

Diante de tal realidade, pretende o presente ensaio identificar as características do *Open Banking* e suas positivas repercussões no mercado financeiro, pondo também em evidência necessárias reflexões quanto à operacionalidade deste novo sistema, pois inequivocamente tal inovação tecnológica deve corresponder a seus objetivos, em especial a democratização do acesso ao crédito, e deve tal evolução tecnológica, acima de tudo, viabilizar a adequada proteção à coletividade de consumidores.

2 O desenvolvimento tecnológico e seus efeitos na atividade bancária

A sociedade contemporânea presencia um processo de inovações e digitalizações generalizadas que tem levado pesquisadores a asseverar que o mundo esteja diante de uma quarta revolução industrial,[3]

---

[2] GOETTENAUER, Carlos. *Open Banking* e o Modelo de Banco em Plataforma: a necessidade de reavaliação da definição jurídica de atividade bancária. *Revista da Procuradoria Geral do Banco Central*, v. 14, n. 1, p. 13-27, jul. 2020. p. 16.

[3] MALDONADO, Viviane Nóbrega; GUTIERREZ, Andriei. A estratégia brasileira para a transformação digital e as questões que dela emergem no que se refere à proteção de dados pessoais. *Revista dos Tribunais*, v. 993, p. 293-304, 2018.

caracterizada por transformações abruptas e radicais nas estruturas econômicas e sociais.[4]

O desenvolvimento tecnológico como um fenômeno de intensa transformação extrapola o ambiente industrial manufatureiro e pode ser observado em uma perspectiva macrossocial.[5] As intensas transformações ocorridas através do desenvolvimento tecnológico têm promovido a incorporação de modelos de negócios baseados no digital e nas potencialidades inerentes à tecnologia pelas mais variadas indústrias,[6] alterando substancialmente a dinâmica de consumo e impondo transformações no formato de produtos e serviços tradicionais. Conforme adverte a Organização para a Cooperação e Desenvolvimento Econômico,[7] o desenvolvimento tecnológico é responsável por manifestar novas formas de viver, pensar e agir, de modo a impactar a vida econômica e os hábitos de consumo da sociedade como um todo.

Um dos principais vetores para o processo de desenvolvimento tecnológico foi a disseminação do uso de *smartphones*, aparelhos telefônicos multifuncionais que permitem uma participação mais ativa dos usuários no ambiente virtual.[8] Os *smartphones* e demais dispositivos móveis proporcionaram o surgimento de uma internet ubíqua e móvel,[9] a qual viabiliza aos consumidores transações virtuais e comunicação instantânea de onde estiverem, intensificando o processo de digitalização.

São inquestionáveis os benefícios advindos do desenvolvimento tecnológico, pois ele oportuniza o surgimento de novos agentes

---

[4]   SCHWAB, Klaus. *A quarta revolução industrial*. (Trad. Daniel Moreira Miranda). São Paulo: Edipro, 2016. p. 16-17.

[5]   MALDONADO, Viviane Nóbrega; GUTIERREZ, Andriei. A estratégia brasileira para a transformação digital e as questões que dela emergem no que se refere à proteção de dados pessoais. *Revista dos Tribunais*, v. 993, p. 293-304, 2018. p. 295.

[6]   PASQUALOTTO, Adalberto de Souza; BUBLITZ, Michelle Dias. Desafios do presente e do futuro para as relações de consumo ante indústria 4.0 e a economia colaborativa. *Revista de Direito, Globalização e Responsabilidade nas Relações de Consumo*, v. 3, n. 2, p. 62-81, jul./dez. 2017. p. 67.

[7]   PASQUALOTTO, Adalberto de Souza; BUBLITZ, Michelle Dias. Desafios do presente e do futuro para as relações de consumo ante indústria 4.0 e a economia colaborativa. *Revista de Direito, Globalização e Responsabilidade nas Relações de Consumo*, v. 3, n. 2, p. 62-81, jul./dez. 2017. p. 67.

[8]   MIRAGEM, Bruno. Novo paradigma tecnológico, mercado de consumo digital e o direito do consumidor. *Revista de Direito do Consumidor*, v. 125, p. 17-62, set./out. 2019. p. 18.

[9]   SCHWAB, Klaus. *A quarta revolução industrial*. (Trad. Daniel Moreira Miranda). São Paulo: Edipro, 2016. p. 16.

econômicos, maior concorrência e eficiência das relações econômicas[10] e torna mais democrático e desterritorializado o acesso a produtos e serviços mediante o uso de soluções virtuais.[11] A inovação tem indiscutivelmente promovido a ruptura em relação a modelos tradicionais de negócios. Como no conceito de "destruição criativa" cunhado por Joseph Schumpeter, o estado estacionário da economia vem sendo rompido pelo surgimento de inovações, que rescindem com antigas dinâmicas adotadas pelas empresas, promovendo o desenvolvimento através da inovação.[12]

O desenvolvimento de uma economia digital é um importante exemplo do resultado da inovação e tem produzido mudanças em uma velocidade e intensidade sem precedentes. No setor bancário e financeiro isso se verifica claramente, sendo que as transformações não se limitam exclusivamente ao incremento da tecnologia à atividade desenvolvida, mas também ao surgimento de novos agentes econômicos e soluções financeiras inovadoras.[13]

Uma das grandes e festejadas transformações ocorridas no sistema financeiro foi o surgimento das *fintechs*. Expressão derivada da união das palavras *financial* (finanças) e *technology* (tecnologia),[14] o termo é utilizado para designar uma nova indústria que se baseia no uso da tecnologia para oferecer serviços de natureza financeira.[15]

As *fintechs* foram recepcionadas de forma muito festejada e têm promovido uma intensa mudança de paradigma no setor financeiro, tornando as operações mais ágeis, desburocratizadas e democráticas, como é característico do processo de digitalização. Entre as principais inovações introduzidas pelas *fintechs*, está a alteração no formato de contratação dos serviços. Em que pese os bancos tradicionais já

---

[10] MIRAGEM, Bruno. *Curso de Direito do Consumidor*. 8. ed. rev., atual. e ampl. São Paulo: Revista dos Tribunais, 2019. p. 123.

[11] SCHWAB, Klaus. *A quarta revolução industrial*. (Trad. Daniel Moreira Miranda). São Paulo: Edipro, 2016. p. 57.

[12] SCHUMPETER, Joseph A. *Teoria do desenvolvimento econômico*: uma investigação sobre lucros, capital, crédito, juro e o ciclo econômico. (Trad. Maria Sílvia Possas). São Paulo: Nova Cultural, 1997. p. 29.

[13] TANDA, Alessandra; SCHENA, Cristiana Maria. *Fintech, Bigtech and Banks*: digitalisation and its impact on banking business models. Switzerland: Palgrave Macmillan, 2019. p. 2.

[14] NAJJARIAN, Ilene Patrícia de Noronha. Fintech: novo desafio regulatório. *Revista de Direito Bancário e Mercado de Capitais*, a. 19, v. 74, p. 33-49, 2016. p. 33.

[15] SCHUEFFEL, Patrick. Taming the beast: a scientific definition of fintech. *Journal of Innovation Management: The International Journal on Multidisciplinary Approaches on Innovation, Julkaisufoorumi*, Finlândia, v. 4, p. 45, 2016. Disponível em: https://www.researchgate.net/publication/314437464_Taming_the_ Beast_A_Scientific_Definition_of_Fintech. Acesso em 29 jun. 2021.

dispusessem de ferramentas para a realização de transações financeiras em ambiente virtual, as *fintechs* inseriram modelos 100% digitais de contratação de serviços, implementando uma nova cultura, baseada no uso da tecnologia para a realização de serviços financeiros.

Outra importante transformação promovida pelas *fintechs* foi o surgimento de novos formatos de negócios financeiros: como meios alternativos de pagamento, novas formas de concessão de crédito, soluções de investimentos, modelos desburocratizados de contratação de seguros, entre outras tantas soluções que alteraram sensivelmente a forma como tradicionais serviços bancários vinham sendo oferecidos e contratados pelos bancos. O que se observa, portanto, é que as *fintechs* se caracterizam por desenvolver soluções financeiras especializadas, prestando serviços específicos mediante canais ou plataformas virtuais, diferentemente dos bancos tradicionais, e se caracterizam por oferecer ampla variedade de produtos e serviços.[16]

Este ambiente de modernização do sistema financeiro, promovido pelo ingresso das *fintechs* e investimento em tecnologia pelos bancos tradicionais, passou a transformar a forma como os consumidores realizam suas transações bancárias. Segundo pesquisa de tecnologia bancária realizada pela Federação Brasileira dos Bancos, 60% do volume total de transações realizadas no ano de 2018 foram efetuadas pela internet, sendo que 40% do total de transações ocorreram através de aparelhos smartphones.[17] Esses dados revelam a expressividade das transações financeiras virtuais.

Seguindo tal realidade tecnológica, o Banco Central do Brasil, buscando acompanhar o que há algum tempo vem sendo identificado em outros países, decidiu organizar uma agenda de modernização do Sistema Financeiro Nacional, a qual denominou de Agenda BC#. Mediante a Agenda BC# o Banco Central do Brasil estabeleceu uma pauta de trabalho baseada na evolução tecnológica visando à queda do custo do crédito e uma modernização da legislação.[18]

---

[16] TANDA, Alessandra; SCHENA, Cristiana Maria. *Fintech, Bigtech and Banks*: digitalisation and its impact on banking business models. Switzerland: Palgrave Macmillan, 2019. p. 10.

[17] Cf.: Pesquisa FEBRABAN de Tecnologia Bancária 2019. *Febraban*. Disponível em: https://cmsportal.febraban.org.br/Arquivos/documentos/PDF/Pesquisa-FEBRABAN-Tecnologia-Bancaria 2019.pdf. Acesso em 11 jun. 2021.

[18] Veja: Agenda BC#. *Banco Central do Brasil*. Disponível em: https://www.bcb.gov.br/acessoinformacao/bchashtag. Acesso em 17 jun. 2021.

3 Agenda BC#: a agenda de modernização do Sistema Financeiro Nacional e o surgimento do *Open Banking*

Enquanto muitos países adotaram uma postura regulatória mais contida em relação ao desenvolvimento tecnológico no sistema financeiro,[19] as autoridades monetárias brasileiras adotaram uma atitude regulatória mais ativa, no intuito de viabilizar a atuação dos novos agentes financeiros e as inovações por eles introduzidas, sem, contudo, descuidar da estabilidade do Sistema Financeiro Nacional.

Para tanto, o Banco Central do Brasil desenvolveu uma pauta de modernização do Sistema Financeiro Nacional, denominada de Agenda BC#, e com ela pôs em prática seu objetivo de promover a inclusão, a competitividade, a transparência, a educação no sistema financeiro.[20]

A inclusão bancária da população é tema de extrema relevância no Brasil, já que a realidade brasileira é marcada pela existência de 45 milhões de brasileiros que não possuem contas bancárias ou não as movimentam há mais de seis meses. Os chamados desbancarizados, segundo dados publicados pela pesquisa do Instituto Locomotiva, são responsáveis por movimentar 800 bilhões de reais anualmente, mas apesar disso não têm acesso às redes bancárias.[21]

Nesse sentido, considerando que os bancos são os agentes responsáveis pela antecipação do poder de compra da população, pode-se inferir que ao não ter acesso a serviços de natureza bancária, esse grupo de pessoas precisa economizar recursos por longos períodos para adquirir os mais variados bens de consumo, o que torna impraticável a aquisição de bens de valor mais elevado, acentuando, portanto, as desigualdades sociais e revelando problemas econômicos. Diante disso, proporcionar inclusão significa facilitar o acesso ao mercado financeiro, independentemente de sua condição econômica.

---

[19] Alessandra Tanda e Cristiana-Maria Schena fazem referência a esta postura regulatória mais contida como uma abordagem *"wait-and-see"* (ou "esperar para ver" em uma tradução livre). Algumas autoridades preferiram observar o fenômeno antes de elaborar novas regras, uma vez que estender a aplicação das regras tradicionais aos novos agentes poderia não ser adequado ou possível. (TANDA, Alessandra; SCHENA, Cristiana Maria. *Fintech, Bigtech and Banks*: digitalisation and its impact on banking business models. Switzerland: Palgrave Macmillan, 2019. p. 84).

[20] Sobre a Agenda BC#: Agenda BC#. *Banco Central do Brasil*. Disponível em: https://www.bcb.gov.br/acessoinformacao/bchashtag. Acesso em 17 jun. 2021.

[21] GANDRA, Alana. Brasil tem 45 milhões de desbancarizados, diz pesquisa. *Agência Brasil*, 18 ago. 2019. Disponível em: https://agenciabrasil.ebc.com.br/geral/noticia/2019-08/brasil-tem-45-milhoes-de-desbancarizados-diz-pesquisa. Acesso em 24 jun. 2021.

Outro objetivo da Agenda BC# é o aumento da competitividade. Essa dimensão possivelmente representa a grande mudança de paradigma da pauta de modernização adotada pelo Banco Central do Brasil, pois o afastará da tradicional característica da alta concentração bancária. Os cinco maiores bancos atuantes no Brasil concentram mais de 80% do volume total dos depósitos e empréstimos realizados no país,[22] trazendo como consequência, juntamente a outras variáveis,[23] altas taxas de juros e alto spread bancário.[24]

Há que se ressaltar, desta forma, que a pauta de modernização adotada pelo Banco Central representa um processo de mudança de paradigma, indicando a superação do mito da incompatibilidade entre a concorrência e solidez e a estabilidade do sistema financeiro.[25] O aumento da concorrência, sobretudo no setor bancário, tem a potencialidade de representar expressivos ganhos aos consumidores como maior liberdade econômica, o surgimento de produtos e serviços mais eficientes, o desenvolvimento tecnológico, entre outros.[26]

No que diz respeito ao objetivo de transparência é possível observar que visa a Agenda BC# um aprimoramento no processo da formação do preço, ou seja, mediante a simetria da informação visa a proporcionar a fixação de valores aos serviços prestados de forma mais

---

[22] TEMÓTEO, Antônio. 5 maiores bancos concentram mais de 80% dos depósitos e empréstimos, diz BC. *UOL*, 04 jun. 2020. Disponível em: https://economia.uol.com.br/noticias/redacao/2020/06/04/5-maiores-bancos-concentram-mais-de-80-dos-depositos-e-emprestimos-diz-bc.htm. Acesso em 24 jun. 2021.

[23] No entendimento da Federação Brasileira dos Bancos (Febraban), principal entidade representativa dos bancos no Brasil, os custos da intermediação financeira, tais como custos da inadimplência, despesas tributárias, regulatórias, administrativas e operacionais seriam os grandes responsáveis pelas altas taxas de juros nacionais. (FEBRABAN. *Como fazer os juros serem mais baixos no Brasil*: uma proposta dos bancos ao governo, Congresso, Judiciário e à sociedade. 2. ed. São Paulo: Febraban, 2019. p. 13).

[24] DANTAS, José Alves; MEDEIROS, Otávio Ribeiro; CAPELOTTO, Lucio Rodrigues. Determinantes do spread bancário ex post no mercado bancário. *RAM – Revista de Administração Mackenzie*, v. 13, n. 4, p. 48-74, 2012. Disponível em: https://www.redalyc.org/articulo.oa?id=195423696003. Acesso em 24 jun. 2021.

[25] Historicamente, a aplicação de uma política concorrencial ao setor bancário foi rechaçada, sobretudo em razão do papel central que os bancos desempenham na economia, e diante do temor de que externalidades negativas pudessem representar a quebra de instituições bancárias. Assim, o posicionamento regulatório adotado pelo Estado, através da autoridade bancária, tem se isentado da aplicação rigorosa de uma política concorrencial em nome da estabilidade do setor bancário. (CARLETTI, Elena; SMOLENSKA, Agnieszka. 10 years on from the financial crisis: co-operation between competition agencies and regulators in the financial sector. *OECD*, 2017. Disponível em: https://one.oecd.org/document/DAF/COMP/WP2(2017)8/en/pdf. Acesso em 24 jun. 2021).

[26] Cf.: Competition enforcement and consumer welfare: setting the agenda. *ICN – International Competition Network*, 2011. Disponível em: https://www.internationalcompetitionnetwork.org/wp-content/uploads/2019/11/SP_CWelfare2011.pdf. Acesso em 09 jun. 2021.

personalizada. Mediante o compartilhamento entre as instituições de dados, produtos, serviços, abertura e integração de sistemas,[27] será possível atender, de forma mais adequada, às necessidades de cada cliente.

A informação se revela como um ativo precioso para as instituições financeiras, vez que a adequada tomada de decisão sobre a concessão de crédito depende, sobretudo, da segurança e abrangência de informações que ela detém sobre o tomador do crédito.[28] Desta forma, quanto mais extensas, fidedignas e detalhadas sejam as informações detidas pelos bancos sobre os clientes, mais adequada será a mensuração dos riscos envolvidos em uma operação financeira.

No que concerne à educação, pretende a Agenda BC# um aprofundamento nas ações, juntamente com agentes de mercado e governamentais, mediante medidas que visem a proporcionar conhecimentos financeiros, estando entre elas a implementação de disciplina que contenha a educação financeira em seu conteúdo programático.[29]

Em um país no qual a taxa de analfabetismo das pessoas de 15 anos ou mais em 2019 foi estimada em 6,6% (11 milhões de analfabetos)[30] e que em pesquisa feita em abril de 2021 soma em 6,8% (11,3 milhões de analfabetos),[31] enfrentar o tema da educação é algo fundamental, afinal, sem educação não há como o país avançar, pois através dela é que se atinge a melhoria na qualidade de vida e da renda. Todavia, essa pauta talvez seja a mais difícil de ser viabilizada, pois analisando-se o número de considerados alfabetizados, a triste realidade que se identifica é que entre eles há um número expressivo de analfabetos funcionais.

Frente às pautas da agenda referidas, é possível identificar que o desenvolvimento do *Open Banking* pelo Banco Central do Brasil acaba servindo como uma excelente ferramenta para alcançar muitos de seus

---

[27] Cf.: Resolução Conjunta nº 1, de 4 de maio de 2020. *BCB – Banco Central do Brasil*. Disponível em: https://www.bcb.gov.br/pre/normativos/busca/downloadNormativo.asp?arquivo=/Lists/Normativos/Attachments/51028/Res_Conj_0001_v1_O.pdf. Acesso em 04 jun. 2021.

[28] BERCOVICI, Gilberto. Dos princípios gerais da atividade econômica. *In:* BONAVIDES, Paulo; MIRANDA, Jorge; AGRA, Walber de Moura. *Comentários à Constituição Federal de 1988*. Rio de Janeiro: Forense, 2009. p. 294.

[29] Veja: BC# – #Educação. *BCB – Banco Central do Brasil*. Disponível em: https://www.bcb.gov.br/acessoinformacao/bcmais_educacao. Acesso em 01 jul. 2021.

[30] Veja: Conheça o Brasil – População, Educação. *IBGE Educa Jovens*. Disponível em: https://educa.ibge.gov.br/jovens/conheca-o-brasil/populacao/18317-educacao.html. Acesso em 01 jul. 2021.

[31] Veja: Educação no Brasil: principais dados e aspectos. *Sua Pesquisa.Com*, 01 jul. 2020. Disponível em: https://www.suapesquisa.com/educacaobrasil/. Acesso em 02 jun. 2021.

objetivos, pois um sistema aberto proporciona, como já dito, uma maior democratização do crédito e, com isso, mais acesso à população.

Para estruturar o Open Banking, o Banco Central do Brasil levou em consideração a postura regulatória atinente à matéria adotada por outras jurisdições, como a União Europeia[32] e Hong Kong,[33] através de intensas discussões envolvendo representantes das instituições financeiras tradicionais e das *fintechs*.[34]

O modelo de sistema financeiro aberto adotado no Brasil prevê o compartilhamento de informações entre as instituições financeiras autorizadas a funcionar pelo Banco Central do Brasil, através de um cronograma específico, a ser implementado de forma gradual e faseada, de acordo com o nível de complexidade, a sensibilidade e a possibilidade de acesso aos dados compartilhados.

O cronograma de implementação do *Open Banking* no Brasil está divido em 4 fases, sendo: (i) Primeira fase: prevê o compartilhamento dos dados das próprias instituições participantes tais como: os canais de atendimento, os produtos e serviços disponíveis para a contratação relacionados com contas de depósito à vista ou de poupança, com contas de pagamento ou com operações de crédito; (ii) Segunda fase, prevê o compartilhamento de informações cadastrais dos clientes e de representantes, bem como os dados transacionais de clientes referentes aos produtos e serviços indicados na primeira fase; (iii) Terceira fase: prevê o compartilhamento de dados referentes aos serviços de iniciação de transação de pagamento e de encaminhamento de proposta de operação de crédito; (iv) Quarta fase: por fim, a última fase de implementação do *Open Banking* prevê o compartilhamento dos dados de produtos e serviços e de movimentações de clientes relacionadas a operações de câmbio, serviços de credenciamento em arranjos de pagamento, investimentos, seguros, previdência complementar aberta e contas-salário.[35]

---

[32] COMISSÃO EUROPEIA. *Commission Delegated Regulation (EU) 2018/389 of 27 November 2017 supplementing Directive (EU) 2015/2366 of the European Parliament and of the Council with regard to regulatory technical standards for strong customer authentication and common and secure open standards of communication.* Disponível em: https://eur-lex.europa.eu/legal-content/EN/TXT/?uri=CELEX%3A32018R0389. Acesso em 05 jun. 2021.

[33] Cf.: Open API Framework for the Hong Kong Banking Sector. *HKMA*, 18 jul. 2018. Disponível em: https://www.hkma.gov.hk/media/eng/doc/key-information/press-release/2018/20180718e5a2.pdf. Acesso em 09 jun. 2021.

[34] Cf.: Open Banking. *BCB – Banco Central do Brasil*. Disponível em: https://www.bcb.gov.br/estabilidadefinanceira/openbanking. Acesso em 09 jun. 2021.

[35] Cf.: Resolução Conjunta nº 1, de 4 de maio de 2020. *BCB – Banco Central do Brasil*. Disponível em: https://www.bcb.gov.br/pre/normativos/busca/downloadNormativo.asp?arquivo=/Lists/Normativos/Attachments/51028/Res_Conj_0001_v1_O.pdf. Acesso em 06 jun. 2021.

Ressalta-se, ainda, que a Resolução Conjunta nº 1 prevê a adesão obrigatória ao *Open Banking* pelos maiores bancos do Brasil[36] e, de forma facultativa, pelas demais instituições autorizadas a funcionar pelo Banco Central.[37] A previsão da obrigatoriedade da adesão das grandes instituições financeiras atuantes no Brasil tem como objetivo garantir a efetividade do compartilhamento de informações e a mitigação das assimetrias informacionais.

A partir do *Open Banking*, por exemplo, é possível que o usuário movimente suas contas e faça transações a partir de diferentes plataformas, e não apenas a partir do aplicativo ou site do seu banco.[38] As alterações promovidas pela criação de um sistema financeiro aberto inserem, portanto, novos agentes ao sistema financeiro, abrindo espaço para uma atuação mais ativa das *fintechs* e para a criação de soluções financeiras mais desburocratizadas, centradas nas necessidades dos consumidores.

Resta assim evidente que se trata de novidade inequivocamente benéfica ao mercado de consumo, mas que não por isso deixará de exigir uma fiscalização permanente na sua execução, a fim de evitar abusos e danos aos consumidores.

4 *Open Banking*: benefícios e desafios à tutela dos consumidores

Em decorrência das características que circundam o *Open Banking*, fica evidente que sua operacionalização traz benefícios aos consumidores, pois amplia a concorrência, reduz a assimetria informacional e democratiza o acesso ao crédito.

---

[36] Conforme resolução Conjunta nº 1, é obrigatória a adesão das instituições Financeiras enquadradas nos segmentos S1 e S2. De acordo com a Resolução nº 4.553, de 30 de janeiro de 2017. "O S1 é composto pelos bancos múltiplos, bancos comerciais, bancos de investimento, bancos de câmbio e caixas econômicas que: I – tenham porte igual ou superior a 10% (dez por cento) do Produto Interno Bruto da Instituição. II – exerçam atividade internacional relevante, independentemente do porte da instituição", e o "S2 é composto: I – pelos bancos múltiplos, bancos comerciais, bancos de investimento, bancos de câmbio e caixas econômicas, de porte inferior a 10% (dez por cento) e igual ou superior a 1% (um por cento) do PIB; e II – pelas demais instituições de porte igual ou superior a 1% (um por cento) do PIB". Resolução nº 4.553, de 30 de janeiro de 2017.

[37] Cf.: Resolução Conjunta nº 1, de 4 de maio de 2020. *BCB – Banco Central do Brasil*. Disponível em: https://www.bcb.gov.br/pre/normativos/busca/downloadNormativo.asp?arquivo=/Lists/Normativos/Attachments/51028/Res_Conj_0001_v1_O.pdf. Acesso em 10 jun. 2021.

[38] QUEIROZ, Sérgio de. Fintech de Crédito: a Revolução do Mercado Financeiro. *In*: EROLES, Pedro (Coord.) *Fintechs, Bancos Digitais e Meios de Pagamento*: aspectos Regulatórios das Novas Tecnologias Financeiras. São Paulo: Quartier Latin, 2019. p. 207.

Como já mencionado, o setor bancário brasileiro é amplamente reconhecido pela baixa concorrência.[39] Dados divulgados pelo jornal americano *The Wall Street Journal* evidenciam que apenas cinco bancos concentram 82% de todos os empréstimos realizados no Brasil, e sugerem que esta realidade seja responsável pelos altos juros bancários praticados no país.[40]

A existência de poucas instituições bancárias está associada à postura regulatória adotada pelas autoridades brasileiras, cuja atuação foi principalmente motivada pela convicção de que grandes instituições financeiras tenderiam a ser mais sólidas e proporcionariam mais segurança ao desenvolvimento econômico, tornando-se, portanto, menos suscetíveis às crises.

Ocorre, todavia, que a realidade que se apresenta no Brasil demonstra que apesar de existirem importantes e sólidas instituições financeiras, no âmbito judicial tramita um número expressivo de demandas envolvendo bancos e consumidores. De acordo com dados do Conselho Nacional de Justiça, o setor bancário apresentou, no ano de 2016, o maior número de ações de natureza consumerista no Brasil, ano em que as reclamações envolvendo instituições financeiras representaram 39% do total de ações ajuizadas no campo do direito do consumidor.[41]

Naturalmente, em razão das atividades desenvolvidas pelos bancos, é desejável que instituições sejam sólidas e possuam recursos para fazer frente aos mais variados empreendimentos e projetos que financiam. Da mesma forma, espera-se que tais instituições transmitam a segurança que o investidor precisa para depositar suas economias com a certeza de que seus investimentos serão adequadamente remunerados e estarão seguros. Entretanto, é consabido que em existindo maior concorrência neste mercado, e consequentemente tendo os consumidores mais opções de contratação, provavelmente o número de litígios diminuirá.

---

[39] Sobre o tema ver: DUARTE PACHECO, Thaise Maria Neves. *Concentração Bancária no Brasil à Luz dos Princípios da Livre Concorrência e da Defesa do Consumidor*. Curitiba: Juruá, 2020.

[40] TREVISANI, Paulo. Brazil's sky-high lending rates hurt consumers and economic growth. *The Wall Street Journal*, 31 ago. 2018. Disponível em: https://www.wsj.com/articles/brazils-sky-high-lending-rates-hurt-consumersand-economic-growth-1535707800. Acesso em 08 jun. 2021.

[41] MONTENEGRO, Manuel Carlos. Cresce na Justiça número de queixas contra serviços bancários. *CNJ*, 5 mai. 2017. Disponível em: https://www.cnj.jus.br/cresce-a-judicializacao-de-queixas-de-servicos-bancarios/. Acesso em 24 jun. 2021.

Seguindo essa premissa, a agenda de modernização promovida pelo Banco Central do Brasil, ao incluir em sua agenda a digitalização e a criação do *Open Banking*, acaba por proporcionar maior concorrência no mercado financeiro, o que beneficia a coletividade de consumidores. O surgimento de instituições financeiras baseadas no digital permite a ruptura de barreiras geográficas, a maior circulação de informações e a redução de custos de transação, fatores que promovem intensa transformação no relacionamento entre instituições financeiras e consumidores.[42] Diante deste cenário, verifica-se que as *fintechs* geram o surgimento de uma variada taxonomia de soluções financeiras capaz de responder a uma gama extremamente ampla de demandas de natureza financeira dos clientes[43] e com potencialidade, inclusive, de permitir o ingresso de uma população até então desassistida pelos serviços bancários prestados pelos bancos tradicionais. Neste contexto, o incremento concorrencial no setor bancário traduz-se em importantes ganhos sociopolíticos, uma vez que, conforme verificado anteriormente, o Brasil é caracterizado por um contingente populacional excluído dos serviços de natureza financeira.

A relação entre a concorrência dos mercados e o direito do consumidor é inegável. Conforme adverte Ana Frazão,[44] é indiscutível que o Direito Concorrencial possua um compromisso com o consumidor e com o seu bem-estar, em que pese discuta-se o modo e a extensão da atuação das autoridades concorrenciais para a sua realização efetiva. A política de defesa da concorrência, assim como a política de proteção do consumidor, revela-se fundamental para a efetivo bem-estar do consumidor, uma vez que é através da concorrência dos mercados que se viabiliza o exercício do poder de escolha pelos consumidores, manifestando, portanto, nas palavras de Roberto Augusto Castellanos Pfeiffer, "uma proteção externa e anterior à relação de consumo".[45]

Outro efeito benéfico advindo do *Open Banking* é a mitigação das assimetrias informacionais através do compartilhamento de dados pelas instituições financeiras – e a obrigatoriedade desse compartilhamento pelos grandes bancos. Ao criar-se um ambiente favorável ao surgimento

---

[42] TANDA, Alessandra; SCHENA, Cristiana Maria. *Fintech, Bigtech and Banks*: digitalisation and its impact on banking business models. Switzerland: Palgrave Macmillan, 2019. p. 8.

[43] TANDA, Alessandra; SCHENA, Cristiana Maria. *Fintech, Bigtech and Banks*: digitalisation and its impact on banking business models. Switzerland: Palgrave Macmillan, 2019. p. 8.

[44] FRAZÃO, Ana. *Direito da concorrência*: pressupostos e perspectivas. São Paulo: Saraiva, 2017. p. 52.

[45] PFEIFFER, Roberto Augusto Castellanos. *Defesa da concorrência e bem-estar do consumidor*. São Paulo: Revista dos Tribunais, 2015. p. 270.

de novas instituições e soluções financeiras, o *Open Banking* acaba por trazer maior eficiência, desenvolvimento tecnológico, inovação, aumento da variedade de produtos, preços menores, acesso mais democrático ao crédito e melhores serviços.[46]

O *Open Banking* contrapõe-se à tradicional realidade bancária, marcada pela assimetria informacional, isto é, pela desigualdade de acesso a uma mesma informação por diferentes agentes de mercado.[47] Através do *Open Banking* os consumidores passam a ter acesso às mais diversas instituições financeiras e com isso podem contratar com cada qual diferentes tipos de serviços, afastando, assim, a ocorrência de *clustering*.[48]

Já que a atuação dos bancos brasileiros não está adstrita à intermediação financeira, é bastante comum que os consumidores bancários concentrem em uma mesma instituição produtos como: conta corrente, consórcios, previdência privada, cartões de crédito, investimentos, entre outros serviços de natureza financeira. Essa característica do setor bancário, no entanto, importa em expressiva vantagem informacional à instituição financeira, já que permite o estabelecimento de um verdadeiro banco de dados dos consumidores, com a identificação de seu perfil de consumo e histórico de pagamentos.

Outro efeito decorrente da assimetria informacional identificada no setor bancário e que o *Open Banking* acaba por afastar é o elevado custo de troca, conhecido como *switching costs*. No sistema bancário tradicional, não estando o cliente satisfeito com os produtos e serviços prestados pela instituição financeira na qual ele possui sua conta bancária, tem ele que buscar novo banco e os custos incorridos no processo de mudança são indiscutíveis.[49] Com o *Open Banking* esta

---

[46] CARLETTI, Elena; SMOLENSKA, Agnieszka. 10 years on from the financial crisis: co-operation between competition agencies and regulators in the financial sector. *OECD*, 2017. p. 9. Disponível em: https://one.oecd.org/document/DAF/COMP/WP2(2017)8/en/pdf. Acesso em 24 jun. 2021.

[47] FINKELSTEIN, Maria Eugênia. Assimetria informacional e governança corporativa. *Revista de Direito Bancário e do Mercado de Capitais*, São Paulo, v. 19, n. 73, p. 71-91, jul./set. 2016. p. 77.

[48] MAMMI, Antônio Bender. Competição e estabilidade financeira: aspectos concorrenciais da atuação do Banco Central. *Revista de Direito Bancário e do Mercado de Capitais*, São Paulo, v. 18, n. 68, p. 24, abr./jun. 2015. A ideia central do *clustering é de que os consumidores costumam concentrar a demanda por todos os serviços de natureza bancária em uma única ou poucas instituições financeiras. Sobre o tema, veja também:* PINTO, Gustavo Mathias Alves. *Regulação sistêmica e prudencial no setor bancário brasileiro.* São Paulo: Almedina, 2015. p. 50.

[49] BURNHAM, Thomas A.; FRELS, Judy K.; MAHAJAN, Vijay. Consumer switching costs: a typology, antecedents, and consequences. *Journal of the Academy of Marketing Science*, v. 31, n. 2, p. 10, 2003. Disponível em: https://www.researchgate.net/profile/Thomas_Burnham2/

realidade se altera, afinal, o consumidor passa a poder contratar com as mais diferentes instituições financeiras, escolhendo em cada uma delas o que mais lhe satisfaz.

Verifica-se, portanto, que o surgimento de novos negócios de natureza financeira, pautados sobretudo na atuação digital, viabiliza a introdução de tecnologia e cria soluções totalmente inovadoras com o objetivo de atender às necessidades efetivas de consumidores.[50] O *Open Banking*, neste cenário, possui a potencialidade de viabilizar a atuação desses novos agentes, uma vez que o compartilhamento de informações entre instituições financeiras derruba a histórica barreira de entrada decorrente da assimetria informacional existente no setor bancário.

Apesar dos inequívocos benefícios que esta nova realidade na contratação financeira traz, com o surgimento de novas instituições com atuação no setor financeiro e da pressão concorrencial exercida por esses entrantes, o fortalecimento da atuação digital das instituições financeiras, aliado ao compartilhamento massivo de dados por elas, é indiscutível que há certos aspectos que configuram desafios a serem vencidos.

Com o *Open Banking* a disseminação da prática de compartilhamento de dados aumenta e com ela a preocupação acerca dos possíveis riscos decorrentes de vazamento, falhas na segurança, mau uso ou desvio de finalidade dos dados coletados.[51] Ademais, o tratamento massivo de dados dos consumidores traz o risco de que o indivíduo seja manipulado em razão das informações que terceiros tenham a seu respeito, inclusive sem o seu conhecimento,[52] condição que garante às empresas o poder de manipulação e de direcionamento de produtos e serviços aos consumidores.

Diante deste contexto, revela-se sobremaneira necessária a rígida adesão à cultura de proteção do consumidor em relação à coleta e ao tratamento de seus dados pessoais. A Lei Geral de Proteção de Dados, nestes termos, tem a defesa do consumidor como um dos seus

---

publication/257868211_Consumer_Switching_Costs_A_Typology_Antecedents_and_Consequences/links/564f4cde08aefe619b11cc86.pdf. Acesso em 14 jun. 2021.

[50] SCHWAB, Klaus. *A quarta revolução industrial*. (Trad. Daniel Moreira Miranda). São Paulo: Edipro, 2016. p. 57.

[51] MALDONADO, Viviane Nóbrega; GUTIERREZ, Andrei. A estratégia brasileira para a transformação digital e as questões que dela emergem no que se refere à proteção de dados pessoais. *Revista dos Tribunais*, v. 993, p. 293-304, 2018. p. 296.

[52] MENKE, Fabiano. A proteção de dados e o novo direito fundamental à garantia da confidencialidade e da integridade dos sistemas técnico-informacionais no direito alemão. *In*: MENDES, Gilmar Ferreira; SARLET, Ingo Wolfgang; COELHO, Alexandre Zavaglia P. *Direito Inovação e Tecnologia*. São Paulo: Saraiva. 2015. p. 211.

fundamentos, conforme expressamente previsto pela norma.[53] Para a garantia da efetiva proteção dos consumidores, a LGPD estabelece um verdadeiro diálogo das fontes com o Código de Defesa do Consumidor, prevendo que os direitos e princípios contidos na norma não afastam a aplicação de outros previstos pelo ordenamento jurídico pátrio.[54]

O *Open Banking*, ao prever o compartilhamento de dados pessoais dos consumidores, incorpora os princípios e as diretrizes da Lei Geral de Proteção de Dados, como critérios bastante rigorosos para a obtenção do consentimento do usuário e a definição de que o consentimento consiste na manifestação livre, informada, prévia e inequívoca do cliente.[55] No entanto, a efetiva proteção do consumidor diante das céleres transformações ocorridas no setor bancário e das intensas mudanças promovidas pelo *Open Banking* demanda especial atenção.

Além das preocupações mencionadas, um outro aspecto relevante é que o uso dos dados pessoais e de históricos de compras dos usuários para o direcionamento de serviços creditícios pode gerar repercussões na saúde financeira da população. A contratação extremamente facilitada de empréstimos pode ocultar uma face perversa do crédito: o superendividamento, definido por Claudia Lima Marques[56] como a incapacidade do devedor pessoa física, leigo e de boa-fé, de saldar todas as suas dívidas atuais e futuras com sua disponibilidade de rendas e patrimônio, em um prazo considerado razoável.

Importante ter muita cautela com as informações prestadas, a informação, que sempre foi compreendida como dever essencial

---

[53] Art. 2º A disciplina da proteção de dados pessoais tem como fundamentos: I – o respeito à privacidade; II – a autodeterminação informativa; III – a liberdade de expressão, de informação, de comunicação e de opinião; IV – a inviolabilidade da intimidade, da honra e da imagem; V – o desenvolvimento econômico e tecnológico e a inovação; VI – a livre iniciativa, a livre concorrência e a defesa do consumidor; e VII – os direitos humanos, o livre desenvolvimento da personalidade, a dignidade e o exercício da cidadania pelas pessoas naturais.

[54] MIRAGEM, Bruno. A Lei Geral de Proteção de Dados (Lei nº 13.709/2018) e o Direito do Consumidor. *Revista dos Tribunais*, v. 1009, p. 1-35, 2019. p. 2.

[55] O artigo 5º, XII da Lei Geral de Proteção de Dados entende por consentimento: "manifestação livre, informada e inequívoca pela qual o titular concorda com o tratamento de seus dados pessoais para uma finalidade determinada". Da mesma forma, o artigo 2, VIII da Resolução Conjunta nº 1 considera consentimento "manifestação livre, informada, prévia e inequívoca de vontade, feita por meio eletrônico, pela qual o cliente concorda com o compartilhamento de dados ou de serviços para finalidades determinadas".

[56] MARQUES, Claudia Lima. Algumas perguntas e respostas sobre prevenção e tratamento do superendividamento dos consumidores pessoas físicas. *Revista de Direito do Consumidor*, v. 75, p. 9-42, 2010. p. 13.

no âmbito das relações de consumo,[57] ganha especial relevância na contratação em ambiente virtual, pois a contratação virtualizada implica no agravamento da vulnerabilidade do consumidor,[58] sobretudo em razão da limitação da capacidade de negociação dos usuários das plataformas digitais, cujos termos são pré-constituídos, competindo ao usuário apenas aceitá-los ou negá-los.[59]

Com a implementação do *Open Banking*, as transações de natureza bancária podem assumir configurações ainda mais complexas, com a existência de múltiplos agentes envolvidos em uma única transação. Característica que pode confundir o usuário e gerar imprecisão acerca do conhecimento de quem são, de fato, os sujeitos envolvidos na relação de consumo, principalmente tendo em vista o nível de educação no Brasil.

Conforme adverte Bruno Miragem,[60] o hipercomplexo mercado de consumo contemporâneo é marcado pela desigualdade informacional entre consumidores e fornecedores. Nesses termos, é dever do fornecedor garantir a transmissão de informações de forma adequada e eficiente, com o cuidado e a preocupação de que o seu conteúdo seja adequadamente compreendido pelo destinatário da informação. Compete ao fornecedor dos serviços o dever de tornar claro e proporcionar plena compreensão do consumidor sobre a extensão e o conteúdo de sua manifestação de vontade.[61]

Desse modo, em que pese grandiosa a expectativa em relação ao *Open Banking* e aos benefícios advindos desta mudança de paradigma no sistema financeiro, constitui-se imperativo para a proteção do consumidor que sua tutela esteja ajustada às peculiaridades inerentes ao complexo arranjo apresentado pelo mercado, no qual a efetiva informação dos usuários, em termos e formato adequados para a sua compreensão, ganha especial destaque.

---

[57] MARQUES, Claudia Lima. *Confiança no comércio eletrônico e a proteção do consumidor*: um estudo dos negócios jurídicos de consumo no comércio eletrônico. São Paulo: Revista dos Tribunais, 2006. p. 646.
VERBICARO, Dennis; MARTINS, Ana Paula Pereira. A contratação eletrônica de aplicativos virtuais no brasil e a nova dimensão da privacidade do consumidor. *Revista de Direito do Consumidor*, v. 116, p. 369-391, 2018. p. 380.

[58] CANTO, Rodrigo Eidelvein do. Direito do Consumidor e vulnerabilidade no meio digital. *Revista de Direito do Consumidor*, v. 87, p. 179-210, 2013. p. 189.

[59] VERBICARO, Dennis; MARTINS, Ana Paula Pereira. A contratação eletrônica de aplicativos virtuais no brasil e a nova dimensão da privacidade do consumidor. *Revista de Direito do Consumidor*, v. 116, p. 369-391, 2018. p. 380.

[60] MIRAGEM, Bruno. *Curso de Direito do Consumidor*. 8. ed. rev., atual. e ampl. São Paulo: Revista dos Tribunais, 2019. p. 289.

[61] MIRAGEM, Bruno. *Curso de Direito do Consumidor*. 8. ed. rev., atual. e ampl. São Paulo: Revista dos Tribunais, 2019. p. 181-182.

5 Considerações finais

Conforme buscou-se destacar, a inclusão do *Open Banking* na Agenda BC# representou um grande avanço à contratação bancária no Brasil. Proporcionar aos consumidores maior direito de escolha, maior e melhor acesso ao crédito retrata uma democratização no setor financeiro.

Como visto, o *Open Banking* produzirá muitas mudanças nas contratações, trazendo benefícios indiscutíveis, em especial um aumento na concorrência, diminuição da assimetria informacional, maior dinâmica e redução de custos na contratação.

Apesar de todos os pontos positivos que são observados, faz-se importante uma constante fiscalização por parte do órgão regulamentador e, até mesmo, se necessário, pelo Judiciário, pois uma faceta negativa pode se operar em decorrência da transferência de dados inerente ao modelo contratual e da facilitação ao acesso ao crédito, sendo imperiosa uma especial atenção à proteção do sujeito vulnerável da relação, o consumidor.

Referências

BANCO CENTRAL DO BRASIL. *Agenda BC#*. Disponível em: https://www.bcb.gov.br/acessoinformacao/bchashtag. Acesso em 17 jun. 2021.

BCB – BANCO CENTRAL DO BRASIL. *Resolução Conjunta nº 1, de 4 de maio de 2020*. Disponível em: https://www.bcb.gov.br/pre/normativos/busca/downloadNormativo.asp?arquivo=/Lists/Normativos/Attachments/51028/Res_Conj_0001_v1_O.pdf. Acesso em 04 jun. 2021.

BERCOVICI, Gilberto. Dos princípios gerais da atividade econômica. *In*: BONAVIDES, Paulo; MIRANDA, Jorge; AGRA, Walber de Moura. *Comentários à Constituição Federal de 1988*. Rio de Janeiro: Forense, 2009.

BURNHAM, Thomas A.; FRELS, Judy K.; MAHAJAN, Vijay. Consumer switching costs: a typology, antecedents, and consequences. *Journal of the Academy of Marketing Science*, v. 31, n. 2, p. 10, 2003. Disponível em: https://www.researchgate.net/profile/Thomas_Burnham2/publication/257868211_Consumer_Switching_Costs_A_Typology_Antecedents_and_Consequences/links/564f4cde08aefe619b11cc86.pdf. Acesso em 14 jun. 2021.

CANTO, Rodrigo Eidelvein do. Direito do Consumidor e vulnerabilidade no meio digital. *Revista de Direito do Consumidor*, v. 87, p. 179-210, 2013.

CARLETTI, Elena; SMOLENSKA, Agnieszka. 10 years on from the financial crisis: co-operation between competition agencies and regulators in the financial sector. *OECD*, 2017. Disponível em: https://one.oecd.org/document/DAF/COMP/WP2(2017)8/en/pdf. Acesso em 24 jun. 2021.

DANTAS, José Alves; MEDEIROS, Otávio Ribeiro; CAPELOTTO, Lucio Rodrigues. Determinantes do spread bancário ex post no mercado bancário. *RAM – Revista de Administração Mackenzie*, v. 13, n. 4, p. 48-74, 2012. Disponível em: https://www.redalyc.org/articulo.oa?id=195423696003. Acesso em 24 jun. 2021.

DUARTE PACHECO, Thaise Maria Neves. *Concentração Bancária no Brasil à Luz dos Princípios da Livre Concorrência e da Defesa do Consumidor*. Curitiba: Juruá, 2020.

FEBRABAN. *Como fazer os juros serem mais baixos no Brasil*: uma proposta dos bancos ao governo, Congresso, Judiciário e à sociedade. 2. ed. São Paulo: Febraban, 2019.

FEBRABAN. *Pesquisa FEBRABAN de Tecnologia Bancária 2019*. Disponível em: https://cmsportal.febraban.org.br/Arquivos/documentos/PDF/Pesquisa-FEBRABAN-Tecnologia-Bancaria 2019.pdf. Acesso em 11 jun. 2021.

FINKELSTEIN, Maria Eugênia. Assimetria informacional e governança corporativa. *Revista de Direito Bancário e do Mercado de Capitais*, São Paulo, v. 19, n. 73, p. 71-91, jul./set. 2016.

FRAZÃO, Ana. *Direito da concorrência*: pressupostos e perspectivas. São Paulo: Saraiva, 2017.

GANDRA, Alana. Brasil tem 45 milhões de desbancarizados, diz pesquisa. *Agência Brasil*, 18 ago. 2019. Disponível em: https://agenciabrasil.ebc.com.br/geral/noticia/2019-08/brasil-tem-45-milhoes-de-desbancarizados-diz-pesquisa. Acesso em 24 jun. 2021.

GOETTENAUER, Carlos. *Open Banking* e o Modelo de Banco em Plataforma: a necessidade de reavaliação da definição jurídica de atividade bancária. *Revista da Procuradoria Geral do Banco Central*, v. 14, n. 1, p. 13-27, jul. 2020.

ICN – INTERNATIONAL COMPETITION NETWORK. *Competition enforcement and consumer welfare*: setting the agenda. 2011. Disponível em: https://www.internationalcompetitionnetwork.org/wp-content/uploads/2019/11/SP_CWelfare2011.pdf. Acesso em 09 jun. 2021.

MALDONADO, Viviane Nóbrega; GUTIERREZ, Andriei. A estratégia brasileira para a transformação digital e as questões que dela emergem no que se refere à proteção de dados pessoais. *Revista dos Tribunais*, v. 993, p. 293-304, 2018.

MAMMI, Antônio Bender. Competição e estabilidade financeira: aspectos concorrenciais da atuação do Banco Central. *Revista de Direito Bancário e do Mercado de Capitais*, São Paulo, v. 18, n. 68, p. 24, abr./jun. 2015.

MARQUES, Claudia Lima. Algumas perguntas e respostas sobre prevenção e tratamento do superendividamento dos consumidores pessoas físicas. *Revista de Direito do Consumidor*, v. 75, p. 9-42, 2010.

MARQUES, Claudia Lima. *Confiança no comércio eletrônico e a proteção do consumidor*: um estudo dos negócios jurídicos de consumo no comércio eletrônico. São Paulo: Revista dos Tribunais, 2006.

MENKE, Fabiano. A proteção de dados e o novo direito fundamental à garantia da confidencialidade e da integridade dos sistemas técnico-informacionais no direito alemão. *In*: MENDES, Gilmar Ferreira; SARLET, Ingo Wolfgang; COELHO, Alexandre Zavaglia P. *Direito Inovação e Tecnologia*. São Paulo: Saraiva. 2015.

MIRAGEM, Bruno. *Curso de Direito do Consumidor*. 8. ed. rev., atual. e ampl. São Paulo: Revista dos Tribunais, 2019.

MIRAGEM, Bruno. Novo paradigma tecnológico, mercado de consumo digital e o direito do consumidor. *Revista de Direito do Consumidor*, v. 125, p. 17-62, set./out. 2019.

MIRAGEM, Bruno. A Lei Geral de Proteção de Dados (Lei nº 13.709/2018) e o Direito do Consumidor. *Revista dos Tribunais*, v. 1009, p. 1-35, 2019.

MONTENEGRO, Manuel Carlos. Cresce na Justiça número de queixas contra serviços bancários. *CNJ*, 5 mai. 2017. Disponível em: https://www.cnj.jus.br/cresce-a-judicializacao-de-queixas-de-servicos-bancarios/. Acesso em 24 jun. 2021.

NAJJARIAN, Ilene Patrícia de Noronha. Fintech: novo desafio regulatório. *Revista de Direito Bancário e Mercado de Capitais*, a. 19, v. 74, p. 33-49, 2016.

PASQUALOTTO, Adalberto de Souza; BUBLITZ, Michelle Dias. Desafios do presente e do futuro para as relações de consumo ante indústria 4.0 e a economia colaborativa. *Revista de Direito, Globalização e Responsabilidade nas Relações de Consumo*, v. 3, n. 2, p. 62-81, jul./dez. 2017.

PFEIFFER, Roberto Augusto Castellanos. *Defesa da concorrência e bem-estar do consumidor*. São Paulo: Revista dos Tribunais, 2015.

PINTO, Gustavo Mathias Alves. *Regulação sistêmica e prudencial no setor bancário brasileiro*. São Paulo: Almedina, 2015.

QUEIROZ, Sérgio de. Fintech de Crédito: a Revolução do Mercado Financeiro. In: EROLES, Pedro (Coord.) *Fintechs, Bancos Digitais e Meios de Pagamento*: aspectos Regulatórios das Novas Tecnologias Financeiras. São Paulo: Quartier Latin, 2019.

SCHUEFFEL, Patrick. Taming the beast: a scientific definition of fintech. *Journal of Innovation Management: The International Journal on Multidisciplinary Approaches on Innovation, Julkaisufoorumi, Finlândia*, v. 4, p. 45, 2016. Disponível em: https://www.researchgate.net/publication/314437464_Taming_the_Beast_A_Scientific_Definition_of_Fintech. Acesso em 29 jun. 2021.

SCHUMPETER, Joseph A. *Teoria do desenvolvimento econômico*: uma investigação sobre lucros, capital, crédito, juro e o ciclo econômico. (Trad. Maria Sílvia Possas). São Paulo: Nova Cultural, 1997.

SCHWAB, Klaus. *A quarta revolução industrial*. (Trad. Daniel Moreira Miranda). São Paulo: Edipro, 2016.

TANDA, Alessandra; SCHENA, Cristiana Maria. *Fintech, Bigtech and Banks*: digitalisation and its impact on banking business models. Switzerland: Palgrave Macmillan, 2019.

TEMÓTEO, Antônio. 5 maiores bancos concentram mais de 80% dos depósitos e empréstimos, diz BC. *UOL*, 04 jun. 2020. Disponível em: https://economia.uol.com.br/noticias/redacao/2020/06/04/5-maiores-bancos-concentram-mais-de-80-dos-depositos-e-emprestimos-diz-bc.htm. Acesso em 24 jun. 2021.

TREVISANI, Paulo. Brazil's sky-high lending rates hurt consumers and economic growth. *The Wall Street Journal*, 31 ago. 2018. Disponível em: https://www.wsj.com/articles/brazils-sky-high-lending-rates-hurt-consumersand-economic-growth-1535707800. Acesso em 08 jun. 2021.

VERBICARO, Dennis; MARTINS, Ana Paula Pereira. A contratação eletrônica de aplicativos virtuais no brasil e a nova dimensão da privacidade do consumidor. *Revista de Direito do Consumidor*, v. 116, p. 369-391, 2018.

BANCO CENTRAL DO BRASIL. *BC# – #Educação*. Disponível em: https://www.bcb.gov.br/acessoinformacao/bcmais_educacao. Acesso em 01 jul. 2021.

IBGE EDUCA JOVENS. *Conheça o Brasil – População, Educação*. Disponível em: https://educa.ibge.gov.br/jovens/conheca-o-brasil/populacao/18317-educacao.html. Acesso em 01 jul. 2021.

SUA PESQUISA.COM. *Educação no Brasil*: principais dados e aspectos. 01 jul. 2020. Disponível em: https://www.suapesquisa.com/educacaobrasil/. Acesso em 02 jun. 2021.

COMISSÃO EUROPEIA. *Commission Delegated Regulation (EU) 2018/389 of 27 November 2017 supplementing Directive (EU) 2015/2366 of the European Parliament and of the Council with regard to regulatory technical standards for strong customer authentication and common and secure open standards of communication*. Disponível em: https://eur-lex.europa.eu/legal-content/EN/TXT/?uri=CELEX%3A32018R0389. Acesso em 05 jun. 2021.

HKMA. *Open API Framework for the Hong Kong Banking Sector*. 18 jul. 2018. Disponível em: https://www.hkma.gov.hk/media/eng/doc/key-information/press-release/2018/20180718e5a2.pdf. Acesso em 09 jun. 2021.

BCB – BANCO CENTRAL DO BRASIL. *Open Banking*. Disponível em: https://www.bcb.gov.br/estabilidadefinanceira/openbanking. Acesso em 09 jun. 2021.

BCB – BANCO CENTRAL DO BRASIL. *Resolução Conjunta nº 1, de 4 de maio de 2020*. Disponível em: https://www.bcb.gov.br/pre/normativos/busca/downloadNormativo.asp?arquivo=/Lists/Normativos/Attachments/51028/Res_Conj_0001_v1_O.pdf. Acesso em 06 jun. 2021.

Informação bibliográfica deste texto, conforme a NBR 6023:2018 da Associação Brasileira de Normas Técnicas (ABNT):

PASQUAL, Cristina Stringari; PACHECO, Thaise Maria Neves Duarte. *Open Banking* como instrumento para o desenvolvimento tecnológico a serviço do consumidor: benefícios e desafios. *In*: EHRHARDT JÚNIOR, Marcos; CATALAN, Marcos; MALHEIROS, Pablo (Coord.). *Direito do Consumidor e novas tecnologias*. Belo Horizonte: Fórum, 2021. p. 123-142. ISBN 978-65-5518-253-8.

RESPONSABILIDADE PELO VAZAMENTO DE DADOS NO ÂMBITO DOS MEIOS DE PAGAMENTO

GERALDO FRAZÃO DE AQUINO JÚNIOR

1 Introdução

Os meios de pagamento representam as formas de pagar e de receber valores, fazer transações e comercializar produtos e serviços. Com características próprias, podem ser identificados como meios de pagamento o dinheiro, o cheque, o boleto, os cartões de débito e crédito, o DOC/TED/PIX, entre outros. Com o intuito de assegurar a estabilidade do poder de compra da moeda e um sistema financeiro sólido e eficiente, missão do Banco Central do Brasil, coube-lhe capitanear um dos mais importantes passos para a consecução desse objetivo: a implantação do Sistema de Pagamentos, que congrega os mecanismos necessários para a realização das transações que são levadas a cabo no âmbito do sistema financeiro.

Na esteira do fomento à eficiência dos meios de pagamento, a "eletronização" dos meios de pagamento gera redução significativa do gasto da sociedade com a realização de operações financeiras. Entre os instrumentos de pagamento baseados em papel, o cheque apresenta elevados custos de processamento, tanto para o setor bancário quanto para o setor não bancário (associados a fraudes e à inadimplência). A situação é semelhante para o dinheiro em espécie, em que existem elevados custos de produção, estocagem e transporte, além da necessidade de segurança em todos esses processos. Ademais, práticas ilícitas são usualmente efetivadas através do uso do dinheiro em espécie, devido à falta de rastreabilidade. Ou seja, instrumentos eletrônicos estão associados a mecanismos mais eficazes de prevenção à lavagem de dinheiro e de combate ao financiamento do terrorismo.

A utilização de instrumentos eletrônicos de pagamento também facilita o processo de inclusão financeira. A grande maioria da população, mesmo aqueles que não têm acesso a serviços bancários, executa diversas transações de pagamento diariamente para comprar bens de consumo e contratar serviços. Ou seja, o uso rotineiro de instrumentos de pagamento é uma necessidade básica das economias modernas. Quando esses pagamentos são realizados por meio de instrumentos eletrônicos, é possível construir um perfil financeiro desses usuários, informação importante para a construção e a oferta de novos serviços financeiros que sejam adequados a essa parcela da população que é mal atendida pelos provedores de serviços financeiros tradicionais. Dessa forma, a oferta de instrumentos eletrônicos de pagamento pode ser usada para facilitar a inclusão financeira dessa parcela da população. O incremento da participação relativa dos instrumentos eletrônicos, em comparação com os instrumentos baseados em papel, contribui para o aumento da eficiência e da segurança no mercado de pagamentos de varejo brasileiro e tem potencial para facilitar o processo de inclusão financeira.

Especificamente com relação ao objetivo de manter um ecossistema de pagamentos seguro, é fundamental o desenvolvimento de soluções e a adoção de ações que aumentem a segurança das transações para os usuários finais. Fraudes nesse segmento estão cada vez mais sofisticadas e estão usualmente relacionadas a fraquezas nos mecanismos de segurança. Apesar de fraudes específicas causarem perdas materiais em instituições individuais, elas podem, a depender de sua abrangência, ter impacto sistêmico, afetando a capacidade de realizar pagamentos e a credibilidade do uso da moeda, razão pela qual é imperativo que os agentes adotem os procedimentos necessários para prevenir, detectar e reduzir a vulnerabilidade a incidentes relacionados com o ambiente cibernético. A implementação de recomendações internacionais e de políticas de segurança cibernética é fundamental para a manutenção de um ecossistema de pagamentos seguro.

Outro ponto relacionado à manutenção de um ecossistema seguro é a necessidade de garantir a solidez dos arranjos de pagamento, principalmente por meio do aperfeiçoamento do gerenciamento dos riscos oriundos das exposições entre os participantes da cadeia de pagamentos. Um modelo de gerenciamento de riscos eficiente é imprescindível para garantir que os usuários pagadores e recebedores tenham um ambiente confiável onde consigam pagar e receber recursos resultantes das transações comerciais dentro do prazo acordado.

Daí reside a importância das ações regulatórias e de vigilância no mercado de pagamentos de varejo com vistas a induzir a ampliação do acesso a serviços de pagamento como porta de entrada para a inclusão financeira. Existe uma diferença entre os serviços de pagamento transacionais (que atendem a maior parte das necessidades dos usuários em operações básicas, como depósitos, saques, transferências e pagamentos) e os serviços financeiros propriamente ditos (como poupança, seguro, crédito e investimento). De acordo com essa visão, a utilização dos serviços de pagamento viabiliza a entrada da parcela da população excluída ou mal servida. Por essa razão, torna-se premente o desenvolvimento de soluções e de modelos de negócio inovadores que ampliem o acesso a serviços de pagamento e permitam, assim, maior inclusão financeira. A ampliação do acesso é uma consequência esperada de um ambiente mais eficiente e seguro, de forma que a construção de um ecossistema com essas características tende a facilitar a inclusão de novas pessoas.

Em especial com a entrada em vigor da Lei Geral de Proteção de Dados (LGPD), Lei nº 13.709, de 14 de agosto de 2018, exsurgem questões acerca da responsabilidade pelo vazamento de dados no âmbito dos meios de pagamento, tema que será abordado no presente texto.

2   O Sistema de Pagamentos Brasileiro e os Meios de Pagamento

A Lei nº 10.214, de 27 de março de 2001, regula a atuação das câmaras e dos prestadores de serviços de compensação e de liquidação, no âmbito do Sistema de Pagamentos Brasileiro (SPB), que compreende as entidades, os sistemas e os procedimentos relacionados à transferência de fundos e de outros ativos financeiros, ou com o processamento, a compensação e a liquidação de pagamentos em qualquer de suas formas. Integram o SPB, além do serviço de compensação de cheques e outros papéis, os seguintes sistemas: a) de compensação e liquidação de ordens eletrônicas de débito e de crédito; b) de transferência de fundos e de outros ativos financeiros; c) de compensação e de liquidação de operações com títulos e valores mobiliários; e d) de compensação e de liquidação de operações realizadas em bolsas de mercadorias e de futuros. Outros sistemas poderão integrar o SPB, desde que autorizados a funcionar pelo Banco Central do Brasil (BCB) ou pela Comissão de Valores Mobiliários (CVM), de acordo com sua competência.

Nessa linha, o BCB desenvolveu o Projeto de Modernização dos Instrumentos de Pagamento de Varejo, buscando fomentar a utilização de instrumentos socialmente mais eficientes. No Brasil, a utilização em grande escala de instrumentos de pagamento em papel gera ineficiências que redundam em custo social mais elevado. A partir da segunda metade da década de 1990, assiste-se a uma grande eletronização dos instrumentos de pagamento. Foi, a partir de então, desenvolvido e implantado, a par da previsão contida na Lei nº 10.214/2001, a primeira sistematização do SPB em moldes eletrônicos compatíveis com a tecnologia da época, mas que, ao longo do tempo, demandou melhorias.

A propósito, em trabalho baseado em dados estatísticos de 2005,[1] concluiu-se que os instrumentos eletrônicos de pagamento são mais baratos que os não eletrônicos e que uma migração completa de não eletrônicos para eletrônicos geraria um ganho social de aproximadamente 0,7% do PIB brasileiro de 2005, resultados condizentes com os da literatura internacional. Entre as razões que dificultam uma migração total para pagamentos eletrônicos, destacam-se fatores culturais no que tange ao uso de instrumentos não eletrônicos; apreçamento indireto dos instrumentos por parte das instituições bancárias; e falta de incentivos de migração para os agentes relevantes. De fato, apesar de os instrumentos eletrônicos reduzirem os custos sociais, tal redução pode não ser efetiva para todos os agentes, o que pode levar a um comportamento estratégico contrário a essa migração. Como vigilantes do sistema de pagamentos, os bancos centrais usam não somente de regulação como também de persuasão e de seu papel catalisador para influenciar o uso de instrumentos de pagamento pela sociedade, de modo a promover uma migração mais fácil e a consequente redução do custo social dos instrumentos de pagamento, acarretando ganhos de bem-estar social.

Nesse sentido, a Lei nº 12.865, de 9 de outubro de 2013, trouxe importante avanço no que concerne à evolução do SPB. Não obstante a crítica que se faça à técnica legislativa ao englobar em um mesmo texto legal assuntos tão díspares quanto o SPB, subvenção econômica aos produtores de cana de açúcar e etanol, emissão de títulos da dívida pública, operações de crédito rural, autorização para gerir recursos para

---

[1] NOTA TÉCNICA. *Custo e eficiência na utilização de instrumentos de pagamento de varejo.* 4 jul. 2007. Disponível em: https://www.bcb.gov.br/content/estabilidadefinanceira/Documents/sistema_pagamentos_brasileiro/Publicacoes_SPB/Nota%20T%C3%A9cnica%20-%20Custo%20Eficiencia.pdf. Acesso em 4 abr. 2021.

atendimento da mulher em situações de violência, direito de utilização de área pública por equipamentos urbanos, entre outros assuntos, a lei deu um passo importante na regulação das instituições de pagamento (IP), segmento da economia de fundamental importância para o conjunto dos instrumentos de pagamento de varejo, que ficaram à margem da Lei nº 10.214/2001.

Em especial na última década, tem crescido a participação de instituições não financeiras na provisão de serviços de pagamento, principalmente por intermédio de cartões de pagamento (crédito ou débito), moedas eletrônicas ou meios eletrônicos de pagamento, a exemplo dos instrumentos disponibilizados para o comércio eletrônico (*e-commerce*) e das transações realizadas mediante dispositivos móveis de comunicação (*mobile payment*). Esse cenário tem o potencial de trazer inegáveis benefícios para a economia nacional – maior competição, redução de custos e preços, aumento da conveniência para os usuários, melhoria na qualidade dos serviços e facilitação da inclusão financeira. Entretanto, existem riscos inerentes às atividades relacionadas aos serviços de pagamento que, uma vez dimensionados, podem ser mitigados mediante regulação e supervisão setorial, com vistas à promoção da solidez e da eficiência.

A adequação do arcabouço normativo, além de possibilitar a mitigação dos riscos, também potencializa o papel de indutor dos agentes públicos na busca de modelos que atendam aos interesses da sociedade, coadunando-os às políticas públicas existentes. Ademais, a regulação desse setor da economia traz a segurança jurídica demandada para a realização dos investimentos necessários para a implementação e o desenvolvimento dos arranjos de pagamento.

Os arranjos de pagamento, em especial os relacionados a pagamentos móveis, podem contribuir significativamente para promover a inclusão financeira da população brasileira. O potencial inclusivo dos pagamentos móveis deve-se à elevada penetração da telefonia móvel no Brasil em todos os segmentos de renda. Ademais, a possibilidade de atuação de novos agentes nesse mercado, como as próprias operadoras de telecomunicações, trará novos investimentos e maior concorrência na provisão de serviços de pagamento.

Nessa linha, o art. 6º da lei fixa conceituações relevantes para o efeito de bem delimitar seu ulterior desenvolvimento normativo. O conceito central para a nova disciplina legislativa é o de arranjo de pagamento, entendido como o conjunto de regras e procedimentos que disciplinam a prestação de determinado serviço de pagamento ao público, aceito por mais de um recebedor, mediante acesso direto pelos usuários finais (pagadores e recebedores). Igualmente importante é o conceito de instituição de pagamento, assim considerada a pessoa jurídica que, aderindo a um arranjo de pagamento, tenha, como atividade principal ou acessória, a prestação dos diversos serviços de pagamento aos usuários finais. Entre eles, destacam-se: a) disponibilizar serviço de aporte ou saque de recursos mantidos em conta de pagamento; b) executar ou facilitar a instrução de pagamento relacionada a determinado serviço de pagamento, inclusive transferência originada de ou destinada à conta de pagamento; c) gerir conta de pagamento; d) emitir instrumento de pagamento; e) credenciar a aceitação de instrumento de pagamento; f) executar remessa de fundos; e g) converter moeda física ou escritural em moeda eletrônica, ou vice-versa, credenciar a aceitação ou gerir o uso de moeda eletrônica. Já o instituidor de arranjo de pagamento é a pessoa jurídica responsável pelo arranjo de pagamento e, quando for o caso, pelo uso da marca associada ao arranjo de pagamento. As instituições financeiras poderão aderir a arranjos de pagamento, sendo vedada às instituições de pagamento a realização de atividades privativas de instituições financeiras.

O art. 7º da lei estabelece os princípios que devem ser observados pelos arranjos e pelas instituições de pagamento, que servirão de diretrizes para regulamentação e supervisão do segmento: a) interoperabilidade ao arranjo de pagamento e entre arranjos de pagamento distintos; b) solidez e eficiência dos arranjos de pagamento e das instituições de pagamento, promoção da competição e previsão de transferência de saldos em moeda eletrônica, quando couber, para outros arranjos ou instituições de pagamento; c) acesso não discriminatório aos serviços e às infraestruturas necessários ao funcionamento dos arranjos de pagamento; d) atendimento às necessidades dos usuários finais, em especial liberdade de escolha, segurança, proteção de seus interesses econômicos, tratamento não discriminatório, privacidade e proteção de dados pessoais, transparência e acesso a informações claras e completas sobre as condições de prestação de serviços; e) confiabilidade, qualidade e segurança dos serviços de pagamento; e f) inclusão financeira, observados os padrões de qualidade, segurança e transparência equivalentes em todos os arranjos de pagamento. Nesse diapasão, cabe ao Conselho Monetário Nacional, ao Banco Central do Brasil, ao Ministério das Comunicações e à Agência Nacional de Telecomunicações o estímulo à inclusão financeira, no âmbito de suas competências, por meio da participação do setor de telecomunicações na oferta de serviços de pagamento, podendo, com base em avaliações periódicas, adotar medidas de incentivo ao desenvolvimento de arranjos de pagamento que utilizem terminais de acesso aos serviços de telecomunicações de propriedade do usuário.

A lei atribuiu ao Banco Central a regulação e a supervisão dos arranjos de pagamento e das instituições de pagamento, nos termos das diretrizes estabelecidas pelo Conselho Monetário Nacional, uma vez que já lhe compete regular, autorizar e exercer a vigilância dos sistemas de compensação e de liquidação integrantes do Sistema de Pagamentos Brasileiro. Ademais, aplicam-se às instituições de pagamento, aos instituidores de arranjos de pagamento e a seus administradores e membros de seus órgãos estatutários e contratuais, no caso de infrações, as mesmas espécies de penalidades previstas na legislação aplicável às instituições financeiras. Embora não sejam tais entidades instituições financeiras, optou-se por solução que confere uniformidade aos instrumentos coercitivos à disposição do supervisor do segmento. Da mesma forma, as instituições de pagamento sujeitam-se à decretação de regimes especiais (regime de administração especial temporária, intervenção ou liquidação extrajudicial) nas mesmas condições e forma previstas na legislação especial aplicável às instituições financeiras.

Importante medida orientada à redução de riscos para o usuário final dos serviços é veiculada pelo art. 12: os recursos mantidos em contas de pagamento constituem patrimônio separado do patrimônio da instituição de pagamento, não respondendo direta ou indiretamente por suas obrigações. Não podem ser objeto de arresto, sequestro, busca e apreensão ou qualquer outro ato de constrição judicial em função de débitos de responsabilidade da instituição de pagamento, pois não compõem o ativo da instituição de pagamento, para efeito de falência ou liquidação judicial ou extrajudicial. Além disso, não podem ser dados em garantia de débitos assumidos pela instituição de pagamento.

As instituições de pagamento possibilitam ao cidadão realizar pagamentos independentemente de relacionamentos com bancos e outras instituições financeiras. Com o recurso financeiro movimentável, por exemplo, por meio de um cartão pré-pago ou de um telefone celular, o usuário pode portar valores e efetuar transações sem estar com moeda em espécie. Graças à interoperabilidade, o usuário pode, ainda, receber e enviar dinheiro para bancos e outras instituições de pagamento.

Instituições de pagamento não são instituições financeiras, portanto não podem realizar atividades privativas dessas instituições, como empréstimos e financiamentos. Ainda assim, estão sujeitas à supervisão do Banco Central, como já ressaltado. Devem constituir-se como sociedade empresária limitada ou anônima. São classificadas nas seguintes modalidades: a) emissor de moeda eletrônica: gerencia conta de pagamento do tipo pré-paga, na qual os recursos devem ser depositados previamente, como, por exemplo, emissores dos cartões de vale-refeição e cartões pré-pagos em moeda nacional; b) emissor de instrumento de pagamento pós-pago: gerencia conta de pagamento do tipo pós-paga, na qual os recursos são depositados para pagamento de débitos já assumidos, como, por exemplo, instituições não financeiras emissoras de cartão de crédito; e c) credenciador: não gerencia conta de pagamento, mas habilita estabelecimentos comerciais para a aceitação de instrumento de pagamento, como, por exemplo, instituições que assinam contrato com o estabelecimento comercial para aceitação de cartão de pagamento. Uma mesma instituição de pagamento pode atuar em mais de uma modalidade.

Tanto as contas de pagamento quanto as contas bancárias (contas de depósitos à vista) possibilitam a realização de pagamentos e de transferência de recursos entre contas mantidas na própria instituição e entre contas mantidas em instituições distintas. Essas transações são realizadas com base nos saldos mantidos nas contas de pagamento, ou seja, é necessário o prévio aporte ou depósito de recursos nas contas para movimentá-las. Contudo, as contas bancárias são mantidas somente em instituições financeiras bancárias. Os recursos depositados nessas contas podem ser utilizados pela instituição em operações de intermediação financeira, ou seja, podem ser utilizados em operações de crédito (empréstimos e financiamentos) ou aplicações financeiras. Os recursos depositados nessas contas são protegidos pelo Fundo Garantidor de Crédito (FGC), que garante os créditos relativos às contas de depósitos e investimentos de cada cliente, por instituição financeira ou conglomerado financeiro, até o valor de R$250 mil (duzentos e cinquenta mil reais). As contas de pagamento, por outro lado, são mantidas em instituições de pagamento ou em instituições financeiras. Os recursos mantidos em contas de pagamento não podem ser utilizados em operações de intermediação financeira, a exemplo das operações de crédito.

Embora não sejam protegidos pelo FGC, os recursos mantidos em contas de pagamento são protegidos pela Lei nº 12.865/2013, e não se confundem com o patrimônio da instituição de pagamento ou da instituição financeira detentora da conta. Em alguns casos, as instituições de pagamento podem fazer parte de grupos ou conglomerados em que existam instituições financeiras. Nesse caso, ainda que o cliente possua apenas uma conta de pagamento, ele pode ter acesso às operações de crédito oferecidas pela instituição financeira do grupo e o recurso proveniente da operação de crédito é depositado em sua conta de pagamento.

A movimentação das contas de depósitos é semelhante à movimentação das contas de pagamento pré-paga. Em ambos os casos, há necessidade de depósito prévio de recursos para que sejam realizadas as transações de pagamento, saques, aplicações financeiras e transferências entre contas e entre bancos. Contudo, diferentemente das contas bancárias, as contas de pagamento não são movimentáveis por cheque.

Importante notar que nem todas as instituições de pagamento devem ser autorizadas a funcionar pelo Banco Central. Apenas precisam de autorização as IP (emissoras de moeda eletrônica, emissoras de instrumento pós-pago e credenciadoras) que operem volumes negociais superiores a: R\$500.000.000,00 (quinhentos milhões de reais) em transações de pagamento; ou R\$50.000.000,00 (cinquenta milhões de reais) em recursos mantidos em conta de pagamento pré-paga. As emissoras de moeda eletrônica (cartões pré-pagos) e as emissoras de instrumento de pagamento pós-pago (cartões de crédito) devem apurar o referido valor de transações de pagamento considerando o somatório dos valores correspondentes às transações de pagamento executadas nos últimos doze meses. A IP que preste serviço em mais de uma das modalidades previstas e apresente valores financeiros superiores a pelo menos um dos parâmetros mencionados, em pelo menos uma das modalidades, deve solicitar autorização para funcionar para todas as modalidades que exerce. Na data-base, 31.03.2021, havia 27 IPs em funcionamento,[2] entre elas: Cielo, Redecard, Pagseguro, Getnet, Mercadopago, Paypal, Stone, Nu Pagamentos, Credi Shop e Facebook Pagamentos do Brasil.

A Lei nº 14.031, de 28 de julho de 2020, incluiu na Lei nº 12.865/2013 os artigos 12-A, 12-B e 12-C, visando em especial a necessidade de se resguardar a economia popular. No decorrer da atuação do BCB no âmbito dos arranjos de pagamento, um dos aspectos que se tem mostrado mais crítico são os modelos de gerenciamento de riscos desses arranjos. O mercado brasileiro comporta algumas particularidades, especialmente nos arranjos de cartão de crédito, em função, inclusive, do contexto em que esse instrumento surgiu no Brasil, de substituição do cheque e de períodos de inflação muito elevada. Esse contexto suscitou a incorporação de algumas práticas que se consolidaram ao longo do tempo, tais como os prazos de pagamento aos lojistas mais

---

[2] BANCO CENTRAL DO BRASIL. *Relação de Instituições em Funcionamento no País (transferências de arquivos)*. Disponível em: https://www.bcb.gov.br/estabilidadefinanceira/relacao_instituicoes_funcionamento. Acesso em 04 abr. 2021.

extensos que a média internacional e a existência de um grande volume financeiro em transações parceladas pelos próprios estabelecimentos. Essas particularidades trazem como consequência a existência de relevante exposição a risco entre os participantes da cadeia de obrigações dos arranjos.

Diante desse cenário, a melhor alternativa que se apresenta é a sistemática conhecida pelo mercado como "repasse", que consiste em garantir que o fluxo de pagamentos na cadeia de obrigações do arranjo de pagamento seja mantido, mesmo que determinado participante do arranjo paralise suas atividades por problemas de solvência, assegurando, assim, que o dinheiro entregue pelo portador do cartão com a finalidade de honrar seus pagamentos continue chegando aos lojistas. Ao proteger esse fluxo de pagamentos, reduz-se substancialmente a exposição entre os participantes do arranjo, sem agregar custos, sem impactar os aspectos concorrenciais, à medida que visa a conferir o mesmo tratamento a qualquer participante, independentemente de seu porte.

Para viabilizar a utilização desse mecanismo, é necessário que se estabeleça, do ponto de vista legal, que esse fluxo de pagamentos não pode ser objeto de constrição judicial, nem se sujeitar à arrecadação em regimes concursais, visto que tem como legítimo destinatário o usuário final recebedor dessas transações, o lojista, e não a instituição participante do arranjo. Uma vez que a disciplina legal confira maior clareza a essa proteção, os riscos a serem gerenciados no âmbito do arranjo passarão a ser significativamente menores, refletindo em menor necessidade de aporte de garantias, com incremento na proteção dos usuários envolvidos. Essas disposições encontram-se consubstanciadas nos novos dispositivos incluídos na lei pela medida provisória, que estenderam o alcance dos dispositivos que tratam da proteção dos recursos mantidos em conta de pagamento e do fluxo de pagamentos entre os participantes na cadeia de obrigações do arranjo aos participantes e aos instituidores de arranjos de pagamento, ainda que esses atores e respectivos arranjos não integrem o SPB.

A lei, ao disciplinar os arranjos de pagamentos, contribuiu para promover a solidez e a eficiência do SPB, assim como proteger o direito dos usuários, uma vez que o crescimento desordenado desse segmento poderia gerar riscos para toda a população, em especial a de baixa renda, que, a par do desenvolvimento tecnológico, vem utilizando de forma crescente os instrumentos de pagamento de varejo. O sistema de pagamentos de varejo, caracterizado como transferências de fundos normalmente de baixo valor e relacionadas à aquisição de bens e serviços, tem papel importante na eficiência e no bem-estar econômicos da sociedade, com impactos importantes na confiança da população na moeda e no bom funcionamento das relações entre os diversos agentes econômicos.

Os avanços tecnológicos têm possibilitado o surgimento de meios de pagamento eletrônicos como alternativa economicamente viável aos instrumentos em papel. A importância do sistema de pagamentos de varejo e a rapidez desses avanços têm guiado a atuação do BCB, uma vez que a realização de pagamentos por meios digitais traz benefícios importantes para o sistema de pagamentos de varejo em termos de segurança, de agilidade, de conveniência, de rastreabilidade e de redução de custos. Existem evidências de que mover recursos financeiros de forma digital custa menos do que movimentá-los fisicamente. Estudos indicam que pagamentos eletrônicos custam aproximadamente entre 1/3 e 1/2 do custo dos pagamentos em papel, o que pode representar uma economia de pelo menos 1% do PIB anualmente. Estudo realizado pelo BCB em 2007, como já salientado, indicou que uma migração completa de instrumentos não eletrônicos para eletrônicos no Brasil geraria um ganho social de aproximadamente 0,7% do PIB brasileiro de 2005.[3]

Além da redução direta de custo, a digitalização dos pagamentos traz outros benefícios. A ampla utilização de meios eletrônicos para os pagamentos de governo (como salários, pensões e benefícios sociais) permite a rastreabilidade, o que reduz o risco de desvios ou atrasos. Isso vale também para os pagamentos ao governo, como impostos e taxas.

Quanto à segurança, a despeito da possibilidade de ataques cibernéticos, meios eletrônicos oferecem várias camadas de proteção que minimizam o risco de perda em caso de fraude, de uso não autorizado ou de extravio do instrumento de pagamento. Em geral, a manutenção de grandes valores em meio eletrônico é mais segura do que em meio físico.

Para o comércio, evidências empíricas mostram que a aceitação de pagamentos eletrônicos facilita as vendas, por representarem uma opção a mais para pagamento e por permitirem a realização de transações com valor médio mais elevado. Cabe lembrar também que pagamentos em espécie não se prestam ao crescente comércio eletrônico. Esse atributo não é desprezível, considerando o aumento crescente do comércio virtual no Brasil.

---

[3] NOTA TÉCNICA. *Custo e eficiência na utilização de instrumentos de pagamento de varejo*. 4 jul. 2007. Disponível em: https://www.bcb.gov.br/content/estabilidadefinanceira/Documents/sistema_pagamentos_brasileiro/Publicacoes_SPB/Nota%20T%C3%A9cnica%20-%20Custo%20Eficiencia.pdf. Acesso em 4 abr. 2021.

Além das vantagens em termos de eficiência e de segurança, pagamentos digitais são uma porta de entrada para a utilização de contas transacionais (contas correntes ou contas de pagamentos) que permitem ao usuário realizar boa parte de suas necessidades de pagamento. Além disso, como destaca o relatório "Payment Aspects of Financial Inclusion"[4] do Banco Mundial e do Committee on Payments and Market Infrastructures (CPMI) do Bank for International Settlements (BIS), a utilização de serviços de pagamento digitais e de contas transacionais por pessoas à margem do sistema financeiro facilita o acesso a serviços financeiros como crédito, poupança e seguro, de forma que a ampliação do acesso da população aos pagamentos eletrônicos gera externalidades positivas para o processo de inclusão financeira.

3 Responsabilidade pelo vazamento de dados

O desenvolvimento dos meios informáticos acarretou o surgimento de uma forma de contratação realizada no meio virtual, o que engendra desafios para os operadores do direito. Em especial, o fenômeno do comércio eletrônico traz à tona a questão da responsabilidade civil na internet. As hipóteses de responsabilidade por danos abarcam uma ampla gama de situações, que podem ser classificadas, exemplificati-vamente, de acordo com o âmbito de regulação incidente:[5] a) injúrias e calúnias dirigidas a usuários individuais ou coletivos, provocadas pelo conteúdo informativo; b) danos causados aos consumidores; c) danos ao direito de propriedade no contexto da concorrência desleal; d) violações à privacidade do usuário; e) responsabilidade criminal.

Nessa linha, como a forma de apresentação dos dados de uma página na internet concretiza-se por meio de produtos fragmentados em módulos, há um fracionamento objetivo e subjetivo da responsabilidade. Há, portanto, uma multiplicidade de sujeitos, cada qual ancorado em atuações distintas que reclamam tratamento diferenciado. Existem aqueles que provêm acesso à rede, outros são os titulares das páginas e há os que fornecem os conteúdos a serem exibidos. É o caso da responsabilidade contratual matizada pelo fato de haver uma pluralidade de sujeitos unidos por contratos conexos e que atuam em rede, cabendo distinguir as várias hipóteses de modo a não imputar responsabilidade

---

[4] WORLD BANK GROUP. *Payment Aspects of Financial Inclusion*. Washington, april 2016. Disponível em: https://www.bis.org/cpmi/publ/d144.pdf. Acesso em 28 abr. 2021.

[5] LORENZETTI, Ricardo Luis. *Comércio eletrônico*. São Paulo: Revista dos Tribunais, 2004. p. 423-425.

a uma parte por ato praticado pela outra. Assim, no caso de vazamento de dados no âmbito do SPB, delineiam-se, a seguir, sugestões de solução de conflitos com base nas premissas anteriormente levantadas.

No caso de um contrato formalizado por meio da internet, no qual o contratado se obriga a realizar uma prestação executada por diversos intermediários, aquele responde pelos demais que o auxiliaram no cumprimento da obrigação. Se, em outra hipótese, acessa-se uma página para pactuar-se um serviço a ser realizado por vários contratados, há uma pluralidade de sujeitos passivamente obrigados, que respondem, paritariamente, por eventuais danos, seja individualmente, seja solidariamente.

No entanto, se o sujeito acessa uma página e celebra contratos com várias pessoas, dando causa a obrigações diversas, tem-se que, como a página representa um produto fragmentado, cada obrigado não responde solidariamente pelas obrigações contraídas pelos outros sujeitos nos outros contratos. Não há, no caso, pluralidade subjetiva passiva, mas uma plêiade de vínculos convencionais com causas e sujeitos diferentes, cada qual com sua responsabilidade própria, cabendo apenas analisar se cabe imputar a algum partícipe o descumprimento contratual de outro.

O anonimato na internet é uma questão problemática. São inúmeros os casos de mensagens enviadas por *hackers, spams,* páginas clonadas, ações de grupos virtuais etc. Diante dessa situação, cabe à tecnologia fornecer as soluções possíveis ao problema da identificação da autoria das informações na rede, de modo a determinar inequivocamente a responsabilidade pelo envio de dados indesejáveis ou nocivos. A regra de identificação é um ônus que deve recair sobre quem estiver em condições de cumpri-la com os menores custos. Em princípio, são os intermediários da cadeia de comunicação digital que podem representar esse papel, uma vez que contam com a possibilidade de estabelecer mecanismos de controle para a identificação dos usuários. A evolução tecnológica proporcionará os meios necessários para o cumprimento desse mister, cabendo aos juízes, auxiliados por peritos, analisar objetivamente as possibilidades concretas em cada caso. Se não tiver sido utilizado o mecanismo de controle adequado, o intermediário poderá ser responsabilizado, pois não se muniu dos recursos necessários, objetivamente aferíveis, para prover a identificação dos usuários que se utilizam de seus serviços. É evidente que, nesse processo, não devem ser feridas a privacidade ou a liberdade de expressão dos sujeitos intervenientes.

Fica evidente, pelo exposto, que a responsabilidade civil em cada caso terá que ser examinada à luz da ação considerada: se houve o fornecimento da informação; se o intermediário apenas a transmitiu; se houve a modificação da informação; ou se ocorreu a sua difusão, ampliando seus efeitos. Ou seja, no campo da responsabilidade, há que se identificar plenamente o conteúdo que produziu o efeito danoso, pois, muitas vezes, o dano é produzido não a partir de vários conteúdos informativos, mas de um conjunto organizado por diversos módulos cujo sentido só poderá ser discernido se examinado como um todo.

Talvez, a posição mais relevante nessa cadeia que se forma desde a origem até o destino final da informação caiba aos sujeitos intermediários. Estes não produzem a informação, mas situam-se numa posição que une as duas pontas: o fornecedor original da informação e aquele que a recepciona. Atuando apenas como intermediadores na transmissão da informação, não exercem influência no objeto transmitido. Por essa razão, não são responsáveis pelo quanto veiculado. Não obstante, na medida em que abandonem essa posição de indiferença e passem, de algum modo, a influenciar a informação, os intermediários tornam-se responsáveis civilmente. Nessa linha, aduz Lorenzetti:

> A posição de intermediário tem recebido críticas relativas à existência de casos nos quais se dispõe uma conexão automática sem a intervenção do servidor, ou pelo menos sem a presença de uma atuação relevante que permita a qualificação de distribuição. Em outras hipóteses não ocorre distribuição, mas sim o mero acesso a um local no qual a decisão de acessar e o custo pelo uso ficam por conta do usuário; a posição do servidor é meramente passiva. Diante deste argumento, cabe observar que sempre que uma posição jurídica for definida, existirão hipóteses nela não enquadráveis; o importante é estabelecer a regra geral e de quem será o ônus de demonstrar a exceção. De acordo com a argumentação expendida, o "servidor" terá o ônus de comprovar a alegação de não atuar como intermediário.[6]

No que concerne à responsabilidade dos fornecedores de informação, é importante distinguir entre os profissionais e os não profissionais. Os primeiros exercem a atividade de forma habitual, a título oneroso ou gratuito, e sua responsabilidade pode ser contratual, pelo descumprimento da prestação devida, ou extracontratual. Na esfera

---

[6] LORENZETTI, Ricardo Luis. *Comércio eletrônico*. São Paulo: Revista dos Tribunais, 2004. p. 449.

contratual, de acordo com o conteúdo da prestação, sua responsabilidade será determinada a partir do não cumprimento de uma obrigação de dar ou de fazer. Não cumprida a obrigação, responde o devedor por perdas e danos, mais juros e atualização monetária. Não obstante, o devedor não responde pelos prejuízos resultantes de caso fortuito ou de força maior, se expressamente não se houver por eles responsabilizado.

Na esfera extracontratual, a questão é de maior complexidade, tendo em conta que a informação divulgada na internet pode ser imediatamente acessada por uma vasta gama de pessoas, com a possibilidade de gerar as mais diversas questões relativas à responsabilidade. A mensagem informativa será considerada ilícita quando afetar bens passíveis de tutela. Nesses casos, é cabível imputar ao prestador de serviços a responsabilidade por sua veiculação, cabendo-lhe ressarcir os danos causados. Fundamenta-se essencialmente na culpa e o nexo causal resta estabelecido quando demonstrar-se a atuação do provedor que causou o dano. As excludentes de responsabilidade configuram-se, além da força maior e do caso fortuito, quando há ausência de culpa ou quando esta recai exclusivamente na vítima.

A propósito, o Marco Civil da Internet (Lei nº 12.965, de 23 de abril de 2014) também ajudou a delinear de maneira mais contundente a questão da responsabilidade por danos decorrentes de conteúdo gerado por terceiros. Nessa medida, estatui que o provedor de conexão à internet não será responsabilizado civilmente por danos decorrentes de conteúdo gerado por terceiros. Com o intuito de assegurar a liberdade de expressão e impedir a censura, o provedor de aplicações de internet somente poderá ser responsabilizado civilmente por danos decorrentes de conteúdo gerado por terceiros se, após ordem judicial específica, não tomar as providências para, no âmbito e nos limites técnicos do seu serviço e dentro do prazo assinalado, tornar indisponível o conteúdo apontado como infringente.

A ordem judicial deverá conter, sob pena de nulidade, identificação clara e específica do conteúdo apontado como infringente, que permita a localização inequívoca do material. Inovação nessa seara diz respeito à possibilidade de as causas que versem sobre ressarcimento por danos decorrentes de conteúdos disponibilizados na internet relacionados à honra, à reputação ou a direitos de personalidade, bem como sobre a indisponibilização desses conteúdos por provedores de aplicações de internet, poderem ser apresentadas perante os juizados especiais. Em todo caso, poderá ser deferida, pelo juiz, antecipação da tutela pretendida no pedido inicial, existindo prova inequívoca do fato e considerado o interesse da coletividade na disponibilização do conteúdo na internet, desde que presentes os requisitos de verossimilhança da alegação do autor e de fundado receio de dano irreparável ou de difícil reparação. Até a entrada em vigor de lei específica, a responsabilidade do provedor de aplicações de internet por danos decorrentes de conteúdo gerado por terceiros, quando se tratar de infração a direitos de autor ou a direitos conexos, continuará a ser disciplinada pela legislação autoral vigente.

Não obstante a regra de não responsabilização pelos danos decorrentes de conteúdo gerado por terceiros, o provedor de aplicações de internet que disponibilize esse tipo de conteúdo será responsabilizado subsidiariamente pela violação da intimidade decorrente da divulgação, sem autorização de seus participantes, de imagens, de vídeos ou de outros materiais de caráter privado quando, após o recebimento de notificação pelo participante ou pelo seu representante legal, deixar de promover, de forma diligente, no âmbito e nos limites técnicos do seu serviço, a indisponibilização desse conteúdo. Essa notificação deverá conter, sob pena de nulidade, elementos que permitam a identificação específica do material apontado como violador da intimidade do participante e a verificação da legitimidade para apresentação do pedido.

Sob a ótica da diligência média que se espera do provedor, do dever de informação e do princípio da transparência, deve este adotar as providências que, conforme as circunstâncias específicas de cada caso, estiverem ao seu alcance para a individualização dos usuários do *site*, sob pena de responsabilização subjetiva por culpa *in omittendo*. Uma vez ciente do ajuizamento da ação e da pretensão nela contida de obtenção dos dados de um determinado usuário, estando a questão *sub judice*, o mínimo de bom senso e de prudência sugerem a iniciativa do provedor de conteúdo no sentido de evitar que essas informações se percam.

Essa providência é condizente com a boa-fé que se espera não apenas dos fornecedores e contratantes em geral, mas também da parte de um processo judicial, devendo as informações necessárias à identificação do usuário ser armazenadas pelo provedor de conteúdo por um prazo mínimo de 3 (três) anos, a contar do dia em que o usuário cancela o serviço.

No âmbito do Sistema de Pagamentos Brasileiro, impende ressaltar que, independentemente da modalidade em que ocorrer o vazamento como, por exemplo, descarte acidental ou intencional de mídias digitais ou atuação de cibercriminosos, os dados pessoais estão armazenados sob a responsabilidade primária da instituição financeira que os coletou dos clientes, o que por sua vez gera para si o dever de guarda e proteção dessas informações. Nesse sentido, o nexo de causalidade restará configurado, pois o dado vazado estava sob guarda da instituição que os armazenou e eventualmente não adotou medidas de segurança suficientes para prevenir a efetivação da violação.

No que concerne aos avanços trazidos pela Lei Geral de Proteção de Dados – LGPD (Lei nº 13.709, de 14 de agosto de 2018), os agentes de tratamento que causarem danos em razão do exercício de atividades de tratamento de dados pessoais ficam obrigados a repará-lo. Conclui-se, pois, que a responsabilização pelos danos causados é semelhante àquela prevista no CDC. Contudo, na LGPD o legislador não deixou expresso no texto da lei que a responsabilidade dos agentes de tratamento é objetiva, como ocorre no CDC.

> A regra geral relativa à disposição dos dados pessoais pelo usuário deve cumprir o chamado princípio do consentimento (art. 7º, I), que deve ser obtido por escrito ou por outros meios inequívocos e pode ser revogado a qualquer momento, sendo o responsável pelo ônus da prova o cumprimento de tais requisitos (art. 8º, *caput* e §§1º, 2º e 3º). Sobre a responsabilidade dos agentes de dados pessoais, que são os operadores e controladores de dados (art. 5º, VII, VIII e IX, LGPD), os artigos 42 e seguintes definem a responsabilidade objetiva, seja por ação (art. 42, *caput*) ou por omissão (art. 44), causada pela violação de seus deveres como prestadores de serviços.[7]

Em qualquer caso, o fornecedor que faz o tratamento dos dados pessoais de forma automatizada, o que geralmente é o caso no âmbito das instituições integrantes do SPB, deve seguir o princípio da transparência, divulgando com clareza as informações acerca do ambiente de negócio no qual estão atuando e sempre respeitando a privacidade dos usuários. É o que estabelece o art. 20. §1º, da LGPD, ao estatuir que o controlador deverá fornecer, sempre que solicitadas, informações claras e adequadas a respeito dos critérios e dos procedimentos utilizados para a decisão automatizada, observados os segredos comercial e industrial. Deve ser observado, não obstante, que, no caso de não oferecimento dessas informações, a Autoridade Nacional de Proteção de Dados (ANPD – art. 55-A) poderá realizar auditoria para verificação dos aspectos discriminatórios no tratamento automatizado de dados pessoais. Isso porque a falta de transparência no tratamento dos dados pode caracterizar tratamento discriminatório no que concerne às especificações do algoritmo desenhado pela instituição. Essa discriminação pode ocorrer,

---

[7] LONGHI, João Victor Rozatti. *Responsabilidade civil e redes sociais*: retirada de conteúdo, perfis falsos, discurso de ódio e fake news. Indaiatuba: Foco, 2020. p. 158.

por exemplo, na oferta de produtos e serviços com preços diferenciados para pessoas com determinadas características ou proposição de operações de crédito apenas para aqueles clientes que tenham um perfil que se coadune com as especificações do algoritmo.

Em ocorrendo a chamada discriminação algorítmica, ter-se-á por ferida a boa-fé objetiva, uma vez que a transparência que deveria permear a relação jurídica também o foi. Nasce, daí, o direito a uma explicação fornecida por um ser humano, deixando claros os critérios utilizados pelo algoritmo para chegar a determinada decisão (por exemplo, negando um empréstimo ou financiamento). Essa conclusão deriva do direito de ser informado, cujo cerne reside no direito atinente às pessoas naturais de ser esclarecida acerca da coleta e uso de seus dados pessoais e como essas informações levaram à conclusão levada a efeito pela inteligência artificial.

Adicionalmente, em que pese a possibilidade de aplicação de multas com base na LGPD apenas a partir de 1º de agosto de 2021, conforme preceitua o art. 65, I-A, que podem chegar a até 2% (dois por cento) do faturamento das empresas, além da suspensão do exercício da atividade de tratamento dos dados pessoais, entre outras sanções, não se afasta a possibilidade de arbitramento de dano moral individual, uma vez que tanto a LGPD quanto o CDC se amparam na responsabilidade civil objetiva.

4 Considerações finais

Os juristas debruçam-se sobre as questões levantadas pelo mundo virtual, direcionando esforços não só no sentido de regular determinados aspectos do mundo virtual, mas também de criar a confiança naquele que utiliza a rede mundial de computadores. Essa mobilização de forças tem como sustentáculo a necessidade de construir a transparência no meio virtual, proporcionando segurança às relações jurídicas, que devem ser pautadas pela boa-fé das partes no que se refere à privacidade dos dados transitados e ao dever de criar um ambiente seguro para a contratação. Ter consciência dos desafios e dos problemas inerentes à utilização da internet é um passo importante para desenvolver ações que visem à restituição da confiança que deve reger todas as relações jurídicas.

Em especial no que concerne à responsabilidade civil no ambiente cibernético, mormente em se tratando de vazamento de dados no âmbito do Sistema de Pagamentos Brasileiro, o direito aplicável ao mundo digital também tem guarida na maioria dos princípios do direito aplicável ao mundo físico. A investigação da imputabilidade do dever de indenizar está associada à atribuição de responsabilidade a pessoas e não a máquinas, uma vez que estas são desprovidas de personalidade jurídica. Por trás da conduta de um robô haverá a conduta de uma pessoa por ele responsável. A novidade na matéria parece residir no avanço tecnológico em si, não na solução jurídica posta no ordenamento.

Nessa linha, a responsabilidade surge do exercício da atividade de proteção de dados que viole a LGPD. Por essa expressão, o legislador reconhece que a proteção de dados merece proteção especial. O controlador ou o operador que, em razão do exercício de atividade de tratamento de dados pessoais, causar a outrem dano patrimonial, moral, individual ou coletivo, em violação à legislação de proteção de dados pessoais, é obrigado a repará-lo. Os agentes de tratamento só não serão responsabilizados quando provarem: a) que não realizaram o tratamento de dados pessoais que lhes é atribuído; b) que, embora tenham realizado o tratamento de dados pessoais que lhes é atribuído, não houve violação à legislação de proteção de dados; ou c) que o dano é decorrente de culpa exclusiva do titular dos dados ou de terceiro.

A tecnologia não cria espaços imunes à aplicação do direito. Partindo do pressuposto de que a sociedade está inserida no processo de globalização, o grande desafio do operador do direito é ser flexível o bastante para adaptar seu raciocínio às novas situações e não criar obstáculos ao livre desenvolvimento da rede. Assim, permitir-se-á maior adequação à realidade social, provendo a dinâmica necessária para acompanhar a velocidade das transformações no mundo virtual.

Referências

BANCO CENTRAL DO BRASIL. *Relação de Instituições em Funcionamento no País (transferências de arquivos).* Disponível em: https://www.bcb.gov.br/estabilidadefinanceira/relacao_instituicoes_funcionamento. Acesso em 04 abr. 2021.

LONGHI, João Victor Rozatti. *Responsabilidade civil e redes sociais:* retirada de conteúdo, perfis falsos, discurso de ódio e fake news. Indaiatuba: Foco, 2020.

LORENZETTI, Ricardo Luis. *Comércio eletrônico.* São Paulo: Revista dos Tribunais, 2004.

NOTA TÉCNICA. *Custo e eficiência na utilização de instrumentos de pagamento de varejo.* 4 jul. 2007. Disponível em: https://www.bcb.gov.br/content/estabilidadefinanceira/Documents/sistema_pagamentos_brasileiro/Publicacoes_SPB/Nota%20T%C3%A9cnica%20-%20Custo%20Eficiencia.pdf. Acesso em 4 abr. 2021.

WORLD BANK GROUP. *Payment Aspects of Financial Inclusion.* Washington, april 2016. Disponível em: https://www.bis.org/cpmi/publ/d144.pdf. Acesso em 28 abr. 2021.

Informação bibliográfica deste texto, conforme a NBR 6023:2018 da Associação Brasileira de Normas Técnicas (ABNT):

AQUINO JÚNIOR, Geraldo Frazão de. Responsabilidade pelo vazamento de dados no âmbito dos meios de pagamento. *In*: EHRHARDT JÚNIOR, Marcos; CATALAN, Marcos; MALHEIROS, Pablo (Coord.). *Direito do Consumidor e novas tecnologias*. Belo Horizonte: Fórum, 2021. p. 143-162. ISBN 978-65-5518-253-8.

A LOGÍSTICA REVERSA DE MEDICAMENTOS: RESPONSABILIDADE COMPARTILHADA EM PROL DA SEGURANÇA HUMANA

LAÍS BERGSTEIN
HELENA MESSIAS GOMES

1 Introdução[1]

As novas tecnologias possibilitaram o avanço da ciência e da técnica em inúmeras áreas do conhecimento. Um importante marco para a saúde humana foi a descoberta da penicilina por Alexander Fleming. Estima-se que com isso se elevou a média da expectativa de vida em oito anos[2] e essa conquista gera, até hoje, significativos impactos no processo de cura dos pacientes.

Como é comum nas grandes *viradas de Copérnico* da medicina, nas revoluções científicas, uma nova ordem mundial se iniciou.[3] Ao mesmo tempo em que os benefícios do uso desse medicamento são indeléveis, o seu *abuso* tornou-se um risco (antes ignorado) para as presentes e futuras gerações. É preciso buscar, nesse contexto, o ponto de equilíbrio.

O presente trabalho busca maneiras pelas quais o Direito pode servir de ferramenta para prevenir o incremento da resistência bacteriana,

---

[1] As coautoras escrevem em homenagem a Antonio Gomes Dias.

[2] GUIMARÃES, Denise Oliveira; MOMESSO, Luciano da Silva; PUPO, Mônica Talarico. Antibióticos: Importância Terapêuticas e perspectivas para a descoberta e desenvolvimento de novos agentes. *Quím. nova*, v. 33, n. 3, p. 669-678, 2010.

[3] KUHN, Thomas S. *A estrutura das revoluções científicas*. (Trad. Beatriz Vianna Boeira e Nelson Boeira). São Paulo: Perspectiva, 2013.

induzindo comportamentos ambientalmente adequados. Destaca-se o compartilhamento de responsabilidade entre todos os agentes envolvidos na cadeia produtiva de medicamentos pela gestão de resíduos sólidos. E esse compartilhamento inclui também o paciente, o consumidor, que, embora vulnerável, é um dos diversos protagonistas na realização da logística reversa de medicamentos.

2 A resistência bacteriana e a segurança humana

No começo dos anos 1940, o antibiótico penicilina era o medicamento de escolha para o tratamento das infecções pela bactéria *S. aureus*.[4] Após a Segunda Guerra identificou-se o surgimento das primeiras cepas de bactérias gram-positivas resistentes à penicilina. Isso ocorreu devido ao gene plasmidial, que codifica a beta-lactamase ou penicilinase, uma enzima que destrói o anel beta-lactâmico da penicilina, inativando-a.[5] Ou seja, alguns grupos de bactérias (cepas de enterococos e estafilococos) desenvolveram um mecanismo de resistência múltipla aos antibióticos (meticilina, cefalosporina, tetraciclinas e eritromicinas),[6] os quais, aos poucos, tornaram-se ineficazes ou menos eficazes em função da multirresistência em cepas de bactérias.

A necessidade de uma alternativa para tais antibióticos foi então suprida com um novo avanço tecnológico: o advento da vancomicina, da expressão inglesa "*to vanquish*" (aniquilar, destruir). Esse novo antibiótico, em 1958, tornou-se a linha de frente contra cepas de *S. aureus* resistentes à meticilina (MRSA – "methicillin-resistant" S. aureus), eficaz contra cocos Gram-positivos, também *S. aureus, S. epidermidis, Clostridium difficile* e *Corynebacterium* sp.[7] Durante esse período houve

---

[4] OLIVEIRA, Caio Ferreira de *et al*. Emergência de Staphylococcus aureus resistentes aos antimicrobianos: um desafio contínuo, Programa de Pós-Graduação em Microbiologia. UEL, PR; Docente do Departamento de Microbiologia. Centro de Ciências Biológicas. UEL, PR; Docente do Departamento de Patologia, Análises Clínicas e Toxicológicas. Centro de Ciências da Saúde. UEL, PR. *Rev. Ciênc. Méd. Biol.*, Salvador, v. 13, n. 2, p. 243, 2014. ISSN 1677-5090.

[5] OLIVEIRA, Caio Ferreira de *et al*. Emergência de *Staphylococcus aureus* resistentes aos antimicrobianos: um desafio contínuo, Programa de Pós-Graduação em Microbiologia. UEL, PR; Docente do Departamento de Microbiologia. Centro de Ciências Biológicas. UEL, PR; Docente do Departamento de Patologia, Análises Clínicas e Toxicológicas. Centro de Ciências da Saúde. UEL, PR. *Rev. Ciênc. Méd. Biol.*, Salvador, v. 13, n. 2, p. 243, 2014. ISSN 1677-5090.

[6] SILVEIRA, Gustavo Pozza *et al*. Estratégias utilizadas no combate a resistência bacteriana. *Química Nova*, v. 29, n. 4, p. 844-855, 2006.

[7] SILVEIRA, Gustavo Pozza *et al*. Estratégias utilizadas no combate a resistência bacteriana. *Química Nova*, v. 29, n. 4, p. 844-855, 2006.

certa tranquilidade na indústria farmacêutica quanto à produção de novos medicamentos, até o momento em que se identificou também a resistência à vancomicina. Este preocupante processo cíclico de resistência bacteriana se prolonga até a atualidade.

O uso indiscriminado de antibióticos foi descrito por Scheckler e Bennet, que observaram em 1970 que 62% das prescrições de antimicrobianos eram feitas de modo inadequado, a pacientes sem infecção. Tais valores evidenciam-se por Kunin em 1973, o qual avaliou que 50% das prescrições de antimicrobianos não tinham indicação, e fortalecidos por Jogerst e Dippe, em 1981, ao também classificarem como inadequadas 59% das prescrições antimicrobianas.[8] Assim, a principal preocupação ao se tratar de resistência bacteriana tem como base o uso de antimicrobianos sem indicação, em pacientes que, provavelmente, sofrerão os efeitos desta decisão no futuro próximo.

Contemporaneamente, muitas pessoas buscam na internet a resposta para suas aflições e curiosidades acerca de sintomas clínicos e, não raras vezes, o resultado dessa pesquisa é a automedicação. É igualmente difícil superar a expectativa inata do paciente de que toda consulta médica deve obrigatoriamente render uma prescrição e/ou exame laboratorial. Um exemplo do modelo de tratamento médico imediatista são as drogas psicotrópicas, muito mais vantajosas em comparação às terapias de longo prazo da psiquiatria.[9]

A não adesão dos doentes aos tratamentos propostos é outro fator de preocupação. O paciente esquece dos medicamentos ou os interrompe ao se sentir melhor. Estes comportamentos, recorrentes entre a população, criam condições para que os microrganismos se adaptem cada vez mais em vez de serem eliminados.[10]

Além do uso incorreto dos antibióticos, sem prescrição médica ou por tempo inadequado, também contribuem para o processo de resistência bacteriana o uso desses medicamentos de forma preventiva nos

---

[8] MOTA, Letícia M. *et al.* Uso racional de antimicrobianos, condutas em enfermaria de Clínica Médica de hospital de média complexidade – Parte 1. Capítulo VIII, *Portal de Revistas da USP, Medicina (Ribeirão Preto)*, v. 43, n. 02, cap. VIII, p. 164-171, 2010; p. 18-19, nov. 2008.

[9] VERBICARO, Dennis; ATAÍDE, Camille da Silva Azevedo; RAIOL, Raimundo Wilson Gama. A inserção da medicina e da indústria de medicamentos na lógica do consumo e sua contribuição para o agravamento da condição do homem hipermoderno sob o enfoque da bioética e da dignidade humana. *Revista de Direito do Consumidor*, a. 27, v. 117, mai./jun. 2018.

[10] DIAS, Margarida; MONTEIRO, Micaela S.; MENEZES, M. F. *Antibióticos e resistência bacteriana, velhas questões, novos desafios.* Lisboa: Cadernos de Otorrinolaringologia: clínica, investigação e inovação, 2010.

animais. Isso porque o consumidor tem contato com tais medicamentos mediante a ingestão de alimentos de origem animal. Também, o uso para controle de pragas na agricultura certamente facilita o advento da resistência.[11]

Devido à predisposição à mastite nas vacas leiteiras, por exemplo, é necessário o uso frequente de antibióticos, exigindo um cuidado específico, para que o leite coletado no período de administração de antibióticos, e até 4 dias após o término, seja descartado. Oliveira *et al.* demonstraram grande percentual de resistência para amostras de *Staphylococcus spp* isoladas de leite de vacas com mastite clínica e subclínica procedentes da Região Agreste do Estado de Pernambuco, concluindo que os isolados se apresentaram resistentes à penicilina e à tetraciclina, e apontaram o uso incorreto e indiscriminado de produtos utilizando essas bases farmacológicas como os responsáveis por tal situação.[12] Do contrário, podem ser evidenciados resíduos de antibióticos no leite.

Outro fator pouco conhecido é a presença de substâncias antibacterianas em fórmulas de cosméticos. A doutrina aponta esse fator como um dos indutores da resistência bacteriana a vários antibióticos, em função de uma resposta adaptativa aos adjuvantes biocidas que muitos cosméticos possuem em suas formulações.[13] O uso inapropriado de antimicrobianos é verificado em uma grande diversidade de produtos como sabonetes, detergentes, cremes dentais, escovas de dentes, creme para as mãos e outros produtos contendo agentes antimicrobianos que favorecem a seleção de cepas resistentes no próprio ambiente doméstico.[14] Isso, em função da imagem de proteção que tais produtos transmitem em campanhas midiáticas. Assim, a fiscalização desses produtos, à procura de resíduos antimicrobianos é uma medida importante.

---

[11] Cf.: Ameaça silenciosa: como a falta de cuidados com o uso de antibióticos pode criar uma resistência capaz de colocar vidas em risco. *Revista Ciência SUS*, *(S.I.)*, v. 2, n. 1, p. 12-21, 2018. Disponível em: https://portalarquivos2.saude.gov.br/images/pdf/2018/dezembro/26/Revista-cienciaSUS-Edicao2.pdf. Acesso em 24 abr. 2021.

[12] OLIVEIRA, A. A. F. *et al.* Perfil de sensibilidade antimicrobiana *in vitro* frente a amostras de *Sthaphylococcus spp* isoladas de mastite subclínica bovina, no agreste meridional de Pernambuco. *A Hora Veterinária*, v. 22, n. 127, p. 8-10, 2002.

[13] COSTA, Anderson Luiz Pena da; JUNIOR, Antonio Carlos Souza Silva. Resistência bacteriana aos antibióticos e Saúde Pública: uma breve revisão de literatura. *Estação Científica (UNIFAP)*, v. 7, n. 2, p. 45-57, 2017.

[14] MEIRELES, M. A. O. M. *Uso de antimicrobianos e resistência bacteriana*: aspectos socioeconômicos e comportamentais e seu impacto clínico e ecológico. 47f. Monografia (Especialização em Microbiologia) – Universidade Federal de Minas Gerais, Belo Horizonte, 2008.

O descarte incorreto de substâncias no esgoto doméstico, os efluentes hospitalares e industriais não adequadamente tratados e o descarte inadequado de medicamentos no meio ambiente, essencialmente em ambientes aquáticos, é questão que demanda uma grande atenção[15] e contribui para o processo cíclico de resistência bacteriana.

O principal impacto clínico da resistência bacteriana está relacionado à falha de tratamentos empíricos, a qual está associada à maior mortalidade, especialmente em infecções severas com *S. aureus* resistente à *meticilina, Enterobacteriae ESBL e P. aeruginosa e A. baumannii* multirresistentes.[16] Assim, dá-se a construção de um grande entrave na medicina ao longo dos anos, sendo indiscutível a urgência do desenvolvimento de planos e medidas constantes para controle desse fenômeno.

Em síntese, os seguintes fatores contribuem para o aumento da resistência bacteriana e a redução progressiva da eficácia dos antibióticos: i) uso indiscriminado de medicamentos antimicrobianos (por prescrição incorreta ou automedicação); ii) inobservância, pelo paciente, da posologia e do tempo adequados do tratamento medicamentoso; iii) ingestão indireta de antibióticos por meio da alimentação (de origem animal ou vegetal); iv) presença de substâncias antibacterianas em cosméticos e outros produtos industrializados; v) descarte inadequado de substâncias no meio ambiente, contaminando a água.

3 A responsabilidade compartilhada pela logística reversa de medicamentos

A Lei nº 12.305/2010 estabelece as diretrizes relativas à gestão integrada e ao gerenciamento de resíduos sólidos, às responsabilidades dos geradores e do poder público e aos instrumentos econômicos aplicáveis. Na Política Nacional de Resíduos Sólidos é instituída a *responsabilidade compartilhada pelo ciclo de vida dos produtos*, abrangendo os fabricantes, os importadores, os distribuidores e comerciantes, os consumidores e os titulares dos serviços públicos de limpeza urbana

---

[15] CARVALHO FILHO, José Adson Andrade de *et al*. Gestão de resíduos farmacêuticos, descarte inadequado e suas consequências nas matrizes aquáticas. *Revista Brasileira de Meio Ambiente*, v. 4, n. 1, 2018.

[16] MICROBIOLOGÍA, Servicio de. Significación clínica de las resistencias bacterianas: una perspectiva histórica (1982-2007). *Rev Esp Quimioter*, v. 21, n. 2, p. 115-122, 2008.

e de manejo de resíduos sólidos.[17] Trata-se da adoção do princípio de proteção ambiental da Responsabilidade Estendida do Produto, o chamado *Extended Product Responsibility* (EPR).[18]

O artigo 6º do Decreto nº 7.404, de 23 de dezembro de 2010, que regulamenta a Lei nº 12.305/2010, estabelece que também os consumidores são obrigados a acondicionar adequadamente e de forma diferenciada os resíduos sólidos gerados e a disponibilizar adequadamente os resíduos sólidos reutilizáveis e recicláveis para coleta ou devolução, sob pena de advertência e multa.

A logística reversa, por sua vez, é definida no art. 3º, inciso XII, da Lei nº 12.305/2010, como o

> [...] instrumento de desenvolvimento econômico e social caracterizado por um conjunto de ações, procedimentos e meios destinados a viabilizar a coleta e a restituição dos resíduos sólidos ao setor empresarial, para reaproveitamento, em seu ciclo ou em outros ciclos produtivos, ou outra destinação final ambientalmente adequada.[19]

A legislação estabelece a obrigatoriedade de estruturação de sistemas de logística reversa inicialmente para alguns tipos de produtos apenas, mas nota-se uma tendência de expansão, na medida em que a falta de estruturação de sistemas de logística reversa, somada ao aumento da descartabilidade dos produtos em geral provoca o desequilíbrio entre as quantidades descartadas e as reaproveitadas, gerando um enorme crescimento de produtos de pós-consumo.[20]

---

[17] BRASIL. Lei nº 12.305, de 2 de agosto de 2010. Institui a Política Nacional de Resíduos Sólidos; altera a Lei nº 9.605, de 12 de fevereiro de 1998; e dá outras providências. *Diário Oficial da União*, Brasília, 03 ago. 2010. Disponível em: http://www.planalto.gov.br/ccivil_03/_ato2007-2010/2010/lei/l12305.htm. Acesso em 10 mai. 2021.

[18] "Extended Product Responsibility is the principle that the actors along the product chain share responsibility for the life-cycle environmental impacts of the whole product system, including upstream impacts inherent in the selection of materials for the products, impacts from the manufacturer's production process itself, and downstream impacts from the use and disposal of the products. The greater the ability of the actor to influence the life-cycle impacts of the product system, the greater the degree of responsibility for addressing those impacts should be". (DAVIS, Gary A.; WILT, Catherine A. *Extended product responsibility*: a new principle for product-oriented Pollution prevention. (Tradução livre). Disponível em: http://isse.utk.edu/ccp/pubs/pdfs/eprn.pdf. Acesso em 10 mai. 2021).

[19] BRASIL. Lei nº 12.305, de 2 de agosto de 2010. Institui a Política Nacional de Resíduos Sólidos; altera a Lei nº 9.605, de 12 de fevereiro de 1998; e dá outras providências. *Diário Oficial da União*, Brasília, 03 ago. 2010. Disponível em: http://www.planalto.gov.br/ccivil_03/_ato2007-2010/2010/lei/l12305.htm. Acesso em 10 mai. 2021.

[20] LEITE, Paulo Roberto. *Logística reversa*: meio ambiente e competitividade. São Paulo: Pearson Prentice Hall, 2006. p. 20.

As sanções previstas na legislação pelo descarte irregular de resíduos servem como um incentivo à adoção de comportamentos socialmente desejados. Mas esse incentivo legal não gera efeitos se o agente *desconhece* o risco da penalidade ou se o desconsidera pela percepção de impunidade.[21] Amos Tversky e Daniel Kahneman[22] demonstraram que as imperfeições na percepção e nas decisões humanas frequentemente invertem as preferências diante da mudança na apresentação das condições de escolha.[23] As recompensas imediatas ativam simultaneamente determinadas estruturas cerebrais associadas a emoções e a comportamentos impulsivos, já as recompensas de longo prazo acionam outras áreas do cérebro, que remetem a escolhas mais cognitivas e racionais.[24] Descartar o medicamento vencido no lixo comum é mais simples e fácil do que descartá-lo na farmácia da esquina. O consumidor consciente dos impactos que os descartes irregulares podem ocasionar a longo prazo na sua saúde e na de sua família poderá optar pela conduta ambientalmente adequada. Mas se a recompensa a longo prazo não representar incentivo o bastante, a perspectiva de possivelmente sofrer uma sanção pode inspirar uma mudança de comportamento. A falta de informações nos dois casos – quanto aos riscos e às possíveis penalidades – conduz ao comportamento inadequado.

Há algum tempo destacamos como é justa a imposição legal de responsabilizar todos os partícipes da cadeira produtiva – inclusive o consumidor – pela realização da logística reversa, visando à sustentabilidade.[25] Isso porque a manutenção de um meio ambiente ecologicamente equilibrado, conforme preconiza a Constituição da República, pressupõe,

---

[21] A análise econômica integrada com *insights* da psicologia cognitiva, em particular no que diz respeito ao comportamento humano em situações de incerteza (que estabeleceu as bases para um novo campo de pesquisa), rendeu a Kahneman um prêmio Nobel de Economia em 2002. O prêmio Nobel não é concedido postumamente e Amos Tversky faleceu antes desse reconhecimento, mas a sua contribuição para a pesquisa foi declarada por Kahneman, que iniciou o seu discurso de aceitação dizendo: "O trabalho em que se baseou o prêmio foi feito em conjunto com Amos Tversky durante um período de colaboração estreita incomum. Ele deveria estar aqui". (Cf.: Veja, ouça e divirta-se. *The Nobel Prize*, 2002. Disponível em: https://www.nobelprize.org/mediaplayer/index.php?id=531. Acesso em 10 mai. 2021).

[22] TVERSKY, Amos; KAHNEMAN, Daniel. The framing of decisions and the psychology of choice. *Science*, v. 211, p. 453-458, issue 4481, 30 jan. 1981. DOI: 10.1126/science.7455683.

[23] TVERSKY, Amos; KAHNEMAN, Daniel. The framing of decisions and the psychology of choice. *Science*, v. 211, p. 453-458, issue 4481, 30 jan. 1981. DOI: 10.1126/science.7455683.

[24] EAGLEMAN, David. *Incognito*: the secrev lives of the brain. New York: Vintage Books, 2011. p. 116.

[25] EFING, Antonio Carlos; BERGSTEIN, Lais. A justa imposição legal de responsabilizar o consumidor na realização da logística reversa visando à sustentabilidade. *In*: *Anais do XX Congresso Nacional do CONPEDI, Vitória/ES*. Florianópolis: Fundação Boiteux, 2011. p. 3.680-3.695.

no anseio de uma melhor qualidade de vida, que todos os insumos extraídos da natureza sejam a ela restituídos de forma integrada, assegurando a estabilidade dos recursos naturais para as gerações presentes e futuras.

Se por um lado, na sociedade contemporânea, o consumo de bens e serviços ocorre de forma socialmente desigual e excede a capacidade de assimilação de rejeitos pela biosfera, a "[...] exploração excessiva dos recursos naturais e [a] iniquidade inter e intrageracional na distribuição dos benefícios oriundos dessa exploração conduziram à reflexão sobre a insustentabilidade ambiental e social dos atuais padrões de consumo e seus pressupostos ético-normativos".[26] Nesse sentido, a Política Nacional de Resíduos Sólidos acerta ao estabelecer a responsabilidade compartilhada pelo ciclo de vida dos produtos. Mais recentemente, novas iniciativas legislativas e administrativas locais têm acentuado a atuação no setor, com a criação de planos regionais de gestão de resíduos sólidos.[27]

Atualmente, a Resolução RDC nº 222/2018 da Agência Nacional de Vigilância Sanitária – Anvisa regulamenta as boas práticas de gerenciamento dos resíduos de serviços de saúde[28] e a Resolução Conama nº 358/2005 dispõe sobre o tratamento e a disposição final dos resíduos dos serviços de saúde.[29]

Geram resíduos de serviços de saúde

> todos os serviços relacionados com o atendimento à saúde humana ou animal, inclusive os serviços de assistência domiciliar e de trabalhos de campo; laboratórios analíticos de produtos para saúde; necrotérios, funerárias e serviços onde se realizem atividades de embalsamamento (tanatopraxia e somatoconservação); serviços de medicina legal; drogarias

---

[26] PORTILHO, Fátima. *Sustentabilidade ambiental, consumo e cidadania.* São Paulo: Cortez, 2005. p. 23.

[27] Nesse sentido, merece destaque a atuação do Mato Grosso na elaboração e implementação de um Plano Estadual de Resíduos Sólidos (PERS), realizada em conjunto com a Fundação de Apoio e Desenvolvimento da Universidade Federal de Mato Grosso (Uniselva). A Universidade Federal do Mato Grosso inclusive lançou um site para que a população possa acompanhar todas as ações do Plano Estadual de Resíduos Sólidos. No site, a população pode conhecer melhor sobre o Plano e saber como é feita a mobilização social, procurar legislações específicas e acompanhar cronogramas de elaboração do PERS. (Cf.: Plano Estadual de Resíduos Sólidos. *PERS – Plano Estadual De Resíduos Sólidos.* Disponível em: https://persmt.setec.ufmt.br/. Acesso em 19 mai. 2021).

[28] BRASIL. Anvisa. Resolução RDC nº 222/2018. *Diário Oficial da União*, 29 mar. 2018, Edição: 61, Seção 1. Página: 76.

[29] BRASIL. Ministério do Meio Ambiente. Conama. *Resolução nº 358/2005.* Disponível em: http://www2.mma.gov.br/port/conama/legiabre.cfm?codlegi=462. Acesso em 19 mai. 2021.

e farmácias, inclusive as de manipulação; estabelecimentos de ensino e pesquisa na área de saúde; centros de controle de zoonoses; distribuidores de produtos farmacêuticos; importadores, distribuidores e produtores de materiais e controles para diagnóstico *in vitro*; unidades móveis de atendimento à saúde; serviços de acupuntura; serviços de tatuagem, entre outros similares. (Resolução RDC nº 222/2018 e Resolução Conama nº 358/2005).

Os medicamentos são distribuídos em grupos, de acordo com o seu grau de periculosidade: potencialmente infectantes (Grupo A), químicos (Grupo B), radioativos (Grupo C), comuns (Grupo D) e perfurocortantes (Grupo E).

A Resolução RDC nº 222/2018 prevê, em seu art. 42, que os recipientes vazios de medicamentos, ou seja, as embalagens primárias de medicamentos usadas em sua preparação ou administração, que tenham sido esvaziadas em decorrência da total utilização ou transferência de seu conteúdo para outro recipiente "devem ser descartadas como rejeitos e não precisam de tratamento prévio à sua destinação." Por sua vez, as embalagens secundárias de medicamentos não contaminadas devem ser descaracterizadas quanto às informações de rotulagem (para evitar a adulteração), podendo, depois disso, ser encaminhadas para reciclagem (Resolução RDC nº 222/2018, art. 62).

Os produtos farmacêuticos geram resíduos contendo químicos que apresentam periculosidade à saúde pública ou ao meio ambiente, dependendo de suas características de inflamabilidade, corrosividade, reatividade, toxicidade, carcinogenicidade, teratogenicidade, mutagenicidade e quantidade. Caso os resíduos estejam no estado sólido e com características de periculosidade, devem ser dispostos em aterro de resíduos perigosos. Se estiverem no estado líquido, devem ser submetidos a tratamento antes da disposição final ambientalmente adequada, sendo vedado o encaminhamento de resíduo da saúde na forma líquida para disposição final em aterros sanitários (Resolução RDC nº 222/2018, art. 58, §2º).

Os resíduos de medicamentos contendo produtos hormonais e produtos antimicrobianos; citostáticos; antineoplásicos; imunossupressores; digitálicos, imunomoduladores; antirretrovirais, quando descartados por serviços assistenciais de saúde, farmácias, drogarias e distribuidores de medicamentos ou apreendidos, devem ser submetidos a tratamento ou dispostos em aterro de resíduos perigosos. Esse tipo de aterro é o aterro local de disposição final de resíduos perigosos que, por meio de procedimentos específicos de engenharia, é devidamente preparado para não causar danos ou riscos à saúde pública, minimizando os impactos ambientais (art. 59 da Resolução RDC nº 222/2018).

Nos falta, todavia, uma política mais severa e eficaz de proteção e sustentabilidade do uso e tratamento de água, à semelhança da implementada na União Europeia com a Diretiva nº 2000/60/CE, de 23 de outubro de 2000, que estabelece um quadro de ação comunitária no domínio da política da água. A Diretiva tem objetivos de planejamento de longo prazo e afirma que as bacias hidrográficas funcionam como uma gestão unidade, aplicando uma abordagem ecossistêmica que também fornece tratamento conjunto para todo o sistema hídrico em geral (considerando rios e aquíferos, entre outros).[30] A relação entre a contaminação das águas e o risco à saúde humana, inclusive no que concerne à resistência bacteriana, é clara.

4 Medidas preventivas para preservação da saúde

No complexo campo do direito ambiental,[31] a orientação à população acerca dos riscos das condutas que contribuem para o aumento da resistência bacteriana e seus efeitos a longo prazo é fundamental. O enfrentamento de práticas costumeiras demanda uma atuação colaborativa de todos os órgãos e integrantes dos sistemas de saúde pública.

Nas instituições hospitalares, a Comissão de Controle de Infecção Hospitalar (CCIH), órgão de assessoria à autoridade máxima da instituição normatizado pela Portaria nº 2.616 do Ministério da Saúde, tem como função elaborar, executar e avaliar as ações de prevenção e controle de infecção hospitalar.[32] Deve-se estimular uma política hospitalar de controle à prescrição e distribuição de antimicrobianos por médicos e profissionais de saúde. Tal problemática assume importante posição no âmbito da saúde, uma vez que, segundo estimativas da OMS, somente cerca de 50% das prescrições de antibióticos são efetivamente necessárias.[33]

---

[30] Veja: AMARAL JÚNIOR, Alberto do; ALMEIDA, Lucila de; VIEIRA, Luciane Klein. *Sustainable Consumptuion*: the right to a healthy environment. Cham: Springer, 2019. p. 296-298.

[31] CATALAN, Marcos Jorge. Fontes principiológicas do direito ambiental. *Revista de Direito Ambiental*, v. 38, p. 160-181, abr./jun. 2005.

[32] EBSERH. Comissão de controle de infecção hospitalar (CCIH). *Hospitais Universitários Federais. Ministério da Educação*. Disponível em: http://www2.ebserh.gov.br/web/hulw-ufpb/comissao-de-controle-de-infeccao-hospitalar. Acesso em 11 nov. 2020.

[33] DIAS, Margarida; MONTEIRO, Micaela S.; MENEZES, M. F. *Antibióticos e resistência bacteriana, velhas questões, novos desafios*. Lisboa: Cadernos de Otorrinolaringologia: clínica, investigação e inovação, 2010.

Sugere-se que a análise de prescrições de acordo com os diagnósticos de internamentos poderia ser realizada por tal Comissão, inclusive com a articulação com um laboratório de análises clínicas para monitorar a evolução da resistência de patógenos. Além disso, poderia ser realizado, com essa articulação, a sensibilização para utilização de testes rápidos de diagnóstico para o apoio à decisão clínica, poupando a opção por antibióticos em casos de doenças não bacterianas. A associação com instituições de ensino e pesquisa, por meio de termos de cooperação técnica, pode contribuir significativamente para o avanço do controle de práticas para retardar o ciclo de resistência bacteriana.[34]

Está dentro das funções da Comissão de Controle de Infecção Hospitalar a capacitação de funcionários e profissionais do hospital.[35] É fundamental a instrução recorrente da equipe acerca dos modelos de resistência, como, mais recentemente descoberto, a formação de biofilmes onde os microrganismos estão protegidos contra a entrada de agentes antimicrobianos, em cateteres médicos, placas dentárias e feridas traumáticas.[36] Com isso, seria possível uma prevenção mais holística e estruturada no ambiente hospitalar.

A atuação das agências reguladoras e dos órgãos dirigentes de classe, como a Agência Nacional de Vigilância Sanitária, vinculada ao Ministério da Saúde (ANVISA), o CRM e o CRMV, por exemplo, é essencial para o controle da resistência bacteriana. Pode-se estimular parcerias e estudos sobre novos alvos para ação de drogas, com novas abordagens farmacológicas para desviar dos mecanismos de resistência

---

[34] "Adiciona-se que o estímulo a pesquisas das ciências agrárias na área da patogenicidade de bactérias resistentes pode agregar, e muito, na medicina, como os estudos sobre o óleo essencial de alecrim. Esse, teve efeito positivo contra as cepas Gram negativas testadas devido à natureza lipídica, permitindo melhor transporte do antibiótico para o interior da célula bacteriana. Foram testadas 4 cepas de *E.coli* resistentes à Ampicilina (AMP) e a Tetraciclina (TET) e 4 cepas de *Salmonella spp.* resistentes à Nitrofurantoína (NIT). As cepas em suspensão escala MacFarland 0,5 foram inoculadas em agar Mueller Hinton, em seguida os discos dos antibióticos embebidos com 10 e 20μL do óleo de alecrim puro foram dispostos sobre as placas. Após 24h/37ºC foram medidos os halos ao redor dos discos. Todas as cepas avaliadas apresentaram susceptibilidade à ação combinada do óleo essencial com os antibióticos testados" (RIBEIRO, Daniele Silva *et al.* Avaliação do óleo essencial de alecrim (Rosmarinus officinalis L.) como modulador da resistência bacteriana. *Ciências Agrárias,* Semina, v. 33, n. 2, p. 687-695, 2012).

[35] EBSERH. Comissão de controle de infecção hospitalar (CCIH). *Hospitais Universitários Federais. Ministério da Educação.* Disponível em: http://www2.ebserh.gov.br/web/hulw-ufpb/comissao-de-controle-de-infeccao-hospitalar. Acesso em 11 nov. 2020.

[36] COSTA, Anderson Luiz Pena da; JUNIOR, Antonio Carlos Souza Silva. Resistência bacteriana aos antibióticos e Saúde Pública: uma breve revisão de literatura. *Estação Científica (UNIFAP),* v. 7, n. 2, p. 45-57, 2017.

preexistentes, juntamente com a atualização contínua dos profissionais acerca de novas pesquisas.

O desenvolvimento de vacinas em doenças de etiologia bacteriana, essencialmente aquelas em que o agente é multirresistente,[37] deve ser estimulado e foco de investimentos, uma vez que previne a formação de fontes de infecção.[38] Nesse contexto, há diversos fatores socioeconômicos que influenciam o uso não racional e, por vezes, abusivo de antibióticos na sociedade, os quais levam o paciente, também, a procurar produtos de origem duvidosa, adulterados ou com concentrações subterapêuticas do componente ativo.[39] Dessa forma, podem ser desenvolvidas campanhas nacionais de conscientização para a população, não apenas sobre tal questão, mas também acerca do isolamento de pacientes infectados, boas práticas de higiene e a educação sobre a transmissão de doenças.

É relevante, também, a restrição por parte da ANVISA do acesso a antibióticos, juntamente com diretrizes explicativas.

Na pecuária, compete ao superintendente do Ministério da Agricultura, Pecuária e Abastecimento (MAPA) a fiscalização, por exemplo, da presença de antibióticos na avicultura. Apesar da brasileira ser uma das mais desenvolvidas no mundo, não há na literatura científica estatísticas oficiais sobre a quantidade de antibióticos utilizados nos animais, existindo a possibilidade dessas bactérias e seus genes de resistência serem transmitidos à microbiota humana.[40] Assim, uma alternativa para substituir o uso de antibióticos em animais de produção está no controle do sistema de produção, sanidade e biossegurança, assim como a combinação de vacinas, bacteriófagos aliados à suplementação com ácidos orgânicos, probióticos, pré-bióticos, produtos naturais (extratos de plantas, temperos naturais, óleos essenciais), enzimas digestivas e complexos minerais orgânicos.[41]

Inexiste solução isolada ou definitiva para romper ou retardar os impactos da resistência bacteriana para os seres humanos. Todavia, as

---

[37] DEL FIO, Fernando de Sá; DE MATTOS FILHO, Thales Rocha; GROPPO, Francisco Carlos. Resistência bacteriana. *Rev. Bras. Med*, v. 57, n. 10, p. 1129-1140, 2000.

[38] LEVEIN, B. R.; LIPSITCH, M.; BONHOEFFER, S. Population Biology, Evolution and Infectious Diseases: Convergence and Synthesis. *Science*, v. 283, p. 806-809, 1999.

[39] MEIRELES, M. A. O. M. *Uso de antimicrobianos e resistência bacteriana*: aspectos socioeconômicos e comportamentais e seu impacto clínico e ecológico. 47f. Monografia (Especialização em Microbiologia) – Universidade Federal de Minas Gerais, Belo Horizonte, 2008.

[40] BEZERRA, W. G. A. *et al*. Antibióticos no setor avícola: uma revisão sobre a resistência microbiana. *Archivos de zootecnia*, v. 66, n. 254, p. 301-307, 2017.

[41] SILVA, Gabriela Viana da *et al*. *Controle de Campylobacter sp. em frangos de corte pelo uso de probióticos e simbióticos como alternativa aos antibióticos*. Tese, Universidade Federal Rural do Rio de Janeiro, 2017.

ações coordenadas, que envolvam todos os agentes e partícipes na cadeia produtiva e, sobretudo, as medidas educacionais e de conscientização, são um passo necessário para mitigar os riscos e acentuar os benefícios das novas tecnologias na área da saúde humana.

5 Considerações finais

O mundo se prepara para uma nova etapa do desenvolvimento técnico e científico, que abre espaço para a inteligência artificial e para que haja um salto no desenvolvimento de máquinas e robôs. Nesse contexto, a definição de pessoa natural começa a ser redesenhada em face de questões completas como o *locus* jurídico dos embriões não implantados, a clonagem humana e os limites da chamada "biotecnociência".[42] Ao mesmo tempo que notamos as revoluções científicas, percebemos uma significativa e crescente assimetria informacional: em algumas áreas da ciência, dentre elas a medicina, há quase um regime de monopólio, uma altíssima concentração do conhecimento em uma pequena parcela da população.

Ao mesmo tempo em que a principal preocupação ao se tratar de resistência bacteriana é o uso de antimicrobianos sem indicação, a destinação final adequada e segura dos resíduos também visa à proteção dos trabalhadores, à preservação da saúde pública, dos recursos naturais e do meio ambiente, mas alcançar esse patamar de equilíbrio é tarefa a ser compartilhada entre todos os envolvidos – direta ou indiretamente – no processo cíclico de resistência bacteriana. E o primeiro passo é a conscientização, a educação, o compartilhamento do conhecimento acerca dos benefícios e riscos das condutas humanas.

Não há dúvidas de que as ações preventivas são menos onerosas do que as ações corretivas e minimizam com mais eficácia os danos causados à saúde pública e ao meio ambiente pela disposição inadequada de resíduos sólidos. Para isso, é imperiosa uma ação integrada entre os órgãos federais, estaduais e municipais de meio ambiente, de todos os agentes de saúde e de limpeza urbana.

Ao estabelecer a proteção do meio ambiente como um direito fundamental, a Constituição da República orienta a imposição a todos do dever de contribuir com a manutenção desse sistema ecologicamente

---

[42] RODRIGUES JR., Otavio Luiz. Pessoa, personalidade, conceito filosófico e conceito jurídico de pessoa: espécies de pessoas no direito em geral. São Paulo, *Revista de Direito do Consumidor*, v. 118, p. 281-291, jul./ago. 2018.

equilibrado. E o gerenciamento e a adequada destinação dos resíduos sólidos, sobretudo dos medicamentos, demanda uma ação conjunta de todos os partícipes na cadeia produtiva, inclusive o consumidor, seu destinatário final.

Em face dos efeitos da resistência bacteriana na saúde humana e seus diversos impactos, muito esforço e investimento são necessários para vencer essa guerra microscópica e superar as dificuldades de superação de comportamentos que expõem a risco toda a sociedade. O rigor no cumprimento das políticas públicas de gestão de resíduos sólidos é um dever de todos e um direito das presentes e futuras gerações.

Referências

AMARAL JÚNIOR, Alberto do; ALMEIDA, Lucila de; VIEIRA, Luciane Klein. *Sustainable Consumptuion*: the right to a healthy environment. Cham: Springer, 2019.

BEZERRA, W. G. A. *et al.* Antibióticos no setor avícola: uma revisão sobre a resistência microbiana. *Archivos de zootecnia*, v. 66, n. 254, p. 301-307, 2017.

BRASIL. Anvisa. Resolução RDC nº 222/2018. *Diário Oficial da União*, 29 mar. 2018, Edição: 61, Seção 1. Página: 76.

BRASIL. Lei nº 12.305, de 2 de agosto de 2010. Institui a Política Nacional de Resíduos Sólidos; altera a Lei nº 9.605, de 12 de fevereiro de 1998; e dá outras providências. *Diário Oficial da União*, Brasília, 03 ago. 2010. Disponível em: http://www.planalto.gov.br/ccivil_03/_ato2007-2010/2010/lei/l12305.htm. Acesso em 10 mai. 2021.

BRASIL. Ministério do Meio Ambiente. Conama. *Resolução nº 358/2005.* Disponível em: http://www2.mma.gov.br/port/conama/legiabre.cfm?codlegi=462. Acesso em 19 mai. 2021.

CARVALHO FILHO, José Adson Andrade de *et al.* Gestão de resíduos farmacêuticos, descarte inadequado e suas consequências nas matrizes aquáticas. *Revista Brasileira de Meio Ambiente*, v. 4, n. 1, 2018.

CATALAN, Marcos Jorge. Fontes principiológicas do direito ambiental. *Revista de Direito Ambiental*, v. 38, p. 160-181, abr./jun. 2005.

COSTA, Anderson Luiz Pena da; JUNIOR, Antonio Carlos Souza Silva. Resistência bacteriana aos antibióticos e Saúde Pública: uma breve revisão de literatura. *Estação Científica (UNIFAP)*, v. 7, n. 2, p. 45-57, 2017.

DAVIS, Gary A.; WILT, Catherine A. *Extended product responsibility*: a new principle for product-oriented Pollution prevention. (Tradução livre). Disponível em: http://isse.utk.edu/ccp/pubs/pdfs/eprn.pdf. Acesso em 10 mai. 2021.

DEL FIO, Fernando de Sá; DE MATTOS FILHO, Thales Rocha; GROPPO, Francisco Carlos. Resistência bacteriana. *Rev. Bras. Med*, v. 57, n. 10, p. 1129-1140, 2000.

DIAS, Margarida; MONTEIRO, Micaela S.; MENEZES, M. F. *Antibióticos e resistência bacteriana, velhas questões, novos desafios*. Lisboa: Cadernos de Otorrinolaringologia: clínica, investigação e inovação, 2010.

EAGLEMAN, David. *Incognito*: the secrev lives of the brain. New York: Vintage Books, 2011.

EBSERH. Comissão de controle de infecção hospitalar (CCIH). *Hospitais Universitários Federais. Ministério da Educação*. Disponível em: http://www2.ebserh.gov.br/web/hulw-ufpb/comissao-de-controle-de-infeccao-hospitalar. Acesso em 11 nov. 2020.

EFING, Antonio Carlos; BERGSTEIN, Lais. A justa imposição legal de responsabilizar o consumidor na realização da logística reversa visando à sustentabilidade. In: *Anais do XX Congresso Nacional do CONPEDI, Vitória/ES*. Florianópolis: Fundação Boiteux, 2011.

GUIMARÃES, Denise Oliveira; MOMESSO, Luciano da Silva; PUPO, Mônica Talarico. Antibióticos: Importância Terapêuticas e perspectivas para a descoberta e desenvolvimento de novos agentes. *Quím. nova*, v. 33, n. 3, p. 669-678, 2010.

KUHN, Thomas S. *A estrutura das revoluções científicas*. (Trad. Beatriz Vianna Boeira e Nelson Boeira). São Paulo: Perspectiva, 2013.

LEITE, Paulo Roberto. *Logística reversa*: meio ambiente e competitividade. São Paulo: Pearson Prentice Hall, 2006.

LEVEIN, B. R.; LIPSITCH, M.; BONHOEFFER, S. Population Biology, Evolution and Infectious Diseases: Convergence and Synthesis. *Science*, v. 283, p. 806-809, 1999.

MEIRELES, M. A. O. M. *Uso de antimicrobianos e resistência bacteriana*: aspectos socioeconômicos e comportamentais e seu impacto clínico e ecológico. 47f. Monografia (Especialização em Microbiologia) – Universidade Federal de Minas Gerais, Belo Horizonte, 2008.

MICROBIOLOGÍA, Servicio de. Significación clínica de las resistencias bacterianas: una perspectiva histórica (1982-2007). *Rev Esp Quimioter*, v. 21, n. 2, p. 115-122, 2008.

MOTA, Letícia M. *et al*. Uso racional de antimicrobianos, condutas em enfermaria de Clínica Médica de hospital de média complexidade – Parte 1. Capítulo VIII, *Portal de Revistas da USP, Medicina (Ribeirão Preto)*, v. 43, n. 02, cap. VIII, p. 164-171, 2010; p. 18-19, nov. 2008.

OLIVEIRA, Caio Ferreira de *et al*. Emergência de Staphylococcus aureus resistentes aos antimicrobianos: um desafio contínuo, Programa de Pós-Graduação em Microbiologia. UEL, PR; Docente do Departamento de Microbiologia. Centro de Ciências Biológicas. UEL, PR; Docente do Departamento de Patologia, Análises Clínicas e Toxicológicas. Centro de Ciências da Saúde. UEL, PR. *Rev. Ciênc. Méd. Biol.*, Salvador, v. 13, n. 2, p. 243, 2014. ISSN 1677-5090.

OLIVEIRA, A. A. F. *et al*. Perfil de sensibilidade antimicrobiana in vitro frente a amostras de Sthaphylococcus spp isoladas de mastite subclínica bovina, no agreste meridional de Pernambuco. *A Hora Veterinária*, v. 22, n. 127, p. 8-10, 2002.

PERS – PLANO ESTADUAL DE RESÍDUOS SÓLIDOS. *Plano Estadual de Resíduos Sólidos*. Disponível em: https://persmt.setec.ufmt.br/. Acesso em 19 mai. 2021.

PORTILHO, Fátima. *Sustentabilidade ambiental, consumo e cidadania*. São Paulo: Cortez, 2005.

REVISTA CIÊNCIA SUS. Ameaça silenciosa: como a falta de cuidados com o uso de antibióticos pode criar uma resistência capaz de colocar vidas em risco. *Revista Ciência SUS*, (S.I.), v. 2, n. 1, p. 12-21, 2018. Disponível em: https://portalarquivos2.saude.gov.br/images/pdf/2018/dezembro/26/Revista-cienciaSUS-Edicao2.pdf. Acesso em 24 abr. 2021.

RIBEIRO, Daniele Silva *et al*. Avaliação do óleo essencial de alecrim (Rosmarinus officinalis L.) como modulador da resistência bacteriana. *Ciências Agrárias*, Semina, v. 33, n. 2, p. 687-695, 2012.

RODRIGUES JR., Otavio Luiz. Pessoa, personalidade, conceito filosófico e conceito jurídico de pessoa: espécies de pessoas no direito em geral. São Paulo, *Revista de Direito do Consumidor*, v. 118, p. 281-291, jul./ago. 2018.

SILVA, Gabriela Viana da *et al*. *Controle de Campylobacter sp. em frangos de corte pelo uso de probióticos e simbióticos como alternativa aos antibióticos*. Tese, Universidade Federal Rural do Rio de Janeiro, 2017.

SILVEIRA, Gustavo Pozza *et al*. Estratégias utilizadas no combate a resistência bacteriana. *Química Nova*, v. 29, n. 4, p. 844-855, 2006.

THE NOBEL PRIZE. *Veja, ouça e divirta-se*. 2002. Disponível em: https://www.nobelprize.org/mediaplayer/index.php?id=531. Acesso em 10 mai. 2021.

TVERSKY, Amos; KAHNEMAN, Daniel. The framing of decisions and the psychology of choice. *Science*, v. 211, p. 453-458, *issue* 4481, 30 jan. 1981. DOI: 10.1126/science.7455683.

VERBICARO, Dennis; ATAÍDE, Camille da Silva Azevedo; RAIOL, Raimundo Wilson Gama. A inserção da medicina e da indústria de medicamentos na lógica do consumo e sua contribuição para o agravamento da condição do homem hipermoderno sob o enfoque da bioética e da dignidade humana. *Revista de Direito do Consumidor*, a. 27, v. 117, mai./jun. 2018.

Informação bibliográfica deste texto, conforme a NBR 6023:2018 da Associação Brasileira de Normas Técnicas (ABNT):

BERGSTEIN, Laís; GOMES, Helena Messias. A logística reversa de medicamentos: responsabilidade compartilhada em prol da segurança humana. *In*: EHRHARDT JÚNIOR, Marcos; CATALAN, Marcos; MALHEIROS, Pablo (Coord.). *Direito do Consumidor e novas tecnologias*. Belo Horizonte: Fórum, 2021. p. 163-178. ISBN 978-65-5518-253-8.

A TUTELA PROCESSUAL DOS DIREITOS AO SOSSEGO E À PRIVACIDADE E A RESPONSABILIDADE CIVIL MOTIVADA POR *SPAM* TELEFÔNICO

LORENZO CASER MILL

1 Introdução

Este trabalho identificou, enquanto problemática, o inaceitável cenário de *spam* telefônico vivenciado pela população brasileira, que recebe, por usuário, uma média de 49,9 chamadas mensais com ofertas de produtos e serviços, segundo levantamento do aplicativo de identificação de chamadas Truecaller, feito em 2020.[1]

A partir dessa problemática, delimitaram-se dois problemas a serem sanados: em um aspecto qualitativo, a partir de que momento o telesserviço – as chamadas telefônicas com ofertas de produtos e serviços – passa a ser considerado *spam* telefônico? E, uma vez constatada tal prática, há violação a bens jurídicos passível de responsabilização civil?

A hipótese é a de que o *spam* telefônico enseja a responsabilidade civil da empresa contratante do telesserviço – ou da empresa praticante do telesserviço, caso esteja ofertando seus próprios produtos –, pois a lesão ao sossego e à privacidade, bens jurídicos resguardados constitucionalmente, atende à conceituação de dano moral como *espécie de*

---

[1] Cf.: Brasileiros são as maiores vítimas de ligações indesejadas no mundo. *Valor Econômico*, 2021. Disponível em: https://valor.globo.com/eu-e/noticia/2021/03/12/brasileiros-sao-as-maiores-vitimas-de-ligacoes-indesejadas-no-mundo.ghtml. Acesso em 17 mai. 2021.

lesão de interesse, sendo tal interesse a relação entre o sujeito de direitos e um bem qualquer. Em resumo: havendo *spam* telefônico, há lesão ao sossego e à privacidade; havendo lesão ao sossego e à intimidade, há dano moral passível de indenização.

Percebe-se que a sentença anterior adotou uma premissa, que será mais bem trabalhada ao longo do trabalho: o *spam* telefônico necessariamente lesa o sossego e a privacidade. Justamente por isso, a fim de que a discussão não tangencie um aspecto subjetivo do dano moral – *i.e.*, se houve ou não efetivo desequilíbrio do bem-estar do oblato, sintetizado pela tranquilidade pessoal e pelos domínios particulares do lar e dos sentimentos –, pretende-se, então, estabelecer um critério para o telesserviço ser classificado como *spam* telefônico, sujeitando a empresa contratante ou praticante à responsabilização por dano moral com base em uma presunção de grau *forte*.

Tal critério qualitativo será uma média de chamadas diária, aferida mediante análise quantitativa de onze acórdãos oriundos dos Tribunais de Justiça de São Paulo, do Distrito Federal e dos Juizados Especiais Cíveis do Distrito Federal e do Rio Grande do Sul, cujo dispositivo apresenta conteúdo condenatório no contexto de telesserviço abusivo. A limitação a essas cortes se deu pela escassez de julgados que versassem sobre quantidades excessivas de telefonemas sem ter, como pano de fundo, uma cobrança financeira.

2 Sossego e privacidade como bens jurídicos e a sua tutela processual

A premissa adotada para o desenrolar deste trabalho – o *spam* telefônico necessariamente lesa o sossego e a privacidade – exige que se entenda *i)* de que modo esses dois *conceitos* são tidos como bens passíveis de tutela pelo ordenamento jurídico; e que se entendam *ii)* as circunstâncias que motivam e viabilizam a sua tutela jurisdicional.

Falemos, então, do sossego. Entende-se o sossego como um *estado* assegurado a todos em seus momentos de descanso ou de recuperação às fadigas do trabalho; basicamente, é a faculdade de que é dotado o indivíduo de não ser perturbado ou molestado em sua tranquilidade.[2]

---

[2] Em análise da responsabilidade penal pela lesão do sossego alheio, Sérgio de Oliveira Médici põe a tranquilidade pessoal como elemento central desse bem jurídico: "Todo homem tem direito à tranquilidade no ambiente social em que vive, livre de incômodos descabidos, de achincalhe e de tantas perturbações semelhantes. É bem verdade que no mundo conturbado de hoje tal direito está cada vez mais afastado do ponto considerado

Sendo, pois, algo vital ao desenvolvimento e às integridades psicossomática, espiritual e intelectual das pessoas, insere-se o sossego, por razões políticas, no rol de situações de fato tuteláveis pela coerção estatal. Nesse contexto, conquanto não seja expressamente mencionado no Livro I, Título I, Capítulo II do Código Civil,[3] é adequado pensar no sossego como um direito da personalidade,[4] precisamente pela função, anteriormente mencionada, que desempenha no cotidiano do sujeito de direitos.[5] Afinal, os direitos da personalidade são tutelados pela ordem jurídica como direitos que objetivam garantir a integridade daqueles que são considerados os aspectos fundamentais e essenciais do ser humano.[6]

Isso leva a uma importante repercussão: por não estar explícito no ordenamento – exceto nos direitos de vizinhança –, o sossego deve ser tomado como um princípio inexpresso,[7] procedente de enunciados prescritivos que apresentam um nível razoável de vagueza e que, assim, conferem tutela aos casos-limite – *i.e.*, casos em que se questionará a incidência do "princípio do sossego" por ausência de subsunção imediata da *fattispecie* à hipótese do enunciado prescritivo,[8] dado o grau de imprecisão semântica desse último.

---

ideal. (...) Mas nem por isso a prática de atos definidos no artigo 65 da Lei das Contravenções Penais deixa de configurar uma infração punível. Pelo contrário: o dispositivo legal visa garantir a tranquilidade pessoal, cada vez mais difícil de ser obtida" (MÉDICI, Sérgio de Oliveira. *Contravenções penais*. Bauru: Jalovi, 1988. p. 214).

[3] O art. 11 do Código Civil preferiu não definir e não elencar os direitos da personalidade, mas sim, prevê-los como uma cláusula geral, além de deixar ao critério do juízo as consequências normativas (sanções) a serem aplicadas por possíveis lesões a esses direitos. Dessa maneira, os direitos da personalidade constituem um rol exemplificativo, ou *numerus apertus* (SILVESTRE, Gilberto Fachetti. Parte Geral do Código Civil brasileiro: princípios, cláusulas gerais, conceitos jurídicos indeterminados e questões polêmicas. *In*: BATISTA, Alexandre Jamal (Org.). *Princípios, cláusulas gerais e Conceitos Jurídicos Indeterminados nos Institutos de Direito Privado*: homenagem ao Professor Doutor Francisco José Cahali. São Paulo: Instituto dos Advogados de São Paulo, 2017. p. 170 e ss).

[4] LOUREIRO, Francisco Eduardo. Direito ao sossego. *In*: LOTUFO, Renan (Coord.). *Cadernos de direito civil constitucional*. Curitiba: Juruá, 2004. v. II, p. 117.

[5] Não à toa, a perturbação do sossego recebe sanção penal no Decreto-Lei nº 3.688/41 (art. 42) e na Lei nº 9.605/98 (art. 54).

[6] AMARAL, Francisco. *Direito civil*: introdução. 10. ed. São Paulo: Saraiva, 2018. p. 509.

[7] São princípios inexpressos legislativamente, ou implícitos, aqueles que, embora não correlacionados a uma determinada disposição legislativa, são, à vista da racionalidade do sistema, da natureza de certa instituição, ou do conjunto normativo aplicável a certo campo, elaborados, construídos, recolhidos ou formulados pelo intérprete como verdadeiras normas, isto é, incidindo sobre e vinculando condutas (GUASTINI, Riccardo. Soluzioni dubbie. Lacune e interpretazione secondo Dworkin. Con un'appendice bibliográfica. *In*: *Materiali per una storia della cultura giuridica*, n. 13, p. 199, 1983).

[8] MARTINS-COSTA, Judith. *A boa-fé no direito privado*: critérios para a sua aplicação. 2. ed. São Paulo: Saraiva, 2018. p. 152.

Por exemplo: no art. 21 do Código Civil, seria possível balizar previamente no enunciado quais são os "atos contrários à vida privada da pessoa natural"? Ou, em situação com menção expressa ao conceito de sossego, como delimitar de antemão quais são as "interferências prejudiciais à segurança, ao sossego e à saúde dos que o habitam, provocadas pela utilização de propriedade vizinha", remetendo ao art. 1.227 do diploma?[9] É impraticável. Destarte, em posse desses enunciados, o intérprete avaliará se o caso demanda a promoção de um "estado ideal de coisas" – aqui, trata-se do estado de sossego – mediante a adoção de determinado comportamento, bem como se o comportamento prescrito é hábil a resguardar esse estado ideal.[10] Em suma, avaliará se aquela situação fática viola o estado de sossego, o que, em caso afirmativo, demandaria a concreção do "princípio do sossego" por meio da imposição de certos comportamentos.

Muito bem. Se se estabelece um *direito ao sossego*, acaba-se por impor restrição ao direito de outrem de produzir perturbações à tranquilidade alheia por quaisquer motivos legítimos – *v.g.*, o direito de desenvolver uma atividade econômica e ofertá-la em um carro de som pelas ruas. Cria-se, em verdade, um correspondente dever de incolumidade *erga omnes*, a fim de que não se produzam perturbações à tranquilidade alheia por quaisquer motivos legítimos, exceto naqueles casos de interesse, necessidade e utilidade sociais. Isso é prontamente percebido nos direitos de vizinhança – contexto em que o sossego é explicitamente mencionado –, porquanto ao se vedar, naquela relação intersubjetiva entre proprietários ou possuidores com proximidade geográfica, a ofensa e a ameaça de ofensa ao sossego, à saúde e à segurança pessoal transforma-se em direito de vizinhança, o que, noutros sistemas jurídicos, somente constituiria abuso do direito de propriedade ou do direito de posse.[11]

Adotando esse mesmo raciocínio, tem-se a tutela do direito ao sossego num cenário de *spam* telefônico como *vedação ao abuso dos direitos de oferta e de livre exercício da atividade econômica*. É legítimo que uma empresa utilize chamadas programadas para divulgar e oferecer seus produtos e serviços, mas o uso excessivo da ferramenta constitui

---

[9] MARTINS-COSTA, Judith. *A boa-fé no direito privado*: critérios para a sua aplicação. 2. ed. São Paulo: Saraiva, 2018. p. 152-153.

[10] ÁVILA, Humberto. *Teoria dos Princípios*: da definição à aplicação dos princípios jurídicos. 7. ed. São Paulo: Malheiros, 2007. p. 71.

[11] PONTES DE MIRANDA, Francisco Cavalcanti. *Tratado de direito privado*. 4. ed. São Paulo: Revista dos Tribunais, 1983. t. XIII, p. 300.

ato ilícito, passível de reprimenda judicial. Tal reprimenda pode ser buscada pelo oblato mediante demanda preventiva (tutela inibitória e/ou cessatória, com especial amparo no art. 497 do CPC/15), na linha do que ocorre com os direitos de vizinhança e a ação de dano infecto, assim como na tutela de outros direitos da personalidade (*caput* do art. 12 do Código Civil); e, ainda, mediante demanda compensatória, dada a perturbação da sua integridade psicossomática – ressalte-se que um dos objetivos deste trabalho é estipular um critério qualitativo para o telesserviço (direito de oferta ou de oblação) ser classificado como *spam* telefônico (abuso do direito de oferta), sujeitando o seu praticante à responsabilização por dano moral com base em uma presunção de grau *forte*.

No caso, considerando que a tutela cessatória tem eficácia executivo-mandamental[12] [13] e constitui a proteção preventiva do dano, de modo a evitar a prática, a reiteração ou a continuação do ilícito, deve-se buscar tal tutela em sede de cognição sumária (tutela de urgência), no intuito de ser afastado o risco de perda do objeto da ação ou mesmo de não proteção do direito (da personalidade) ao sossego – proteção essa que, dados os bens tocantes aos direitos da personalidade, precisa ser célere.[14]

Por fim, ao se conferir a qualidade de princípio inexpresso ao sossego, ele aparenta poder ser tutelado mesmo diante da *ausência de ato ilícito*, pois a tutela de um direito da personalidade resulta da lesão a um dever geral de incolumidade, da qual resulta um prejuízo representado pela redução da dignidade da pessoa ou do preço de uma coisa.[15] Imagine-se uma pessoa que trabalhe exclusivamente

---

[12] NERY JR., Nelson; NERY, Rosa Maria de Andrade. *Comentários ao Código de Processo Civil*. São Paulo: Revista dos Tribunais, 2015. p. 1.183.

[13] A afirmação se apoia no critério de eficácia preponderante (PONTES DE MIRANDA, Francisco Cavalcanti. *Tratado das ações*. 2. ed. São Paulo: Revista dos Tribunais, 1972. t. I, p. 210 ss.). Em apertada síntese, na ação mandamental, o ato do juiz é imediato, ou seja, imediatamente junto às palavras (verbos), de modo que o pedido é para que o juiz mande, determine, e não só que declare (enunciar existência) ou condene (enunciar fato). Já na ação de preponderância executiva, o ato executivo do juiz é mediato, pois alude a ou anuncia uma sentença condenatória; o pedido é para que o ato do juiz faça aquilo que deve ser feito pelo juiz, porque a parte que deveria ter feito não o fez.

[14] Para um estudo específico sobre a tutela processual civil dos direitos da personalidade, ver: SILVESTRE, Gilberto Fachetti; HIBNER, Davi Amaral. A tutela dos direitos da personalidade no Brasil e na Itália: questões materiais e processuais. *In*: Anais do II Congresso de Processo Civil Internacional. Codificação e acesso à Justiça. Vitória: UFES, 2017. v. 2, p. 17-24.

[15] NORONHA, Fernando. *Direito das obrigações*. 4. ed. São Paulo: Saraiva, 2013. p. 579-580; SILVESTRE, Gilberto Fachetti. *A responsabilidade civil pela violação à função social do contrato*. São Paulo: Almedina, 2018. p. 229-230.

pelo celular, com reuniões síncronas durante o dia, de modo que duas ligações diárias com ofertas, em horário conveniente à média da população, estejam causando transtornos aos seus afazeres. É direito dessa pessoa ver cessadas as ligações para que tenha tranquilidade nas suas atividades profissionais e pessoais, o que pode ser alcançado por um requerimento direto à empresa ofertante, ou por meio de cadastro em listas públicas ("Não Me Perturbe", "Não Me Ligue" e afins), ou recorrendo ao Poder Judiciário.

A par disso, em qualquer caso envolvendo barulho, se não existir uma *regra* indicando o limite de decibéis permitido naquela região e naquele horário, a resolução do caso-limite se dará na interpretação dos enunciados normativos dotados de vagueza, remetentes ao princípio do sossego. Tal vagueza, empregando raciocínio de Claudio Luzzatti e endossado por Judith Martins-Costa,[16] poderá ser *comum*, quando as expressões linguísticas serão compreendidas e aplicadas pelas regras de experiência e pela técnica – *v.g.*, um especialista mede os decibéis e dá seu parecer acerca da prejudicialidade ou não dos ruídos; ou *socialmente típica*, quando as expressões serão alvo de valorações tipicizantes das regras sociais, tais como as noções de razoável, de equitativo, de excessiva desproporção etc.

Agora, falemos da privacidade. A privacidade é a prerrogativa do ser humano de manter um domínio ao seu redor, incluindo todas as coisas que dele fazem parte, tais como o corpo, o lar, os pensamentos, os sentimentos e a identidade.[17] O *direito à privacidade*, dessarte, permite que o indivíduo escolha quais partes desse domínio fundamental podem ser acessadas por outrem, bem como permite a ele controlar a extensão, a maneira e o momento do uso das partes que escolheu revelar.

Nessa linha, Mark Alfino e Randolph Mayes acentuam que a violação à privacidade consistiria em uma forma de interferência nas atividades de uma pessoa (*violation of privacy consists in a form of interference with a person's activieties*), aproximando a privacidade ao

---

[16] LUZZATTI, Claudio. *La Vaghezza delle Norme – Un'analisi del linguaggio giuridico*. Milano: Giuffrè, 1990. p. 303 e ss. *apud*. MARTINS-COSTA, Judith. *A boa-fé no direito privado*: critérios para a sua aplicação. 2. ed. São Paulo: Saraiva, 2018. p. 154.

[17] Este trabalho tomará os termos "vida privada" e "intimidade" como sinônimos, sendo cada um deles tão somente uma menção específica a determinada amplitude do desenvolvimento da proteção à privacidade, como propõe a chamada teoria das esferas. Ver: FERRAZ JÚNIOR, Tércio Sampaio. Sigilo de dados: o direito à privacidade e os limites à função fiscalizadora do Estado. In: *Cadernos de direito constitucional e ciência política*, São Paulo: Revista dos Tribunais, a. 1, p. 215-217, 1992.

princípio de liberdade cunhado por John Stuart Mill.[18] Dada a relevância do bem ao desenvolvimento intelectual e espiritual e à integridade psicossomática das pessoas, há muito se cogitam reparações, inclusive pecuniárias, a serem feitas por parte daqueles que se propuseram a adentrar de forma imoderada e socialmente represível no domínio fundamental alheio.[19]

A tutela processual do direito à privacidade é a mesma narrada anteriormente, tocante ao direito ao sossego, mas com o diferencial de que o intérprete contará com textos legislativos mencionando expressamente a *vida privada*, a *privacidade* e a *intimidade*. O art. 5º, inciso X,[20] da Constituição e o art. 21[21] do Código Civil encerram uma cláusula geral (ou princípio) da privacidade, em que o intérprete há de entender *in abstracto* o "estado ideal de coisas" previsto no enunciado, buscando na tipologia social a descrição dos deveres que seriam exigíveis em vista da situação concreta, para o fim de especificar, ainda *in abstracto*, o comportamento devido.[22]

Ou seja: considerando que não há, no sistema jurídico, uma proposição do que seria a "vida privada" ou a "intimidade", cabe ao intérprete valorar esses sintagmas de acordo com parâmetros de juízo moral social, de juízo de costumes, a fim de compreender o *significado* desses bens jurídicos para o sujeito de direitos; e, a partir daí, descrever comportamentos voltados a resguardar tais bens, ainda em caráter abstrato. Disso decorre que, ao se deparar com o enunciado "a vida privada da pessoa natural é inviolável", o intérprete apreenderá um *estado de razoável controle do indivíduo sobre domínios da sua vida particular*, tais como os sentimentos e o lar; e esboçará deveres *erga omnes* para que esse estado de controle seja preservado – *v.g.*, a abstenção de realizar mais de *N* telefonemas por dia para a casa de alguém, ou a abstenção de telefonar durante a madrugada.

No caso do sobredito inciso X do art. 5º, uma possível consequência jurídica da violação aos deveres que asseguram esse "estado ideal de

---

[18] ALFINO, Mark; MAYES, G. Randolph. Reconstructing the right to privacy. In: *Social Theory and Practice*, Florida State University, v. 29, n. 1, p. 1-18, 2003. p. 13-18.

[19] No final do século XIX, a literatura jurídica norte-americana previu medidas judiciais para situações lesivas ao *"right to let be alone"*: WARREN, Samuel D.; BRANDEIS, Louis D. The Right to Privacy. In: *Harvard Law Review*, v. 4, n. 5, p. 193-220, dec. 1890. p. 218-220.

[20] Art. 5º [...] X – são invioláveis a intimidade, a vida privada, a honra e a imagem das pessoas, assegurado o direito à indenização pelo dano material ou moral decorrente de sua violação.

[21] Art. 21. A vida privada da pessoa natural é inviolável, e o juiz, a requerimento do interessado, adotará as providências necessárias para impedir ou fazer cessar ato contrário a esta norma.

[22] MARTINS-COSTA, Judith. *A boa-fé no direito privado*: critérios para a sua aplicação. 2. ed. São Paulo: Saraiva, 2018. p. 172.

privacidade" já foi indicada: indenização por dano material e moral sofrido. Mas, sem dúvidas, tal indicação não tem caráter exauriente, de *numerus clausus*, porque a legislação infraconstitucional fez questão de conferir ampla margem de atuação ao julgador em momento simultâneo ou posterior ao dano – vide o art. 21 do Código Civil, que fala em o juiz adotar "as providências necessárias para impedir ou fazer cessar ato contrário a esta norma", adotando o tom programático que caracteriza as cláusulas gerais.

Em suma, conclui-se que a privacidade e o sossego são bens jurídicos tutelados enquanto princípios com eficácia normativa – o primeiro expresso, o segundo inexpresso. Uma vez concretizados esses princípios no mundo fático, a lesão a eles enseja a responsabilidade civil do lesante, seja na forma de uma demanda inibitória e/ou de uma demanda indenizatória, ambas com explícita guarida legislativa. E, remetendo à premissa mencionada no início deste tópico para o desenvolvimento do raciocínio, pode-se dizer que o *spam* telefônico, enquanto abuso do direito de oferta, necessariamente lesa a conceituação que se traçou até aqui dos bens "sossego" e "privacidade". Em outras palavras: o *spam* telefônico necessariamente afeta a tranquilidade pessoal e afronta os domínios particulares do lar e dos sentimentos.

3 Operação do telesserviço: necessidade de novas medidas de proteção ao sossego e à privacidade

Um levantamento realizado em 2010, embora não de todo confiável, apontava a existência de 351.262 operadores (pessoas físicas) de telesserviço no Brasil.[23] Conquanto novas tecnologias da informação e da comunicação tenham possibilitado uma mudança estratégica e organizacional nas centrais de atendimento – locais em que se contatam clientes e potenciais consumidores por telefone –, adotando-se, por exemplo, a automatização e o uso de mídias diversas no afã de *ofertar*, o telesserviço prossegue com participação relevante no setor terciário.

Essa enorme capacidade de ligações é incrementada pela prática de *offshore*, em que empresas abrem filiais em territórios com tributação mais vantajosa e com menor custo de mão de obra. É fato que o Brasil, enquanto país onde prevalece a precarização do salário do operário

---

[23] RICCI, Marlucy Godoy; RACHID, Alessandra. Prática de *offshore* nos *call centers*: um exemplo de serviço com uso intensivo de tecnologia da informação *In: Revista de Administração e Inovação*, São Paulo, v. 10, n. 2, p. 29-44, abr./jun. 2013. p. 35.

comum,[24] tem mais vocação para sediar empresas *offshore* de telesserviço do que para ser alvo de seus telefonemas;[25] contudo, a afinidade de língua com nações subdesenvolvidas de amplo mercado a explorar – *v.g.*, Angola e Moçambique – tem o condão de modificar o cenário e tornar o consumidor brasileiro ainda mais sujeito a ofertas abusivas.

Para piorar, as *robocalls* – chamadas não identificadas (número restrito) que, quando atendidas, são repentinamente desligadas – são cada vez mais frequentes. O encerramento abrupto dessas ligações se dá porque o *software* dispara ligações simultâneas para várias pessoas, e aquela que primeiro atender será "contemplada" em ouvir a policitação; as outras, ao atenderem, não terão uma pessoa disponível no outro lado da linha, razão pelo qual a ligação cai. Mas o robô é persistente, fazendo dezenas de ligações, todos os dias, na tentativa de falar com o oblato.

Vale destacar, ainda, a recente implementação do Sistema Financeiro Aberto (*open banking*) pela Resolução Conjunta nº 01/2020 do Bacen/Ministério da Economia, que permite o compartilhamento padronizado de dados e serviços pelas instituições reguladas (bancos e financeiras), por meio da abertura e da integração de seus sistemas. É perceptível a aptidão de tal medida para o avolumamento da oferta de serviços financeiros.

Dito isso, passam a urgir novas medidas administrativas, legislativas e judiciais ao se constatar que a principal ferramenta disponibilizada até o momento contra o telesserviço abusivo, a lista pública "Não Me Perturbe", não funciona de modo satisfatório. O Memorando nº 22/2021 do Conselheiro e Presidente Substituto da Anatel afirma, nesse sentido, que

> mesmo diante das iniciavas já construídas no sentido de evitar-se a propagação das chamadas indesejadas para os consumidores, dentre elas destacando-se a criação do site www.naomeperturbe.com.br, (...) as medidas até aqui adotadas, muito embora tenham apresentado efeitos, ainda não atingiram plenamente os fins desejados, sendo premente que a Anatel aprofunde essa discussão a fim de se evitar a perpetuidade de um problema que vem se arrastando ao longo de dois anos, com um incremento geral no volume de ligações ao longo de 2020.

---

[24] Ver: FURTADO, Celso. *O longo amanhecer*: reflexões sobre a formação do Brasil. 2. ed. Rio de Janeiro: Paz e Terra, 1999. p. 33-34.

[25] Um estudo encomendado ao International Data Corporation (IDC) pela Brasscom (Associação Brasileira das Empresas de Tecnologia da Informação e Comunicação) assinalou que o mercado brasileiro de serviços *offshore* movimentou, em 2008, cerca de R$2,3 bilhões, representando um crescimento de 75% em relação ao ano de 2007.

Tal documento é o desdobramento de uma recomendação feita pela PFE-Anatel, órgão de execução da Procuradoria-Geral Federal (PGF), no sentido de alterar a Resolução nº 632/2014 da Anatel (Regulamento Geral de Direitos do Consumidor de Serviços de Telecomunicações – RGC) e, assim, incluir dispositivo que estabelecesse um direito ao "não recebimento de chamada e de mensagem de cunho publicitário, ou com o objetivo de vender serviços ou produtos, das Prestadoras de serviços de telecomunicações, salvo consentimento prévio, livre e expresso". A imposição de consentimento *prévio* significaria uma mudança de paradigma, porquanto em vez de se criar uma lista pública voltada a indivíduos que *não querem* receber ofertas via telesserviço, criar-se-ia uma lista para indivíduos que o querem. Inclusive, outra recomendação foi para que, mesmo em relação aos indivíduos que constarem da eventual lista desejosa de ligações, as prestadoras de telesserviço observem uma "quantidade razoável de ligações para os Consumidores e não realização de chamadas de forma insistente".

Enfim, além de encorajar as sobreditas intenções da Anatel, este trabalho propõe a responsabilidade civil por dano moral do praticante de *spam* telefônico ancorada em uma presunção de grau *forte*; ou seja, propõe a responsabilidade civil do ofertante que realizar determinado número de ligações, num determinado espaço de tempo, para o mesmo consumidor, tornando o exercício do seu direito de oferta (telesserviço) um abuso de direito (*spam* telefônico). Esse critério qualitativo, obtido mediante análise quantitativa de decisões judiciais, é uma média de chamadas diária.

4 Média diária de ligações para caracterizar-se spam telefônico

A grande maioria dos julgados com conteúdo condenatório por excesso de ligações envolve cobrança; ou seja, esse excesso é traduzido antes como *abuso do direito de cobrança* do que como violação ao sossego e à privacidade. Mesmo sendo possível destacar o número de ligações como elemento abusivo *per se* – i.e., independentemente do propósito das ligações ou da conduta pretérita do destinatário das ligações –, este trabalho se restringiu aos casos envolvendo excesso de ligações de oferta de produtos e serviços, evitando-se, desse modo, o discurso do exercício regular de direito por parte do cobrador.

Todos os acórdãos analisados condenaram a empresa praticante ou contratante do *spam* telefônico ao pagamento de indenização por danos morais, para além da obrigação de fazer cessarem as ligações (demanda cominatória).[26] A média diária obtida foi de 7,15 ligações para a mesma pessoa, e a limitação aos Tribunais de Justiça de São Paulo e do Distrito Federal e aos Juizados Especiais Cíveis do Distrito Federal e do Rio Grande do Sul se deu pela escassez de julgados que versassem sobre quantidades excessivas de telefonemas sem ter, como pano de fundo, uma cobrança financeira.

Disso se deduz que os julgadores, enquanto intérpretes, apreenderam dos enunciados prescritivos um *estado de sossego e de privacidade* ao qual têm direito os indivíduos; esboçaram deveres *erga omnes* para que esse estado seja preservado; e entenderam como violação concreta a tais deveres um número não muito inferior a 7,15 ligações diárias para o mesmo indivíduo. Reside, aí, a legitimidade de se tomar essa média como critério qualitativo para rotular o telesserviço como *spam* telefônico, somada ao dever de estabilização e de uniformização da jurisprudência (art. 926 do CPC/15).

De posse do critério qualitativo, é possível responsabilizar o praticante ou contratante de *spam* telefônico pela causação de dano moral com base em presunção de grau forte, bastando que o oblato comprove a prática do ato ilícito (7,15 ligações em um mesmo dia com fins de oferta) para que ocorra a inversão do ônus probatório – ônus esse que recai sobre a seguinte questão: houve ou não desequilíbrio ao bem-estar do indivíduo, que é sintetizado pela tranquilidade pessoal e pelos domínios particulares do lar e dos sentimentos. Em se tratando de direitos da personalidade, tal presunção ganha caráter quase absoluto; afinal, a definição de sossego e de privacidade como bens jurídicos, realizada nos tópicos anteriores, faz com que a lesão a esses bens seja

---

[26] TJ-DF – Apelação nº 0708442-75.2019.8.07.0001, 7ª Turma Cível, Rel. Des. Gislene Pinheiro, *DJe*: 19.11.2019; JEC-DF – Recurso Inominado nº 0727155-58.2016.8.07.0016, 3ª Turma Recursal Cível, Rel. Fernando Antônio Tavernard Lima, *DJe*: 21.02.2017; JEC-DF – Recurso Inominado nº 0703440-97.2019.8.07.0010, 3ª Turma Recursal Cível, Rel. Asiel Henrique de Sousa, *DJe*: 11.02.2020; JEC-DF – Recurso Inominado nº 07289197920168070016, 1ª Turma Recursal Cível, Rel. Soníria Rocha Campos D'Assunção, *DJe*: 25.05.2017; JEC-RS – Recurso Inominado nº 0007049-04.2020.8.21.9000, 1ª Turma Recursal Cível, Rel. Roberto Carvalho Fraga, *DJe*: 01.07.2020; JEC-RS – Recurso Inominado nº 0010496-97.2020.8.21.9000, 4ª Turma Recursal Cível, Rel. Jerson Moacir Gubert, *DJe*: 21.07.2020; TJ-SP – Recurso Inominado nº 1002802-61.2020.8.26.0451, 1ª Turma Recursal Cível, Rel. Wander Pereira Rossette Júnior, *DJe* 15.01.2021; TJ-SP – Recurso Inominado 1042870-31.2019.8.26.0114, 3ª Turma Recursal Cível, Rel. Juliana França Bassetto Diniz Junqueira, *DJe* 02.09.2020; TJ-SP – Recurso Inominado nº 1041290-35.2019.8.26.0576, 2ª Turma Recursal Cível, Rel. Flavio Artacho, *DJe* 18.08.2020; TJ-SP – Apelação nº 1030801-72.2020.8.26.0100, 31ª Câmara Cível, Rel. Des. Adilson de Araújo, Dje 28.10.2020; TJ-SP – nº 1007468-24.2018.8.26.0048, 1ª Turma Recursal Cível, Rel. Frederico Lopes Azevedo, *DJe* 04.07.2019.

apreciada como dano moral, esse entendido justamente como *espécie de lesão à relação entre um homem e um bem qualquer*.[27] É claro que se as ligações se estenderem por dias, semanas ou meses, especialmente em número igual ou superior à média supra, o dano moral será mais grave e ensejará indenização de maior monta, devendo o julgador explorar adequadamente a segunda fase do método bifásico, adotado pelo Superior Tribunal de Justiça, para arbitrar o valor final. A conduta reiterada aumenta a extensão do dano, o que, por consequência, aumenta o valor da indenização (*caput* do art. 944 do Código Civil).

Também é claro que um número inferior a 7,15 ligações no mesmo dia guarda todos os requisitos para que se configure uma prática abusiva – mesmo uma ligação diária, durante uma semana ou mais, desequilibra o bem-estar do oblato. Contudo, se adotado o critério qualitativo mencionado, essa não será uma presunção *quase-absoluta*, devendo ser ratificada por meios probatórios mínimos para ensejar a compensação por danos morais sofridos.

Todo esse raciocínio deixa como preceito que o sossego e a privacidade precisam ser hipervalorizados pelo Poder Judiciário, pois já o são pelo legislador e o são ainda mais pelo tecido social – sabe-se que a vontade popular deveria ser traduzida nas leis, mas tal correlação tem sido falha em solo brasileiro. A tecnologia e a economia atuais potencializaram os *meios* e os *motivos* de se contatar alguém, tornando o sossego e a privacidade bens jurídicos que demandam maior esforço jurídico e político para serem efetivados; em outras palavras, tornaram-se uma necessidade do nosso tempo. Uma analogia pode ser feita com o direito ao meio ambiente ecologicamente equilibrado, que passou a ser mais preeminente em cidades brasileiras que se industrializaram a partir da década de 1950.

5 Conclusão

Este trabalho confirmou a hipótese de que o *spam* telefônico enseja a responsabilidade civil da empresa contratante do telesserviço – ou da empresa praticante do telesserviço, caso esteja ofertando seus próprios produtos –, pois a lesão ao sossego e à privacidade atende à conceituação de dano moral como *espécie de lesão de interesse*. Além

---

[27] Conceito sugerido por José Pedro Aramendia e explorado em: SILVA, Wilson Melo da. *O Dano moral e sua reparação*. 3. ed. Rio de Janeiro: Forense, 1983. p. 326.

disso, a tutela processual civil dos direitos ao sossego e à privacidade envolve demandas preventivas (tutela inibitória e/ou cessatória, com especial amparo no art. 497 do CPC/15), na linha do que ocorre com os direitos de vizinhança e a ação de dano infecto, assim como na tutela de outros direitos da personalidade (*caput* do art. 12 do Código Civil).

Constatou-se que a privacidade e o sossego são bens jurídicos tutelados enquanto princípios com eficácia normativa – o primeiro expresso, o segundo inexpresso. Uma vez concretizados esses princípios no mundo fático, a lesão a eles enseja a responsabilidade civil do lesante, seja na forma de uma demanda inibitória e/ou de uma demanda indenizatória, ambas com guarida legislativa. E isso porque o *spam* telefônico, enquanto abuso do direito de oferta, necessariamente lesa o entendimento que este trabalho descreveu acerca dos bens "sossego" e "privacidade".

Por fim, estabeleceu-se o critério qualitativo de 7,15 ligações em um dia, para uma mesma pessoa, para restar caracterizado o abuso do direito de oferta. Em posse desse critério, é possível responsabilizar o praticante ou contratante de *spam* telefônico pela causação de dano moral com base em presunção de grau forte, bastando que a oblato comprove a prática do ato ilícito (7,15 ligações em um mesmo dia com fins de oferta) para que ocorra a inversão do ônus probatório – ônus esse que recai sobre a seguinte questão: houve ou não desequilíbrio ao bem-estar do indivíduo, que é sintetizado pela tranquilidade pessoal e pelos domínios particulares do lar e dos sentimentos. Em se tratando de direitos da personalidade, tal presunção ganha caráter quase absoluto.

Tal proposta resulta de um contexto em que urgem novas medidas administrativas, legislativas e judiciais contra o telesserviço abusivo, conforme sinalizado por órgãos da sociedade civil e pelo Conselho Diretor da Anatel.

Referências

ALFINO, Mark; MAYES, G. Randolph. Reconstructing the right to privacy. *In*: *Social Theory and Practice*, Florida State University, v. 29, n. 1, p. 1-18, 2003.

AMARAL, Francisco. *Direito civil*: introdução. 10. ed. São Paulo: Saraiva, 2018.

ÁVILA, Humberto. *Teoria dos Princípios*: da definição à aplicação dos princípios jurídicos. 7. ed. São Paulo: Malheiros, 2007.

FERRAZ JÚNIOR, Tércio Sampaio. Sigilo de dados: o direito à privacidade e os limites à função fiscalizadora do Estado. *In*: *Cadernos de direito constitucional e ciência política*, São Paulo: Revista dos Tribunais, a. 1, p. 215-217, 1992.

FURTADO, Celso. *O longo amanhecer*: reflexões sobre a formação do Brasil. 2. ed. Rio de Janeiro: Paz e Terra, 1999.

GUASTINI, Riccardo. Soluzioni dubbie. Lacune e interpretazione secondo Dworkin. Con un'appendice bibliográfica. *In*: *Materiali per una storia della cultura giuridica*, n. 13, p. 199, 1983.

LOUREIRO, Francisco Eduardo. Direito ao sossego. *In*: LOTUFO, Renan (Coord.). *Cadernos de direito civil constitucional*. Curitiba: Juruá, 2004. v. II.

LUZZATTI, Claudio. *La Vaghezza delle Norme – Un'analisi del linguaggio giuridico*. Milano: Giuffrè, 1990.

MARTINS-COSTA, Judith. *A boa-fé no direito privado*: critérios para a sua aplicação. 2. ed. São Paulo: Saraiva, 2018.

MÉDICI, Sérgio de Oliveira. *Contravenções penais*. Bauru: Jalovi, 1988.

NERY JR., Nelson; NERY, Rosa Maria de Andrade. *Comentários ao Código de Processo Civil*. São Paulo: Revista dos Tribunais, 2015.

NORONHA, Fernando. *Direito das obrigações*. 4. ed. São Paulo: Saraiva, 2013.

PONTES DE MIRANDA, Francisco Cavalcanti. *Tratado das ações*. 2. ed. São Paulo: Revista dos Tribunais, 1972. t. I.

PONTES DE MIRANDA, Francisco Cavalcanti. *Tratado de direito privado*. 4. ed. São Paulo: Revista dos Tribunais, 1983. t. XIII.

RICCI, Marlucy Godoy; RACHID, Alessandra. Prática de *offshore* nos *call centers*: um exemplo de serviço com uso intensivo de tecnologia da informação *In*: *Revista de Administração e Inovação*, São Paulo, v. 10, n. 2, p. 29-44, abr./jun. 2013.

SILVA, Wilson Melo da. *O Dano moral e sua reparação*. 3. ed. Rio de Janeiro: Forense, 1983.

SILVESTRE, Gilberto Fachetti. *A responsabilidade civil pela violação à função social do contrato*. São Paulo: Almedina, 2018.

SILVESTRE, Gilberto Fachetti. Parte Geral do Código Civil brasileiro: princípios, cláusulas gerais, conceitos jurídicos indeterminados e questões polêmicas. *In*: BATISTA, Alexandre Jamal (Org.). *Princípios, cláusulas gerais e Conceitos Jurídicos Indeterminados nos Institutos de Direito Privado*: homenagem ao Professor Doutor Francisco José Cahali. São Paulo: Instituto dos Advogados de São Paulo, 2017.

SILVESTRE, Gilberto Fachetti; HIBNER, Davi Amaral. A tutela dos direitos da personalidade no Brasil e na Itália: questões materiais e processuais. *In*: *Anais do II Congresso de Processo Civil Internacional. Codificação e acesso à Justiça*. Vitória: UFES, 2017. v. 2.

VALOR ECONÔMICO. *Brasileiros são as maiores vítimas de ligações indesejadas no mundo*. 2021. Disponível em: https://valor.globo.com/eu-e/noticia/2021/03/12/brasileiros-sao-as-maiores-vitimas-de-ligacoes-indesejadas-no-mundo.ghtml. Acesso em 17 mai. 2021.

WARREN, Samuel D.; BRANDEIS, Louis D. The Right to Privacy. *In*: *Harvard Law Review*, v. 4, n. 5, p. 193-220, dec. 1890.

Informação bibliográfica deste texto, conforme a NBR 6023:2018 da Associação Brasileira de Normas Técnicas (ABNT):

MILL, Lorenzo Caser. A tutela processual dos direitos ao sossego e à privacidade e a responsabilidade civil motivada por *spam* telefônico. *In*: EHRHARDT JÚNIOR, Marcos; CATALAN, Marcos; MALHEIROS, Pablo (Coord.). *Direito do Consumidor e novas tecnologias*. Belo Horizonte: Fórum, 2021. p. 179-193. ISBN 978-65-5518-253-8.

RESPONSABILIDADE DO FORNECEDOR POR DESCUMPRIMENTO DO DEVER DE SEGURANÇA DO CARRO AUTÔNOMO

FLAVIA TRENTINI
LUCIANO HENRIQUE CAIXETA VIANA

1 Introdução

O carro autônomo, aquele capaz de se dirigir sem a necessidade de um motorista, é uma tecnologia futurista para os consumidores brasileiros, mas que já está em operação nas ruas da Holanda, da Suécia, da China, do Japão e dos Estados Unidos.[1] Nos Estados Unidos, por exemplo, já há empresas utilizando carros autônomos em serviço de táxi e delivery por aplicativo, como é o caso da Waymo, na cidade de Phoenix, empresa do mesmo grupo da Google, como noticiado pela Reuters.[2]

Nesse sentido, diversas projeções sobre quando o produto será liberado ao mercado de consumo global começaram a ser realizadas, oscilando entre previsões animadoras, como 2025, e mais pragmáticas, que indicam uma janela entre 2030 e 2040. Com isso, segundo Litman,[3]

---

[1] WEST, Darrell M. Moving forward: Self-driving vehicles in China, Europe, Japan, Korea, and the United States. *Center for Technology Innovation at Brookings*, Washington, p. 1-32, 2016.

[2] WHITE, Joseph. Waymo opens driverless robo-taxi service to the public in Phoenix. *Reuters*, Detroit, 12 out. 2020. Disponível em: https://www.reuters.com/article/us-waymo-autonomous-phoenix-idUKKBN26T2Y3. Acesso em 16 mar. 2021.

[3] LITMAN, Todd. Autonomous vehicle implementation predictions: implications for transport planning. *Victoria Transport Policy Institute*, v. 29, 2021.

diversas *startups* e grandes empresas, principalmente do setor automobilístico, começaram a investir no desenvolvimento dessa tecnologia, para conseguirem acompanhar essa ruptura do padrão de direção. Todavia, essa corrida industrial pelo pioneirismo tecnológico, por parte de empresas privadas, gerou três posicionamentos dos Estados: o primeiro, relacionado ao incentivo do desenvolvimento tecnológico;[4] o segundo, ligado à pesquisa e definição dos limites e limitações dos carros autônomos, em relação aos requisitos e deveres mínimos do veículo;[5] e, por fim, o terceiro posicionamento, de previsão de parâmetros de responsabilização do fabricante dos carros.[6]

Assim, a presente pesquisa busca responder aos dois últimos posicionamentos, devido à ausência de políticas de incentivos a essa tecnologia no país, com a utilização de conceitos e princípios do direito do consumidor, de modo a dirimir a seguinte dúvida: quais são as possibilidades de responsabilização do fornecedor de carros autônomos?

Portanto, a análise dos carros autônomos deve se centrar, em um primeiro momento, na definição do conceito de tecnologia, caracterizando todos os limites relacionados ao carro autônomo, por meio da exposição da padronização internacional existente.

Em um segundo momento, deve se determinar o que seria uma expectativa legítima, por parte do consumidor, em relação ao veículo, bem como as atividades consideradas exorbitantes das capacidades do produto. Desse modo, serão definidos quais os possíveis defeitos capazes de comprometer a proteção da saúde e segurança do consumidor. Será possível também analisar quais os parâmetros capazes de definir o nexo de causalidade, de modo a garantir a máxima proteção do consumidor, em caso de acidentes envolvendo o carro autônomo, bem como os casos de exclusão da causalidade.

Por fim, a presente pesquisa, de abordagem qualitativa, tem por finalidade a análise e a interpretação dos dados referentes ao carro autônomo, com especial atenção aos deveres de segurança e

---

[4] LARI, Adeel; DOUMA, Frank; ONYIAH, Ify. Self-Driving Vehicles and Policy Implications: current Status of Autonomous Vehicle Development and Minnesota Policy Implications. *Minnesota journal of law science & technology*, v. 16, n. 2, 2015. Disponível em: https://scholarship.law.umn.edu/cgi/viewcontent.cgi?article=1015&context=mjlst. Acesso em 30 abr. 2021.

[5] CRANE, Daniel A.; LOGUE, Kyle D.; PILZ, Bryce C. A survey of legal issues arising from the deployment of autonomous and connected vehicles. *Michigan Telecommunications and Technology Law Review*, Ann Arbor, v. 23, p. 191, 2016.

[6] TAEIHAGH, Araz; LIM, Hazel Si Min. Governing autonomous vehicles: emerging responses for safety, liability, privacy, cybersecurity, and industry risks. *Transport Reviews*, v. 39, n. 1, p. 103-128, 2019.

limites descritos internacionalmente, de modo a atender ao objetivo descritivo. Destarte, a aquisição dos dados da pesquisa foi realizada por meio de procedimentos bibliográficos, com análise de documentos legais, nacionais e internacionais, bem como da revisão de literatura internacional, de modo a possibilitar a comparação e a diferenciação das características e obrigações do carro autônomo, sob visão internacional, em comparação com o entendimento firmado sobre assuntos correlatos em nível nacional.

2 Carro autônomo: conceito e padrão

Atualmente, há diversos conceitos sobre o que se poderia considerar um carro autônomo e, até mesmo, diversas definições desse objeto. Conforme ensinam Lari, Douma e Onyiah,[7] essa dispersão terminológica é resultado da corrida de desenvolvimento e fabricação desse veículo, no qual cada ator envolvido nos trabalhos imprimiu no conceito, parte da tecnologia utilizada, ou das contribuições e objetivos de sua pesquisa para a melhoria desse tipo de veículo.

No entanto, grande parte dos termos e definições são utilizados como sinônimos por parte da literatura, como o fazem, por exemplo, Taeihagh e Lim[8] e West.[9] Dentre os principais termos utilizados, pode-se destacar: carro integrado ou conectado (*connected cars*); piloto automático (*auto-pilot*); carro de auto direção (*self drive cars*); carro sem motorista (*driverless car*); e carro autônomo ou veículo autônomo (*autonomous car/autonomous vehicle*).

Em relação aos termos, o conceito de "veículo autônomo"[10] ganha especial atenção por ressaltar um sistema de "autonomia", o qual permitiria ao carro tomar decisões em relação à direção, sem necessidade de intervenção humana. Nesse sentido, pode-se pensar em diversos níveis de autonomia, pois o sistema decisório pode se aplicar

---

[7] LARI, Adeel; DOUMA, Frank; ONYIAH, Ify. Self-Driving Vehicles and Policy Implications: current Status of Autonomous Vehicle Development and Minnesota Policy Implications. *Minnesota journal of law science & technology*, v. 16, n. 2, 2015. Disponível em: https://scholarship. law.umn.edu/cgi/viewcontent.cgi?article=1015&context=mjlst. Acesso em 30 abr. 2021.

[8] TAEIHAGH, Araz; LIM, Hazel Si Min. Governing autonomous vehicles: emerging responses for safety, liability, privacy, cybersecurity, and industry risks. *Transport Reviews*, v. 39, n. 1, p. 103-128, 2019.

[9] WEST, Darrell M. Moving forward: Self-driving vehicles in China, Europe, Japan, Korea, and the United States. *Center for Technology Innovation at Brookings*, Washington, p. 1-32, 2016.

[10] OZGUNER, Umit; ACARMAN, Tankut; REDMILL, Keith. *Autonomous Ground Vehicles*. Boston: Artech house, 2011.

a todo ato de direção ou apenas a uma parcela dele, como frenagem de emergência, controle de velocidade e/ou manutenção de faixa.

Além disso, através desse conceito, é possível determinar em quais momentos a máquina tem o controle sobre o veículo, ou quando ela apenas auxilia a atividade humana. Logo, a autonomia pode se referir tanto ao dever do sistema de informar ao motorista sobre determinadas condições da direção, quanto de ser responsável pela direção do veículo, de forma total ou parcial.

Em consequência, a diversidade de tarefas abrangidas pelo sistema autônomo gera diferentes níveis de segurança ao consumidor, o qual pode ficar confuso sobre a autonomia de seu carro. No limite dessa situação, a pessoa pode deixar a condução, por completo, para o automóvel, que não é capaz de fazê-lo, de modo a gerar acidentes automotivos, como ocorreu no caso de consumidor chinês, em 2016, com um carro da montadora Tesla.[11]

Em razão disso, Schreurs e Steuwer[12] ensinam que, na década de 2010, agentes privados e Estados iniciaram um processo de padronização dos carros autônomos, de modo a classificar e diferenciar as atividades sob responsabilidade da máquina, dos deveres essenciais ao motorista. Ainda, procurava-se determinar níveis de segurança para a abrangência de cada sistema de autonomia, de modo a gerar segurança aos consumidores em escala global.

Nessa perspectiva, a classificação realizada pela Sociedade de Engenheiros Automotivos, *Society of Automotive Engineers*, também conhecida pela sigla SAE, ganhou destaque ao ser escolhida pela agência federal dos Estados Unidos responsável pelo tráfego rodoviário, a Administração Nacional de segurança do Tráfego nas Rodovias, *National Highway Traffic Safety Administration*, (NHTSA), como classificação de referência.

Com isso, a norma J3016, da SAE, foi adotada de maneira mais ampla por diversas empresas privadas, como forma de atender às

---

[11] Cf.: Chinês culpa Tesla por acidente com 'piloto automático' acionado: carro bateu em outro estacionado parcialmente fora da estrada. É o 3º acidente registrado com o modo Autopilot. *Globo*, São Paulo, 10 ago. 2016. Disponível em: http://g1.globo.com/carros/noticia/2016/08/chines-culpa-tesla-por-acidente-com-piloto-automatico-acionado.html. Acesso em 30 abr. 2021.

[12] SCHREURS, Miranda A.; STEUWER, Sibyl D. Autonomous Driving – Political, Legal, Social, and Sustainability Dimensions. *In*: MAURER, Markus *et al*. *Autonomous driving*: technical, legal and social aspects. Ladenburg: Springer Open, 2016.

melhores práticas do mercado.[13] Além disso, por meio do atendimento dos requisitos e padrões estabelecidos na referida norma, foi possível esclarecer ao mercado consumidor, em relação aos requisitos e capacidades existentes em cada tipo de veículo.

Tabela 1 – Norma SAE J3016 sobre níveis de direção automatizada para os consumidores

Fonte: SAE International[14]

A classificação J3016, da SAE, subdivide todos os veículos, autônomos ou não, em seis níveis, no qual o critério definidor é a autonomia. Ainda, há explicações sobre quais as funções destinadas à pessoa sentada no banco do motorista, bem como os sistemas e tarefas associados ao nível de autonomia do veículo, conforme tabela descrita.

Nesse sentido, o motorista teria a seguinte função em cada nível:[15]
(0) Zero autonomia, no qual o motorista realiza todas as tarefas e/ou

---

[13] ADKISSON, Samuel D. System-level standards: driverless cars and the future of regulatory design. *University of Hawaii Law Review*, Honolulu, v. 40, p. 1, 2017.
[14] SAE. Automation standards J3016. *SAE global ground vehicle standards*. Pittsburgh: SAE International, 2016. (Tradução nossa).
[15] ESTADOS UNIDOS. National Highway Traffic Safety Administration. *Automated driving systems 2.0*: a vision for Safety. Washington: NHTSA, 2017.

a autonomia serve para assistências momentâneas; (1) Assistência ao motorista, o veículo é controlado pelo motorista, mas pode haver alguns equipamentos de assistência no automóvel; (2) Autonomia parcial, o motorista deve permanecer na direção (com as mãos no volante) e se manter atento ao redor, enquanto o veículo pode automatizar as funções de aceleração e direção; (3) Autonomia condicional, o motorista é necessário, pois deve tomar o controle do veículo quando avisado; (4) Alta autonomia, o motorista pode ter a opção de controlar o veículo, pois a autonomia necessária depende de certas condições do ambiente; (5) Autonomia total, ocorre quando o veículo é capaz de realizar todas as tarefas de direção, em qualquer condição de tempo.

Como modo de exemplificar quais tecnologias pertencem a determinado nível e, consequentemente, diminuir a ocorrência de possíveis confusões de consumidores, são descritos[16] como: (0) freio automático de emergência, aviso de pontos cegos, aviso de mudança de faixa; (1) direção automática (*lane centering*) ou controle de cruzeiro adaptativo; (2) direção automática (*lane centering*) e controle de cruzeiro adaptativo; (3) assistente de tráfego (*Traffic jam Chauffeur*); (4) sistema de táxi local autônomo, pedais e volante podem, ou não, vir instalados; (5) mesmas características de nível 4, mas com a possibilidade de dirigir em qualquer lugar, em todas as condições climáticas.

Em relação aos sistemas, além da norma J3016 da SAE, deve-se observar os padrões estabelecidos pelos comitês técnicos de padronização internacional, os padrões estabelecidos pela ISO. Ainda, dentro da estrutura dessa entidade, o comitê técnico 204 (ISO/TC 204), responsável pela padronização de sistemas de transporte inteligente, e o comitê técnico 22 (ISO/TC 22), que cuida da padronização de veículos terrestres, editam normas relativas à segurança em carros e a seus sistemas autônomos.

Somam-se, as referidas certificações e padrões privados, às 12 orientações facultativas da NHTSA, direcionada aos estados americanos e aos agentes privados. As recomendações da agência americana, fundamentalmente, visam a diminuir os riscos dos carros autônomos, destacando-se: a recomendação nº 2, sobre transparência na documentação acerca da arquitetura de sistema, descrevendo as capacidades e limites quanto às condições de tráfego seguro; e a recomendação n° 6, relacionada à melhoria da interface entre humano e máquina, com

---

[16] SAE. Automation standards J3016. *SAE global ground vehicle standards*. Pittsburgh: SAE International, 2016.

o dever do veículo mostrar o estado do veículo, além de avisar sobre eventuais problemas, no caso de carros autônomos de nível 3, o motorista deve, após o aviso, retomar a direção, em tempo hábil.

Diante dessas padronizações, a maioria dos veículos divulgados como "autônomos", na verdade, são incluídos no nível 2 de autonomia, o qual não permitiria o uso de tal denominação. Os automóveis considerados mais modernos, existentes no mercado de consumo, possuem características que lhes permitem ser enquadrados no nível 3 de autonomia, ou seja, de autonomia condicional,[17] que exige um motorista atencioso e com as mãos no volante.

Logo, pode-se afirmar que os esforços globais são direcionados a um binômio determinante para os veículos autônomos: o primeiro, relativo à garantia de segurança pelo fornecedor aos passageiros, aos pedestres e a outros veículos, por meio de disposições regulatórias uniformes na maioria das jurisdições; o segundo, como consequência do primeiro, relativo à necessidade de transparência das reais capacidades e limitações do carro, com atenção à realidade social do Estado em que o produto será utilizado.

Todavia, devido à limitada participação do Brasil na corrida pela tecnologia, esses esforços de regulação ainda não se encontram em curso no país, uma vez que os únicos centros de pesquisa avançada se concentram nas universidades públicas, com destaque para a liderança da Universidade de São Paulo (USP),[18] em que pese a falta de financiamento. Isso, por sua vez, acaba por gerar uma aplicação das normas de padronização internacional, em prol da segurança e transparência para os consumidores do produto ou dos serviços proporcionados pelo carro, até que se estabeleça no ordenamento jurídico qual será a certificação e/ou normalização aceita.

Desse modo, enquanto não são editadas normas regulamentares específicas no Brasil, as relações interempresariais e de consumo são regidas pelas normas cíveis, consumeristas, administrativas e de trânsito, atualmente vigentes para o setor automotivo. Ademais, para que se possa proporcionar garantias ao mercado de consumo brasileiro, as normas nacionais devem dialogar com as regulações privadas, viabilizando

---

[17] LITMAN, Todd. Autonomous vehicle implementation predictions: implications for transport planning. *Victoria Transport Policy Institute*, v. 29, 2021.

[18] PISSARDINI, Rodrigo de Souza; WEI, Daniel Chin Min; FONSECA JÚNIOR, Evaldo Simões da. Veículos autônomos: conceitos, histórico e estado-da-arte. *In: Anais XXVII Congresso de Pesquisa e Ensino em Transportes – ANPET*, São Paulo, v. 1, p. 1-13, 2013.

a máxima proteção dos consumidores e impedindo a ocorrência de vítimas de acidentes.

Portanto, como o carro autônomo é, em sua essência, um produto lançado ao mercado de consumo, com capacidade de atingir indivíduos consumidores ou não, enquanto oferece um serviço de transporte de pessoas ou entrega de coisas. Assim, o Código de Defesa do Consumidor, por ordem dos arts. 5º, XXXII c/c art. 170, V, ambos da Constituição da República Federativa do Brasil de 1988 (CRFB/88),[19] acaba por incidir nas relações envolvendo o automóvel, de modo a preponderar sobre quais deveres de segurança devem ser fornecidos.

3 Dever de segurança: limites e capacidades

A análise do dever de segurança dos carros autônomos, enquanto produto lançado ao mercado de consumo, para a garantia da maior proteção possível, pressupõe mais que o diálogo de complementaridade com regulações privadas, baseadas em regras e conceitos fechados. Além disso, assim como ensinam Marques e Benjamin,[20] deve haver um diálogo de fontes coordenadas com aplicação de normas jurídicas do Código Civil, do Código de Defesa do Consumidor, de leis especiais e/ou de convenções coletivas de consumo.

O próprio CDC prevê em seus arts. 8º, 9º e 10, diversos deveres obrigacionais quanto ao grau de nocividade permitida nos produtos e serviços ofertados ao público, deixando-se ser complementado por regras e/ou sanções de outras fontes. Todavia, essas disposições expõem a preocupação da legislação em estabelecer critérios de proteção da vida, por meio do controle de qualidade e segurança, cumulado com a transparência dessas informações.

Nessa perspectiva, o CDC estabelece critérios mínimos de segurança da incolumidade dos consumidores. Esse dever de segurança, no entendimento adotado por Grinover *et al*[21] e Miragem,[22] visa a impedir que defeitos, considerados como falhas no oferecimento da

---

[19] BRASIL. *Constituição (1988)*. Constituição da República Federativa do Brasil. Brasília, DF: Senado Federal: Centro Gráfico, 1988.

[20] MARQUES, Claudia Lima; BENJAMIN, Antonio Herman. A teoria do diálogo das fontes e seu impacto no Brasil: uma homenagem a Erik Jayme. *Revista de Direito do Consumidor*, São Paulo, v. 115, n. 27, 2018.

[21] GRINOVER, Ada Pellegrini *et al*. *Código brasileiro de defesa do consumidor*: comentado pelos autores do anteprojeto. 9. ed. Rio de Janeiro: Forense Universitária, 2007.

[22] MIRAGEM, Bruno. *Curso de Direito do Consumidor*. 6. ed. São Paulo: Editora Revista dos Tribunais Ltda, 2016. p. 938.

segurança legitimamente esperada, ou vícios, enquanto frustração da qualidade e/ou função legitimamente esperada, intrínsecos (imperfeições na essência ou composição dos produtos) ou extrínsecos (falta ou insuficiência de informações durante a apresentação do produto) sejam colocados em circulação pelas ruas brasileiras.

O atendimento aos referidos mínimos é um dever imputado ao fornecedor no art. 39, VIII, do CDC, que impõe, *a contrário sensu*, a obrigação de colocar no mercado de consumo apenas aqueles produtos ou serviços em conformidade com as normas técnicas. Todavia, a ausência ou insuficiência de normas nacionais não isenta os fornecedores dessa cadeia de não seguirem padrões internacionalmente aceitos, ou de normas técnicas convencionalmente adotadas pela indústria nacional ou internacional,[23] como o caso da norma J3016, da Sociedade de Engenheiros Automotivos (*Society of Automotive Engineers*).

Com isso, pode-se afirmar que o legislativo, conforme art. 24, V, CRFB/88, e os institutos de normalização, segundo o art. 3°, V, da Lei n° 9.933/99,[24] tem competência para modificar os conceitos do que seria um carro autônomo. Nesse sentido, o Brasil pode optar por conceituações mais técnicas, como no Código de Veículos do Estado da Califórnia, na divisão 16.6, nos Estados Unidos,[25] ou mais abrangentes, como o era no distrito de Columbia, Lei n° 19.278, também nos Estados Unidos.[26]

Por outro lado, pode ocorrer a criação de uma norma que incidentalmente diminua a proteção dos carros autônomos, ou de modo a causar engano nos consumidores, confundindo carros de maior autonomia (e segurança), com os de menor autonomia (mais inseguros). Nessa situação, as regras, embora vigentes, não poderão ser utilizadas por não refletir a adequação técnica, nem o padrão da prática comercial internacional da indústria automobilística.

---

[23] GRINOVER, Ada Pellegrini *et al. Código brasileiro de defesa do consumidor*: comentado pelos autores do anteprojeto. 9. ed. Rio de Janeiro: Forense Universitária, 2007.

[24] BRASIL. Lei n° 9.933, de 20 de dezembro de 1999. Dispõe sobre as competências do Conmetro e do Inmetro, institui a Taxa de Serviços Metrológicos, e dá outras providências. *Diário oficial da União*, Brasília, 20 dez. 1999. Disponível em: http://www.planalto.gov.br/ccivil_03/leis/l9933.htm. Acesso em 14 abr. 2021.

[25] CALIFORNIA. *Autonomous Vehicles* n° 38750 – 38755, de 2012. VEH DIVISION 16.6. *Vehicle Code*: Autonomous Vehicles. Sacramento, California. Disponível em: https://leginfo.legislature.ca.gov/faces/codes_displayText.xhtml?lawCode=VEH&division=16.6. Acesso em 30 abr. 2021.

[26] D.C COLUMBIA. Law n° 19.643, de 23 de janeiro de 2013. *Autonomous Vehicle Act Of 2012*. District of Columbia, DC COLUMBIA. Disponível em: https://lims.dccouncil.us/downloads/LIMS/26687/Signed_Act/B19-0931-SignedAct.pdf. Acesso em 30 abr. 2021.

Nesse sentido, ressalta-se a existência de estudos do parlamento e projetos de lei, em países como a Alemanha[27] e a Inglaterra,[28] que diminuem o dever de segurança dos fabricantes de carros autônomos. Nessas iniciativas, o carro transferiria a responsabilidade da condução para o passageiro/supervisor, por meio de um aviso da possibilidade de acidentes, fornecendo a este alguns segundos para reagir, sendo que, caso ocorresse algum dano, o fornecedor do carro teria uma hipótese legal de exclusão de responsabilidade.

Conquanto, como a segurança esperada por um carro de autonomia máxima é absoluta, não há riscos inerentes, nem a possibilidade de transferência de riscos criados. Em razão de existir o entendimento,[29] integrado à própria regulação internacional, de que esse produto possa ser usado em condições adversas de tempo, sem a requisição de qualquer interferência humana durante o trajeto.

Assim, não se pode pensar em uma norma menos protetiva que aquela que preveja a segurança absoluta. Tampouco se admite uma qualidade inferior à indicada para aquele nível de autonomia, em relação à utilização dos instrumentos garantidores da incolumidade do consumidor, ou, ao menos, àqueles que já são largamente utilizados pela indústria automobilística, para evitar acidentes, conjugada com uma das tecnologias de identificação de pedestres e obstáculos citados.

Mohr[30] alerta que a classificação de segurança absoluta, no entanto, não garante que nunca haverá algum problema envolvendo o carro autônomo, pois derivada da própria característica de constituição de um produto de alta tecnologia, há a possibilidade de ocorrência de problemas do sistema de software ou originária de um dos componentes da cadeia de produção

Em razão disso, uma série de riscos pode ser adquirida pelo produto, globalmente ou parcialmente, os quais podem advir do mau funcionamento dos componentes, em especial: dos sensores; da

---

[27] ALEMANHA. *Entwurf eines Gesetzes zur Änderung des Straßenverkehrsgesetzes und des Pflichtversicherungsgesetzes – Gesetz zum autonomen Fahren.* Berlim: Governo Federal, 2021.

[28] INGLATERRA. Automated Vehicles: consultation paper 3 – A regulatory framework for automated vehicles. *Law Commission*, Londres, p. 392, 2020.

[29] TAEIHAGH, Araz; LIM, Hazel Si Min. Governing autonomous vehicles: emerging responses for safety, liability, privacy, cybersecurity, and industry risks. *Transport Reviews*, v. 39, n. 1, p. 103-128, 2019.

[30] MOHR, Jakki. The marketing of high-technology products and services: implications for curriculum content and design. *Journal of Marketing Education*, [s. I], v. 22, n. 3, p. 246-259, 2000. Trienal.

inteligência instalada; ou de uma multiplicidade de fatores comprometedores da segurança de todo o modelo ou da linha de carros. Nesse sentido, Lucky e Takim[31] analisam os principais procedimentos de recall realizados no mundo. Dentre os principais problemas levantados pelos autores estão: mau funcionamento do motor, o qual causava um aumento momentâneo na velocidade, devido a defeitos na montagem; problemas de operação dos limpadores de para-brisas; não funcionamento parcial de câmbios automáticos; e, por último, não funcionamento dos pedais de aceleração e freios dos carros.

Da mesma forma, Chi *et al*,[32] ao analisarem os procedimentos de recall operados nos Estados Unidos em 2011 e 2012, concluíram que as principais causas de defeitos dentro da indústria automotiva, nesse biênio, tiveram origem em problemas verificados na qualidade das peças entregues pelos fornecedores. Nesse sentido, muitos fornecedores de peças alteraram a qualidade esperada de seu produto, ou não atenderam às especificações estruturais, mecânicas e físicas exigidas pelas grandes montadoras.

Ainda, outro problema enfrentado pela indústria automobilística, segundo Chi *et al*,[33] é a ocorrência de defeitos de software, os quais deixam de funcionar corretamente nos carros mais antigos. Esse defeito gera, então, uma má leitura dos sensores, de modo a aumentar a probabilidade de acidentes, pela não identificação de obstáculos, carros ou pedestres.

De igual modo, Geistfeld[34] cita problemas de *software* capazes de ocorrer em carros autônomos, tais como: erros de processamento durante a condução do carro, também chamado de *"bug"*; impossibilidade de processamento dos cálculos de redundância, ou demora excessiva em sua análise, com o aumento da possibilidade de acidentes; demora no cálculo ou planejamento do trajeto, o qual pode gerar acidentes ou levar a cenários de risco; e, por último, problemas no dever de aviso de mau funcionamento dos equipamentos instalados no carro.

---

[31] LUCKY, Bebeteidoh Oyinkepreye; TAKIM, Stephen. Manufacturing defects in the automobile industry, a case study of the remote causes and effects of Toyotas transmission malfunctions in cars. *International Journal of Engineering and Applied Sciences*, [s. l], v. 2, n. 8, 2015.

[32] CHI, Chia-Fen *et al*. Classification Scheme for Root Cause and Failure Modes and Effects Analysis (FMEA) of Passenger Vehicle Recalls. *Reliability Engineering & System Safety*, Amsterdã, p. 1-10, 2020.

[33] CHI, Chia-Fen *et al*. Classification Scheme for Root Cause and Failure Modes and Effects Analysis (FMEA) of Passenger Vehicle Recalls. *Reliability Engineering & System Safety*, Amsterdã, p. 1-10, 2020.

[34] GEISTFELD, Mark A. A roadmap for autonomous vehicles: state tort liability, automobile insurance, and federal safety regulation. *Calif. L. Rev.*, Berkeley, v. 105, p. 1611, 2017.

Então, a ocorrência desses defeitos, posteriormente ao término da produção do carro, faz surgir o dever de aviso imediatamente após a descoberta de qualquer tipo de insegurança, seja por erros do produto, dos componentes utilizados ou do serviço de *software*. Essa obrigação de informar, como escreve Filomeno,[35] acaba por vincular o fornecedor a expor todas as informações ligadas ao produto, sobre os defeitos e os fatos ocorridos, mesmo que lhe seja prejudicial.

Nessa ocasião, caso qualquer sujeito participante do ciclo de produção identifique problemas antes da disponibilização ao público, ele incorre na vedação do art. 10, do CDC, que impede a colocação do produto, do modelo ou do serviço no mercado de consumo, com direito-dever de responsabilizar toda a cadeia de fornecimento causadora da anomalia, que regressivamente se voltará contra o elo da cadeia responsável pela falha.[36]

Em todas as situações envolvendo vícios ou defeitos, as características de segurança de cada nível de autonomia ganham repercussão dentro do direito do consumidor, de modo a criar um vínculo obrigacional, o qual protege os direitos dos consumidores.[37] Somado à previsão de deveres por toda a cadeia de fornecimento, que é obrigada a seguir não apenas o regramento de direito do consumidor, mas toda uma complexa estrutura legal, a ser interpretada sob viés dos princípios do CDC.

Consequentemente, as normas internacionais privadas, os padrões oficiais e não oficiais, as práticas industriais, as regras de direito civil, penal e administrativo são utilizados de modo complementar, como forma de garantir ao consumidor a segurança do carro, bem como a retirada do mercado ou *recall* dos produtos descumpridores do dever de qualidade e segurança. Enquanto, paralelamente, impõe-se o dever de transparência do fornecedor, sobre as limitações de cada nível de autonomia e sobre os reais perigos aplicáveis aos veículos autônomos.

Por fim, os deveres dos fornecedores, quando não plenamente atendidos, geram responsabilidades patrimoniais, administrativas e penais, conforme a regra descumprida e o bem jurídico tutelado. Logo, na seção seguinte, tentar-se-á sistematizar os possíveis impactos na responsabilidade civil dos fornecedores de carros autônomos, quando

---

[35] FILOMENO, José Geraldo Brito. *Direito do consumidor*. 15. ed. São Paulo: Atlas, 2018. p. 762.

[36] NUNES, Rizzatto. *Curso de direito do consumidor*. 12. ed. São Paulo: Saraiva Educação, 2018. p. 730.

[37] ANDERSON, James M. *et al*. *Autonomous vehicle technology*: a guide for policymakers. Santa Monica: Rand Corporation, 2016.

essa tecnologia for plenamente disponibilizada ao público consumidor no Brasil.

4 Responsabilidade do fornecedor: nexo e causas de exclusão

Quando os padrões técnicos são atendidos dentro da indústria do carro autônomo, não se pode falar em responsabilidade, pois não há violação de um dever jurídico. Como teoriza Cavalieri Filho,[38] inexistindo a quebra de uma obrigação, contratual ou legal, não se pode imputar ao fornecedor qualquer tipo de ato ilícito capaz de gerar o direito subjetivo, do consumidor, de exigir uma reparação dos danos causados.

Embora existam diferenças relevantes entre vício e defeito, a responsabilidade do CDC impõe, em ambos os casos, a responsabilidade objetiva do fornecedor por regra do art. 12. Nesses dois casos, o objetivo do Código foi a facilitação da reparação dos danos causados ao consumidor, bastando-lhe fazer a prova: (i) da existência de um defeito (conduta); (ii) da existência de dano intrínseco ou extrínseco (evento danoso); e (iii) de um nexo de causalidade entre os dois supracitados (nexo de causalidade).

Por essa razão, em relação aos critérios de responsabilidade, conforme Benjamin, Marques e Bessa,[39] o sistema do CDC supera a divisão clássica entre responsabilidade contratual e extracontratual, em favor da relação jurídica de consumo, derivada de uma relação contratual ou não. Unifica-se a matéria, portanto, dentro do regime de responsabilidade objetiva dos fornecedores, pois, em razão da atividade econômica por eles realizada, não caberia a perquirição da culpa do agente, mas apenas da existência de danos por uma insuficiência do produto ou do serviço.

Porém, alguns problemas poderiam ser identificados, em relação à imputação de responsabilidade civil do fornecedor. Isso em razão da existência de diversas peças, sensores e programas de *software* interagindo dentro de um sistema integrado, impedindo, em um

---

[38] CAVALIERI FILHO, Sergio. *Programa de direito do consumidor*. 5. ed. São Paulo: Atlas, 2019. p. 429.

[39] BENJAMIN, Herman Vasconcellos; MARQUES, Claudia Lima; BESSA, Leonardo Roscoe. *Manual de direito do consumidor*. 8. ed. São Paulo: Editora revista dos Tribunais, 2017.

primeiro momento, a identificação da existência de um vício, defeito ou de certeza no nexo de causalidade entre o carro autônomo e o dano. Conforme ensina Chi *et al*,[40] dentro dos veículos atuais existem mais de vinte mil peças, com milhões de interações possíveis dentre elas. Somando-se a esse número, a quantidade exponencial de dados. Nesse sentido, apenas os sensores instalados nos carros são capazes de gerar milhões de dados a serem depois operacionalizados e convertidos em informações para o planejamento do percurso do veículo, o que impediria a determinação da origem da causa do dano.[41]

Gemignani[42] também relata a dificuldade de demonstração de *"bugs"* dentro do sistema de *software*, responsável pela autonomia do carro, pois inúmeros fatores podem interferir no caso concreto, causando paradas de poucos segundos na inteligência da máquina. Nesse caso, mesmo a prova técnica pode resultar na não identificação da causa do defeito.

Nesse sentido, o CDC ao destacar diversos fornecedores, mencionados nos artigos 12 e 14, além da hipótese de responsabilidade subsidiária, citada no art. 13, adota a teoria de causalidade alternativa. Segundo essa teoria,[43] basta que a causa provável[44] do dano tenha se originado do produto para que o fornecedor seja chamado a ressarcir o consumidor, mesmo na impossibilidade de identificação do autor do dano.

No caso do veículo autônomo, a consideração do descumprimento de uma obrigação depende do enquadramento do veículo dentre os diferentes níveis de autonomia propostos pela SAE na norma J3016,[45] cabendo ao automóvel apenas o nível máximo de segurança e autonomia, além de evitar, de forma absoluta, a existência de erros comprometedores da segurança dos passageiros, quase imperando a responsabilidade alternativa a favor do consumidor.

---

[40] CHI, Chia-Fen *et al*. Classification Scheme for Root Cause and Failure Modes and Effects Analysis (FMEA) of Passenger Vehicle Recalls. *Reliability Engineering & System Safety*, Amsterdã, p. 1-10, 2020.

[41] ANDERSON, James M. *et al*. *Autonomous vehicle technology*: a guide for policymakers. Santa Monica: Rand Corporation, 2016.

[42] GEMIGNANI, Michael C. Product liability and software. *Rutgers Computer & Tech. LJ*, [*s. l*], v. 8, p. 173, 1980.

[43] MIRAGEM, Bruno. *Curso de Direito do Consumidor*. 6. ed. São Paulo: Editora Revista dos Tribunais Ltda, 2016. p. 938.

[44] FILOMENO, José Geraldo Brito. *Direito do consumidor*. 15. ed. São Paulo: Atlas, 2018. p. 762.

[45] Veja na tabela 1.

Ressalva-se apenas, dessa obrigação, a possibilidade de existência de condutas do consumidor e de terceiros capazes de excluir o nexo de causalidade entre o acidente e o dever do carro de controlar a direção. Segundo Wu,[46] uma dessas possibilidades seria a desativação e/ou a interferência do consumidor/passageiro no sistema do carro, além da possibilidade de um caso fortuito externo ao controle da condução do veículo, como desastres naturais.

Todavia, Anderson *et al*[47] descreve ser de responsabilidade dos fornecedores de *software* a garantia da segurança, a qual também abarca o dever de cibersegurança, contra ataques de hackers, ou mesmo de ações do consumidor capazes de interferir no correto funcionamento da inteligência artificial. Desse modo, mesmo os atos culposos dos consumidores e de terceiros seriam parte do caso fortuito interno, por fazer parte dos riscos da atividade econômica a serem suportados pelo prestador de serviço.

Com efeito, ambas as posições estão corretas, desde que aplicadas com razoabilidade, pois um consumidor com pouco conhecimento técnico pode acabar mudando determinadas configurações do sistema, uma ação natural e facilmente calculável pelos fornecedores, que devem garantir a não interferência na segurança dos passageiros e pedestres. Porém, quando o consumidor dolosamente ou negligentemente interferir no sistema, que tem mecanismos para bloquear ações descuidadas, o fornecedor poderá alegar a culpa exclusiva do consumidor, conforme art. 14, §3º, II, do CDC.

Outra situação é a possibilidade do desgaste natural dos componentes do carro, que não tiveram a manutenção devidamente realizada pelo consumidor, demonstrando uma negligência de sua parte, no dever de cuidado da coisa. Nessa situação, ensina Cavalieri Filho,[48] porém, caberia no caso concreto, averiguar a existência de um desgaste natural do produto, originado da fruição do bem, ou de um defeito da coisa que lhe comprometa a utilização ou cause um acidente de consumo.

---

[46] WU, Stephen S. Product Liability Issues in the U.S. and Associated Risk Management. *In*: MAURER, Markus *et al*. *Autonomous driving*: technical, legal and social aspects. Ladenburg: Springer Open, 2016.

[47] ANDERSON, James M. *et al*. *Autonomous vehicle technology*: a guide for policymakers. Santa Monica: Rand Corporation, 2016.

[48] CAVALIERI FILHO, Sergio. *Programa de direito do consumidor*. 5. ed. São Paulo: Atlas, 2019. p. 429.

Contudo, o mesmo autor pondera[49] que não há uma jurisprudência firmada sobre critérios definidores da diferença entre o desgaste natural do produto e um vício ou defeito, nos casos de eventos ocorridos depois de muito tempo da aquisição. Apenas há uma distinção entre os dois no caso de o defeito apresentado não guardar nenhuma relação com a fruição da coisa, conforme o entendimento do Resp nº 984.106/SC, de relatoria do Ministro Luis Felipe Salomão.[50]

Todavia, no caso de veículos, segundo Chi *et al*,[51] os principais problemas encontrados nas estruturas dos carros são relativos a: sistema elétrico, *airbags*, sistema de transmissão, luzes exteriores (setas), sistemas de transmissão, controle de velocidade dentre outros. Nessa lista de principais problemas descritos pelos autores, todos podem ser derivados de problemas de fabricação, os quais resultam em um desgaste acelerado, como de um desgaste natural da coisa.

Logo, no caso dos carros que têm uma vida útil média, estimada por Bento, Roth e Zuo,[52] entre 15 e 16 anos de rodagem, diversos problemas derivados de defeitos de concepção, fabricação e design podem aparecer tardiamente. Não se pode, em nenhuma ocasião,[53] exigir um dever técnico ao consumidor de saber quando fazer a manutenção do veículo, em especial daqueles equipamentos menos usuais para as pessoas (câmeras, radares e processadores), sem uma informação prévia e clara por parte do fornecedor do carro.

Além disso, como o *software*, intrínseco à autonomia do carro, é um serviço que perdura pelo tempo, como uma espécie de contrato cativo de consumo, a época do fornecimento desse serviço é considerada todo o lapso temporal de permanência do consumidor com o seu carro, ou ao menos, o tempo do percurso em caso de transporte pelo carro autônomo. Assim, não pode o veículo se tornar menos seguro do que fora anteriormente, de modo a aumentar os riscos não esperados pelos consumidores.

---

[49] CAVALIERI FILHO, Sergio. *Programa de direito do consumidor*. 5. ed. São Paulo: Atlas, 2019. p. 429.

[50] BRASIL. Superior Tribunal de Justiça. Recurso Especial nº 984.106 – SC (2007/0207915-3). Relator: Ministro Luís Felipe Salomão. *Diário Oficial da União*, Brasília, 11 out. 2013.

[51] CHI, Chia-Fen *et al*. Classification Scheme for Root Cause and Failure Modes and Effects Analysis (FMEA) of Passenger Vehicle Recalls. *Reliability Engineering & System Safety*, Amsterdã, p. 1-10, 2020.

[52] BENTO, Antonio; ROTH, Kevin; ZUO, Yiou. Vehicle lifetime trends and scrappage behavior in the US used car market. *The Energy Journal*, Toronto, v. 39, n. 1, 2018.

[53] NUNES, Rizzatto. *Curso de direito do consumidor*. 12. ed. São Paulo: Saraiva Educação, 2018. p. 730.

Nesse sentido, Anderson *et al*[54] apresentam um tipo de defeito, reconhecido nos Estados Unidos, capaz de gerar a responsabilidade do fornecedor de carros autônomos: o defeito por falta de aviso. Essa nova modalidade de descumprimento obrigacional seria derivada do dever de informar o consumidor sobre as características do produto, mas não restrita apenas à fase pré-contratual, mas com emanação de efeitos para a fase de execução do contrato, cabendo ao fornecedor, por meio do sistema inteligente do carro, informar sobre a necessidade de manutenção de peças essenciais e de realizar atualizações do sistema de *software*.

Convém destacar que essa medida de consideração de um defeito por falta de aviso supriria a possível exigência de um conhecimento técnico por parte do consumidor. Em contrário, caso não seja considerada a existência desse nexo de responsabilidade com a ligação do fornecedor ao acidente, se presumirá que o consumidor seria obrigado a saber sobre o mau funcionamento/desgaste de determinada peça, ou deveria ter na memória, durante toda a vida útil do carro, o livro técnico do veículo, a fim de saber as datas ou as características a serem observadas.[55]

Com isso, por meio do próprio produto, com uma tecnologia já conhecida atualmente, poderia se garantir a manutenção da segurança esperada pelo consumidor. Evita-se, assim, acidentes com possível responsabilização por defeitos acontecidos muito após a colocação no mercado de consumo do produto, além de se evitar a discussão judicial sobre a duvidosa diferença entre desgaste natural e defeito de fabricação,[56] depois de longo lapso temporal da compra do produto.

Ademais, mesmo que o fornecedor alegue não poder garantir a certeza desse dever de aviso, pois a quebra ou o mau funcionamento de uma peça ou do *software* seria imprevisível e inevitável, o caso seria considerado como um tipo de caso fortuito interno. Segundo Cavalieri Filho,[57] poderia decorrer do risco do empreendimento, de garantia da máxima segurança durante o trajeto de condução do carro, não havendo exclusão da responsabilidade.

---

[54] ANDERSON, James M. *et al. Autonomous vehicle technology*: a guide for policymakers. Santa Monica: Rand Corporation, 2016.

[55] GEISTFELD, Mark A. A roadmap for autonomous vehicles: state tort liability, automobile insurance, and federal safety regulation. *Calif. L. Rev.*, Berkeley, v. 105, p. 1611, 2017.

[56] GEISTFELD, Mark A. A roadmap for autonomous vehicles: state tort liability, automobile insurance, and federal safety regulation. *Calif. L. Rev.*, Berkeley, v. 105, p. 1611, 2017.

[57] CAVALIERI FILHO, Sergio. *Programa de direito do consumidor*. 5. ed. São Paulo: Atlas, 2019. p. 429.

Portanto, quanto à responsabilidade do fornecedor do carro autônomo, pode-se afirmar que existe um dever em relação à segurança das decisões do carro, bem como do correto funcionamento dos programas por ele executados. Essa responsabilidade seria, então, aplicável mesmo frente a ações de terceiros mal intencionados, bem como de ações dos usuários capazes de se colocar em perigo, por fazer parte dos riscos internos ao negócio.

Assim, mesmo nos casos típicos de exclusão de responsabilidade em outros setores, não poderão excluir a responsabilidade ou o nexo de causalidade, de modo a integrar o dever do fornecedor suportar os efeitos dessas condutas. Destarte, mesmo nos casos fora do âmbito de sua responsabilidade, devido à atividade publicitária, podem ser interiorizados aos riscos do negócio.

5 Considerações finais

A aproximação do carro autônomo no mercado de consumo de massa brasileiro cria diversos problemas, que deverão ser resolvidos pelo judiciário brasileiro, com base em leis e regulamentos pré-existentes. Desse modo, o protagonismo do legislativo e do executivo, na criação de leis específicas, é transferido ao estado-juiz, o qual compulsoriamente deve resolver as questões de maneira a restringir os conceitos e deveres de segurança, qualidade e transparência a um conjunto determinado de deveres de segurança, enquanto garante os objetos vida e saúde do consumidor ou da vítima do fato de consumo.

Diante dessa situação fática, as possibilidades de responsabilização do fornecedor de carros autônomos foram estabelecidas com base na principiologia do direito do consumidor, por permitir uma visão global das fontes aplicáveis ao caso, com indicação de possibilidades e exclusões do dever de indenizar o consumidor.

Assim, definiu-se o conceito do que seria um carro autônomo, utilizando-se uma forma abrangente focada no conceito de autonomia, a qual acaba por destacar os deveres do passageiro e da própria máquina. Ainda, por meio da padronização J3016, da Sociedade de Engenheiros Automotivos (SAE), foram expostas as diferenças existentes entre os cinco diferentes níveis de carros.

Com isso, foi possível determinar as expectativas legítimas, baseadas nos limites e capacidades, para cada nível de carro, bem como os deveres de segurança, qualidade e transparência obrigatoriamente adotados pelos fornecedores. Somado a isso, foram expostos os possíveis riscos aplicáveis a cada tipo de veículo, bem como as normas aplicáveis para a correção ou redução das possibilidades de acidentes de consumo. Logo, constatou-se que, dentro desse tipo de tecnologia, a determinação da conduta causadora do dano é de difícil comprovação, necessitando, nesses casos de dúvida, para garantir a máxima proteção do consumidor, a adoção do nexo de causalidade alternativo. Além disso, os casos de exclusão de responsabilidade, em carros de autonomia máxima, seriam reduzidos à culpa exclusiva de um consumidor negligente ou ao caso fortuito externo, o qual consistiria fundamentalmente em desastres naturais.

Por fim, discutiu-se as possibilidades de responsabilização. Com a evolução do nível de autonomia, em razão do aumento do nível de segurança pretendido em cada tipo de carro, impõe-se a diminuição das possibilidades de exclusão do dever de reparar. Desta forma, foi possível perceber a importância da transparência de informações como forma de evitar a ocorrência de danos e/ou a confusão no mercado consumidor.

Referências

ADKISSON, Samuel D. System-level standards: driverless cars and the future of regulatory design. *University of Hawaii Law Review*, Honolulu, v. 40, p. 1, 2017.

ANDERSON, James M. *et al. Autonomous vehicle technology*: a guide for policymakers. Santa Monica: Rand Corporation, 2016.

ALEMANHA. *Entwurf eines Gesetzes zur Änderung des Straßenverkehrsgesetzes und des Pflichtversicherungsgesetzes – Gesetz zum autonomen Fahren*. Berlim: Governo Federal, 2021.

BENJAMIN, Herman Vasconcellos; MARQUES, Claudia Lima; BESSA, Leonardo Roscoe. *Manual de direito do consumidor*. 8. ed. São Paulo: Editora revista dos Tribunais, 2017.

BENTO, Antonio; ROTH, Kevin; ZUO, Yiou. Vehicle lifetime trends and scrappage behavior in the US used car market. *The Energy Journal*, Toronto, v. 39, n. 1, 2018.

BRASIL. *Constituição (1988)*. Constituição da República Federativa do Brasil. Brasília, DF: Senado Federal: Centro Gráfico, 1988.

BRASIL. Lei nº 9.933, de 20 de dezembro de 1999. Dispõe sobre as competências do Conmetro e do Inmetro, institui a Taxa de Serviços Metrológicos, e dá outras providências. *Diário oficial da União*, Brasília, 20 dez. 1999. Disponível em: http://www.planalto.gov.br/ccivil_03/leis/l9933.htm. Acesso em 14 abr. 2021.

BRASIL. Superior Tribunal de Justiça. Recurso Especial nº 984.106 – SC (2007/0207915-3). Relator: Ministro Luís Felipe Salomão. *Diário Oficial da União*, Brasília, 11 out. 2013.

CALIFORNIA. *Autonomous Vehicles* nº 38750 – 38755, de 2012. VEH DIVISION 16.6. *Vehicle Code*: Autonomous Vehicles. Sacramento, California. Disponível em: https://leginfo.legislature.ca.gov/faces/codes_displayText.xhtml?lawCode=VEH&division=16.6. Acesso em 30 abr. 2021.

CAVALIERI FILHO, Sergio. *Programa de direito do consumidor*. 5. ed. São Paulo: Atlas, 2019.

CHI, Chia-Fen *et al*. Classification Scheme for Root Cause and Failure Modes and Effects Analysis (FMEA) of Passenger Vehicle Recalls. *Reliability Engineering & System Safety*, Amsterdã, p. 1-10, 2020.

CRANE, Daniel A.; LOGUE, Kyle D.; PILZ, Bryce C. A survey of legal issues arising from the deployment of autonomous and connected vehicles. *Michigan Telecommunications and Technology Law Review*, Ann Arbor, v. 23, p. 191, 2016.

D.C COLUMBIA. Law nº 19.643, de 23 de janeiro de 2013. *Autonomous Vehicle Act Of 2012*. District of Columbia, DC COLUMBIA. Disponível em: https://lims.dccouncil.us/downloads/LIMS/26687/Signed_Act/B19-0931-SignedAct.pdf. Acesso em 30 abr. 2021.

ESTADOS UNIDOS. National Highway Traffic Safety Administration. *Automated driving systems 2.0*: a vision for Safety. Washington: NHTSA, 2017.

FILOMENO, José Geraldo Brito. *Direito do consumidor*. 15. ed. São Paulo: Atlas, 2018.

GEISTFELD, Mark A. A roadmap for autonomous vehicles: state tort liability, automobile insurance, and federal safety regulation. *Calif. L. Rev.*, Berkeley, v. 105, p. 1611, 2017.

GEMIGNANI, Michael C. Product liability and software. *Rutgers Computer & Tech. LJ*, [*s. l*], v. 8, p. 173, 1980.

GLOBO. *Chinês culpa Tesla por acidente com 'piloto automático' acionado*: carro bateu em outro estacionado parcialmente fora da estrada. É o 3º acidente registrado com o modo Autopilot. São Paulo, 10 ago. 2016. Disponível em: http://g1.globo.com/carros/noticia/2016/08/chines-culpa-tesla-por-acidente-com-piloto-automatico-acionado.html. Acesso em 30 abr. 2021.

GRINOVER, Ada Pellegrini *et al*. *Código brasileiro de defesa do consumidor*: comentado pelos autores do anteprojeto. 9. ed. Rio de Janeiro: Forense Universitária, 2007.

INGLATERRA. Automated Vehicles: consultation paper 3 – A regulatory framework for automated vehicles. *Law Commission*, Londres, p. 392, 2020.

LARI, Adeel; DOUMA, Frank; ONYIAH, Ify. Self-Driving Vehicles and Policy Implications: current Status of Autonomous Vehicle Development and Minnesota Policy Implications. *Minnesota journal of law science & technology*, v. 16, n. 2, 2015. Disponível em: https://scholarship.law.umn.edu/cgi/viewcontent.cgi?article=1015&context=mjlst. Acesso em 30 abr. 2021.

LITMAN, Todd. Autonomous vehicle implementation predictions: implications for transport planning. *Victoria Transport Policy Institute*, v. 29, 2021.

LUCKY, Bebeteidoh Oyinkepreye; TAKIM, Stephen. Manufacturing defects in the automobile industry, a case study of the remote causes and effects of Toyotas transmission malfunctions in cars. *International Journal of Engineering and Applied Sciences*, [*s. l*], v. 2, n. 8, 2015.

MARQUES, Claudia Lima; BENJAMIN, Antonio Herman. A teoria do diálogo das fontes e seu impacto no Brasil: uma homenagem a Erik Jayme. *Revista de Direito do Consumidor*, São Paulo, v. 115, n. 27, 2018.

MIRAGEM, Bruno. *Curso de Direito do Consumidor*. 6. ed. São Paulo: Editora Revista dos Tribunais Ltda, 2016.

MOHR, Jakki. The marketing of high-technology products and services: implications for curriculum content and design. *Journal of Marketing Education*, [s. l], v. 22, n. 3, p. 246-259, 2000. Trienal.

NUNES, Rizzatto. *Curso de direito do consumidor*. 12. ed. São Paulo: Saraiva Educação, 2018.

OZGUNER, Umit; ACARMAN, Tankut; REDMILL, Keith. *Autonomous Ground Vehicles*. Boston: Artech house, 2011.

PISSARDINI, Rodrigo de Souza; WEI, Daniel Chin Min; FONSECA JÚNIOR, Evaldo Simões da. Veículos autônomos: conceitos, histórico e estado-da-arte. *In: Anais XXVII Congresso de Pesquisa e Ensino em Transportes – ANPET*, São Paulo, v. 1, p. 1-13, 2013.

SAE. Automation standards J3016. *SAE global ground vehicle standards*. Pittsburgh: SAE International, 2016.

SCHREURS, Miranda A.; STEUWER, Sibyl D. Autonomous Driving – Political, Legal, Social, and Sustainability Dimensions. *In*: MAURER, Markus *et al*. *Autonomous driving*: technical, legal and social aspects. Ladenburg: Springer Open, 2016.

TAEIHAGH, Araz; LIM, Hazel Si Min. Governing autonomous vehicles: emerging responses for safety, liability, privacy, cybersecurity, and industry risks. *Transport Reviews*, v. 39, n. 1, p. 103-128, 2019.

WEST, Darrell M. Moving forward: Self-driving vehicles in China, Europe, Japan, Korea, and the United States. *Center for Technology Innovation at Brookings*, Washington, p. 1-32, 2016.

WHITE, Joseph. Waymo opens driverless robo-taxi service to the public in Phoenix. *Reuters*, Detroit, 12 out. 2020. Disponível em: https://www.reuters.com/article/us-waymo-autonomous-phoenix-idUKKBN26T2Y3. Acesso em 16 mar. 2021.

WU, Stephen S. Product Liability Issues in the U.S. and Associated Risk Management. *In*: MAURER, Markus *et al*. *Autonomous driving*: technical, legal and social aspects. Ladenburg: Springer Open, 2016.

Informação bibliográfica deste texto, conforme a NBR 6023:2018 da Associação Brasileira de Normas Técnicas (ABNT):

TRENTINI, Flavia; VIANA, Luciano Henrique Caixeta. Responsabilidade do fornecedor por descumprimento do dever de segurança do carro autônomo. *In*: EHRHARDT JÚNIOR, Marcos; CATALAN, Marcos; MALHEIROS, Pablo (Coord.). *Direito do Consumidor e novas tecnologias*. Belo Horizonte: Fórum, 2021. p. 195-215. ISBN 978-65-5518-253-8.

RESPONSABILIDADE CIVIL EM ACIDENTES DE TRÂNSITO ENVOLVENDO VEÍCULOS AUTÔNOMOS

MARIA EDUARDA PINTO COSTA

MARCOS EHRHARDT JÚNIOR

1 Introdução

O avanço da Inteligência Artificial (IA) tem trazido grandes mudanças no contexto mundial, impactando diferentes áreas, inclusive a automobilística. Nesse quesito, permitiu o surgimento e o desenvolvimento cada vez maior dos veículos autônomos (VA), que se utilizam da tecnologia dos sistemas de IA para facilitar a condução dos automóveis.

Há uma forte expectativa de que essa inovação possa melhorar a realidade do trânsito nas rodovias, reduzindo a quantidade de acidentes, enquanto otimiza o tempo do motorista – que não precisará mais conduzir o veículo. Contudo, é evidente que acidentes também ocorrerão, mesmo que em menor intensidade – ainda mais no início, considerando o processo de adaptação e o aprendizado das máquinas, que funcionam através de observação e experiência, o chamado *machine learning*.

É preciso que nosso sistema jurídico esteja preparado para apresentar respostas às vítimas de danos decorrentes de acidentes relacionados ao uso de tal tecnologia. Para tanto, é fundamental ampliar o debate sore o tema. Este artigo tem como objetivo a discussão acerca dos possíveis impactos que a utilização de veículos autônomos traz ao âmbito da responsabilidade civil, lançando mão de casos concretos para a exemplificação e a construção de possíveis soluções, de acordo com o atual ordenamento jurídico brasileiro.

2 Considerações sobre a inteligência artificial

Por muito tempo, acreditava-se que a inteligência era exclusiva da nossa espécie, o que tornaria os *homo sapiens* seres superiores. A inteligência artificial surgiu na contramão desse pressuposto, ao defender que o conhecimento também pode ser criado artificialmente.

O filósofo Nick Bostrom não só acredita nessa possibilidade, como também afirma que "provavelmente é o último desafio que a humanidade irá enfrentar".[1] [2] Por mais impactante que seja sua afirmação, baseia-se no fato de que sinais de computadores têm uma velocidade muito superior à velocidade dos neurônios.

É incontroverso o aumento de uso da tecnologia em nosso cotidiano, abrangendo diversas áreas da vida humana, desde os utensílios domésticos até os equipamentos de fábricas. A tecnologia tem transformado as formas de ensino, de trabalho e de comunicação, alterando a rotina dos indivíduos. Tornou-se tão intrínseca ao ser humano médio que, muitas vezes, nem sequer percebemos sua presença em aparelhos/aplicativos de uso frequente.

Pode-se dizer que há uma relação cíclica entre a tecnologia e a IA (inteligência artificial), visto que esta é um reflexo e, ao mesmo tempo, um impulsionador daquela. As inovações tecnológicas constituem, cada vez mais, inovações trazidas por sistemas de inteligência artificial.

O que seria, então, a IA?

Os conceitos podem variar entre uma perspectiva relacionada ao saber ou ao agir, assim como ao agir humano ou a um agir racional, consoante explicam Stuart Russel e Peter Norvig. É difícil resumir algo tão complexo e abrangente num único conceito. De forma bem simplória, podemos dizer que IA é o estudo que possibilita a criação de agentes inteligentes.

Esses agentes, por sua vez, devem possuir autonomia para tomar decisões, ainda que com base em certo conhecimento pelo qual tenham sido desenvolvidos. Desde seu princípio, a IA conta com agentes desenvolvidos para um fim específico – inicialmente, foi criada uma máquina para jogar xadrez. A partir de então, houve um avanço enorme de seu estudo e de sua capacidade.

Para conseguir gerar alternativas inteligentes, principalmente em tamanha amplitude, o agente artificial trabalha a partir do banco de

---

[1] BOSTROM, Nick. *Superintelligence*: paths, dangers, strategies. 1. ed. Reino Unido: Oxford, 2014. (Tradução nossa).

[2] "[...] it is probably the last challenge we will ever face".

dados que lhe é fornecido. Através de dados de pessoas é que se inicia a tentativa de pensar como um humano: o sistema identifica padrões em meio às informações que recebe para, então, criar um parâmetro de decisões que exerce em sua autonomia.

O conteúdo que fornecemos à inteligência artificial afeta diretamente o retorno que vamos receber. Stuart Russell, pioneiro no campo de IA, estabelece princípios para uma utilização mais segura da inteligência artificial, e todos eles são relativos aos objetivos imputados à máquina. O autor menciona três princípios para que possamos usufruir da IA com segurança: (I) o robô deve ter o objetivo de maximizar a realização dos valores humanos; (II) deve ter objetivos inicialmente incertos; (III) deve aprender através da observação.

Em geral, a maior parte dos sistemas atuais de IA tem uma função específica, direcionados a impulsionar o seu objetivo. Para tanto, o agente artificial necessita de algumas informações – esses dados são utilizados em sua programação, para que ele possa realizar seu fim. Ou seja, sua autonomia não é total: há o *input*, a partir do qual surge o comportamento que se espera que o agente tenha.

A ideia é que o agente artificial já tenha em sua programação certos valores, correspondentes aos humanos, para guiá-lo. Não teria, inicialmente, uma resposta pronta de como agir em cada situação. Para isso, é necessária a aprendizagem através da observação, mais conhecida como *machine learning*.

É justamente essa técnica que traz preocupações – até onde a máquina poderia aprender por conta própria? O aprendizado adquirido seria capaz de alterar seus objetivos? Os mais pessimistas acreditam que sim, seria capaz de mudar seus objetivos e não temos como medir o alcance de sua evolução. Por outro lado, há a defesa de todos os benefícios que a IA traz e pode trazer cada vez mais para a nossa realidade, combinada com estudos que visam a aumentar o seu desenvolvimento e prever o seu impacto, buscando garantir que este se mantenha majoritariamente positivo.

Segundo Doneda *et al.*,[3] os agentes artificiais têm a faceta de prever o comportamento humano, podendo ser utilizados para previsões gerais e abstratas ou, também, para previsões individuais e específicas. Isso vai depender da função para a qual a IA será direcionada. A depender do agente e do nível de IA, a previsão se torna determinante

---

[3] DONEDA, Danilo *et al.* Considerações iniciais sobre inteligência artificial, ética e autonomia pessoal. *Pensar*, Fortaleza, v. 23, n. 4, p. 1-17, out./dez. 2018.

para o resultado. A tendência é que a máquina reproduza, automaticamente, o que lhe foi dado como base. Logo, o *input* tem relação direta com o *output*. O funcionamento de IA segue esse padrão, mas, quanto às espécies de IA, existem diferentes tipos.

Segundo Strelkova e Pasichnyk, existem três tipos de inteligência artificial, quais sejam: a IA Limitada (Artificial Narrow Intelligence – ANI), a IA Geral (Artificial General Intelligence – AGI) e a IA Super (Artificial Super Intelligence – ASI).[4] A ANI corresponde ao primeiro nível de inteligência artificial, enquanto a AGI já alcança o nível de inteligência humano, com as habilidades de raciocinar, planejar, solucionar problemas, entre outras. A ASI, por sua vez, torna-se superior ao cérebro humano.

Os instrumentos de IA que estamos habituados a utilizar no dia a dia são exemplos de ANI, sendo esta considerada uma inteligência artificial já conquistada pelos seres humanos. Trata-se de "uma espécie de inteligência artificial que se especializa numa única área e possui um único objetivo definido".[5]

O ramo do transporte traz inovações e possibilidades que prometem transformar nossa forma de locomoção. O presente artigo tem como foco o impacto da IA em veículos, especialmente as questões jurídicas acerca da responsabilidade civil em danos causados por acidentes de trânsito que envolvam carros autônomos.

Quais as possibilidades que a IA traz ao meio automobilístico? Acredita-se que a inserção de carros autônomos na sociedade pode reduzir a quantidade de acidentes, gerar a modernização das cidades e até mesmo reduzir as áreas dedicadas a estacionamento.

As possibilidades são tamanhas a ponto de afetar positivamente a qualidade de vida dos cidadãos – direta e indiretamente –, de forma que, ao reduzir a quantidade de acidentes, reduziria, também, os custos do sistema público de saúde, que arca anualmente com valores exorbitantes em tratamentos de vítimas de acidentes de trânsito.

Conforme Monte-Silva,[6] "o custo médio de um acidente automotivo é de R$72,7 mil e, quando envolve vítima fatal, é de cerca de R$646,8

---

[4] STRELKOVA, O.; PASICHNYK, O. *Three types of artificial intelligence*. Disponível em: http://eztuir.ztu.edu.ua/bitstream/handle/123456789/6479/142.pdf?sequence=1&i. Acesso em 17 nov. 2020. (Tradução nossa).

[5] SILVA, Gabriela; EHRHARDT JÚNIOR, Marcos. Diretrizes éticas para a inteligência artificial confiável na União Europeia e a regulação jurídica no Brasil. *Revista IBERC*, v. 3, n. 3, p. 1-28, set./dez. 2020. Disponível em: www.responsabilidadecivil.org/revista-iberc. Acesso em 17 nov. 2020.

[6] MONTE-SILVA, Lucas. A responsabilidade civil por acidentes de carros autônomos: uma análise sob a ótica das smart cities. *Revista TRF1*, Brasília, v. 29, n. 7/8, jul./ago. 2017.

mil".[7] O autor traz dados do IPEA acerca dos custos decorrentes de acidentes de trânsito no Brasil, lembrando que a conta vai muito além dos investimentos em rodovias e medidas de segurança no trânsito. A previsão de uma diminuição na quantidade de acidentes baseia-se em dados do Observatório Nacional de Segurança Viária, segundo o qual 90% dos acidentes de trânsito são causados por falha humana.[8] Contudo, não basta qualquer nível de autonomia para podermos considerar um carro autônomo. A promessa de um trânsito mais seguro seria ainda possível em veículos com apenas algumas funções autônomas, como já vemos no Brasil?

A resposta é positiva, de acordo com o estudo europeu sobre a causa de acidentes (EACS, em inglês). O estudo mostra que VA no nível 1 já é capaz de evitar totalmente ou minimizar a gravidade dos acidentes em 18%, quando se tratar de acidentes com danos em geral, e em 34%, relativamente a acidentes fatais.[9]

Jack Stilgoe afirma que "o carro autônomo é uma tecnologia que já está entre nós, ao tempo que se encontra em desenvolvimento, carregando uma forte promessa do que pode se tornar".[10] Ainda que não restem evidenciados todos os aspectos da aplicação de IA nos veículos, é preciso aprofundar o debate acerca de suas implicações para o campo jurídico, especialmente no que tange à responsabilidade civil.

3 Veículos autônomos e o atual estágio de sua compreensão pelo direito

Há muito se idealiza como seria o carro do futuro. Longe do conceito de carros voadores do clássico *Jetsons*, desenho de Hanna-Barbera, a realidade também já se afastou muito do que conhecíamos inicialmente. Os veículos automotivos se encontram cada vez mais

---

[7] IPEA. *Acidentes de trânsito nas rodovias federais brasileiras*: caracterização, tendências e custos para a sociedade. Relatório de Pesquisa. Brasília: IPEA, 2015.

[8] PINHEIRO, Guilherme; BORGES, Maria Ruth; MELLO, F. L. Danos envolvendo veículos autônomos e a responsabilidade civil do fornecedor. *Revista Brasileira de Direito Civil – RBDCivil*, Belo Horizonte, v. 21, p. 247-267, jul./set. 2019.

[9] SFERCO, Raimondo *et al. Potential effectiveness of electronic stability programs (ESP) – What European field studies tell us.* Disponível em: http://wwwnrd.nhtsa.dot. gov/pdf/esv17/proceed/00192.pdf. Acesso em 24 fev. 2021.

[10] "The self-driving car is both a technology already with us and a work-in-progress, laden with promise for what it might become". STILGOE, Jack. Machine learning, social learning and the governance of selfdriving cars. *Social Studies of Science*, v. 48, n. 1, p. 25-56, nov. 2017. (Tradução nossa).

modernos e com mais funções. Estas, por sua vez, nem sempre necessitam do motorista para realizá-las, baseando-se em sistemas de inteligência artificial.

As empresas fabricantes de veículos autônomos têm alcançado crescente espaço na economia e no mercado, como a Tesla, enquanto outras empresas tradicionais têm aderido a funções autônomas em novas versões de seus veículos. Como visto anteriormente, não basta possuir sistemas de IA para que um carro possa ser considerado autônomo; há diferentes estágios de autonomia.

É possível dividir os veículos com funções autônomas em *driver assistance* e *autonomous vehicle*. O primeiro, que consiste numa assistência ao motorista, envolve os níveis 1 a 3 da classificação realizada pela *Society of Engineers*, enquanto o segundo, que se refere ao veículo autônomo propriamente dito, corresponde aos níveis 4 e 5 de automação. Vejamos melhor esta classificação.

A variabilidade do grau de autonomia dos veículos perante o condutor humano envolve seis diferentes níveis de automação, conforme a organização estadunidense *Society of Engineers*, variando do nível 0 ao 5.[11] O nível 0 corresponde ao modelo sem automação, ou seja, aquele que depende totalmente do condutor humano, sendo este o responsável por todas as manobras e movimentos do veículo.

A partir do nível 1 começamos a ver, gradualmente, funções autônomas. O sistema tem funções que ajudam o motorista, mas este ainda é responsável pelo veículo, dividindo com a IA sua direção. No nível 2 encontra-se uma função de pilotagem que envolve a direção, a aceleração e a desaceleração. O condutor não precisa realizar atividades como frear ou acelerar, mas deve manter as mãos ao volante e supervisionar todas as manobras realizadas por funções autônomas.

No nível 3 a condução do veículo se dá pelo sistema automatizado, de modo que o condutor não precisaria estar todo o tempo com as mãos no volante. Contudo, deve conseguir retomar o controle quando preciso. Nas palavras de Colombo e Neto, o sistema realiza a condução do veículo, com "a expectativa de que o motorista humano esteja disponível para intervir diante da solicitação de uma pronta intervenção".[12]

---

[11] COLOMBO, Cristiano; NETO, Eugênio. Aspectos históricos e conceituais acerca dos veículos autônomos: seus efeitos disruptivos em matéria de responsabilidade civil e a necessidade de proteger as vítimas. *In: Anais do XXVII Encontro Nacional do CONPEDI Salvador – BA: Direito, Governança e Novas Tecnologias*. 2018. p. 41-60.

[12] COLOMBO, Cristiano; NETO, Eugênio. Aspectos históricos e conceituais acerca dos veículos autônomos: seus efeitos disruptivos em matéria de responsabilidade civil e a necessidade

O nível 4 traz a transição para um veículo autônomo, além dos veículos com assistência ao motorista. A partir de então, o sistema realiza todas as atividades de condução, sem que seja necessária a intervenção do condutor humano para corrigir qualquer manobra. Por último, o nível 5 corresponde à automação total, prescindindo da presença de um condutor humano no carro.

Conclui-se, diante do exposto, que existe também a automação parcial, dotada de funções autônomas, mas que não isentam o motorista do dever de atenção e controle. É a forma mais frequente de automação de veículos no Brasil, por enquanto.

Até mesmo a automação em sua forma parcial, na categoria de *driver assistance*, já traz novas consequências ao sistema brasileiro, evidenciando a necessidade de mudanças. A partir do nível 3, o motorista já não precisa manter as mãos no volante o tempo todo, conforme supracitado. Contudo, há expressa norma de trânsito em sentido contrário, como se retira do entendimento do art. 252, V, do Código de Trânsito Brasileiro.[13]

Logo, o motorista que usufrua do benefício de funções autônomas, como o Park Assist, em que o próprio carro realiza a manobra para estacionar (sem que o condutor humano precise controlar o volante), seria passível de sanção, através de multa e da perda de pontos na CNH. Até uma revisão, vale dizer, atualização, numa interpretação literal da legislação vigente, torna-se inviável utilizar carro produzido e comprado no país, com função Park Assist, sem infringir norma de trânsito.

Evidente, assim, a necessidade de adaptações do nosso sistema às novas tecnologias que já estão presentes na realidade automobilística do país e tendem a abranger o seu campo de alcance. Assim como as normas de trânsito, o Direito Civil também deve se atualizar para acompanhar a sociedade, de modo que devemos nos preparar para novos debates e prever possíveis cenários.

Um exemplo de adaptação das normas de trânsito à tecnologia é o caso de navegadores GPS. Inicialmente, o CTB proibia aparelhos geradores de imagens no painel dianteiro, mas em 2007 foi publicada a Resolução nº 242 do Contran, "considerando a necessidade de atualizar

---

de proteger as vítimas. *In: Anais do XXVII Encontro Nacional do CONPEDI Salvador – BA: Direito, Governança e Novas Tecnologias.* 2018. p. 46.

[13] Art. 252. Dirigir o veículo: [...] V – com apenas uma das mãos, exceto quando deva fazer sinais regulamentares de braço, mudar a marcha do veículo, ou acionar equipamentos e acessórios do veículo; [...] Infração – média; Penalidade – multa.

a legislação de trânsito em consonância com o desenvolvimento tecnológico dos sistemas de suporte à direção".

A resolução permitiu a instalação e a utilização de aparelhos GPS, com o cuidado de manter o controle quanto a equipamentos geradores de imagens para fins de entretenimento. A mudança ocorreu por necessidade, uma vez que nossas normas devem se basear nas práticas sociais. É esse o motivo pelo qual a autonomia em veículos automotivos, sem dúvida, há de nos trazer diversos questionamentos e novas normas que reflitam a realidade da sociedade.

As grandes concessionárias brasileiras têm investido fortemente em inovações tecnológicas, buscando adaptar-se à tendência mundial de sistemas de IA nos veículos automotivos, tendo em vista a necessidade de se manter atualizado para garantir um espaço no mercado altamente competitivo.

São funções mais comuns, por exemplo, o sistema de auxílio de estacionamento e a câmera de marcha à ré. Empresas como a Volkswagen, a Chevrolet e a Jeep possuem alguns veículos de suas linhas com assistência de direção para estacionamento, também conhecida como *Park Assist*. Essa função serve para controlar o veículo ao estacionar em uma vaga e ao sair dela. Trata-se de uma adição ao auxílio de estacionamento (Park Pilot).

No manual de instruções do veículo T-Cross da Volkswagen (2020) encontramos as especificidades quanto ao Park Pilot e ao Park Assist. O primeiro "auxilia o condutor ao estacionar e manobrar"; por meio de sensores, reconhece e indica ao condutor quando há um obstáculo na área. Já o segundo é mais completo, controlando totalmente a direção do veículo na entrada e saída de uma vaga, sem que o condutor humano interfira ao volante. É o caso comentado anteriormente, que contradiz a norma de trânsito brasileira.

O manual traz alguns requisitos para o funcionamento da função e menciona que durante o procedimento de manobra o condutor não deve "tocar no volante até que isso seja solicitado pelo sistema", com uma única exceção: em caso de situação de perigo. Na parte destinada a soluções de problemas, contudo, o manual não vai muito além de repetir que devem ser cumpridos os requisitos do sistema e indicar o desligamento temporário do sistema, para verificar se há alguma das possíveis causas sugeridas, e depois de resolver, ligá-lo novamente.

Por fim, conclui que "se ainda assim o sistema continua se comportando de modo imprevisível, procure uma Concessionária Volkswagen ou uma empresa especializada e mande verificar". O que acontece, então, se o sistema não se comportar conforme o esperado?

Qual seria a solução caso o veículo, ao tentar realizar a manobra, colidisse com outro veículo estacionado?

Não há uma definição acerca de quem seria responsável se o veículo batesse em outro ao realizar baliza com a função. Outro exemplo é o sistema denominado "stop and go", lançado pela Hyundai. Este promete uma economia de combustível, sendo atrativo aos clientes pela redução de gastos financeiros que pode proporcionar, além de exercer uma das premissas da IA em VA (veículos autônomos): colaborar para a melhoria da cidade e da qualidade de vida dos cidadãos, através da preservação do meio ambiente.

A referida fabricante explica, em seu *site*, que o sistema não traz nenhuma complicação à condução, de modo que o motorista conduziria o veículo normalmente, bastando que a função esteja ativa para funcionar. Isto se dá porque todo o comando é exercido por uma unidade de controle eletrônico.

Há ainda outras funções que valem menção, mais especificamente, o sistema de alerta e frenagem autônomo e o alerta de mudança de faixa, agora presente, também, em modelos compactos, conforme anuncia a Hyundai em divulgação dos novos modelos de sua linha HB20 (Hyundai HB20 Nova Geração). Essas funções visam prioritariamente a uma maior segurança no trânsito, afirmando mais uma premissa de VA: a redução de acidentes de trânsito.

Ambas as funções têm o intuito de salvar os motoristas em momentos de distração, utilizando uma câmera de vídeo de alta resolução. No alerta de mudança de faixa, essa câmera é capaz de reconhecer as diferentes faixas no asfalto e qual a posição do veículo dentro dessa área.

A fabricante explica:

> Quando detecta que o carro está se aproximando da faixa da esquerda ou da direita, de modo lento e pouco incisivo, o sistema entende que o motorista não tem a intenção de mudar de faixa e emite um alerta sonoro e visual. Alertado, através de um ícone no painel e também por um aviso sonoro, cabe ao motorista decidir se o movimento é voluntário, mantendo a trajetória, ou corrigirá a aproximação indesejada.[14]

---

[14] Cf.: Conheça o alerta de mudança de faixa, um salva-vidas eletrônico. *Hyundai*, 2019. Disponível em: https://hyundai.com.br/inovacaoetecnologia/conheca-o-alerta-demudanca-de-faixa.html. Acesso em 26 jun. 2020.

O sistema funciona, naturalmente, quando o veículo estiver se aproximando da faixa vizinha sem acionar a seta; assim, se tiver a intenção de trocar de faixa, serve como um lembrete para sinalizar e, caso não tenha essa intenção, para atentar à posição devida do carro e não se aproximar distraidamente de outros veículos. Dessa forma, é evidente seu potencial em reduzir a quantidade de acidentes evitando colisões.

Já o sistema de alerta e frenagem autônomo utiliza a câmera para identificar a proximidade de pedestres e veículos à frente, emitindo alerta sonoro ao verificar risco de colisão, assim como aciona automaticamente os freios do veículo. A Hyundai afirma que, se o veículo estiver em velocidade de até 50km/h, o sistema consegue parar completamente o carro antes de uma colisão, mesmo sem nenhuma intervenção do motorista. Caso a velocidade seja superior a 50km/h, é capaz de reduzir consideravelmente os danos pela redução da velocidade e do impacto.

Mais uma vez, fica o questionamento: quem seria responsável caso o veículo colidisse no carro da frente ou atropelasse um pedestre, ainda que estivesse dentro da velocidade considerada segura?

Acidentes com veículos autônomos já ocorreram, ainda durante a fase de testes nos Estados Unidos, tanto com a fabricante Tesla quanto com a Uber. A primeira morte causada por veículo autônomo ocorreu em 2016, com um carro *Model S* da Tesla. Na ocasião, o sistema semiautônomo não identificou a redução de velocidade do caminhão à frente e o carro entrou embaixo dele; o motorista não resistiu e faleceu. Houve uma falha no sistema, e o motorista não estava atento o suficiente para conseguir retomar a direção.

Em 2019 ocorreu a primeira morte de pedestre atingido por um carro autônomo. Era um veículo da Uber, operado de modo autônomo, mas com a presença de um motorista por questão de segurança. O caso se deu na cidade de Tempe, Arizona, e teve alta repercussão pela morte da vítima Elaine Herzberg, que atravessava a rua fora da faixa de cruzamento quando foi atingida.

Colombo e Neto ressaltam que "pela forma como ocorreu o atropelamento, dificilmente um condutor humano teria conseguido evitá-lo".[15] Durante a investigação do caso, foi descoberto que a motorista presente no carro não estava atenta caso precisasse intervir,

---

[15] COLOMBO, Cristiano; NETO, Eugênio. Aspectos históricos e conceituais acerca dos veículos autônomos: seus efeitos disruptivos em matéria de responsabilidade civil e a necessidade de proteger as vítimas. *In: Anais do XXVII Encontro Nacional do CONPEDI Salvador – BA: Direito, Governança e Novas Tecnologias*. 2018. p. 42.

pois estava assistindo a uma série em *streaming* no celular. As hipóteses de responsabilidade se encontravam entre a Uber (empresa que utilizava os veículos), a motorista presente no carro e a própria pedestre. Quem deve, então, responder? No caso, que teve sua complexidade agravada pela falta de precedentes, as investigações duraram mais de um ano e concluíram pela responsabilidade da Uber, entendendo que a motorista, a vítima e até mesmo o Estado do Arizona também tinham culpa. A empresa responsável pelo carro autônomo teve sua parcela de culpa por não possuir um departamento específico para avaliação e mitigação de riscos na época do acidente, assim como pelo não monitoramento de seus motoristas de segurança (*back up drivers*).

A motorista, por sua vez, falhou no serviço de monitorar e interferir; e a vítima, por atravessar no local errado, principalmente depois de identificadas drogas em seu sistema sanguíneo, que podem ter alterado sua tomada de decisão. Quanto ao Estado do Arizona, este foi apontado como responsável por políticas insuficientes de segurança e controle de veículos autônomos em suas vias públicas, sendo processado pela família da vítima, que afirmava que o Estado não tinha proporcionado condições seguras, o que levou ao acidente.

Os referidos acidentes servem como um alerta: ainda que a autonomia em veículos traga a promessa de redução de acidentes, não significa que estes não mais ocorrerão. Acidentes continuarão acontecendo, mesmo que em menor frequência ou com menor gravidade. Este é um objetivo a ser gradativamente alcançado, de modo que precisaremos passar por um período de adaptação com a introdução de VA nas rodovias.

Nesse sentido, ao tratar do acidente fatal de atropelamento de Elaine Herzberg:

> [...] o carro era testado pela Uber, mas diversas outras empresas, como Apple, Honda e Waymo, têm realizado testes com VA conduzidos parcial ou completamente por sistemas inteligentes. Os testes têm como objetivo principal avaliar e aperfeiçoar o desenvolvimento dessa tecnologia antes de sua comercialização. Portanto, cabe a discussão sobre quem seriam os responsáveis por esse tipo de acidente.[16]

---

[16] PINHEIRO, Guilherme; BORGES, Maria Ruth; MELLO, F. L. Danos envolvendo veículos autônomos e a responsabilidade civil do fornecedor. *Revista Brasileira de Direito Civil – RBDCivil*, Belo Horizonte, v. 21, p. 247-267, jul./set. 2019. p. 254.

Só nas fases de testes já ocorreram acidentes, até mesmo com resultados graves. Isso traz o lembrete acerca da importância de se regulamentar a situação, criando normas que possam proteger e guiar a sociedade quando passarmos a enfrentar situações como essas no Brasil. É ideal atentar para a contemporaneidade dessa mudança, de modo que nos antecipemos aos acidentes trazidos por VA em circulação nas rodovias brasileiras. Antes de ser possível uma livre circulação, há a fase de testes e aperfeiçoamento da tecnologia, que, a exemplo do ocorrido nos Estados Unidos, também traz desafios para a aplicação da responsabilidade.

Não há limites para a criatividade humana e o desenvolvimento tecnológico. A ciência não pede permissão ao Direito para se expandir e se reinventar continuamente. Mas isso não significa que o Direito possa ser descartado no mundo cada vez mais *tech* em que vivemos. O impacto da tecnologia nas relações sociais produz efeitos claramente jurídicos.[17]

Como visto, ainda há um longo caminho para a autonomia total ser comum nas estradas brasileiras. Recentemente, a previsão foi adiada, também, em outros países, devido à pandemia do coronavírus (Covid-19). O aperfeiçoamento da tecnologia, a ponto de poder ser utilizada em larga escala com segurança, leva tempo e exige muitos testes, que foram suspensos durante a maior parte de 2020.

Os testes costumam ser feitos com duas pessoas no carro, o que não é possível em momento de distanciamento e/ou isolamento social, o que resulta em alguns meses de atraso no desenvolvimento de VA para o seu lançamento.

De qualquer forma, os veículos com funções autônomas (autonomia parcial) já estão presentes entre nós e trazem mudanças para constituir um marco significativo, merecendo atenção e adaptações que os enquadrem em nossa realidade jurídica.

4 Teoria geral da responsabilidade civil aplicada a danos provocados por veículos autônomos

O dinamismo é uma característica intrínseca ao Direito, que precisa sempre se adaptar para alcançar a atualidade. Nas palavras de Farias,

---

[17] COLOMBO, Cristiano; NETO, Eugênio. Aspectos históricos e conceituais acerca dos veículos autônomos: seus efeitos disruptivos em matéria de responsabilidade civil e a necessidade de proteger as vítimas. *In: Anais do XXVII Encontro Nacional do CONPEDI Salvador – BA: Direito, Governança e Novas Tecnologias*. 2018. p. 44-45.

Braga Netto e Rosenvald, "a prevenção é o cerne da responsabilidade civil contemporânea".[18] O enfoque da responsabilidade civil estaria sendo reformado, passando da reparação à prevenção, assim como, ao longo da história, a matéria possuiu diferentes correntes majoritárias: surgiu em sua perspectiva subjetiva (pautada pelo conceito de culpa), seguida pela responsabilidade subjetiva com culpa presumida, e, posteriormente, por uma responsabilidade civil objetiva.

Isso serve para exemplificar o quanto a responsabilidade civil também é dinâmica e se ajusta à população de um certo local e tempo, assim como o Direito. No "Novo Manual de Responsabilidade Civil", o autor, ao abordar os fundamentos da responsabilidade civil, toma o Direito como reflexo dos hábitos rotineiros e culturais de um povo, afirmando tratar-se de uma ferramenta cujo objetivo é acolher e solucionar a necessidade social.[19]

É justamente esse dever de corresponder à demanda social que tem transformado a responsabilidade civil na forma que conhecemos hoje, com a aplicação da responsabilidade objetiva agravada, o surgimento da teoria do risco e a intensificação da precaução, por exemplo.

Responsabilizar já significou punir, reprimir, culpar; com o advento da teoria do risco, "responsabilizar" se converteu em reparação de danos. Na contemporaneidade, some-se à finalidade compensatória a ideia de responsabilidade como prevenção de ilícitos.[20]

A precaução tem o objetivo de reduzir os riscos. Conforme ressaltam Kourilsky e Viney,[21] trata-se de riscos potenciais, através de um processo que se opera na incerteza e requer ações particulares:

Exige a avaliação da realidade dos riscos, a identificação de soluções que possam reduzi-los, a comparação de cenários, decisão de ação, desenvolvimento de pesquisas que possam dissipar a incerteza, acompanhamento da situação, adaptação de medidas e revisão das decisões sempre que necessário.[22]

---

[18] FARIAS, Cristiano; BRAGA NETTO, Felipe; ROSENVALD, Nelson. *Manual de Direito Civil – Volume Único*. 5. ed. rev. ampl. e atual. Salvador: JusPodivm, 2020. p. 1.520.

[19] BRAGA NETTO, Felipe. *Novo Manual de Responsabilidade Civil*. Salvador: JusPodivm, 2019.

[20] FARIAS, Cristiano; BRAGA NETTO, Felipe; ROSENVALD, Nelson. *Manual de Direito Civil – Volume Único*. 5. ed. rev. ampl. e atual. Salvador: JusPodivm, 2020. p. 636.

[21] KOURILSKY, Philippe; VINEY, Geneviève. *Le principe de precaution*: rapport au Premier Ministre. Odile Jacob: la documentation français, 1999.

[22] "[...] il faut évaluer la réalité des risques, dégager les solutions qui peuvent les réduire, comparer les scénarios, décider d'une action, engager les recherches qui peuvent dissiper

O papel do risco na sociedade trouxe à tona essa nova teoria, em que aquele pode ser antecipado e, idealmente, evitado. Nosso Código Civil traz em seu artigo 927 o dever de reparar dano causado a outrem, como consequência do estabelecido no artigo 186 do referido Código. Logo, há o dever de não causar dano ao outro – seja por ação ou omissão, uma vez que é uma conduta indenizável.

Vejamos a redação do art. 927, *caput* e PU, do CC/2002:

> Art. 927. Aquele que, por ato ilícito (arts. 186 e 187), causar dano a outrem, fica obrigado a repará-lo.
>
> Parágrafo único. Haverá obrigação de reparar o dano, independentemente de culpa, nos casos especificados em lei, *ou quando a atividade normalmente desenvolvida pelo autor do dano implicar, por sua natureza, risco para os direitos de outrem*. (Grifo nosso).

Observa-se que o parágrafo único inclui o risco proporcionado como fato gerador da obrigação de reparação, prescindindo de culpa ou de ilicitude. A teoria do risco é compatível com a mudança do eixo da responsabilidade civil da reparação para precaução, uma vez que, independentemente do fator culpa, leva em consideração os riscos da atividade para aumentar o âmbito de proteção do indivíduo e a prevenção da sociedade.

Vale destacar que o princípio da precaução não erradica totalmente os riscos, de modo que subsiste uma parcela residual de risco, a qual é considerada razoável diante dos benefícios atendidos e da efetividade da prevenção.[23] Além disso, o risco em si também é dinâmico, a exemplo da pandemia da Covid-19: diversos comportamentos que eram totalmente comuns antes do coronavírus, hoje constituem atitudes de risco.

As inovações tecnológicas que surgem nos meios de transporte transformam a aplicação da responsabilidade civil nos acidentes de veículos automotivos. Devemos lembrar que os agentes artificiais funcionam através de *machine learning* e *deep learning*, então algum erro que o sistema cometa não será, necessariamente, uma falha em sua programação. Em alguns casos, é possível que não se consiga alcançar a origem da falha ou detectar qual fator levou ao acidente, tendo sido este desenvolvido a partir da própria análise e aprendizado do agente.

---

l'incertitude, suivre la situation, adapter les mesures et réviser les décisions autant qu'il est nécessaire". KOURILSKY, Philippe; VINEY, Geneviève. *Le principe de precaution*: rapport au Premier Ministre. Odile Jacob: la documentation français, 1999. p. 5. (Tradução nossa).

23 KOURILSKY, Philippe; VINEY, Geneviève. *Le principe de precaution*: rapport au Premier Ministre. Odile Jacob: la documentation français, 1999. passim.

É nesse sentido que Pires e Silva afirmam que uma consequência do *deep learning* é o fato de o algoritmo não identificar limitações em relação ao que ele próprio é capaz de alcançar: "quanto mais dados o programa receber, maior será a sua aprendizagem e aptidão para realizar atividades diversas".[24]

Diante do exposto, é evidente a complexidade do tema e das diferentes possibilidades para tentar solucioná-lo. No cenário internacional, a responsabilidade civil em casos de dano provocado por acidente de trânsito envolvendo carros autônomos é um tema que suscita dúvidas em diferentes países. Nos Estados Unidos, por exemplo, local altamente utilizado para testes pelas empresas fabricantes destes veículos, há algumas decisões acerca do assunto – cujo conteúdo varia a depender do estado.

A divergência das disposições entre os estados norte-americanos se deve ao fato de que a competência para dispor sobre trânsito e transporte nos EUA é estadual, tendo como base o diploma federal Uniform Vehicle Code.[25] A Administração Nacional de Segurança no Tráfego Rodoviário (NHTSA, em inglês) tem incentivado o crescimento dessa tecnologia ao tempo que busca assegurar o seu uso com segurança.

É nesse sentido que lançou, em 2016, uma Orientação Federal de Veículos Autônomos, com a iniciativa de dinamizar uma regulação acerca do assunto. Com base na repercussão gerada, emitiu, em 2017, um guia para direção automatizada (Automated Driving Systems 2.0: A Vision for Safety). Em continuidade, emitiu os guias 3.0 e 4.0, o último divulgado em janeiro de 2020.

O AV 4.0, nomeado "Assegurar a liderança americana em tecnologias de veículos automatizados" (tradução livre), tem como foco três áreas listadas pela própria NHTSA, a saber, a) princípios de VA do Governo dos Estados Unidos; b) esforços da Administração em apoio ao crescimento e à liderança de tecnologias em VA; c) atividades do Governo dos Estados Unidos e oportunidades de colaboração.[26]

O estado de Nevada foi o primeiro dos Estados Unidos a autorizar veículos autônomos, ainda em 2011. Na época, o Legislativo do estado

---

[24] PIRES, Thatiane; SILVA, Rafael. A responsabilidade civil pelos atos autônomos da inteligência artificial: notas iniciais sobre a resolução do Parlamento Europeu. *Rev. Bras. Polít. Públicas*, Brasília, v. 7, n. 3, p. 238-254, dez. 2017.

[25] MENDES, Leonardo. *Responsabilidade civil decorrente de acidente provocado por veículo autônomo.* 58f. Trabalho de Conclusão de Curso (Bacharelado em Direito) – Universidade Federal de Uberlândia, Uberlândia, 2019.

[26] Cf.: Automated vehicles for satefy. *NHTSA*, 2020. Disponível em: https://www.nhtsa.gov/ technology-innovation/automated-vehicles-safety. Acesso em 01 set. 2020.

aprovou a Assembly Bill 511, marco que passou a permitir a operação de VA nas rodovias do estado. Além disso, exigia a aprovação por parte do Departamento de Trânsito, constando na habilitação do motorista que este é autorizado a operar veículos autônomos.

Mais recentemente, o Legislativo de Nevada aprovou a Assembly Bill 69, em uma sessão legislativa em 2017. Depreende-se do documento que a responsabilidade é, em regra, do fabricante, uma vez que determina que a empresa de VA deve manter um seguro para pagamentos em razão de responsabilidade civil derivada da operação de veículos autônomos em serviços de transporte (Assembly Bill 69, Section 14.9).

Contudo, o Estado garante imunidade ao fabricante em caso de modificações no veículo realizadas por terceiro, a não ser que o defeito que cause danos a alguém já estivesse presente no sistema de direção original. O estado do Arizona também possui esse entendimento, retirando a responsabilidade do fabricante quando o carro tiver sido adulterado.[27]

Como abordado anteriormente, o estado do Arizona nos EUA foi o local da primeira morte de pedestre atingido por um carro autônomo, em acidente ocorrido no ano de 2019. Após o evento, os testes foram suspensos na região por alguns meses, retornando posteriormente. Ainda em 2013, a legislação do Arizona já definia que o responsável por realizar os testes, antes de seu início, deveria apresentar ao departamento de trânsito um instrumento de garantia ou seguro no valor de 5 milhões de dólares.[28]

Em ato aprovado em 2020, o Legislativo do Arizona trouxe uma emenda tratando da segurança na direção de veículos autônomos, sejam estes dotados de autonomia parcial ou total, proibindo a substituição de dispositivos de segurança em VA e ressaltando que não é permitido alterar o programa de computador do veículo nem sua parte mecânica.[29]

Por sua vez, o estado da Califórnia, que faz fronteira com os estados de Nevada e do Arizona, estabeleceu um novo programa para testes de VA em 2018, permitindo os testes dos referidos veículos sem a presença de um motorista físico. Anteriormente, as fábricas podiam

---

[27] Cf.: House Bill 2167. *State of Arizona*, 2013. Disponível em: https://www.azleg.gov/legtext/51leg/1r/bills/hb2167p.pdf. Acesso em 14 set. 2020.

[28] Cf.: House Bill 2167. *State of Arizona*, 2013. p. 2. Disponível em: https://www.azleg.gov/legtext/51leg/1r/bills/hb2167p.pdf. Acesso em 14 set. 2020.

[29] Cf.: House Bill 2060. *State of Arizona*, 2020. Disponível em: https://www.azleg.gov/legtext/54leg/2r/bills/hb2060p.htm. Acesso em 14 set. 2020.

realizar o teste, desde 2014, mas com a presença de um motorista humano dentro do carro.

Dando continuidade às implantações tecnológicas, em 2019 passaram a ser permitidos na Califórnia veículos comerciais ligeiros autônomos, ou seja, caminhões de classe 1 ou 2, como minivans. Estes podem ser utilizados em testes e para entregas de produtos nas rodovias do estado sem a presença de um motorista físico, medida que atrai empresas de entrega na região.

Do outro lado do oceano, medidas também são tomadas para regularizar os testes de VA na Europa. Segundo Barbosa Mendes, "na Inglaterra, desde 2014, foi criado um órgão chamado Centro para Veículos Conectados e Autônomos (CAV, em inglês) que procura a melhor forma de produzir leis e decretos permitindo testes em rodovias do país".[30]

O órgão responsável pelo Trânsito em Londres (TFL, em inglês) publica orientações para a realização de testes de veículos autônomos na capital inglesa. A instituição ressalta em seu *site* a obrigação legal que possui, juntamente à prefeitura da cidade, de apoiar o desenvolvimento de Londres, de modo que trabalha com organizações para abordar as oportunidades e riscos trazidos pelos VA ou CAV, como identificam na Inglaterra (Veículos Autônomos e Conectados).

O último guia publicado pela TFL, em julho de 2019, traz orientações atualizadas no sentido de refletir a legislação acerca do assunto. Estabelece a logística de testes, quais informações as empresas precisarão passar à instituição, além de estabelecer a necessidade de transparência com os londrinos e um incentivo ao compartilhamento de conhecimentos obtidos pelas empresas para enriquecer o banco de dados da TFL e dos distritos de Londres.

A França, por sua vez, tem adotado medidas de alto incentivo à implementação de VA desde 2013, momento de lançamento da Nova França industrial (NFI). A iniciativa selecionou diferentes áreas para fomento, entre elas a de veículos autônomos, sendo complementada em 2014 por um plano de ação para o seu desenvolvimento.[31]

---

[30] MENDES, Leonardo. *Responsabilidade civil decorrente de acidente provocado por veículo autônomo.* 58f. Trabalho de Conclusão de Curso (Bacharelado em Direito) – Universidade Federal de Uberlândia, Uberlândia, 2019. p. 48.

[31] MINISTÈRE DE L'ÉCONOMIE DES FINANCES ET DE LA RELANCE. République Française – Le gouvernement. *Nouvelle France industrielle*: 34 plans de reconquête. 12 set. 2013. Disponível em: https://www.economie.gouv.fr/presentation-nouvelle-france-industrielle. Acesso em 29 set. 2020.

O referido plano menciona a estatística de que 90% dos acidentes de trânsito são causados por erro humano e estabelece o início do desenvolvimento de VA pela identificação e coordenação de iniciativa local, assim como a organização de uma cooperação internacional. Envolve, também, estudos socioeconômicos e do impacto de VA na segurança, assim como investimento em áreas-chave e elaboração de normas regulatórias para a realização de testes e implementação no mercado.[32]

A iniciativa foi devidamente seguida por outras ações e estudos visando ao desenvolvimento de veículos autônomos, ao tempo que o país buscava uma mobilidade mais ecológica e econômica. Posteriormente, em 2019, foi lançado o Ato do Plano de Ação para Crescimento e Transformação de Empresas (PACTE, em francês).

Segundo Jeehoon Ki,[33] este ato esclarece as condições para a realização de testes e as regras de responsabilidade aplicáveis aos VAs. A autorização necessária para conduzir testes em via pública só é concedida caso o sistema inteligente possa ser neutralizado ou desativado pelo motorista a qualquer momento.

Quanto à responsabilidade, o motorista não é responsável por eventual dano causado caso o sistema esteja funcionando. Contudo, o motorista se torna responsável a partir do momento em que o sistema solicita a sua intervenção e em situações em que deveria observar que as condições não eram mais próprias para o sistema.

Vale ressaltar que no plano de desenvolvimento de VA na França, a partir de 2020, estes já estariam em circulação nas rodovias. O plano publicado pela NFI (2014) traz uma série de atividades até 2020, encerrando com a adaptação de infraestruturas. Neste mesmo sentido, o documento sobre desenvolvimento de veículos autônomos apresentado em 2018 (Présentation du rapport, 2018) trouxe uma previsão de veículos de transporte público autônomos e circulação de VA nível 3 nas rodovias a partir de 2020. Os veículos de nível 4 de automação, por sua vez, têm previsão de circulação na França em 2022.

Em semelhança à França, o Japão iniciou em 2014 um programa para promoção de inovações, o qual priorizou alguns temas, entre

---

[32] MINISTÈRE DE L'ÉCONOMIE DES FINANCES ET DE LA RELANCE. République Française – Le gouvernement. *Nouvelle France industrielle*: 34 plans de reconquête. 12 set. 2013. p. 14. Disponível em: https://www.economie.gouv.fr/presentation-nouvelle-france-industrielle. Acesso em 29 set. 2020.

[33] KI, Jeehoon. A Comparative Analysis of Autonomous Vehicle Policies among Korea, Japan, and France. *FFJ Discussion Paper Series*, abril, 2020.

eles, o de veículos autônomos. Trata-se do Programa de Promoção de Inovações Estratégicas (SIP, em inglês), consistindo em diferentes fases.[34] Ainda que o governo japonês venha investindo nesta tecnologia, até então não há definição legal da responsabilidade em caso de acidente causado por VA.

Algumas reformas já foram realizadas na regulamentação do país, a exemplo da necessidade de que o veículo autônomo alcance os padrões de segurança estabelecidos para poder circular, conforme revisão do ato de veículo rodoviário de transporte.[35] Além disso, foi permitido, desde 2019, o comércio de carros de automação nível 2 no país.[36]

Diante do exposto, verifica-se que diferentes países, ainda que com suas especificidades e distinção de leis, seguem a mesma tendência de apoiar a inovação tecnológica e buscar os benefícios comunitários que podem ser alcançados através da automação dos veículos.

A posição estrangeira é no sentido de implantar programas de estudo e pesquisa que permitam um maior desenvolvimento de veículos autônomos, assim como realizar investimentos para tanto e gerar incentivos às empresas do ramo. O crescimento da área e sua previsão de expansão são acompanhados por reformas e inovações normativas que buscam regulamentar a situação. Por aqui, ainda estamos em estágios iniciais da discussão sobre o assunto.

Conforme Monte Silva,[37] o Direito e o Estado não devem constituir um obstáculo à inovação, pelo contrário, devem ser um instrumento de incentivo à colaboração e à criação. Vejamos, então, possibilidades no cenário nacional, de acordo com a doutrina tradicional e o atual ordenamento jurídico brasileiro.

No cenário brasileiro, a regulamentação acerca de veículos autônomos demanda adaptações até mesmo no Código de Trânsito brasileiro, como visto no item anterior. Além dessas modificações, há uma série de fatores que devem ser analisados em situações de acidente de trânsito envolvendo veículos autônomos.

---

[34] KI, Jeehoon. A Comparative Analysis of Autonomous Vehicle Policies among Korea, Japan, and France. *FFJ Discussion Paper Series*, abril, 2020. p. 32.

[35] IMAI, Takeyoshi. Legal regulation of autonomous driving technology: Current conditions and issues in Japan. *IATSS Research*, v. 43, p. 263–267, dez. 2019.

[36] MENDES, Leonardo. *Responsabilidade civil decorrente de acidente provocado por veículo autônomo.* 58f. Trabalho de Conclusão de Curso (Bacharelado em Direito) – Universidade Federal de Uberlândia, Uberlândia, 2019. p. 49.

[37] MONTE-SILVA, Lucas. A responsabilidade civil por acidentes de carros autônomos: uma análise sob a ótica das smart cities. *Revista TRF1*, Brasília, v. 29, n. 7/8, jul./ago. 2017. p. 50.

Os veículos parcialmente autônomos, com funções de IA, não garantem um desempenho perfeito e impassível de erro, visto que não há como excluir inteiramente o risco, havendo uma margem de erro ou, no mínimo, de não alcance da prevenção. Isso não significa que todo acidente envolvendo este tipo de veículo será necessariamente causado por ele – ou por erro de seu sistema.

Será necessária uma análise sobre o caso concreto para verificar quem deu causa ao acidente. Em se tratando, hipoteticamente, de um acidente de trânsito entre dois carros parcialmente autônomos, a culpa poderia ser do motorista do veículo 1, do sistema de IA do veículo 1, do motorista do veículo 2 ou do sistema de IA do veículo 2. É nesse sentido que Monte Silva defende a imprescindibilidade da investigação:

> O fato de o veículo ser autônomo não exime a necessidade de investigação sobre o ocorrido, de maneira a presumir *in re ipsa* a culpa deste. Embora a diversidade de dados provenientes dos sensores do automóvel facilite a investigação da ocorrência, ainda será necessária uma análise da culpa dos envolvidos.[38]

Vale ressaltar que em acidentes de trânsito sem vítima, a determinação do CTB é a retirada dos veículos do local, para evitar obstrução da via e risco de demais acidentes. É o que se entende da redação do art. 178 do referido Código, que define a omissão de tal providência pelo condutor como infração média, passível de penalidade por multa.

A perícia nem sempre será possível nos acidentes envolvendo VA. Idealmente, partindo do pressuposto de uma verificação do responsável que indique ser este o sistema de função autônoma, sem culpa do condutor humano, devemos nos ocupar das possíveis vias de responsabilidade civil a serem aplicadas. São amplas as possibilidades, de modo que é necessária análise para identificar qual é a mais benéfica à sociedade, a fim de garantir a responsabilização civil.

Nosso ordenamento jurídico tem como foco o ser humano, não sendo possível a responsabilização do agente artificial, uma vez que os sistemas de inteligência (robôs) não são dotados de personalidade no Brasil. Nessa esteira, Oliveira e Leal afirmam, acertadamente, a impossibilidade de se levar em consideração a responsabilização (tanto civil quanto penal ou administrativa) do computador eletrônico que guiar o veículo.

---

[38] MONTE-SILVA, Lucas. A responsabilidade civil por acidentes de carros autônomos: uma análise sob a ótica das smart cities. *Revista TRF1*, Brasília, v. 29, n. 7/8, jul./ago. 2017. p. 49.

A hipótese de responsabilização do agente de IA existe até o momento de forma meramente teórico-filosófica, tendo sido debatida pelo Parlamento Europeu na Resolução nº 2015/2103(INL), em 2017, com recomendações à Comissão de Direito Civil sobre Robótica. No referido documento, leva-se em consideração uma previsão futurista de que robôs tecnologicamente avançados se tornem autoconscientes.

A discussão do Parlamento Europeu acerca da criação de um estatuto jurídico próprio aos agentes artificiais, tratando a IA como autônoma e consciente, visa a um cenário em que seja possível a responsabilização da IA pelos danos causados por seus atos. Tal hipótese, além de ser extremamente polêmica, demandaria uma profunda mudança legislativa e jurídica, uma vez que a IA não possui, até então, personalidade jurídica.

Vale ressaltar as considerações de Pires e Silva sobre o tema, ao explicar, de forma crítica, a preocupação do Parlamento Europeu com a possibilidade de tamanho avanço na tecnologia:

> Se a IA poderá tornar-se uma pessoa jurídica ainda é hoje uma questão apenas teórico-filosófica, e o registro dessa hipótese como uma opção a ser considerada na proposta de resolução apresentada ao Parlamento Europeu foi criticado, duramente, antes da aprovação do texto, como uma visão excessivamente inspirada pela ficção científica, inapropriada à realidade e irrelevante, já que não traria qualquer benefício ao intuito original da proposta, que é formular um sistema mais efetivo à prevenção de riscos e à compensação de possíveis vítimas.[39]

Inconteste a atual impossibilidade de responsabilização do agente artificial, qual seria a responsabilidade civil aplicada de acordo com o ordenamento jurídico brasileiro? Tomando como exemplo o acidente ocorrido no Arizona, em caso de acidente causado por veículo 100% autônomo (níveis 4 e 5), aqui no Brasil, como proceder?

Primeiramente, é preciso analisar se é caso de responsabilidade pelo Código Civil ou pelo Código de Defesa do Consumidor (CDC). Farias, Rosenvald e Braga Netto[40] observam que a responsabilidade civil clássica, ou seja, subjetiva, ainda é a mais aplicada na responsabilidade automobilística. Contudo, a responsabilidade objetiva pode ser aplicada

---

[39] PIRES, Thatiane; SILVA, Rafael. A responsabilidade civil pelos atos autônomos da inteligência artificial: notas iniciais sobre a resolução do Parlamento Europeu. *Rev. Bras. Polít. Públicas*, Brasília, v. 7, n. 3, p. 238-254, dez. 2017. p. 246-247.

[40] FARIAS, Cristiano; ROSENVALD, Nelson; BRAGA NETTO, Felipe. *Curso de Direito Civil*: responsabilidade Civil. 4. ed. Salvador: JusPodivm, 2017.

em acidentes de trânsito a depender do caso, a exemplo das empresas de transporte. Estas são fornecedoras de serviço, então, respondem objetivamente, de acordo com o CDC.

Na hipótese de acidente causado por veículo 100% autônomo realizando transporte (como *Uber*), no Brasil, não seria possível a aplicação da responsabilidade civil ao motorista humano, partindo do pressuposto de que não há nexo de causalidade entre a conduta do motorista físico e o dano causado, já que aquele não exerce nenhuma ação para o funcionamento do veículo. Dessa forma, ausente um dos pressupostos da responsabilidade civil (o nexo causal), não é possível a sua caracterização.

O veículo 100% autônomo, conforme explicitado alhures, não demanda qualquer atividade de condução por parte do motorista humano, de modo que este pode se entreter com outras atividades dentro do veículo (nível 4), como a leitura de um livro, ou até mesmo nem sequer estar presente no veículo (nível 5).

Para a Society of Engineers, os níveis 4 e 5 correspondem, respectivamente, à alta automação e à automação total, de forma que o ser humano não estaria mais exercendo o seu papel de condutor do veículo.

- No nível quatro (*high automation*), o sistema de condução automatizado envolve todos os aspectos da atividade de locomoção, ainda que um condutor humano não responda adequadamente a um pedido de intervenção.
- No nível cinco (*full automotion*), a automação é total, dispensando qualquer intervenção de um motorista humano.[41]

Uma vez que o ser humano não exerce mais a condução do veículo autônomo, não pode ser diretamente responsável por conduta que possua nexo de causalidade com dano originado em acidente de trânsito com o referido veículo. Considerando que a condução seria realizada pelo sistema de inteligência do veículo, trata-se de uma função do produto, aplicando-se o CDC.

Nesse diapasão, é possível concluir que seria caso de responsabilidade regulamentada pelo Código de Defesa do Consumidor e, portanto, objetiva, caracterizada pelo fato do produto ou do serviço que provocou

---

[41] COLOMBO, Cristiano; NETO, Eugênio. Aspectos históricos e conceituais acerca dos veículos autônomos: seus efeitos disruptivos em matéria de responsabilidade civil e a necessidade de proteger as vítimas. *In*: Anais do *XXVII Encontro Nacional do CONPEDI Salvador – BA*: Direito, Governança e Novas Tecnologias. 2018. p. 10.

acidente de consumo. Consequentemente, o prazo prescricional (cinco anos) seria o estabelecido no art. 27 do CDC.

Observe-se que há a existência de dois pressupostos para o início da contagem do prazo, mais especificamente, o conhecimento do dano e o conhecimento da autoria do dano.[42] Para o STJ, o entendimento é que "o termo *a quo* do prazo prescricional para a propositura de ação indenizatória é a ciência inequívoca do ato lesivo".[43]

Vale ressaltar a redação do art. 931 do Código Civil: "Ressalvados outros casos previstos em lei especial, os empresários individuais e as empresas respondem independentemente de culpa pelos danos causados pelos produtos postos em circulação". Na obra de Braga Netto,[44] o autor explica que essa norma visa a proteger quaisquer vítimas do dano derivado do produto, mesmo que participantes da própria cadeia de fornecimento, além do consumidor, que já é protegido pelo CDC.

Nesse sentido, temos o Enunciado nº 42 da I Jornada de Direito Civil: "O art. 931 amplia o conceito de fato do produto existente no art. 12 do Código de Defesa do Consumidor, imputando responsabilidade civil à empresa e aos empresários individuais vinculados à circulação dos produtos".

Por sua vez, o fabricante do produto possui três possibilidades de defesa, elencadas no §3º do art. 12 do CDC:

§3° O fabricante, o construtor, o produtor ou importador só não será responsabilizado quando provar:

I – que não colocou o produto no mercado;

II – que, embora haja colocado o produto no mercado, o defeito inexiste;

III – a culpa exclusiva do consumidor ou de terceiro.

O ônus probatório é do fabricante, que deverá provar alguma das excludentes para afastar sua responsabilidade objetiva. Tanto a culpa exclusiva da vítima quanto o fato exclusivo de terceiro representam excludentes do nexo causal, de modo que, quando presentes, inviabilizam a caracterização da responsabilidade.

Segundo Farias, Braga Netto e Rosenvald, "se a própria vítima se coloca – por ações ou omissões – em condições de sofrer um dano,

---

[42] BRAGA NETTO, Felipe. Manual do Direito do Consumidor à Luz da Jurisprudência do STJ. 11. ed. Salvador: JusPodivm, 2016.

[43] STJ. AgRg no AREsp nº 399.077, Rel. Min. Humberto Martins, 2ª Turma, DJ 14.11.2013.

[44] BRAGA NETTO, Felipe. Manual do Direito do Consumidor à Luz da Jurisprudência do STJ. 11. ed. Salvador: JusPodivm, 2016. p. 169 .

havendo relação necessária entre seu comportamento e as lesões daí decorrentes, surgirá a excludente do nexo causal do fato exclusivo da vítima".[45] Contextualizando com o cenário hipotético discutido, a culpa exclusiva da vítima seria identificada, por exemplo, se o proprietário do veículo trocasse alguma peça original do produto.

Há entendimento do STJ no sentido de que veículo com defeito de fabricação, ao causar acidente, enseja indenização regida pelo CDC. Ao julgar caso concreto, ainda que não houvesse a tecnologia de autonomia trazida pela IA, problema presente na fabricação de veículo que gerou acidente levou à condenação da empresa fabricante ao pagamento de indenização por danos materiais e morais, verificada a ausência de culpa exclusiva do consumidor e a relação causal entre o defeito e o acidente causado.[46]

Na mesma esteira do posicionamento aqui adotado é o entendimento de Marina Marquès, que aborda a simultaneidade da redução das funções desenvolvidas pelo ser humano com o aumento do nível de automação do veículo. A autora reflete acerca da mudança do papel humano e da consequente transferência de responsabilidade do condutor ao produtor:

> À medida que aumenta o nível de automatização, as funções a serem desempenhadas pelo humano vão se simplificando. De condutor ativo passa a ser um mero supervisor do sistema e, naqueles sistemas de direção totalmente autônoma (nível 5), já é um mero passageiro, que se limita a digitar o local de destino.[47]

Em suma, a referida autora entende que, em alto nível de automação, a responsabilidade será do fabricante e não mais do condutor humano, que vai redirecionar sua atividade de condução do veículo para uma utilização do produto. Entretanto, de acordo com a doutrina brasileira, seria possível alegar que o proprietário possui responsabilidade indireta pela reparação dos prejuízos, na condição de guardião da coisa.

---

[45] FARIAS, Cristiano; BRAGA NETTO, Felipe; ROSENVALD, Nelson. Manual de Direito Civil – Volume Único. 5. ed. rev. ampl. e atual. Salvador: JusPodivm, 2020. p. 677-678.

[46] STJ. REsp nº 475.039, Rel. Min. Hélio Quaglia Barbosa, 4ª Turma, DJ 19.3.2007.

[47] "En la medida en que aumenta el nivel de automatización, las funciones a desempeñar por el humano van simplificándose. De conductor activo pasa a ser un mero supervisor del sistema y, en aquellos sistemas de conducción plenamente automatizada (nivel 5), ya es un mero pasajero, que se limita a introducir el lugar de destino". MARQUÈS, Marina. Vehículos autónomos y semiautónomos. In: NAVARRO, Susana et al. Inteligencia Artificial Tecnologia Derecho. Valência: Tirant lo Blanch, 2017. p. 101-121 . (Tradução nossa).

Nas palavras de Carlos Roberto Gonçalves, "a origem da teoria da responsabilidade na guarda da coisa inanimada remonta ao art. 1.384 do Código de Napoleão, que atribui responsabilidade à pessoa não apenas pelo dano por ela causado, mas, ainda, pelo dano causado pelas coisas sob sua guarda".[48]

O CC traz, junto à teoria objetiva, hipóteses de responsabilidade civil pelo fato da coisa (arts. 936, 937 e 938). Essas hipóteses não são taxativas, mas meramente exemplificativas, conforme afirmam Farias, Braga Netto e Rosenvald: "não são apenas as hipóteses narradas pelo Código Civil que podem ensejar responsabilidade civil pelo fato da coisa. Outras podem surgir, desde que haja nexo causal".[49]

Nesse sentido, a atribuição do dever de indenizar segue o proprietário da coisa que causou o dano. Vejamos outro caso hipotético: o condutor humano, mesmo dentro de veículo 100% autônomo (ou seja, sem exercer a condução), mas como proprietário dele, atinge acidentalmente pedestre. A última situação já permitiria uma responsabilização do motorista humano, tratando-se de responsabilidade indireta e objetiva pela guarda da coisa.

Nesse caso, a vítima (pedestre) poderia optar entre demandar o condutor/proprietário do veículo ou o fabricante. Se buscar a reparação pelo proprietário, este possui direito de demanda regressiva contra o fabricante (art. 934, CC).

Nessa esteira:

Nos casos de responsabilidade por fato de outrem, aquele que paga a indenização (o responsável indireto) tem um direito regressivo (ação de *in rem verso*) contra o causador do dano. É o que dispõe o art. 934 do Código Civil: "Aquele que ressarcir o dano causado por outrem pode reaver o que houver pago daquele por quem pagou, salvo se o causador do dano for descendente seu, absoluta ou relativamente incapaz".[50]

Se entender mais conveniente ou adequado ao caso concreto, a vítima pode demandar diretamente o fabricante, valendo-se do conceito de *bystander*. Este, também conhecido como consumidor por equiparação, decorre do art. 17 do CDC, que ao tratar sobre responsabilidade pelo

---

[48] GONÇALVES, Carlos Roberto. Direito Civil brasileiro: responsabilidade Civil. 12. ed. São Paulo: Saraiva, 2017. v. 4, p. 694.

[49] FARIAS, Cristiano; BRAGA NETTO, Felipe; ROSENVALD, Nelson. Manual de Direito Civil – Volume Único. 5. ed. rev. ampl. e atual. Salvador: JusPodivm, 2020. p. 706.

[50] GONÇALVES, Carlos Roberto. Direito Civil brasileiro: responsabilidade Civil. 12. ed. São Paulo: Saraiva, 2017. v. 4, p. 161.

fato do produto e do serviço equipara, expressamente, toda e qualquer vítima do evento a consumidor.

Aproveitamos o debate para levantar outra problemática: em teste de carro autônomo, ainda não comercializado no mercado, já se aplicam as relações de consumo ou se aplica o CC/02?

Os acidentes ocorridos nos Estados Unidos, que abordamos anteriormente, tanto com o modelo da fabricante Tesla como o da Uber, ocorreram ainda na fase de testes dos veículos. A Tesla fabrica seus próprios veículos, enquanto a Uber utilizava o modelo Volvo CX90.

Reproduzindo o exemplo no Brasil, a Uber estaria realizando uma atividade de consumo intermediária perante a empresa produtora do veículo, o que não constitui relação de consumo. O CDC conceitua o consumidor como "toda pessoa física ou jurídica que adquire ou utiliza produto ou serviço como destinatário final" (art. 2º, *caput*). De acordo com a teoria finalista, a compra ou a utilização de bem ou serviço para implementar atividade empresarial e lucros não caracteriza a figura do destinatário final.

Logo, neste caso hipotético não seria aplicado o CDC, tratando-se de responsabilidade a ser regulada pelo Código Civil. Ainda assim, a responsabilidade iria variar a depender do caso concreto, sendo necessária análise para identificar o que gerou o acidente. Como o exemplo é com veículo 100% autônomo, o humano presente no carro não exerce o papel de condutor.

Mais uma vez, podemos aplicar a teoria da guarda da coisa. Essa responsabilidade pelo fato da coisa acha-se em acordo com a teoria do risco que, como visto anteriormente, baseia-se no nexo causal entre a atividade considerada de risco e o dano causado. Assim, havendo acidente causado pelo veículo autônomo ainda em fase de testes, aqui no Brasil, seria cabível a responsabilidade civil da empresa proprietária do veículo.

Mais especificamente, utilizando o exemplo da Uber, esta seria responsável pelos danos provocados durante teste do veículo 100% autônomo, ao se verificar que foi o veículo o causador do acidente, pois é ela a empresa proprietária do veículo e realizadora dos testes, aplicando-se então a teoria do risco. Tal solução é encontrada tanto com base na teoria do risco criado quanto na teoria do risco proveito.

A teoria do risco criado estabelece que aquele que proporciona a atividade de risco deve ser responsável pelos danos dela decorrentes, independentemente de culpa. Já a teoria do risco proveito é mais restritiva, sendo aplicável principalmente no exercício de atividade empresarial, quando quem proporciona a atividade de risco retira lucro dela. Percebe-se que é o caso do exemplo em análise. Para Monte Silva, "no caso dos carros autônomos, nota-se mais especificamente a existência do risco proveito. Segundo a teoria do risco proveito, o responsável pela reparação do dano deve ser aquele que retirou proveito ou vantagem do fato lesivo [...]".[51] Da mesma forma que a empresa proprietária do veículo se encaixa nesse quesito, a empresa fabricante também.

Em acidente causado por veículo autônomo, a responsabilidade objetiva e solidária abrange não só os que lucram com sua atuação, mas também os produtores de *software* e *hardware* do sistema de IA. Considerando o atual estágio de compreensão da doutrina pátria acerca do tema, ocorre quando a responsabilidade decorre do CDC: em caso de dano por fato do serviço, todos os participantes da cadeia de produção são solidariamente responsáveis.[52]

Por sua vez, os veículos parcialmente autônomos, que possuem funções de IA, mas ainda precisam de intervenção do motorista (níveis 1 a 3), não excluem a conduta humana. Portanto, quando o acidente de trânsito envolver veículo semiautônomo, além de ideal a análise para verificar se foi o veículo que deu causa ao acidente, em caso positivo, resta ainda verificar se partiu de erro do sistema ou do condutor humano.

Em situação de uso da função *Park Assist*, por exemplo, se o veículo colide com outro carro estacionado ao tentar manobrar, deve-se observar se o condutor humano cumpriu devidamente a sua parte (a saber, posicionar o carro para manobra, tocar no volante somente quando solicitado pelo sistema ou em situação de perigo). Aplicando-se o CC, o motorista pode responder ao lesado pelos danos causados, tendo direito a regresso dos fabricantes caso comprovado erro do sistema.

> Art. 929. Se a pessoa lesada, ou o dono da coisa, no caso do inciso II do art. 188, não forem culpados do perigo, assistir-lhes-á direito à indenização do prejuízo que sofreram.
>
> Art. 930. No caso do inciso II do art. 188, se o perigo ocorrer por culpa de terceiro, contra este terá o autor do dano ação regressiva para haver a importância que tiver ressarcido ao lesado.

---

[51] MONTE-SILVA, Lucas. A responsabilidade civil por acidentes de carros autônomos: uma análise sob a ótica das smart cities. *Revista TRF1*, Brasília, v. 29, n. 7/8, jul./ago. 2017. p. 6.

[52] PINHEIRO, Guilherme; BORGES, Maria Ruth; MELLO, F. L. Danos envolvendo veículos autônomos e a responsabilidade civil do fornecedor. *Revista Brasileira de Direito Civil – RBDCivil*, Belo Horizonte, v. 21, p. 247-267, jul./set. 2019. p. 264.

Parágrafo único. A mesma ação competirá contra aquele em defesa de quem se causou o dano (art. 188, inciso I).

O mesmo procedimento deve ser aplicado em hipótese de acidente com utilização do sistema de alerta e frenagem autônomo, da Hyundai, entre outras funções autônomas. A depender do caso concreto, a responsabilidade civil pode ser do sistema de IA ou do condutor humano, que na autonomia parcial tem o dever de estar atento e preparado para retomar o controle quando preciso.

Marquès ressalta em seu artigo que os sistemas de ajuda à condução enfraquecem a autonomia do condutor físico, não a retiram (2017). Logo, o motorista humano continua tendo responsabilidade pelos danos causados por veículos semiautônomos, uma vez que cabe a ele a observação do funcionamento do sistema e a tomada de controle manual quando houver necessidade.

> Esta posição se fundamenta no fato de que o motorista está conduzindo de maneira significativa, visto que monitora o meio ambiente e realiza a supervisão contínua das tarefas executadas pelos sistemas de colaboração à condução.[53]

Diante do exposto, considerando a diversidade de cenários, não há uma solução única e/ou uniforme para todos. Cada cenário possui uma resposta, que dependerá do caso concreto. A solução que parece ser prevalecente para acidentes de trânsito envolvendo VA no Brasil é a aplicação da responsabilidade civil objetiva nos moldes do Código de Defesa do Consumidor.

5 Conclusão

Este artigo buscou desenvolver um panorama dos principais aspectos relativos à responsabilidade civil de acidentes de trânsito envolvendo veículos autônomos, os quais estão cada vez mais presentes em nosso cotidiano. Como visto, essa inovação traz profundas mudanças

---

[53] "Esta posición se fundamenta en que lo está conduciendo de una manera significativa, ya que monitoriza el entorno y realiza la supervisión continua de las tareas ejecutadas por los sistemas de ayuda a la conducción". MARQUÈS, Marina. Vehículos autónomos y semiautónomos. *In*: NAVARRO, Susana *et al. Inteligencia Artificial Tecnología Derecho*. Valência: Tirant lo Blanch, 2017. p. 111. (Tradução nossa).

nos papéis de direção dos veículos e, consequentemente, na responsabilização por eventuais danos.

Trata-se de tecnologia desenvolvida com uso da IA, de modo que os veículos, para possuir autonomia, utilizam-se de sistemas inteligentes, compostos por *software* e *hardware*. À medida que se aumenta a capacitação do sistema, cresce, também, o nível de autonomia do veículo.

Conforme analisado, o grau de autonomia do automóvel tem influência direta na aplicação da responsabilidade civil de acidente de trânsito causado por VA, alterando a legislação que regulamentará a reparação. O nosso entendimento é que, em caso de veículo totalmente autônomo, sendo prestação de serviço de transporte, deve-se aplicar a responsabilidade objetiva conforme o Código de Defesa do Consumidor.

Isso ocorre em razão da troca substancial de papel pela qual passa o condutor humano no uso de veículo 100% autônomo – deixa de ser condutor de fato do veículo para se tornar usuário de produto, consumidor (passageiro). O acidente causado por esse veículo seria, então, equivalente ao fato do produto ou do serviço, observando-se o disposto no CDC.

Sem se tratar de contrato de transporte, o proprietário de veículo totalmente autônomo, em tese, também poderia responder pelo dano que causar a outrem, ainda que não exerça a condução do automóvel, em razão da teoria da guarda da coisa. Aplica-se, então, a responsabilidade objetiva pelo Código Civil para o proprietário, como meio de assegurar à vítima a indenização pelos prejuízos causados.

O veículo parcialmente autônomo, por sua vez, não retira o papel de condutor do motorista humano, tendo em vista que possui funções que facilitam a sua condução, mas não a realizam por completo, devendo o motorista manter-se atento e participativo na direção. Assim, em acidentes de trânsito causados por veículo semiautônomo, o condutor humano deve responder civilmente, de acordo com o Código Civil, ainda que possa agir regressivamente contra o fabricante do veículo ou do *software*, a depender das circunstâncias do caso concreto.

Acreditamos ser ideal a criação de legislação específica para o tema ou a realização de alterações na atual legislação que levem em consideração a existência de veículos autônomos e de sistemas de IA. Enquanto estas não surgem, a legislação atual é suficiente para conferir possíveis respostas e tentar desenvolver meios de solução a problemáticas já existentes.

Referências

BOSTROM, Nick. *Superintelligence*: paths, dangers, strategies. 1. ed. Reino Unido: Oxford, 2014.

BRAGA NETTO, Felipe. *Manual do Direito do Consumidor à Luz da Jurisprudência do STJ*. 11. ed. Salvador: JusPodivm, 2016.

BRAGA NETTO, Felipe. *Novo Manual de Responsabilidade Civil*. Salvador: JusPodivm, 2019.

COLOMBO, Cristiano; NETO, Eugênio. Aspectos históricos e conceituais acerca dos veículos autônomos: seus efeitos disruptivos em matéria de responsabilidade civil e a necessidade de proteger as vítimas. *In*: *Anais do XXVII Encontro Nacional do CONPEDI Salvador – BA*: Direito, Governança e Novas Tecnologias. 2018.

DONEDA, Danilo *et al*. Considerações iniciais sobre inteligência artificial, ética e autonomia pessoal. *Pensar*, Fortaleza, v. 23, n. 4, p. 1-17, out./dez. 2018.

FARIAS, Cristiano; BRAGA NETTO, Felipe; ROSENVALD, Nelson. *Manual de Direito Civil – Volume Único*. 5. ed. rev. ampl. e atual. Salvador: JusPodivm, 2020.

FARIAS, Cristiano; ROSENVALD, Nelson; BRAGA NETTO, Felipe. *Curso de Direito Civil*: responsabilidade Civil. 4. ed. Salvador: JusPodivm, 2017.

GONÇALVES, Carlos Roberto. *Direito Civil brasileiro*: responsabilidade Civil. 12. ed. São Paulo: Saraiva, 2017. v. 4.

HYUNDAI. *Conheça o alerta de mudança de faixa, um salva-vidas eletrônico*. 2019. Disponível em: https://hyundai.com.br/inovacaoetecnologia/conheca-o-alerta-demudanca-de-faixa. html. Acesso em 26 jun. 2020.

IMAI, Takeyoshi. Legal regulation of autonomous driving technology: Current conditions and issues in Japan. *IATSS Research*, v. 43, p. 263–267, dez. 2019.

IPEA. *Acidentes de trânsito nas rodovias federais brasileiras*: caracterização, tendências e custos para a sociedade. Relatório de Pesquisa. Brasília: IPEA, 2015.

KI, Jeehoon. A Comparative Analysis of Autonomous Vehicle Policies among Korea, Japan, and France. *FFJ Discussion Paper Series*, abril, 2020.

KOURILSKY, Philippe; VINEY, Geneviève. *Le principe de precaution*: rapport au Premier Ministre. Odile Jacob: la documentation français, 1999.

MARQUÈS, Marina. Vehículos autónomos y semiautónomos. *In*: NAVARRO, Susana *et al*. *Inteligencia Artificial Tecnologia Derecho*. Valência: Tirant lo Blanch, 2017.

MENDES, Leonardo. *Responsabilidade civil decorrente de acidente provocado por veículo autônomo*. 58f. Trabalho de Conclusão de Curso (Bacharelado em Direito) – Universidade Federal de Uberlândia, Uberlândia, 2019.

MONTE-SILVA, Lucas. A responsabilidade civil por acidentes de carros autônomos: uma análise sob a ótica das smart cities. *Revista TRF1*, Brasília, v. 29, n. 7/8, jul./ago. 2017.

NHTSA. *Automated vehicles for satefy*. 2020. Disponível em: https://www.nhtsa.gov/technology-innovation/automated-vehicles-safety. Acesso em 01 set. 2020.

MINISTÈRE DE L'ÉCONOMIE DES FINANCES ET DE LA RELANCE. République Française – Le gouvernement. *Nouvelle France industrielle*: 34 plans de reconquête. 12 set. 2013. Disponível em: https://www.economie.gouv.fr/presentation-nouvelle-france-industrielle. Acesso em 29 set. 2020.

PINHEIRO, Guilherme; BORGES, Maria Ruth; MELLO, F. L. Danos envolvendo veículos autônomos e a responsabilidade civil do fornecedor. *Revista Brasileira de Direito Civil – RBDCivil*, Belo Horizonte, v. 21, p. 247-267, jul./set. 2019.

PIRES, Thatiane; SILVA, Rafael. A responsabilidade civil pelos atos autônomos da inteligência artificial: notas iniciais sobre a resolução do Parlamento Europeu. *Rev. Bras. Polít. Públicas*, Brasília, v. 7, n. 3, p. 238-254, dez. 2017.

SFERCO, Raimondo *et al. Potential effectiveness of electronic stability programs (ESP) - What European field studies tell us.* Disponível em: http://wwwnrd.nhtsa.dot. gov/pdf/esv/esv17/proceed/00192.pdf. Acesso em 24 fev. 2021.

SILVA, Gabriela; EHRHARDT JÚNIOR, Marcos. Diretrizes éticas para a inteligência artificial confiável na União Europeia e a regulação jurídica no Brasil. *Revista IBERC*, v. 3, n. 3, p. 1-28, set./dez. 2020. Disponível em: www.responsabilidadecivil.org/revista-iberc. Acesso em 17 nov. 2020.

STATE OF ARIZONA. *House Bill 2060.* 2020. Disponível em: https://www.azleg.gov/legtext/54leg/2r/bills/hb2060p.htm. Acesso em 14 set. 2020.

STATE OF ARIZONA. *House Bill 2167.* 2013. Disponível em: https://www.azleg.gov/legtext/51leg/1r/bills/hb2167p.pdf. Acesso em 14 set. 2020.

STILGOE, Jack. Machine learning, social learning and the governance of selfdriving cars. *Social Studies of Science*, v. 48, n. 1, p. 25-56, nov. 2017.

STRELKOVA, O.; PASICHNYK, O. *Three types of artificial intelligence.* Disponível em: http://eztuir.ztu.edu.ua/bitstream/handle/123456789/6479/142.pdf?sequence=1&i. Acesso em 17 nov. 2020.

Informação bibliográfica deste texto, conforme a NBR 6023:2018 da Associação Brasileira de Normas Técnicas (ABNT):

COSTA, Maria Eduarda Pinto; EHRHARDT JÚNIOR, Marcos. Responsabilidade civil em acidentes de trânsito envolvendo veículos autônomos. *In*: EHRHARDT JÚNIOR, Marcos; CATALAN, Marcos; MALHEIROS, Pablo (Coord.). *Direito do Consumidor e novas tecnologias.* Belo Horizonte: Fórum, 2021. p. 217-247. ISBN 978-65-5518-253-8.

RELACIONES DE CONSUMO EN ENTORNOS DIGITALES: UNA MIRADA DESDE EL DERECHO ARGENTINO

SERGIO SEBASTIÁN BAROCELLI

1 Introducción

La protección jurídica de los consumidores encuentra su fundamento en el campo de lo social en los embates sufridos por los efectos de la llamada "sociedad de consumo"[1] y en la visibilización en el campo de la Economía de las llamadas "fallas del mercado".[2]

El Derecho reconoce la vulnerabilidad estructural de los consumidores en el mercado en sus relaciones con los proveedores de bienes y servicios, estableciendo una serie de normas, principios e instituciones de protección en su favor.

Esta vulnerabilidad estructural se ve acentuada especialmente por el impacto de las tecnologías de la información y las comunicaciones (TIC) en el mercado, en particular, por el desarrollo de internet.

---

[1] Sobre la sociedad de consumo, ver: CARRASCO ROSA, Ana, "La sociedad de consumo: origen y características", enero 2.007; http://www.eumed.net/ce/2.007a/acr.htm. [Consultado el 28/01/2018]; BOCOCK, Robert, El Consumo, Talasa, Madrid, 1.995; BAUMAN, Zygmunt, *Trabajo, consumismo y nuevos pobres,* Gedisa, Madrid, 2.000, BAUMAN, Zygmunt, *Vida de consumo,* Fondo de Cultura Económica, Buenos Aires, 2.007; BAUDRILLARD, Jean, *La sociedad de consumo. Su límites, sus estructuras,* 2º edición, Siglo XXI, Madrid, 2012.

[2] REICH, Norbert, *Mercado y derecho,* Ariel, Barcelona, 1985, p. 10; BOURGOIGNIE, Thierry, *Elementos para una teoría del Derecho del Consumidor,* Departamento de Comercio, Consumo y Turismo del País Vasco, San Sebastián, España, 1994, p. 11 y ss.; RAMSAY, Ian, *Consumer Protection: Text and Materials (Law in Context),* Weidenfeld and Nicolson, Londres, 1989, p. 36.

En el presente documento trataremos de delinear algunas reflexiones sobre la protección legal de los consumidores en el entorno digital desde la perspectiva del Derecho argentino.

2 El impacto de internet en las sociedades contemporáneas

En sus orígenes, en la posguerra mundial, internet fue desarrollada para usos militares y académicos.[3] En 1.993 el gobierno de los Estados Unidos dejó de administrar la red gubernamentalmente y se levantó la prohibición que existía hasta entonces para el uso comercial de Internet. A partir de ese mismo año, el dominio público de la red permitió la multiplicación exponencial de sus usuarios, año tras año.[4]

En sus comienzos internet tenía un objetivo claro: se navegaba en internet para búsquedas de información como para la utilización de servicios de correo o mensajería electrónica. Con el tiempo, los desarrollos tecnológicos permitieron la diversificación de sus usos, en todos los ámbitos: gubernamentales, laborales, políticos, comerciales, sanitarios, académicos, productivos, educativos, científicos, religiosos, periodísticos, filantrópicos y de entretenimiento y ocio. Esto se ha potenciado aún más a partir del desarrollo de tecnologías como la telefonía móvil, la robótica, la llamada *big data*, los "contratos inteligentes", la

---

[3]   Internet surge embrionariamente en el año 1969 con la creación del proyecto ARPANET del Departamento de Defensa de los Estados Unidos, que permitía la conexión de varios ordenadores situados en diversos puntos (14 para el año 1971; 30 para el año 1973; 61 para el año 1975). La interconexión de estos nodos permitía la transmisión de información de uno a otro, lo que evolucionó luego en la puesta en servicio de la red NSFNET. Esta red, creada por la Fundación Nacional de Ciencia, financiado por el Gobierno de los Estados Unidos, utilizaba los mismos protocolos y tecnología que ARPANET pero tenía una vocación de apertura. En el año 1983 se introducen los protocolos TCP/IP, cuya familia de protocolos se continúa utilizando y constituye la base de Internet. El quiebre o punto inflexivo en el cual se puede afirmar el inicio de la masificación de Internet en el ámbito de uso civil fue el año 1990, donde ARPANET deja de operar y se ve sustituida por MILNET (dedicada exclusivamente a su utilización militar), mientras que NSFNET – que operó hasta 1995 – quedó disponible para su utilización académica, científica, comercial y civil, y constituyó lo que se conoce como el esqueleto de Internet. A principios de 1990, con la creación del primer cliente, servidor y página web, WorldWideWeb (www), por parte del mismo grupo de investigadores encabezados por Tim Berners-Lee, que crearon el lenguaje html, se introdujeron nuevas prestaciones y herramientas para utilizar la red, que no se encontraban dirigidas únicamente a investigadores científicos, académicos o personal gubernamental. Desde 1990 se comenzó a construir un perfil diverso de internauta, el ciudadano común que accedía a Internet desde un computador.

[4]   FALIERO, Johanna C. y BAROCELLI, Sergio S., "La protección del consumidor en el comercio electrónico. Un caso de responsabilidad de los intermediarios comerciales en Internet", LA LEY 2017-B, 275.

tecnología *blockchain*, la "internet de las cosas" – o en las cosas – (IoT) o la inteligencia artificial (AI).

Según informes del año 2.019 el 57% de la población mundial tiene acceso a internet, el 52% utiliza teléfonos móviles con acceso a internet, el 46% usa redes sociales y el 37% ha realizado operaciones de comercio electrónico.[5] Asimismo, respecto de los usuarios de internet, el 93% mira videos en línea, el 70% utiliza servicios de descarga continua de música (*streaming*),[6] el 58% consume contenidos de televisión a través de descarga continua (*streaming*) y 30% juega juegos en línea.[7]

En el caso de nuestro país, según datos del INDEC, 22,3% de la población argentina no utiliza internet, porcentaje que se eleva, en la perspectiva geográfica al 35,7% en el Gran San Juan; 48,8% a nivel nacional en el caso de población con nivel de formación primaria completa o al 58,5% en el caso de la población nacional de 65 años o más.[8] Según el último Estudio Anual de Comercio Electrónico 2018 de la Cámara Argentina de Comercio Electrónico en Argentina, el 90% de los adultos argentinos conectados ya han comprado en línea, lo que representa 18,3 millones de personas, mientras que el 92% de las ventas totales se realizaron a través de tarjetas de crédito.[9]

El comercio electrónico presenta, frente a su versión física tradicional, una acumulación de características intrínsecas que lo hacen muy atractivo para el público consumidor. El comercio electrónico trasciende las barreras geográficas y temporales, tiene un alcance muy amplio, permite la estandarización y la explotación de economías de escala. El comercio electrónico permite una mayor riqueza comunicacional, interactividad con el consumidor y una reducción correlativa

---

[5] WE ARE SOCIAL, "Digital 2019: Global Internet Use Accelerates", 30/01/2019, en: https://wearesocial.com/blog/2019/01/digital-2019-global-internet-use-accelerates [Consultado el 10/04/2020]; DATA REPORTAL, "Digital 2019: Global Digital Overview", 31/01/2019, en: https://datareportal.com/reports/digital-2019-global-digital-overview [Consultado el 10/04/2020].

[6] DATA REPORTAL, "Digital 2019: Q3 Global Digital Statshot", 17/07/2019, en: https://datareportal.com/reports/digital-2019-q3-global-digital-statshot [Consultado 10/04/2020].

[7] WE ARE SOCIAL, "Content Streaming Activities", 06/2019, en: https://wearesocial-net.s3.amazonaws.com/wp-content/uploads/2019/01/Screen-Shot-2019-01-30-at-12.07.46.png [Consultado el 10/04/2020].

[8] INSTITUTO NACIONAL DE ESTADÍSTICA Y CENSOS (INDEC), Informes Técnicos, Vol. 3, n° 86. Ciencia y tecnología, Vol. 3, n° 1, Acceso y uso de tecnologías de la información y la comunicación, Cuarto trimestre de 2018, en: https://www.indec.gob.ar/uploads/informesdeprensa/mautic_05_19CF6C49F37A.pdf. [Consultado el 10/04/2020].

[9] CÁMARA ARGENTINA DE COMERCIO ELECTRÓNICO (CACE), "ESTADÍSTICAS: ESTUDIO ANUAL DE COMERCIO ELECTRÓNICO", EN: HTTPS://WWW.CACE.ORG.AR/ESTADISTICAS [CONSULTADO EL 10/04/2020].

de los costos de información y un aumento de la calidad informativa disponible. Permite una mayor personalización y adaptación de los bienes y servicios comercializados, presenta modelos novedosos de interacción social y genera una experiencia en ocasiones de mayor calidad para el consumidor, mediante el uso de tecnologías de procesamiento de datos que permiten reducir el perfil comercial del consumidor y optimización de su satisfacción.

No obstante, el comercio electrónico también tiene sus desventajas. Naturalmente, una gran parte del público consumidor tiene miedos e incertidumbres bien fundados en la conducción de sus transacciones por este medio, lo que está relacionado con los riesgos inherentes de su uso. Cuando se utilizan tecnologías, el uso que se haga de ellas debe ser seguro, de modo que el consumidor deba saber completamente cuáles son las condiciones normales para su uso, dominar su uso, estar informado sobre cómo hacerlo correctamente y cuáles son los riesgos que Su seguridad puede sufrir y qué mecanismos preventivos debe tomar.[10]

Por otra parte, el consumidor puede tener la percepción de que su confianza se encuentra comprometida. Mientras que por una parte el comercio electrónico permite un cierto grado de anonimidad, respecto de la sociedad y por la falta de publicidad de sus actos; por otra encuentra reparos por la protección, privacidad y seguridad que merecen sus datos y el posible procesamiento que pueda hacer el proveedor de ellos, lo cual requiere un cumplimiento adecuado del proveedor de su deber de información y seguridad.

En términos generales el consumidor percibe un grado de desprotección que los medios tradicionales y físicos de comercio directo no le inspiran, sumado a ello los conflictos normativos que enfrenta Internet, la entronización de la costumbre comercial, la falacia de la anomia o autorregulación de este ámbito, y la multiplicidad de opiniones doctrinarias que abundan en el área en torno a la responsabilidad y protección eficiente del consumidor, hacen que este último se encuentre sumergido en un ámbito riesgoso plagado de inseguridad jurídica.[11]

---

[10] Conf. BELTRAMO, Andrés N. y FALIERO, Johanna C., "El consumidor electrónico como consumidor hipervulnerable", en BAROCELLI, Sergio S. (director), *Consumidores hipervulnerables*, El Derecho, Buenos Aires, 2018, p. 205 y ss.

[11] Conf. FALIERO, Johanna C. y BAROCELLI, Sergio S., "La protección del consumidor en el comercio electrónico. Un caso de responsabilidad de los intermediarios comerciales en Internet", La Ley 2017-B, 275.

Como puede observarse, los impactos son altamente significativos por lo cual entendemos que merece una protección específica en el ámbito de las relaciones de consumo.

3 Las relaciones de consumo digitales

Corresponde ahora delimitar que vamos a entender por relaciones de consumo en el entorno digital.

No contamos a nivel nacional con definiciones normativas al respecto. La ley Nº 25.326 de Protección de Datos Personales en su artículo 27 refiere solamente a los perfiles con fines comerciales o publicitarios *(profiling)*.

En el ámbito de la Ciudad Autónoma de Buenos Aires la Ley Nº 6.072 para la difusión del uso y aprovechamiento de las herramientas digitales define al entorno digital como "el conjunto de las herramientas digitales en el que los individuos desarrollan la comunicación, administran e intercambian información, contenido y actividades" y a las herramientas digitales como "los canales, dispositivos, plataformas y herramientas telemáticas integradas que las personas y organizaciones pueden utilizar con el fin de comunicar, administrar e intercambiar información, contenidos y actividades".

Se sostiene en la doctrina que bajo la denominación de comercio electrónico se distingue el vasto conjunto de actividades con finalidad mercantil que se desarrolla mediante el uso de sistemas de procesamiento de datos y de comunicaciones sin que exista un contacto físico directo entre quien oferta un bien o un servicio y quien lo demanda; la denominación cubre no solamente actos comerciales directos, como la compraventa o el alquiler, sino también acciones preparatorias o conexas como las de publicidad o mercadeo.[12]

En el derecho comparado, la Directiva Comunitaria Europea 1998/34 define en el apartado 2 del artículo 1 como servicios de la sociedad de la información a "todo servicio prestado normalmente a cambio de una remuneración, a distancia, por vía electrónica y a petición individual de un destinatario de servicios". Por su parte la Directiva UE 2019/770 relativa a determinados aspectos de los contratos de suministro de contenidos y servicios digitales define en su artículo 2 como «contenido digital»: los datos producidos y suministrados en

---

[12] ARROYO, Emiliano, "La protección jurídica del consumidor en el comercio electrónico", RU 2002-2, 38.

formato digital; «servicio digital»: un servicio que permite al consumidor crear, tratar, almacenar o consultar datos en formato digital, o un servicio que permite compartir datos en formato digital cargados o creados por el consumidor u otros usuarios de ese servicio, o interactuar de cualquier otra forma con dichos datos; «bienes con elementos digitales»: todo objeto mueble tangible que incorpore contenidos o servicios digitales o esté interconectado con ellos de tal modo que la ausencia de dichos contenidos o servicios digitales impediría que los bienes realizasen sus funciones; «entorno digital»: el apartado (hardware), programa (software) y cualquier conexión a la red que el consumidor utilice para acceder a los contenidos o servicios digitales o para hacer uso de ellos.

El Art. L. 111-7 del Código de Consumo francés establece:

I. Un operador de plataforma en línea es cualquier persona física o jurídica que ofrezca, de manera profesional, de forma remunerada o no, un servicio de comunicación pública en línea basado en:

1º Clasificación o referencia, utilizando algoritmos informáticos, contenido, bienes o servicios ofrecidos o puestos en línea por terceros;

2º La reunión de varias partes para la venta de una propiedad, la provisión de un servicio o el intercambio o intercambio de un contenido, un bien o un servicio.

II. Cualquier operador de plataforma en línea debe proporcionar al consumidor información justa, clara y transparente sobre:

1º los términos y condiciones generales de uso del servicio de intermediación que ofrece y los procedimientos para hacer referencia, clasificar y desreferenciar el contenido, bienes o servicios a los que este servicio proporciona acceso;

2º La existencia de una relación contractual, un vínculo de capital o una remuneración para su beneficio, siempre que influyan en la clasificación o referencia de los contenidos, bienes o servicios ofrecidos o puestos en línea ;

3º La calidad del anunciante y los derechos y obligaciones de las partes en materia civil y fiscal, cuando los consumidores se ponen en contacto con profesionales o no profesionales.

Un decreto especificará las condiciones de aplicación de este artículo teniendo en cuenta la naturaleza de la actividad de los operadores de plataformas en línea.

Ese decreto especificará, además, para cualquier operador de plataforma en línea cuya actividad consiste en proporcionar información que permita comparar los precios y características de los bienes y servicios ofrecidos por profesionales, la información comunicada a los consumidores sobre los elementos de esta comparación y qué es la publicidad en el sentido del artículo 20 de la Ley n° 2004-575, de 21 de junio de 2004, sobre la confianza en la economía digital.

Ese decreto también establece las condiciones bajo las cuales, cuando los profesionales, vendedores o proveedores de servicios se ponen en contacto con los consumidores, el operador de la plataforma en línea les proporciona un espacio que les permite comunicar a los consumidores la información proporcionada en Artículos L. 221-5 y L. 221-6.

Entornos digitales, por tanto, son el es el conjunto de canales, plataformas y herramientas que disponen los proveedores de bienes y servicios para tener presencia en internet y desarrollar sus actividades, sean estos propios (páginas web, correos electrónicos, aplicaciones, tiendas en línea, *blogs, landig pages, etc.*) o de terceros (redes sociales, publicidad digital, *influencers,* contenidos virales, sistemas de reseña, marketing en motores de búsqueda, etc).

Dicha relación de consumo en el entorno digital, como toda relación de consumo, tendrá dos polos: consumidores y proveedores.

4 Hacia la caracterización del consumidor digital

Entendemos por "consumidor digital", "consumidor electrónico", "ciberconsumidor" o "e-consumidor" a aquel consumidor que adquiere o utiliza bienes o servicios a través de internet, siendo la prestación de carácter digital o no, o es destinatario de prácticas comerciales a través de internet.

Al respecto, corresponde señalar, aunque parezca una verdad de Perogrullo, que para que se emplace al sujeto como consumidor digital deberá cumplimentar los requisitos que la normativa emplaza a un sujeto como consumidor, de conformidad con los artículos 1 de la Ley N° 24.240 de Defensa del Consumidor (LDC) y 1.092, 1.093 y 1.096 del Código Civil y Comercial (CCC). Esto es, que los bienes o servicios que adquieren utilizan o disfrutan, como consumidores directos o indirectos, sean para uso privado y como destinatario final. Cabe recordar que el concepto de destinatario final tiene un doble sentido: destino final fáctico (retiro de la cadena de producción) como económico (no adquirirlo para la reventa o uso profesional); por lo tanto, si el bien es un instrumento de producción su precio sería incluido en el precio final del proveedor que lo adquirió y, por tanto, no habría "destino final".[13]

---

[13] Conf. MARQUÉS, Claudia L., *Contratos no Código de Defesa do Consumidor,* 6° edición, Revista dos Tribunais, San Pablo (Brasil), 2.011, p. 305; TARTUCE, Flávio y NEVES, Daniel A. A.,

También podrá comprender a sujetos expuestos a prácticas comerciales en el entorno digital.

Se inscriben aquí las operaciones que en el ámbito del comercio electrónico se denominan B2C (*Business-To-Consumer*), aunque también, como veremos luego, las llamadas operaciones C2C (*Consumer-To-Consumer*), quedando excluidas, por tanto, las operaciones B2B (*Business-To-Business*).

En consonancia con lo antes descripto, podemos comprender dentro de la noción de consumidor digital diferentes situaciones, pudiendo configurase más de una de ellas o no, a saber:

1) Aquellos supuestos en los que la etapa "precontractual" se desarrolló en línea, pudiendo la relación de consumo perfeccionarse o no en línea. Aquí podemos observar diversos supuestos de prácticas comerciales en línea, como información en sitios y aplicaciones web, ofertas por correo electrónico de manera masiva (*spamming*) o personalizada, sistemas de "cuponera electrónica", publicidad digital por redes sociales, reseñas o mediante la utilización de los llamados *influencers*[14] y ventanas emergentes o *pop-ups*, entre otras;

2) Aquellas operaciones en que el consentimiento contractual se perfecciona en línea, generalmente a través de una plataforma o aplicación, pudiendo el bien o servicios ser o no de contenido digital;

3) Aquellas operaciones en la que las prestaciones son bienes o servicios digitales: motores de búsqueda (Google, Yahoo), correo electrónico (Gmail, Yahoo, Outlook) antivirus, descarga de archivos, videollamadas (Skype), mensajería instantánea (Whatsapp), redes sociales (Facebook, Twitter, Instagram, Snapchat, LinkedIn), aplicaciones de cita en línea (Tinder,

---

Manual de Direito do Consumidor, 3° edición, Editora Método, San Pablo (Brasil), 2.014, p. 76; BENJAMIN, Antonio H., MARQUÉS, Claudia L. y MIRAGEM, Bruno, *Comentários ao Código de Defesa do Consumidor*, 2ª Edición, Revista do Tribunais, San Pablo (Brasil), 2006, p. 83 y ss., FERNÁNDEZ, Raymundo L., GÓMEZ LEO, Osvaldo R. y AICEGA, María V., *Tratado teórico-práctico de Derecho Comercial*, Abeledo-Perrot, Buenos Aires, 2009, Tomo II-B, p. 788.

[14] Los *influencers* son personas influyentes en las redes sociales, celebridades, famosos o no, que determinadas marcas comerciales ofrecen productos, sumas de dinero u otras ventajas a cambio de que promocionen sus productos en redes sociales, participar de eventos, hacer mención de la marca, entre o otros. Para ampliar sobre este punto, ver: MCGRATH, Mary Ann-OTNES, Cele, "Unacquainted influencers: When strangers interact in the retail setting", Journal of Business Research, Volume 32, Issue 3, March 1.995, p. 261-272, https://www.sciencedirect.com/science/article/pii/014829639400051F. [Consultado 12-12-2.017].

Happn, Grindr, Badoo), juegos en red, deportes electrónicos, servicios de "nube" y almacenamiento y transferencia de archivos (iTunes, Dropbox, Google Drive), servicios de pago electrónicos o "billetera electrónica" (Mercado Pago), mapas y sistemas de posicionamiento global (GPS), banca hogareña, las llamadas "criptomonedas",[15] contenidos audiovisuales (YouTube), descarga continua o *streaming* de música (Spotify) o de contenidos audiovisuales (Netflix) y un largo etcétera;

4) Aquellas operaciones en la que las prestaciones son bienes con contenido digital: hardware (computadoras, teléfonos móviles, tablets, etc.), la llamada "internet de las cosas" (relojes, heladeras, televisores, etc. "inteligentes") o software;

5) Aquellas circunstancias del contrato, distinta de la prestación principal, que se desarrollan en línea, como consulta de información en línea, servicios de atención al cliente en línea, facturas y resúmenes digitales o la provisión de red *wifi* en establecimientos comerciales;

6) Aquellos contratos que proveen el servicio de acceso a internet o comunicaciones con acceso a internet (proveedores de cable, internet, telefonía fija o móvil, redes *wifi*, etc.);

7) Aquellos supuestos en los que la etapa "poscontractual" se desarrolló en línea, servicios de garantías, atención posventa, prácticas de cobranzas extrajudicial de deudas a través de internet, tratamiento y bases de datos;

8) Aquellos supuestos en que un sujeto está expuesto a prácticas comerciales ilícitas en línea, sin tener vinculación contractual con el proveedor; por ejemplo, vulneración de derechos personalísimos o de derechos de autor en redes sociales.

Dichas relaciones de consumo pueden ser en apariencia "onerosas" o "gratuitas". La onerosidad está presente no solamente cuando el consumidor debe entregar al proveedor como contraprestación del bien o servicio un pago único en dinero o mediante prestaciones dinerarias periódicas, sino también cuando el consumidor debe ejecutar un dar o un hacer o un no hacer para obtener un bien o servicio: por ejemplo, entregar cupones, completar cupones, formularios o similares, participar de una encuesta o estudios de mercado, de una competencia, concurso

---

[15] FALIERO, Johanna C., *Criptomonedas La nueva frontera regulatoria del derecho informático*, Ad-hoc, Bs As., 2017.

o certamen, abstenerse de efectuar reclamos o divulgar información, y, fundamentalmente, otorgar o permitir el acceso a datos personales, cuestión altamente monetizable en el mercado.

Pero también los actos gratuitos estarán comprendidos como objeto de las relaciones de consumo, aunque con ciertas características como detallaremos a continuación. La gratuidad clásicamente estaba asociada a un acto de beneficencia, es decir, de favorecer, apoyar, ayudar, auxiliar, conceder graciosamente a la otra parte del acto. Estos supuestos, están excluidos del objeto de las relaciones de consumo y constituyen "relaciones de beneficencia". En la "sociedad de consumo" los actos gratuitos de los proveedores no tienen esencialmente esa finalidad sino que constituyen supuestos de prácticas comerciales que tienen por objeto promover o publicitar un bien o servicio o al proveedor, brindar ventajas o facilitar el consumo oneroso, "fidelizar" a los consumidores, mejora de la imagen corporativa del proveedor o cualquier otro acto que tenga como objeto u efecto fomentar, atraer, aumentar, conservar o mantener la demanda de bienes o servicios en el mercado a los consumidores.[16] Se tratan, por tanto, de actos en los que existe una onerosidad de manera indirecta, detrás de la aparente gratuidad hay un acto de mercado, por lo que se aleja de la idea de gratuidad clásica. También se vislumbra esa onerosidad indirecta cuando el consumidor no debe erogar una contraprestación por la prestación de un servicio, pero el proveedor obtiene un provecho de un tercero (subsidio estatal, comercialización de espacios de publicidad, etc.). Esto puede observarse en las redes sociales y algunas plataformas de comercio electrónico.

5 En busca del proveedor

En relación a la perspectiva del proveedor, debemos tener presente las directrices de los arts. 2 LDC y 1.093 CCC, por lo que todos los sujetos que intervienen en la cadena de valor quedarán comprendidos en dicha categoría.

En muchas ocasiones identificar quién o quiénes son los sujetos que actúan detrás de las plataformas o aplicaciones y que rol desempeñan en las operaciones se vuelve confuso o poco transparente.[17]

---

[16] Conf. SANTARELLI, Fulvio G., *Hacia el fin de un concepto único de consumidor*, La Ley, 07/09/2009.

[17] MICKLITZ, Hans W., "Consumer Law in the Digital Economy", en KONO, Toshiyuki, HISCOCK, Mary, REICH, Arie (Eds.), *Transnational Commercial and Consumer Law Current Trends in International Business Law*, Springer, Singapur, 2018, p. 118 y ss.

En el ámbito digital podemos observar diferentes modelos de negocio. En el caso de las operaciones de comercio electrónico propiamente dichas podemos distinguir:

1) proveedores que administran sus propias plataformas o aplicaciones móviles donde pueden realizarse operaciones de adquisición de sus bienes o servicios (supermercados, líneas aéreas, librerías, agencias de viaje, cines, teatros, empresas de venta de entradas para eventos y espectáculos, etc.) o bajo la forma de "subastas en línea" (en Argentina, por ejemplo, para obtener un *upgrade* de cabina en determinados aerolíneas), que tienen también su establecimiento comercial en sede física o funcionar exclusivamente como "tienda en línea" (caso *Amazon*, en sus orígenes; *Despegar*, etc.);

2) proveedores que brindan servicios digitales que son gestionados por otros proveedores, ya sea porque forman parte del mismo grupo empresario o se establece una tercerización o "alianza de marca", por ejemplo, respecto de la atención al cliente o el servicio de banca hogareña o billetera electrónica;

3) proveedores que administran plataformas o aplicaciones móviles donde pueden diferentes sujetos ofrecer y demandar diferentes bienes o servicios, bajo diferentes modelos de negocios, como los portales *eBay* o *Mercado Libre* o las denominadas "economías colaborativas" en los sectores transporte (*Uber* y *Cabify*), turismo (*Airbnb*, *Couchsurfing*) o reparto de comidas, compras o recados (*Rappi*, *Glovo*, *PedidosYa*, *Uber Eats*).

En este último caso, se perfila para los consumidores una relación, al menos, trilateral cuando no con más actores:

a) Una relación jurídica con la plataforma organizadora;

b) Una relación jurídica con quien provee el bien o servicio en términos materiales.

El rol actico de organizador del titular de la plataforma puede perfilarse en las siguientes características:

a) es quien diseña el ámbito digital donde se van a desarrollar las operaciones;

b) tiene el control técnico del funcionamiento de la plataforma;

c) requiere para la utilización de la plataforma el registro de los usuarios;

d) establece las normas de uso de la plataforma, a través de los "términos y condiciones";

e) determina las modalidades de pago, en el caso de oferta de bienes y servicios, disponiendo, en algunos casos, de sistemas de pago electrónicos propio, de su grupo empresario o a través de "alianzas de marca";

f) establece el sistema de entrega de los bienes contratados;

g) fija y percibe comisiones de uso y, en algunos casos, como en el sector transporte, tarifas de uso del servicio;

h) diseña y gestiona sistema de calificación de usuarios o establecimientos;

i) puede imponer sanciones a los usuarios, incluso suspender en forma temporal o definitivamente sus cuentas;

De los aspectos descriptos podemos colegir que dichos organizadores son propiamente proveedores en los términos del art. 2 LDC y 1.093 CCC. Es más muchas veces, frente a otros sujetos intervienen en la cadena de comercialización, el organizador detenta muchas veces una posición dominante que lo coloca en una situación de concentración vertical.

Respecto de los sujetos que brindan la prestación de bienes y servicios a través de plataformas digitales controladas por un organizador, sin duda que frente a los consumidores de los mismos son proveedores, ejerzan esa actividad de manera profesional u ocasional.

Tradicionalmente el concepto de proveedor está asociado a la idea de actuación profesional en el mercado. Respecto del requisito de profesionalidad, se mencionan como elementos determinantes el desarrollo habitual de una actividad, la necesidad de habilitación para el ejercicio de la actividad, la presunción de onerosidad, la existencia de cierto *expertisse* científico, técnico y/o práctico, entre otros.[18]

Entendemos que constituyen algunas de sus notas distintivas las siguientes:

---

[18] Conf. SANTARELLI, Fulvio G., "Comentario al art. 2", en Picasso, Sebastián; VÁZQUEZ FERREYRA, Roberto, Ley de Defensa del Consumidor comentada y anotada, 1° edición, La Ley, Bs As., 2.009, p. 29 y ss. En análogo sentido: LOWENROSEN, Flavio, Derecho del consumidor, Ediciones Jurídicas, BS. As., 2.008, T. II, p. 44.

a) Debe mediar una vocación de oferta a persona indeterminada; es decir una perspectiva de "clientela" destinada a captar y mantener a varios adquirentes de una clase o segmento por reducido o selecto que éste sea;[19]

b) Debe procurarse la obtención de un provecho, beneficio o utilidad (directa o indirecta) en el desarrollo de la actividad de mercado. La naturaleza económica de la actividad se vislumbra por el hecho de que el proveedor se desenvuelve buscando una ventaja económica, generalmente una contraprestación pecuniaria o remuneración.[20] El "acto de mercado" debe contribuir al sustento o sostenimiento del sujeto proveedor, circunstancia que no implica necesariamente la persecución de renta o rentabilidad, en el sentido económico de la obtención de ganancias o resultados positivos del proceso productivo;

c) Debe también estarse a la arista organizacional del proveedor de bienes y servicios, en tanto, la realización organizada de una actividad de producción, distribución y/o comercialización de bienes y servicios,[21] bajo la forma de empresa o establecimiento bajo forma de "empresa" o "establecimiento";[22] de conformidad con las previsiones del art. 320 CCC;

d) La profesionalidad se distingue por el agregado de valor dirigido a satisfacer una necesidad de consumo, en el sentido de adicionar al bien o servicio alguna cualidad intrínseca (diseño, utilidad, etc.) o bien participando en la cadena de comercialización, así en las transacciones entre profesionales, lo ofrecido adquiere carácter de bien de cambio, o de insumo. Siguiendo con estas generalizaciones, la adquisición por el consumidor final, tiene carácter de bien de uso.[23]

---

[19] SANTARELLI, Fulvio G., "Hacia el fin de un concepto único de consumidor", LL 2009-E, 1055.

[20] TAMBUSSI, Carlos E., "Contratos de consumo", en BUERES, Alberto J., *Código Civil y Comercial de la Nación*, Hammurabi, Bs As, 2.014, T I, p. 631.

[21] SANTARELLI, Fulvio G., "Hacia el fin de un concepto único de consumidor", LL 2.009-E, 1055.

[22] Conf. FAVIER DUBOIS, Eduardo M., "La empresa en el nuevo derecho comercial. importancia, delimitación e implicancias legales y fiscales", LL 2015-F, 1122. [Consulta: acaso éste es el número de página? Para agregarlo la "p." antes del número].

[23] SANTARELLI, Fulvio G., "Hacia el fin de un concepto único de consumidor", LL 2009-E, 1055. [Consulta: acaso éste es el número de página? Para agregarlo la "p." antes del número].

e) El conocimiento del negocio,[24] cuyas características son esencialmente dominadas, utilizándose ese saber como medio de vida,[25] un relevante capacidad y aplicación para lograr óptimos resultados,[26] un grado de saber u oficio que configura la superioridad sobre la otra parte, a la hora del contrato;[27] es decir, alguien que se especializa en la realización o el ejercicio de una actividad determinada, la que es insertada en el mercado de consumo.[28]

Toda empresa, por tanto, reviste el carácter de proveedor, sea un microemprendimiento, una pequeña o mediana empresa o una gran empresa,[29] nacional o trasnacional, sea una compañía emergente (*startup*) o con años de experiencia en el mercado, sea un empresario individual o constituida como persona jurídica.

Pero también será proveedor el sujeto que provee bienes o servicios de manera ocasional. Esta es una realidad cada vez más creciente en el entorno digital, en la que los bienes o servicios son ofertados en redes sociales o en plataformas por sujetos que no reúnen las características de un proveedor profesional.

El art. 1.903 CCC al definir el contrato de consumo lo caracteriza como "es el celebrado entre un consumidor o usuario final con una persona humana o jurídica que actúe profesional u ocasionalmente". La inclusión dentro del concepto de proveedor de los sujetos que desarrollan actos de mercado de manera ocasional es una nota distintiva del derecho argentino, compartida también por la legislación de República Dominicana.[30] Por el contrario, la mayoría de las legislaciones iberoamericana y a nivel comparado en general exigen expresamente

---

[24] Conf. ZENTNER, Diego H., *"Contrato de consumo"*, La Ley, Buenos Aires, 2.010, p. 79; ROSSI, Jorge O., *"Derecho del Consumidor: ámbito de aplicación, documento de venta y garantía legal a la luz de la reforma de la Ley 26.361"*, en ARIZA, Ariel (coordinador), *La reforma del régimen de defensa del consumidor por la Ley 26.361*, Abeledo-Perrot, Bs. As., 2.008, p. 25.

[25] MIRAGEM, Bruno, *Curso de Direito do Consumidor*, 3º edición, San Pablo (Brasil), Editora Revista dos Tribunais, 2012, p. 136.

[26] FARINA, Juan M., *Defensa del consumidor y del usuario*, 4º edición, Astrea, Bs. As., 2008, p. 84.

[27] TAMBUSSI, Carlos E., *"Contratos de consumo"*, en BUERES, Alberto J., *Código Civil y Comercial de la Nación*, Hammurabi, Bs. As., 2014, T I, p. 628 y ss.

[28] RUSCONI, Dante D. (Coordinador), *Manual de Derecho del Consumidor*, Abeledo-Perrot, Bs. As., 2009, p. 179.

[29] Conf. CHAMATROPULOS, Demetrio A., *Estatuto del consumidor comentado*, La Ley, Bs. As., 2016, T. I, p. 136.

[30] Ley Nº 358-05 "Ley General de Protección de los Derechos del Consumidor o Usuario", art. 3 inc. l.

el requisito de la "profesionalidad", "periodicidad" o "habitualidad" en la actividad desplegada por el proveedor.

Entendemos al proveedor ocasional como aquel que no reúne los requisitos antes mencionados para configurarse como consumidor profesional.

Se trata de supuestos en que:

a) desarrolla la actividad como algo esporádico, eventual, circunstancial o por contingencia, incluso por única vez;

b) por carecer de una organización empresaria, comprendiendo lo que alguna doctrina denomina "cuasiempresario", esto es, la persona humana que realiza una actividad económica sin ser empresario ni llegar a configurar una empresa[31] o hacer de ello su profesión habitual;[32]

c) porque no se vislumbra un "conocimiento del negocio";

d) Porque la negociación con el destinatario del bien o servicio se realiza sin desigualdad negocial, esto es, se configura como un contrato paritario;

e) Porque no media oferta a persona indeterminada.

No nos parece justo ni la solución más protectoria pesar sobre el consumidor los costos o riesgo de estar tratando como proveedor con un sujeto especializado o con un aventurero o improvisado. No creemos en la existencia, al menos en el Derecho argentino, de tales contratos "entre consumidores" (C2C, *consumers to consumers* en la terminología anglosajona). La cuestión tiene su impacto, en particular, en las cuestiones vinculadas al comercio electrónico, con la emergencia de la llamada "economía colaborativa" (*sharing economy* en inglés) o "consumo colaborativo.

También puede argumentarse que muchos oferentes ocasionales se valen, para dicha operación, de la intermediación de proveedores profesionales: corredores, plataformas de comercio electrónico, entre otras, lo que lo tiñe como un acto de consumo típico y profesional,

---

[31] Conf. FAVIER DUBOIS, Eduardo M., "La "empresa" y el "establecimiento" en el nuevo Código Civil y Comercial", en http://www.favierduboisspagnolo.com/trabajos-de-doctrina/la-empresa-y-el-establecimiento-en-el-nuevo-codigo-civil-y-comercial/. [Consultado el 25/03/2017]; FAVIER DUBOIS, Eduardo M. (h.), "La derogación del Derecho Comercial por el nuevo Código Civil: apariencia y realidad", LL 2015-A, 1104 – Enfoques 2015 (enero), 23/01/2015, 105 – ADLA2.015-3, 209; La ley online AR/DOc.4654/2014.

[32] FARINA, Juan M., *Defensa del consumidor y del usuario*, 4º edición, Astrea, Bs. As., 2008, p. 84.

resultando absurdo para el consumidor diferenciar dentro de la cadena de comercialización de sujetos profesionales y sujetos no profesionales.

6 Sobre la hipervulnerabilidad de los consumidores digitales

Desde el Derecho del Consumidor partimos de la premisa de reconocer la vulnerabilidad estructural de todos consumidores en el mercado. Sin embargo, algunos consumidores son más vulnerables que otros y sufren con mayor agudeza los embates de la "sociedad de consumo". Son aquellos consumidores a los que a la vulnerabilidad estructural, *in abstracto*, de ser consumidores se le suma otra vulnerabilidad, vinculada a su edad, condición psicofísica, de género, socioeconómica o cultural o a otras circunstancias permanentes o transitorias. Son los que denominamos "consumidores hipervulnerables".

Entendemos que el consumidor digital, en todos los casos, es un consumidor hipervulnerable. Son coincidentes varias opiniones autorales que entienden al consumidor electrónico como un consumidor hipervulnerable, en virtud del hecho técnico insuperable y predeterminado por el proveedor. Esto porque, en el comercio electrónico, existe una vulnerabilidad extrínseca relacionada a la fragilidad técnica del consumidor, que se manifiesta como una circunstancia desfavorable que hace que los consumidores sean aún más susceptibles de daños perdurables, privados de la capacidad de decidir lo que es mejor para ellos, debido a la conducta no personalizada y no dialogada que caracteriza el comercio electrónico.[33]

Algunas de las facetas de esta hipervulnerabilidad son las siguientes:

1) Antinaturalidad del hecho tecnológico. Resulta muy distinto adquirir un bien o servicio en un entorno que por nuestra naturaleza de seres físicos no nos es intuitivo que hacerlo

---

[33] Conf. VIEIRA, Luciane K., *La hipervulnerabilidad del consumidor transfronterizo y la función material del Derecho Internacional Privado*, La Ley, Bs. As, 2017; FALIERO, Johanna C., "El derecho a la información en el Derecho del Consumidor y el nuevo Código Civil y Comercial – autodeterminación informativa de los usuarios y su régimen tuitivo", en BAROCELLI, Sergio S., *Impactos del nuevo Código Civil y Comercial en el Derecho del Consumidor. Diálogos y perspectivas a la luz de sus principios*, Facultad de Derecho – Universidad de Buenos Aires, Bs. As., 2016, http://www.derecho.uba.ar/investigacion/investigadores/publicaciones/barocelli-impactos-del-nuevo-Codigo-civil-y-comercial-en-el-derecho-del-consumidor.pdf. [Consultado el 17/05/2017].

personalmente, con la posibilidad de tener contacto directo –a través de todos nuestros sentidos– con dicho bien o servicio, y, por lo tanto, tomar una decisión a través de un medio que nos es natural;[34]

2) Imposibilidad de cumplir con la obligación de información. El consumidor electrónico jamás podrá detentar –a excepción que fuere su área profesional– un dominio efectivo sobre el medio relacional;[35]

3) Potencialidad de daños irreparables. Al ser un medio altamente replicable, las consecuencias dañosas pueden tornarse incontenibles y reproducirse indefinidamente: productos piratas, portales de internet simulando ser marcas reconocidas (*cybersquatting*), fallas de comunicación y seguridad, actuación de *hackers*, robos de identidad o información confidencial como nombres de usuario, contraseñas y detalles de tarjetas de crédito (*phishing*), abusos de confianza, vulneración de derechos de autor, industriales o personalísimos como al intimidad, identidad o imagen, entre otras.

Creemos, por consiguiente, que lo desarrollado a través de internet constituye una actividad riesgosa. Recordemos que una actividad es riesgosa cuando por su propia naturaleza o por las circunstancias en que se realice, genera una significativa probabilidad de riesgo o peligro para terceros, ponderable conforme a lo que regularmente sucede según el curso normal y ordinario de las cosas constituyendo la empresa uno de los ámbitos de actividad riesgosa, en el sentido de que organiza capital y trabajo como factores de producción y con fines lucrativos.[36]

A esta hipervulnerabilidad común a todos los consumidores digitales, cabe agregarle algunas situaciones de especial hipervulnerabilidad. Recordemos que a la misma la caracterizamos un aspecto dinámico, relacional y contextual y debería ser pensada mediante la idea de capas. No hay una "sólida y única vulnerabilidad" que agote

---

[34] Conf. BELTRAMO, Andrés N. y FALIERO, Johanna C., "El consumidor electrónico como consumidor hipervulnerable", en BAROCELLI, Sergio S. (director), *Consumidores hipervulnerables*, El Derecho, Buenos Aires, 2018, p. 205 y ss.

[35] Conf. BELTRAMO, Andrés N. y FALIERO, Johanna C., "El consumidor electrónico como consumidor hipervulnerable", en BAROCELLI, Sergio S. (director), *Consumidores hipervulnerables*, El Derecho, Buenos Aires, 2018, p. 205 y ss.

[36] PIZARRO, Ramón D., Responsabilidad Civil por Riesgo creado y de empresa, contractual y extracontractual, La Ley, Bs. As., 2007, T.II, p. 161 y ss.

la categoría, puede haber diferentes vulnerabilidades, diferentes capas operando. Estas capas pueden superponerse.[37]

En el caso de los consumidores digitales podemos observar viejas y nuevas vulnerabilidades potenciadas e interseccionadas. A las vulnerabilidades estructurales "clásicas" vinculadas a la pobreza y la exclusión social, la edad, el género, lo étnico-racial, la ruralidad, la discapacidad, se le adicionan las situaciones propias de la "brecha digital".

Aquí podemos distinguir a los llamados "analfabetos digitales", totales o funcionales nativos digitales; los "migrantes digitales"; y, los "nativos digitales". Un primer criterio para delimitar la frontera entre cada uno de estos grupos es, naturalmente, la edad. Así, a grandes rasgos, los nativos digitales son personas que nacieron a partir de 1995. Se les considera migrantes porque si bien han sido testigos del vertiginoso desarrollo de las TICs y de su impacto en la vida diaria y profesional en años recientes, la educación y formación de estas personas se desarrolló con métodos más "tradicionales". Los analfabetos digitales, a grandes rasgos tienen 65 o más años de edad; se apoyan en los migrantes digitales o en los nativos digitales para ello. Ciertamente hay excepciones en los patrones de conducta ante las TICs, en los grupos de edades anteriormente referidos.[38] También cabe agregar las dificultades de acceso a internet en ciertos territorios.

7 La protección de los consumidores digitales en el derecho argentino

Existen diversas normas directas o indirectas que regulan dicha actividad. Entre las normas directas podemos mencionar:

A. Directrices de Naciones Unidas de Protección al Consumidor
Las Directrices de Naciones Unidas de Protección del Consumidor de 1.985, reformadas en 1.999 y 2.015, son un conjunto internacionalmente reconocido de objetivos básicos, preparados especialmente para que los gobiernos de los países en desarrollo y los países de reciente independencia las utilizaran para la estructuración y fortalecimiento de políticas y

---

[37] Conf. LUNA, Florencia, "Vulnerabilidad: la metáfora de las capas", JA 2008-IV-1116.
[38] ROSAS, María C., "El analfabetismo digital", 14/08/2012, https://www.alainet.org/es/active/57191. [Consultado el 10/04/2020].

leyes de protección del consumidor.[39] Si bien dichas Directivas no tienen fuerza vinculante para los Estados, podemos sostener que constituyen un sustento destacado en la costumbre internacional en la materia y constituyen parte del llamado "soft law".

Las Directrices, en materia de protección del consumidor electrónico, establecen:

a) Los consumidores que recurran al comercio electrónico deben tener un grado de protección que no sea inferior al otorgado en otras formas de comercio. (Art. 5 inc. j y 63).

Esta consideramos que es la regla más importante. En efecto, en el comercio cara a cara, los consumidores merecen la protección del Derecho y de las autoridades públicas en función de la vulnerabilidad estructural de la que adolecen por los embates de la sociedad de consumo. En función de ello se los empoderan de una serie de derechos, reconocidos por el art. 42 CN y reglamentados por diversas normas dictadas por las autoridades nacionales y locales; asimismo, todos aquellos sujetos que intervienen en la cadena de comercialización, constituyendo la dimensión vertical de la relación de consumo en función de los diversos contratos conexos desarrollados desde el rol de proveedor se encuentran obligados al cumplimiento de esos derechos y deben responder de manera concurrente frente al consumidor. Por consiguiente, esas mismas reglas deben aplicarse en el ámbito de las relaciones de consumo digitales.

b) Se debe fomentar la confianza de los consumidores en el comercio electrónico (art. 63).

La protección de la confianza es uno de los ejes centrales de la protección de los consumidores electrónicos, de la cual nos referiremos en el siguiente apartado.

c) Se debe garantizar que los consumidores estén informados y sean conscientes de sus derechos y obligaciones en el mercado digital (art. 64).

El derecho a la información reviste de vital importancia, por la especial vulnerabilidad de los consumidores en la contratación electrónica y deberá conjugarse con las previsiones del art. 42 de la Constitución Nacional, el art. 4º de la LDC, el art. 1110 del Código Civil y Comercial y las previsiones constitucionales locales, en cuento establecen que la información deberá ser adecuada, veraz, cierta, clara, detallada, gratuita, comprensible, transparente y oportuna.

d) Se sugiere a los Estados adoptar los criterios de las Directrices para la Protección de los Consumidores en el Contexto del Comercio Electrónico de la Organización de Cooperación y Desarrollo Económicos (OCDE). Estas Directrices establecen que: a los consumidores que participen en el comercio electrónico debe otorgárseles una protección transparente

---

[39] Informe del Secretario General a la Comisión sobre el Desarrollo Sostenible del Consejo Económico y Social de la O.N.U., 19 de febrero de 1998.

y efectiva que no sea inferior al nivel de protección que se otorga en otras formas de comercio; se deben respetar los intereses de los consumidores y actuar de acuerdo a prácticas equitativas en el ejercicio de sus actividades empresariales, publicitarias y de mercadotecnia; las empresas no deben realizar ninguna declaración, incurrir en alguna omisión, o comprometerse en alguna práctica que resulte falsa, engañosa, fraudulenta o desleal; las empresas dedicadas a la venta, promoción o comercialización de bienes o servicios no deben llevar a cabo prácticas comerciales que pudieran provocar riesgos irracionales en perjuicio de los consumidores; siempre que las empresas publiquen información sobre ellas mismas o sobre los bienes o servicios que ofrecen, deben presentarla de manera clara, visible, precisa y fácilmente accesible y deben cumplir con cualquier declaración que hagan respecto a sus políticas y prácticas relacionadas con sus transacciones con consumidores; las empresas no deben aprovecharse de las características especiales del comercio electrónico para ocultar su verdadera identidad o ubicación, o para evadir el cumplimiento de las normas de protección al consumidor o los mecanismos de aplicación de dichas normas; las empresas no deben utilizar términos contractuales desleales; la publicidad y la mercadotecnia deben ser claramente identificables como tales; la publicidad y la mercadotecnia deben identificar a la empresa en cuyo nombre se realizan, cuando no se cumpla este requisito se consideran engañosas; las empresas deben tener la capacidad de comprobar cualquier afirmación expresa o implícita, durante todo el tiempo en que ésta sea hecha, y mantener esta capacidad durante un tiempo razonable, una vez concluida dicha declaración; las empresas deben desarrollar e implementar procedimientos efectivos y fáciles de usar, que permitan a los consumidores manifestar su decisión de recibir o rehusar mensajes comerciales no solicitados por medio del correo electrónico y respetar la decisión de los consumidores de no recibir mensajes comerciales; los empresarios deben tener especial cuidado con la publicidad o mercadotecnia dirigida a los niños, a los ancianos, a los enfermos graves, y a otros grupos que probablemente no tengan la capacidad para comprender cabalmente la información que se les presenta; cuestiones sobre la información de la empresa, sobre los bienes o servicios ofrecidos, sobre los términos, condiciones y costos asociados con la operación, en especial cuando sea aplicable y adecuado dependiendo del tipo de transacción; medios de detección de errores y de conservación de un registro completo y preciso de la transacción; los empresarios deben proporcionar a los consumidores mecanismos de pago seguros y fáciles de usar e información sobre el nivel de seguridad que brinden tales mecanismos y delimitar la responsabilidad por el uso no autorizado o fraudulento de los sistemas de pago y los mecanismos de reembolso en tarjetas de crédito (*chargebacks*); se debe proporcionar a los consumidores un fácil acceso a mecanismos alternativos para un justo y oportuno proceso de resarcimiento y resolución de disputas sin costos o cargos onerosos y que las empresas y los representantes de los consumidores deben establecer de manera continua mecanismos internos imparciales, efectivos y transparentes para atender y responder las quejas y dificultades de los consumidores, en una forma equitativa y oportuna y sin costos o cargos indebidos para los consumidores.

B. Normativa MERCOSUR

La Resolución N° 21/04 del Grupo Mercado Común del Mercosur sobre comercio electrónico a través de Internet. También en el ámbito del MERCOSUR existen regulaciones al respecto, que fueron incorporadas al ordenamiento jurídico nacional mediante la resolución N° 104/05 de la ex Secretaría de Coordinación Técnica.

Dicha norma estable, en líneas generales, la tutela del derecho-obligación de información, los medios técnicos para identificar y corregir errores de introducción de datos antes de efectuar la transacción y la regla del "doble click" en materia de consentimiento.

La Resolución N° 37/19 del Grupo Mercado Común del Mercosur de protección al consumidor en el comercio electrónico, aplicable a los proveedores radicados o establecidos en alguno de los Estados Partes o que operen comercialmente bajo alguno de sus dominios de internet, establece que en el comercio electrónico debe garantizarse a los consumidores, durante todo el proceso de la transacción, el derecho a información clara, suficiente, veraz y de fácil acceso sobre el proveedor, el producto y/o servicio y la transacción realizada (art 1). Al respecto se detalla la información que deberá estar presente en los sitios web y demás medios electrónicos del proveedor, en ubicación de fácil visualización y previo a la formalización del contrato (art. 2), como los términos de la contratación, asegurando que aquellos puedan ser leídos, guardados y/o almacenados por el consumidor de manera inalterable. Se establecen también reglas sobre al redacción de los contratos (art. 4), la posibilidad de medios técnicos para conocimiento y corrección de errores en la introducción de datos, antes de efectuar la transacción. (art. 5), la posibilidad del ejercicio del derecho de arrepentimiento o retracto en los plazos que establezca la normativa aplicable (art. 6) y la obligación del proveedor debe proporcionar un servicio eficiente de atención de consultas y reclamos de los consumidores (art. 7). Se establece también que los Estados Partes propiciarán que los proveedores adopten mecanismos de resolución de controversias en línea ágiles, justos, transparentes, accesibles y de bajo costo, a fin de que los consumidores puedan obtener satisfacción a sus reclamos, considerándose especialmente los casos de reclamación por parte de consumidores en situación vulnerable y de desventaja (art. 8) y que en las actividades relacionadas con el comercio electrónico transfronterizo las agencias de protección al consumidor u otros organismos competentes de los Estados Partes procurarán cooperar entre sí para la adecuada protección de los consumidores (art. 9).

C. Ley de Defensa del Consumidor

La Ley Nº 24.240 de Defensa del Consumidor (LDC) también posee normas específicas relativas a los contratos, sin perjuicio de las normas generales que resultan aplicables a las relaciones de consumo, incluidas las relativas a responsabilidad por daños. Ellas son:

a) Paralelismo de las formas en materia de rescisión, respecto los contratos celebrados por medios electrónicos (art. 10 ter);

b) instrumentación por escrito, informando derecho de arrepentimiento (art. 34);

c) Derecho de arrepentimiento (art. 34).

Es cierto que no hay normas específicas sobre responsabilidad. Pero no es cierto que no haya normas aplicables. Le resultan aplicables, como decíamos anteriormente las normas generales en obligación de seguridad (art. 5 y 6 LDC) materia de incumplimiento (art. 10 bis LDC) y la responsabilidad objetiva y concurrente riesgo o vicio de la cosa o servicio (art. 40 LDC). El fallo deja traslucir la necesidad de normas específicas que se aparten de estos criterios; a nuestro modo de ver ellas no son necesarias.

D. Código Civil y Comercial

El Código Civil y Comercial también establece prescripciones directas e indirectas relativas a los contratos electrónicos.

En las prescripciones directas podemos mencionar:

a) Instrumentación por escrito, con cláusulas comprensibles y autosuficientes y redacción clara, completa y fácilmente legible y prohibición de reenvíos (art. 985);

b) Obligación del proveedor de informar al consumidor, además del contenido mínimo del contrato y la facultad de revocar, todos los datos necesarios para utilizar correctamente el medio elegido, para comprender los riesgos derivados de su empleo, y para tener absolutamente claro quién asume esos riesgos (art. 1107);

c) Las ofertas de contratación por medios electrónicos o similares deben tener vigencia durante el período que fije el oferente o, en su defecto, durante todo el tiempo que permanezcan accesibles al destinatario. El oferente debe confirmar por vía electrónica y sin demora la llegada de la aceptación (art. 1108);

d) Regulación del lugar de cumplimiento y prohibición de la cláusula de prórroga de jurisdicción (art. 1109);

e) Derecho de arrepentimiento (art. 1110 a 1116).

Entre las normas indirectas, destacamos en las reglas en materia de Derecho Internacional Privado, que resultan de vital importancia para las relaciones de consumo digitales transfronterizas:

a) En materia de jurisdicción el art. 2654 dispone que las demandas que versen sobre relaciones de consumo pueden interponerse, a elección del consumidor, ante los jueces del lugar de celebración del contrato, del cumplimiento de la prestación del servicio, de la entrega de bienes, del cumplimiento de la obligación de garantía, del domicilio del demandado o del lugar donde el consumidor realiza actos necesarios para la celebración del contrato y que también son competentes los jueces del Estado donde el demandado tiene sucursal, agencia o cualquier forma de representación comercial, cuando éstas hayan intervenido en la celebración del contrato o cuando el demandado las haya mencionado a los efectos del cumplimiento de una garantía contractual. En el caso de que el consumidor sea demandada, se establece que la acción sólo puede interponerse ante los jueces del Estado del domicilio del consumidor. Se agrega también que para estos supuestos el acuerdo de elección de foro. b) En materia de derecho aplicable el art. 2655 establece que los contratos de consumo se rigen por el derecho del Estado del domicilio del consumidor si la conclusión del contrato fue precedida de una oferta o de una publicidad o actividad realizada en el Estado del domicilio del consumidor y éste ha cumplido en él los actos necesarios para la conclusión del contrato; si el proveedor ha recibido el pedido en el Estado del domicilio del consumidor; si el consumidor fue inducido por su proveedor a desplazarse a un Estado extranjero a los fines de efectuar en él su pedido; o si los contratos de viaje, por un precio global, comprenden prestaciones combinadas de transporte y alojamiento. En su defecto, los contratos de consumo se rigen por el derecho del país del lugar de cumplimiento. En caso de no poder determinarse el lugar de cumplimiento, el contrato se rige por el derecho del lugar de celebración.

8   Reglas en materia de responsabilidad por daños

Si tenemos presente que en el entorno digital los consumidores deben tener un grado de protección al menos equivalente al comercio cara y que en las relaciones de consumir digital la vulnerabilidad del consumidor se ve acentuada, es que concluimos que las mismas normas, principios e intuiciones del Derecho del Consumido cara a cara se aplican a las relaciones de consumo digitales, sin necesidad de reglas especiales.

Al respecto entendemos que podemos distinguir diferentes situaciones:

1) *Función preventiva.* De conformidad con el artículo 1.711, la acción preventiva resulta la herramienta adecuada para evitar

o cesar conductas dañosas en el entorno digital. En análogo sentido la acción de cesación publicitaria prevista en el art. 1.102 CCC.

2) *Incumplimientos de obligaciones contractuales o de fuente legal por parte de los proveedores*. En cuanto al incumplimiento –por ejemplo, falta de entrega de productos, prestación de servicios deficiente, incumplimiento del trato digno y equitativo, de la obligación de seguridad o de informar, entre otros -el artículo 10 bis de la LDC dispone que ante el incumplimiento de la oferta o del contrato por el proveedor, salvo caso fortuito o fuerza mayor, faculta al consumidor, a su libre elección a:

a) Exigir el cumplimiento forzado de la obligación, siempre que ello fuera posible;

b) Aceptar otro producto o prestación de servicio equivalente;

c) Rescindir el contrato con derecho a la restitución de lo pagado, sin perjuicio de los efectos producidos, considerando la integridad del contrato.

Todo ello sin perjuicio de las acciones de daños y perjuicios que correspondan.

Así, por ejemplo al responsabilizar a la plataforma de comercialización ante la negativa de brindar información sobre el vendedor que no entregó el producto[40] o por el incumplimiento de la obligación de seguridad y trato digno al momento de retirar entradas de espectáculo deportivo compradas en línea[41] o de la obligación de informar.[42]

3) *Daños en las cosas*. En estos supuestos resultan de aplicación las reglas en materia de garantías, los art. 11 a 18 de la LDC regulan la materia en el caso de cosas muebles no consumibles), en tanto que los art. 23 y 24 hace lo propio en materia de servicios.

4) *Daños por la cosa o el servicio*. En estos casos resulta aplicable la disposición del artículo 40 de la LDC. Dicha norma establece

---

[40] CCAYT CABA, Sala I, 11/06/2018, "Mercado Libre SRL c/ Dirección General de Defensa y Protección al Consumidor s/ Recurso Directo sobre Resoluciones de Defensa al Consumidor", Juristeca ID sumario: 59652.

[41] CAM. FED. CÓRDOBA, sala A, 23/05/2.018, "Alfonso, Francisco D. c/ Ticketek y Otros/ Daños y Perjuicios", IJ-DXXXVI-89. Sumario.

[42] CCAYT CABA, Sala III, 31/10/2018"Mercado Libre SRL c/ Dirección General de Defensa y Protección al Consumidor s/ recurso directo sobre resoluciones de defensa al consumidor", Expte. Nº EXP1094/2017-0.

que "Si el daño al consumidor resulta del vicio o riesgo de la cosa o de la prestación del servicio, responderán el productor, el fabricante, el importador, el distribuidor, el proveedor, el vendedor y quien haya puesto su marca en la cosa o servicio. El transportista responderá por los daños ocasionados a la cosa con motivo o en ocasión del servicio.

La responsabilidad es solidaria, sin perjuicio de las acciones de repetición que correspondan. Sólo se liberará total o parcialmente quien demuestre que la causa del daño le ha sido ajena".

Se establece así un factor de atribución objetivo y una responsabilidad concurrente de toda la cadena de comercialización. En efecto, el art. 40 impone una legitimación pasiva amplia entre todos los componentes de la cadena de comercialización, por ejemplo la intermediación virtual.

El factor de atribución objetivo de la responsabilidad puede fundamentarse también en la confianza y en entender a internet como una actividad riesgosa.

Respecto del factor confianza algunos fallos lo han encuadrado de esa manera;[43] otros lo han encuadrado en el riesgo de actividad.[44] Otros casos han negado la responsabilidad de la plataforma en casos en que la misma no tenía un rol activo en la operación, sino que simplemente publicitaban anuncios.[45]

5) *Daños punitivos.* Los daños punitivos, regulados en el artículo 52 bis de la LDC, por su rol preventivo, disuasivo, ejemplificador y sancionatorio, juegan un rol fundamental para desalentar y desmantelar prácticas en grave desprecio de los derechos de los consumidores en el entorno digital.

También resultan interesante la aplicación de otros institutos, como:

1) *Conexidad contractual.* El instituto de la conexidad contractual es gran relevancia en las relaciones de consumo digitales. Como

---

[43] CÁMARA CIVIL Y COMERCIAL Nº III, JUJUY, 15/09/2016, "FERRIERO, PABLO A. C. MERCADO LIBRE S.R.L. S/ ACCIÓN EMERGENTE DE LA LEY DEL CONSUMIDOR", LL 16/12/2016, AR/JUR/67450/2016.

[44] CÁMARA NACIONAL EN LO CIVIL, Sala K, *in re* "Claps, Enrique Martín y otro c/ Mercado Libre SA s/ daños y perjuicios", del 05/10/2012, RCyS 2013-VI, 62.C. 4ª Civ. Com. Córdoba, "Mercado Libre SRL c/ Dirección de Defensa del Consumidor y Lealtad Comercial", del 29/12/2016, LL 2017-A, 588.

[45] CÁMARA NACIONAL EN LO COMERCIAL, Sala D, "Kosten, Esteban c/ Mercado Libre SRL s/ ordinario", del 22/03/2018, LL 2018-C, 179; CÁMARA NACIONAL EN LO COMERCIAL, Sala B, "Gómez Maciel, Francisco José c/ DRIDCO SA s/ ordinario", del 07/03/2017, LL 2017-C, 415.

relatábamos anteriormente, en las operaciones en línea pueden conjugarse la actuación de diferentes actores, con diferentes vínculos entre sí y el consumidor digital (organizadores de plataformas, proveedores de bienes de servicios, de sistemas de pago, de entrega, de calificaciones, etc.) Por aplicación de las reglas de los arts. 1.073 a 1.075 y 1.122 y concordantes del CCC, se aplicarán las reglas de interpretación intercontractual y efecto intercontractual en relación al incumplimiento, la ineficacia o la extinción del contrato, con expansión de ese efecto al resto de los vínculos.

2) *Cláusulas abusivas.* El control de contenido de las cláusulas abusivas es otra cuestión de vital interés en las relaciones de consumo digitales.

Algunas de las más comunes serán las relativas a autorización de uso de datos personales, prórroga de jurisdicción, eximición o limitación de la responsabilidad de alguno de los sujetos o renuncia de derechos de los consumidores, de conformidad con los art. 37 LDC, 988, 1.109 y concordantes del CCC.

Así lo estableció la jurisprudencia en materia prórroga de jurisdicción[46] aun en casos transfronterizos[47] o respecto de la ausencia de información del derecho de arrepentimiento.[48]

9 La regulación en el proyecto de nueva Ley de Defensa del Consumidor

El pasado 6 de diciembre de 2.018 la Comisión integrada por Gabriel Stiglitz, Fernando Blanco Muiño, María Eugenia D'Archivio, M. Belén Japaze, Leonardo Lepíscopo, Sebastián Picasso, C. Gonzalo Sozzo, Carlos Tambussi, Roberto Vázquez Ferreyra y Javier Wajntraub bajo la coordinación de Carlos A. Hernández elevó a los Ministerios de

---

[46] CÁMARA EN LO CIVIL Y COMERCIAL – Mar Del Plata, 06/12/2017, "Spektor Verónica Viviana y otro/a c/ Rincón Club de los Andes s/ daños y perj. incump. contractual (exc. Estado)" – elDial.com – AAA54E.

[47] CÁMARA NACIONAL EN LO COMERCIAL, 10/08/2017, "Pérez Morales, Gonzalo M. c/ Booking.com Argentina SRL y otros s/ ordinario", LL 2017-E, 335; CÁMARA EN LO CIVIL Y COMERCIAL FEDERAL, SALA III, 19/05/2019, "AGROMAYOR, DENISE Y OTRO C/ AMERICAN AIRLINES INC. Y OTROS/ INCUMPLIMIENTO DE CONTRATO", EXPTE. Nº 4761/2017/CA1.

[48] CCAyT, CABA, Sala II, 22/12/2016, "Lan Airlines SA y otros s/ GCBA S/ recurso directo sobre resoluciones de defensa al consumidor", del 13/11/2018, Expte. N° EXP774411/2016-0; CCAyT FEDERAL, Sala IV, "Lan Airlines SA c/ DNCI s/ defensa del consumidor – ley 24.240", La Ley Online AR/JUR/67027/2015.

Justicia y Derechos Humanos y de Producción y Trabajo de la Nación el texto de un Anteproyecto de Ley de Defensa del Consumidor. Dicho anteproyecto, que consta de 184 artículos, es una reforma integral que pretende reemplazar la actualmente vigente Ley Nº 24.240. Dicho Anteproyecto fue recogido con algunas modificaciones por el Proyecto 2576-S-19, suscripto por los senadores Olga I. Brizuela y Doria, Dalmacio E. Mera, María B. Tapia, Pamela F. Verasay, Julio C. Martínez, Julio C. Cobos, Mario R. Fiad, Silvia B. Elías de Pérez, Laura E. Rodríguez Machado, Alfredo L. De Angeli y Gladys E. González. En dicha cámara se encuentra actualmente en tratamiento.

Uno de los puntos abordados fue el comercio electrónico. En seis artículos, se propuso regular de manera enérgica las cuestiones relacionadas a este campo, destacándose la enumeración de derechos de los consumidores electrónicos y la responsabilidad de los intermediarios.

La Comisión expuso las fuentes que tomó en cuenta para redactar los artículos propuestos. Entre las principales, se encuentran las Directrices de las Naciones Unidas para la Protección del Consumidor, en especial la equiparación de los derechos contenida en la directriz 63. A su vez, se mencionó la toma en cuenta de las previsiones de la Directiva 2000/31/CE para regular la responsabilidad los portales de subastas o ventas *online*. Por último, se mencionó que se tuvieron en cuenta informes de la Conferencia de las Naciones Unidas sobre Comercio y Desarrollo y del Grupo de Intergubernamental de Expertos en Derecho y Política de Protección del Consumidor.

En este contexto, en el Capítulo 9 del proyecto se encuentra la propuesta de regulación para el comercio electrónico. En el artículo 71[49] se establecería la equiparación de derechos, es decir, siguiendo los lineamientos de la directriz 63, no puede haber diferencia de nivel de protección entre el comercio electrónico y el comercio tradicional.

Otro punto destacable del proyecto es la regulación de la responsabilidad de los intermediarios. En el artículo 73 se regularían los portales de ventas en el cual se establecerían las causales de exención de responsabilidad, a saber: a) cuando no haya desempeñado un rol activo en la operación y b) no haya generado una particular confianza en el consumidor.

Por otro lado, en el artículo 74 se propone establecer derechos específicos para los consumidores electrónicos:

---

[49] "ARTÍCULO 71. Equiparación de derechos. En el ámbito de la contratación electrónica se reconoce y garantiza un grado de protección que nunca será inferior al otorgado en otras modalidades de comercialización propuestas por un proveedor respecto de un consumidor".

a) Exigir la entrega de los bienes en un plazo máximo de treinta (30) días;

b) Consentir de manera expresa el pago adicional a las remuneraciones acordadas;

c) Revocar la aceptación en los términos del artículo 1110 del CCC;

d) Acceder a la jurisdicción correspondiente a su domicilio, es decir, al domicilio del consumidor.

Por último, es dable señalar las previsiones relacionadas con el derecho de rescisión. En efecto, en el artículo 76[50] del proyecto se propuso como regla rescindir la contratación por el mismo medio en el cual se realizó la contratación.

10 A modo de conclusión

Los entornos digitales, escenarios cambiantes, vibrantes y vertiginosos, nos través numerosos desafíos e interrogantes a los operadores jurídicos en diferentes ámbitos, incluios los relativos a la proteccción de los consumidores.

Ellos nos obliga a abandonar las certezas del pasado y a adentrarnos en un mundo de muchas incertezas, donde las conclusiones parecieran ser siempre provisorias y sujetas a revisión.

En ese contexto es que decimos:

1) La legislación debe reconocer y garantizar a los consumidores en los entornos digitales un grado de protección que nunca podrá ser inferior al otorgado entre presentes.

2) "Consumidor digital" incluye a cualquier consumidor cuyo contrato, en cualquier etapa del íter contractual tiene contacto con una tecnología de la información y comunicaciones (TIC'S).

---

[50] "ARTÍCULO 76. Rescisión por medio electrónico. Cuando la contratación de un servicio, incluidos los servicios públicos domiciliarios, haya sido realizada en forma telefónica, electrónica o similar, podrá ser rescindida a elección del consumidor o usuario mediante el mismo medio utilizado en la contratación u otro disponible. A partir de la solicitud de rescisión, el proveedor de servicios dentro de las 24 (veinticuatro) horas subsiguientes y por el mismo medio telefónico o electrónico, deberá informar al consumidor el número de código de identificación o registración de la baja solicitada. Esta disposición debe ser publicada en la factura o documento equivalente que la empresa enviare regularmente al domicilio del consumidor o usuario".

3) El fundamento de la responsabilidad objetiva propia de las relaciones mediante plataformas digitales se basa en el riesgo de actividad, la protección de la confianza y la conexidad contractual.

4) El rol de organizador del titular de la plataforma se perfila en el diseño del ámbito digital donde se desarrollan las operaciones, el control técnico del funcionamiento de la misma, el registro de usuarios, el establecimiento de términos y condiciones, la determinación de modalidades de pago y entrega de bienes, la percepción de comisiones o fijación de tarifas, la gestión de sistemas de calificación y la facultad de disposición de sanciones, entre otras.

5) El entorno digital constituye un supuesto de hipervulnerabilidad de los consumidores, por la antinaturalidad del hecho tecnológico, el control del medio por el proveedor y la exposición a mayores riesgos y daños. Los entornos digitales acentúan la vulnerabilidad del consumidor.

6) Las autoridades públicas deben asumir un rol fundamental en la regulación y el control del entorno digital en pos de la protección de los consumidores, en particular en lo relativo a la tutela de la información, la confianza y el acceso a vías eficaces de prevención y resolución de conflictos.

Informação bibliográfica deste texto, conforme a NBR 6023:2018 da Associação Brasileira de Normas Técnicas (ABNT):

BAROCELLI, Sergio Sebastián. Relaciones de consumo en entornos digitales una mirada desde el derecho argentino. In: EHRHARDT JÚNIOR, Marcos; CATALAN, Marcos; MALHEIROS, Pablo (Coord.). *Direito do Consumidor e novas tecnologias*. Belo Horizonte: Fórum, 2021. p. 249-277. ISBN 978-65-5518-253-8.

SOB O OLHO DELE: BIG DATA, GRAVIDEZ E ABUSIVIDADE SOB O PRISMA DO DIREITO DO CONSUMO

SUZANA RAHDE GERCHMANN

1 Introdução

O texto que ora se apresenta nasce em um Mundo Novo, talvez não tão idílico quanto um dia se pensou, mas, certamente, admirável, assustador. Nele, a Internet tornou-se elemento imprescindível ao desempenho dos mais diversos sistemas sociais, verificando-se, em razão disso, a difusão, o armazenamento e o processamento dos dados produzidos pelas pessoas.[1] Esses dados deixam rastros capazes de conceder aos fornecedores pistas sobre os seus anseios maiores do que uma consulta com psicanalista seria capaz de revelar.

Não há segredos, todos estão "sob o olho Dele". Felizmente, ao menos até agora, a vigilância não se dá como em relação às mulheres retratadas em *O Conto da Aia*, romance de Margaret Atwood.[2] Na obra, em Gillead – uma versão dos Estados Unidos arrasados pela guerra e pela radiação e tomados pelo fundamentalismo –, são poucos os que podem ter filhos. Lá, a fertilidade torna as mulheres extremamente preciosas, acarretando a sua escravização e observação constante por parte dos Olhos, que tudo veem e a todos controlam.

---

[1] TEFFE, Chiara Spadaccini; BODIN DE MORAES, Maria Celina. Redes sociais virtuais: privacidade e responsabilidade civil. Análise a partir do Marco Civil da Internet. *PENSAR (UNIFOR)*, v. 22, p. 5, 2017. p. 110.

[2] ATWOOD, Margaret. *The handmaid's tale (Kindle edition)*. Boston: Houghton Mifflin Harcourt, 1986.

Ainda que de forma não tão violenta e horrorosa quanto no cenário desenhado por Margaret Atwood, para o Mercado, especialmente aquele movido por meio dos serviços oferecidos na Internet, as grávidas são muitíssimo valiosas. E são justamente os dados difundidos, processados e armazenados que permitem a sua identificação, direcionamento de publicidade e exploração econômica pelas sociedades empresárias. O resultado disso aumenta, ainda mais, o abismo de forças nas já desniveladas relações de consumo.

Com esse contexto – por vezes deveras distópico – como ponto de partida, o presente estudo visa a averiguar se o uso dos *big data* (megadados) pelos fornecedores nas ofertas dirigidas às gestantes pode ser considerado elemento violador e, portanto, abusivo nas relações de consumo. Muito embora as preocupações acerca da proteção dos dados pessoais e da personalização de preços permeiem a presente análise, importa referir que o objeto ora pesquisado não os contempla com detalhamento, pois o objetivo é tentar elucidar como o Direito do Consumo pode e, preponderantemente, deve conceder proteção àquelas – notadamente as gestantes – as quais são atingidas diuturnamente por uma imensidão de publicidades encantadoras, mas abusivas.

Assim, por meio do método jurídico-sociológico e, portando, propondo-se a compreender o fenômeno jurídico como variável dependente da sociedade e trabalhando com as noções de eficiência, eficácia e efetividade das relações do Direito com a Sociedade,[3] o texto parte da hipótese de que o uso dos *big data* (megadados) pelos fornecedores nas ofertas dirigidas às gestantes é elemento violador e, portanto, abusivo nas relações de consumo.

O objetivo desta pesquisa é tentar elucidar como o Direito do Consumidor pode e, preponderantemente, deve conceder proteção àquelas que se veem submersas no mar de publicidades encantadoras, mas abusivas, na medida em que direcionadas habilmente pelo uso de dados. Partindo dessas premissas, a primeira parte ocupar-se-á da contextualização histórica e social do momento ora vivido e estudado, a fim de tentar compreender as (nem tão) novas concepções, bem como os reflexos dos *big data* na vida cotidiana e a forma como se concretizam as relações de consumo. Feito isso, o segundo capítulo é destinado ao valor conferido às gestantes pelo mercado e a sua hipervulnerabilidade no âmbito da Sociedade de Consumo. Por fim, dedica-se a terceira

---

[3] GUSTIN, Miracy B. S; DIAS, Maria Tereza Fonseca Dias. *(Re)pensando a pesquisa jurídica*: teoria e prática. 4. ed. Belo Horizonte: Del Rey, 2013. p. 22.

seção do texto à(o) (tentativa de) enquadramento do uso dos *big data* como prática violadora da isonomia e, dessa sorte, abusiva e vedada pelo Código do Consumidor.

2 TMI[4]

Conexões, comunicações, compartilhamentos. Se um dia já os ares do liberalismo oitocentista sopraram e foram codificados no sentido de resguardar ao máximo a vida privada, hoje é a própria população quem escancara os seus mais íntimos pensamentos nas redes sociais.[5]

O mundo é outro, a Internet também e as sociedades empresárias não demoraram a perceber que as pessoas não estavam interessadas em comprar, mas sim, em se expor, em compartilhar e ver o que outros, conhecidos ou não, compartilham. É a espetacularização da vida, a inversão do real, outrora descrita por Guy Debord,[6] multiplicada pela miríade de telas à disposição de todos. Para o Mercado, por uma questão de adaptação e sobrevivência, passou a ser imperioso compreender no que consiste e como funciona essa nova forma de comportamento e relacionamento social. Assim, seria possível determinar o seu valor monetário e, consequentemente, lucrar em cima disso.[7]

---

[4] Abreviação da expressão em inglês *Too Much Information*. De acordo com o dicionário Merriam Webster, "used especially to suggest that someone has revealed personal information that would better be kept private". O título da primeira seção desse texto apresenta uma brincadeira com a abreviação comumente utilizada na Internet (e na vida fora dela, se é que isso existe) quando alguém divide questões íntimas demais. (TMI (Too Much Information). *In*: Merriam-Webester Dictionary. Disponível em: https://www.merriam-webster.com/ dictionary/TMI. Acesso em 10 abr. 2020). Em tempo, a referência para tanto foi Guilherme Schulman o artigo *www.privacidade - em - tempos - de - internet. com o espaço virtual e os impactos reais à privacidade das pessoas*. (SCHULMAN, Gabriel. www.privacidade - em - tempos - de - internet. com o espaço virtual e os impactos reais à privacidade das pessoas. *In*: TEPEDINO, Gustavo; TEIXEIRA, Ana Carolina Brochado; ALMEIDA JR., Vitor. (Org.). *O direito civil entre o sujeito e a pessoa*: Estudos em homenagem ao professor Stefano Rodotà. 1. ed. Belo Horizonte: Fórum, 2016. p. 333-361.

[5] TEFFE, Chiara Spadaccini; BODIN DE MORAES, Maria Celina. Redes sociais virtuais: privacidade e responsabilidade civil. Análise a partir do Marco Civil da Internet. *PENSAR (UNIFOR)*, v. 22, p. 5, 2017. p. 118-119.

[6] "O espetáculo que inverte o real é efetivamente um produto. Ao mesmo tempo, a realidade vivida é materialmente invadida pela contemplação do espetáculo e retoma em si a ordem espetacular à qual adere de forma positiva. A realidade objetiva está presente dos dois lados. Assim estabelecida, cada noção só se fundamenta em sua passagem para o oposto: a realidade surge no espetáculo, e o espetáculo é real. Essa alienação recíproca é a essência e a base da sociedade existente". (DEBORD, Guy. *A sociedade do espetáculo*. (Trad. Estela dos Santos Abreu). Rio de Janeiro: Contraponto, 1997. p. 15).

[7] É interessante, a esse respeito, saber o que compreende Edward Snowden, o responsável por, em 2013, tornar público o esquema de vigilância global da Agência Nacional de Segurança

Tal como as migalhas que João e Maria deixaram para não se perder de casa no clássico conto infantil, tudo aquilo que é difundido nas redes (e captado de outras formas, por meio da *Internet das Coisas*, como uma máquina de lavar inteligente, por exemplo) funciona como uma pista para as sociedades empresárias, os governos e quem mais quiser em relação a cada pessoa. Além disso, também é coletado e considerado aquilo fornecido a título de informações para outros contratos, como, apenas para citar um exemplo, os contratos de seguro de saúde, nos quais são formados perfis individuais para estabelecer os preços cobrados e os riscos cobertos.[8] Há a quebra da solidariedade que deve existir entre as partes em nome do – sempre ele – o lucro.

De acordo com o Regulamento Geral sobre a Proteção de Dados da União Europeia (RGPD), Diretiva nº 2016/679/CE dados pessoais, ou *personal data*, são as informações relativas a uma pessoa singular, identificada ou identificável,[9] o que significa que essa informação

---

(NSA, na sigla em inglês) dos Estados Unidos em relação a todos os cidadãos. De acordo com ele, com o advento das redes sociais, as empresas se deram conta de que, muito mais do que comprar, as pessoas estavam interessadas em compartilhar e que a conexão humana com a Internet poderia ter um valor monetário. Se o que a maioria das pessoas queria fazer online era contar para a família, os amigos e estranhos o que estavam fazendo, caberia às companhias descobrir como se colocar no meio dessas trocas sociais e como transformá-las em lucro. No original: "after that, companies realized that people who went online were far less interested in spending than in sharing, and that the human connection the Internet made possible could be monetized. If most of what people wanted to do online was to be able to tell their family, friends, and strangers what they were up to, and to be told what their family, friends, and strangers were up to in return, then all companies had to do was figure out how to put themselves in the middle of those social exchanges and turn them into profit". (SNOWDEN, Edward. *Permanent record (Kindle edition)*. New York: Metropolitan Books, 2019. p. 4).

[8] Ainda, nesse sentido, há o caso de os dados coletados por um supermercado abastecerem as seguradoras de saúde, que podem mapear os hábitos dos seus segurados e criar linhas específicas para eles a partir da verificação de existência de risco. "As the case study illustrates, companies will soon be able to create fairly exhaustive, highly accurate profiles of customers without having had any direct interaction with them. They'll be able to get to know you intimately without your knowledge. From the consumer's perspective, this trend raises several big concerns. In this fictional account, for instance, a shopper's grocery purchases may directly influence the availability or price of her life or health insurance products – and not necessarily in a good way. Although the customer, at least tacitly, consented to the collection, use, and transfer of her purchase data, the real issue here is the unintended and uncontemplated use of the information (from the customer's point of view)". (DAVENPORT, Thomas H; HARRIS, Jeanne G. The Dark Side of Customer Analytics. *Harvard Business Review*, n. 85, v. 5, p. 37-48, 2007. Disponível em: https://hbr.org/2007/05/the-dark-side-of-customer-analytics. Acesso em 10 abr. 2020).

[9] Artigo 5º (1) do Regulamento Geral sobre a Proteção de Dados da União Europeia: "«Dados pessoais», informação relativa a uma pessoa singular identificada ou identificável («titular dos dados»); é considerada identificável uma pessoa singular que possa ser identificada, direta ou indiretamente, em especial por referência a um identificador, como por exemplo um nome, um número de identificação, dados de localização, identificadores por via eletrónica

pode ser manifestamente clara ou possa ser estabelecida a partir de informações complementares.[10] No Brasil, essa formulação foi adotada pela a Lei Geral de Proteção de Dados (LGPD), Lei nº 13.709/2018, em seu artigo 5º, I, que considera dado pessoal as informações relacionadas à pessoa natural identificada ou identificável.

Agora, não é difícil imaginar o imenso contingente de informações que circulam diuturnamente na Internet. De acordo com parecer de 2013 do Grupo de Trabalho do artigo 29 de Proteção de Dados,[11] *big data* ou mega dados referem-se, assim, ao aumento exponencial de disponibilidade de dados e ao uso da informação. São concernentes a gigantescos conjuntos digitais detidos por sociedades empresárias, governos e outras grandes organizações, os quais são extensivamente analisados por meio do uso de algoritmos. Esses dados podem ser operados para identificar tendências gerais ou processados de forma a afetar, direta e individualmente, as pessoas.[12]

Em linhas gerais, *big data* é o conjunto de informações cuja existência é intrínseca à coleta massiva de dados nos últimos anos. Todas as ações e comunicações em plataformas digitais são digitalizadas e assim transformadas em dados, os quais podem ser armazenados, processados, copiados e distribuídos de maneira praticamente instantânea, viabilizando análises cujos resultados influenciam e influenciarão as decisões de governos, sociedades empresárias e organizações.[13]

A doutrina salienta, ainda, três características relevantes no *big data*: (a) volume: em razão da alta conectividade social, todos os dias, milhões de trocas e comunicações, incluindo, mas não se limitando a, e-mails, mensagens, fotos, vídeos e cadastros, são realizadas por meio da Internet; (b) velocidade: os dados são gerados de forma muito acelerada, praticamente instantânea, o que enseja a contínua atualização

---

ou a um ou mais elementos específicos da identidade física, fisiológica, genética, mental, económica, cultural ou social dessa pessoa singular".

[10] AEDF, CdE, AEPD. *Handbook on European data protection law*, 2018. p. 83.

[11] O já encerrado Grupo de Trabalho do artigo 29 teve o seu funcionamento estabelecido pela antiga diretiva europeia de proteção de dados, a Diretiva nº 95/46/CE. De acordo com o nº 2 desse artigo, "[o] grupo é composto por um representante da autoridade ou autoridades de controlo designadas por cada Estado-membro, por um representante da autoridade ou autoridades criadas para as instituições e organismos comunitários, bem como por um representante da Comissão".

[12] WP29 – WORK PARTY ARTICLE 29. *Opinion nº 03/2013 on purpose limitation*. Adopted on 2 April 2013. p. 35.

[13] Cf.: Big Data no projeto sul global. *ITS – Instituto de Tecnologia e Sociedade*, Rio de Janeiro, 2016. p. 9. Disponível em: https://itsrio.org/wp-content/uploads/2016/03/ITS_Relatorio_Big-Data_PT-BR_v2.pdf. Acesso em 10 abr. 2020.

das informações; e (c) variedade: os dados coletados possuem as mais diferentes fontes, como redes sociais, celulares, GPS etc.[14]

No âmbito do Direito do Consumidor, essas características dos *big data* possibilitam, por parte do mercado, que os dados sejam obtidos e tratados automaticamente em tempo real. Esses dados podem, ademais, ser armazenados e analisados, a partir de métricas de estatística, matemática e psicologia comportamental, a ponto que se extraia delas aquilo que não é, necessariamente, evidente ou previsível no momento da recolha dos dados.[15]

É importante salientar que, ante a vastidão de informações, coletá-las e armazená-las não é o bastante – é *too much information!* É preciso compreendê-las para, então, conseguir filtrá-las, segmentá-las e interpretá-las. Assim, no mundo onde tudo é compartilhado, o Mercado investe em mecanismos, fórmulas e profissionais capazes de organizar e filtrar com a maior velocidade os dados.[16] É isso que permitirá a parametrização de perfis de cada um dos consumidores.[17]

Com o acervo amplo de informações e com as ferramentas e pessoas capazes de traduzi-lo, a elaboração de perfis poderá ser utilizada não só para aumentar e tornar mais certeira a oferta de um determinado

---

[14] SANTOS, Andréia Cristina. O Impacto do Big Data e dos Algoritmos nas Campanhas Eleitorais. *In*: TEFFÉ, Chiara de; BRANCO, Sérgio (Org.). *Privacidade em perspectivas*. Rio de Janeiro: Lumen Juris, 2018. p. 11.

[15] MASSENO, Manuel David. Protegendo os cidadãos consumidores em tempos de Big Data: uma perspectiva desde o Direito da União Europeia. *Revista Luso Brasileira de Direito do consumidor*, v. VII, n. 27, p. 37-60, 2017. p. 45.

[16] SCHULMAN, Gabriel. www.privacidade - em - tempos - de - internet . com o espaço virtual e os impactos reais à privacidade das pessoas. *In*: TEPEDINO, Gustavo; TEIXEIRA, Ana Carolina Brochado; ALMEIDA JR., Vitor. (Org.). *O direito civil entre o sujeito e a pessoa*: Estudos em homenagem ao professor Stefano Rodotà. 1. ed. Belo Horizonte: Fórum, 2016. p. 335. Ainda, Gabriel Schulman lembra que "os dados são criados (e capturados) na mesma velocidade em que são compartilhados, com intensidade inédita. (...) No campo dos dados, o reflexo é o chamado *big data*, sendo tão valioso o acervo de informações quanto a capacidade de filtrá-lo e organizá-lo". (SCHULMAN, Gabriel. www.privacidade - em - tempos - de - internet. com o espaço virtual e os impactos reais à privacidade das pessoas. *In*: TEPEDINO, Gustavo; TEIXEIRA, Ana Carolina Brochado; ALMEIDA JR., Vitor. (Org.). *O direito civil entre o sujeito e a pessoa*: Estudos em homenagem ao professor Stefano Rodotà. 1. ed. Belo Horizonte: Fórum, 2016. p. 334.

[17] Jorge Morais Carvalho observa que "esta nova realidade consubstancia-se na recolha, armazenamento e tratamento automatizado de um conjunto enorme de dados e permite uma cada vez maior personalização da oferta de bens e serviços. Com a informação específica que circula na Internet, é possível, sem utilizar informação específica relativa a uma determinada pessoa, perceber o comportamento dessa mesma pessoa com base no comportamento de pessoas com as mesmas características". (CARVALHO, Jorge Morais de. Desafios do Mercado Digital para o Direito do Consumo. *In*: CARVALHO, Diógenes Faria; FERREIRA, Vitor Hugo do Amaral; SANTOS, Nivaldo (Org.). *Sociedade de consumo*: pesquisa em direito do consumidor. Goiânia: Editora Espaço Acadêmico, 2017. p. 260).

produto, como também para ampliar o controle em relação à pessoa, tornando ainda menos incidente a participação do indivíduo quanto à escolha sobre o tratamento dos seus dados,[18] mas também nas suas escolhas de consumo, se é que elas plenamente existem.

3 Supervaliosas e hipervulneráveis: paradoxo das gestantes

Os influxos em relação àquilo que se irá consumir são muitos. Como se percebeu, com cada comportamento, postagem, comparti- lhamento ou *click* transformado em dados friamente armazenados e tratados com o viés de – dentre outras coisas – rastrear perfis de consumo, transformam-se as relações e também a forma de praticar negócios. E, não se pode olvidar, essas transações são realizadas no âmbito da Sociedade de Consumo.

Nessa leitura da Sociedade, as promessas de satisfação dos desejos humanos existem em um grau maior do que qualquer outra sociedade jamais pode imaginar. Contudo, há um círculo vicioso e perigoso, na medida em que tal vontade de preencher os desejos somente exerce fascínio enquanto o desejo permanecer insatisfeito. Por isso, à proporção em que não se verifica a concretização dos desejos que impulsionaram a busca da satisfação, seguem as experiências consumistas, a fim de que tais quereres sejam totalmente realizados.[19]

Na Sociedade de Consumo, a publicidade[20] exerce papel imprescindível, pois é por meio dela que as sereias exercerão o seu canto e manterão em constante desejo de consumir todos aqueles que passam por elas. A publicidade é essencial ao espetáculo, intrínseco à Sociedade de Consumo, pois, ao lado do entretenimento, da publicidade

---

[18] TEFFE, Chiara Spadaccini; BODIN DE MORAES, Maria Celina. Redes sociais virtuais: privacidade e responsabilidade civil. Análise a partir do Marco Civil da Internet. *PENSAR (UNIFOR)*, v. 22, p. 5, 2017. p. 119. Ainda, consideram Chiara Spadaccini Teffe e Maria Celina Bodin de Moraes que "Dessa forma, pode-se afirmar que a velocidade da circulação da informação é inversamente proporcional à capacidade de seu controle, retificação e eliminação". (TEFFE, Chiara Spadaccini; BODIN DE MORAES, Maria Celina. Redes sociais virtuais: privacidade e responsabilidade civil. Análise a partir do Marco Civil da Internet. *PENSAR (UNIFOR)*, v. 22, p. 5, 2017. p. 120.

[19] BAUMAN, Zygmunt. *Vida para consumo*: a transformação de pessoas em mercadoria. Rio de Janeiro: Jorge Zahar Editor, 2008. p. 63.

[20] A nossa sociedade pensa-se e fala-se como sociedade de consumo. Pelo menos, na medida em que consome, consome-se enquanto sociedade de consumo em ideia. A publicidade é o hino triunfal desta ideia". (BAUDRILLARD, Jean. *A sociedade de consumo*. 2. ed. Lisboa: Edições 70, 2008. p. 264).

e da comunicação em massa,[21] será ela que se ocupará em difundir, continuamente, necessidades artificiais[22] que, ao serem consumidas de forma voraz pela sociedade, manterão em pleno funcionamento a indústria de produção desses bens falsamente indispensáveis.[23]

Porém, na era dos *big data* e do capitalismo de vigilância,[24] as sociedades empresárias, disfarçadas de sereias, conhecem as suas vítimas com imenso pormenor, sabendo a quais grupos pertencem essa ou aquela pessoa e podem direcionar o seu canto com um grau de refinamento ainda maior para encantá-las e convencê-las a consumir. E o que é mais grave ainda: sabem que gatilhos acionar para mantê-las desejando e consumindo.

Ressignifica-se, assim, e/ou adquire novas feições, a noção de vulnerabilidade, o pilar que alicerça a existência do Direito do Consumidor, direito esse fundamental, na medida em que resguardado no artigo 5º, XXXII, da Constituição Brasileira. Para Marcos Catalan, mais do que uma presunção legal erigida para guiar a tutela dos que ocupam a posição de consumidor, a vulnerabilidade deve ser compreendida como um postulado que fundamenta e impõe a proteção de um grupo heterogêneo de seres humanos.[25]

Ocorre que, como referido, tal heterogeneidade é esmiuçada de modo microscópico pelos filtros de análise dos *big data* e, por isso,

---

[21] DEBORD, Guy. *A sociedade do espetáculo*. (Trad. Estela dos Santos Abreu). Rio de Janeiro: Contraponto, 1997. p. 14-21. A esse respeito, ainda, relevantes as observações de Jean Baudrillard no sentido de que "a informação devora os seus próprios conteúdos. (...) Em vez de se fazer comunicar, *esgota-se na encenação da comunicação*. Em vez de produzir sentido, esgota-se na encenação de sentido. Gigantesco processo de simulação que é bem nosso conhecido. (...) A informação é cada vez mais invadida por esta espécie de conteúdo fantasma, de transplantação homeopática, de sonho acordado da comunicação. (...) Imensas energias são gastas para manter este simulacro, para evitar a dissimulação brutal que nos confrontaria com a evidente realidade de uma perda radical de sentido". (BAUDRILLARD, Jean. *Simulacros e simulação*. (Trad. Maria João da Costa Pereira). Lisboa: Relógio d'água, 1991. p. 105).

[22] "São as leis do espetáculo que definem o que irão satisfazer ou saciar. Necessidades são fabricadas. Melhor frisar, pseudonecessidades". (CATALAN, Marcos Jorge; PITOL, Yasmine Uequed. Primeiras linhas acerca do tratamento jurídico do assédio de consumo no Brasil. *Revista Portuguesa de Direito do Consumo*, v. 87, p. 107-130, 2016. p. 142).

[23] VARGAS LLOSA, Mario. *A civilização do espetáculo*: uma radiografia do nosso tempo e da nossa cultura. (Trad. Ivone Benedetti). Rio de Janeiro: Objetiva, 2013. p. 21.

[24] "This was the beginning of surveillance capitalism, and the end of the Internet as I knew it". (SNOWDEN, Edward. *Permanent record (Kindle edition)*. New York: Metropolitan Books, 2019. p. 4).

[25] CATALAN, Marcos Jorge. Uma ligeira reflexão acerca da hipervulnerabilidade dos consumidores no Brasil. *In*: DANUZZO, Ricardo Sebastián (Org.). *Derecho de daños y contratos*: desafíos frente a las problemáticas del siglo XXI. 1. ed. Resistencia: Contexto, 2019. v. 1, p. 36.

percebe-se não só um grande amálgama de consumidores, mas inúmeros nichos, com incontáveis inclinações distintas. Ante a consciência e exploração por parte do Mercado desses perfis, parece necessário que se personalize também a proteção conferida a esses diferentes grupos, especialmente quando se tratarem de consumidores hipervulneráveis.

Nos termos do artigo 4º, I, do Código de Defesa do Consumidor (CDC),[26] todo o consumidor é vulnerável, em razão, dentre outros motivos, da frágil posição que ocupa frente à condição socioeconômica dos fornecedores, da percepção parcial ou distorcida, da incompreensão ou do desconhecimento de aspectos em determinados produtos e do delicado equilíbrio necessário à densificação do direito à informação.[27] Porém, ante à proteção como vulneráveis, haveria necessidade de conferir a determinados grupos ainda mais tutela do que a outros?[28] Parece-nos que sim, e isso fica evidenciado quando, dentre um oceano de perfis formados pela análise dos *big data*, se estuda o caso das gestantes.

Em artigo publicado no periódico *New York Times*, Charles Duhigg tenta desvendar como as companhias descobrem os seus segredos ("How companies know your secrets", no original). Ele conta o caso da rede norte-americana Target, a qual encarregou estatísticos da missão de prever se uma cliente estava grávida. O texto explica que os novos pais são como o "Santo Graal" para o Mercado em geral, mas, especialmente, para os gigantes do varejo, como a Target, que vende desde o leite, passando pelos brinquedos de pelúcia, bem como equipamentos eletrônicos e móveis para o quarto. Além disso, a gestação e o nascimento de uma criança são valiosos, pois são um dos

---

[26] "Art. 4º A Política Nacional das Relações de Consumo tem por objetivo o atendimento das necessidades dos consumidores, o respeito à sua dignidade, saúde e segurança, a proteção de seus interesses econômicos, a melhoria da sua qualidade de vida, bem como a transparência e harmonia das relações de consumo, atendidos os seguintes princípios: I – reconhecimento da vulnerabilidade do consumidor no mercado de consumo; (...)".

[27] CATALAN, Marcos Jorge. Uma ligeira reflexão acerca da hipervulnerabilidade dos consumidores no Brasil. *In*: DANUZZO, Ricardo Sebastián (Org.). *Derecho de daños y contratos*: desafíos frente a las problemáticas del siglo XXI. 1. ed. Resistencia: Contexto, 2019. v. 1, p. 36-38.

[28] "É preciso ter em mente que, ao redor dessa provocação, gravitam importantes aspectos, dentre os quais merece destaque o fato de que a qualificação de um grupo como hipervulnerável implica na necessária tutela diferenciada – no âmbito consumerista – de toda pessoa que o integre, portanto, de todo aquele que venha a ser tratado pelo Direito como mais vulnerável do que outros". (CATALAN, Marcos Jorge. Uma ligeira reflexão acerca da hipervulnerabilidade dos consumidores no Brasil. *In*: DANUZZO, Ricardo Sebastián (Org.). *Derecho de daños y contratos*: desafíos frente a las problemáticas del siglo XXI. 1. ed. Resistencia: Contexto, 2019. v. 1, p. 41).

raros momentos em que os hábitos de consumo mudam,[29] nos quais é possível captar e fidelizar novos clientes. Assim, para a companhia, era preciso fidelizar esses clientes de forma oportuna, ou seja, antes de os registros do nascimento se tornarem públicos e, portanto, acessíveis à concorrência.

Depois de muita pesquisa e análise de *big data*, a equipe da Target identificou 25 produtos que, quando analisados em conjunto, permitiam a previsão de gravidez. Porém, logo entenderam que não seria adequado enviar um catálogo parabenizando os pais pela novidade. Assim, a política dessa sociedade foi a de ser sutil, misturando, dentre as ofertas enviadas, produtos que as clientes nunca compravam, incluindo artigos relacionados à gestação e aos bebês. Desde que não imaginassem que estivessem sendo espionadas, as pessoas compravam essas mercadorias. Desnecessário dizer que, após a campanha, as vendas da Target de Mamãe e Bebê subiram de US$44 bilhões para US$67 bilhões.[30]

O exemplo da Target é apenas um dentre milhares de campanhas publicitárias que são forjadas a partir de análise de *big data* para acertar, por mais irônico que possa parecer,[31] o alvo das consumidoras. Ele ilustra o quão valiosas são essas consumidoras para o Mercado, mas, ao mesmo tempo, o quão vulneráveis elas estão. Deve-se acrescentar que o momento da gestação as coloca, ainda, em uma posição psicológica de mudança de vida e, portanto, suscetível ao magnetismo e às promessas da Sociedade de Consumo.[32]

---

[29] "Consumers going through major life events often don't notice, or care, that their shopping habits have shifted, but retailers notice, and they care quite a bit. (...) And among life events, none are more important than the arrival of a baby. At that moment, new parents' habits are more flexible than at almost any other time in their adult lives. If companies can identify pregnant shoppers, they can earn millions". (DUHIGG, Charles. How companies learn your secrets. *New York Times*, Nova York, 16 fev. 2012. Disponível em: https://www.nytimes.com/2012/02/19/magazine/shopping-habits.html?pagewanted=1&_r=1&hp. Acesso em 10 abr. 2020).

[30] Entre 2002 e 2010, conforme o artigo: (DUHIGG, Charles. How companies learn your secrets. *New York Times*, Nova York, 16 fev. 2012. Disponível em: https://www.nytimes.com/2012/02/19/magazine/shopping-habits.html?pagewanted=1&_r=1&hp. Acesso em 10 abr. 2020).

[31] A ironia está na palavra "alvo", *target*, em inglês.

[32] "A mídia utiliza a construção e a imagem da 'boa mãe' e de toda a ideologia criada em cima do falso mito da maternidade, para lançarem mão de seus produtos e serviços e atingirem esse nicho tão lucrativo, induzindo mães ao consumismo com a justificativa de estarem proporcionando o melhor aos seus filhos. Para isso, utilizam as falas de autoridades de diversas áreas, que recomendam produtos e serviços que, na opinião dos mesmos, se adequam de forma plena e saudável às necessidades das mães e dos bebês, indo desde sites, livros, revistas e publicidades televisas até catálogos direcionados ao mercado das novas mamães". (BARRETO, Alice Medeiros. *Nove meses de consumo*: da maternidade à vulnerabilidade. 140f.

Por isso, acredita-se que, ao menos em princípio, embora seja possível a análise casuística, que elas sejam, sim, enquadradas como hipervulneráveis no que diz respeito à comunicação mercadológica de produtos que dizem respeito à gestação – e não a todas as situações, em termos gerais – merecendo tutela diferenciada e adequada por parte do Direito do Consumidor.

4 O labirinto dos *big data*: práticas violadoras da boa-fé e, portanto, abusivas

Nas primeiras duas partes deste texto, verificou-se a existência da análise de dados por parte dos fornecedores para conseguir rastrear e personalizar as ofertas dirigidas por eles. Baseadas na análise dos dados obtidos pelo padrão de compra, as sociedades empresárias conseguem prever o que o consumidor quer e direcionar a ele as ofertas que sabem que ele está mais propenso a comprar.[33]

A gravidade disso já é imensa, quando se trata dos consumidores em geral, mas ganha especial relevo quando se analisa o caso das gestantes, as quais, como se viu, são imensamente valiosas e, ao mesmo tempo, hipervulneráveis. O quão livre será a sua escolha de comprar? A resposta pode ser encontrada também em uma passagem de *O Conto da Aia*, na qual a personagem principal diz que estão livres para mudar a rota da caminhada, desde que fiquem dentro das barreiras. E compara: "um rato no labirinto é livre para ir a qualquer lugar, desde que fique dentro do labirinto".[34]

Sob o olho dos *big data*, é difícil sair do labirinto sem comprar um dos artigos enviados em um e-mail ou mostrados nos anúncios veiculados nos sites. Os números apresentados no caso da Target quanto às gestantes são prova disso. Há um controle permanente

---

Dissertação (Mestrado em Administração), Programa de Pós-Graduação em Administração, Universidade Federal da Paraíba, João Pessoa, 2012. p. 35).

[33] "The data we're getting are hugely important as a basis for serving customers more effectively (based on their purchase patterns) and as a source of competitive advantage. For instance, we know that if somebody buys a travel guide to France, that person might also be interested in reading Peter Mayle's a Year in Provence". (DAVENPORT, Thomas H; HARRIS, Jeanne G. The Dark Side of Customer Analytics. *Harvard Business Review*, n. 85, v. 5, p. 37-48, 2007. Disponível em: https://hbr.org/2007/05/the-dark-side-of-customer-analytics. Acesso em 10 abr. 2020).

[34] Tradução livre de "now and again we vary the route; there's nothing against it, as long as we stay within the barriers. A rat in a maze is free to go anywhere, as long as it stays inside the maze". (ATWOOD, Margaret. *The handmaid's tale (Kindle edition)*. Boston: Houghton Mifflin Harcourt, 1986. p. 165).

em relação aos consumidores e à possibilidade de as sociedades empresárias estruturarem as ofertas conforme os perfis criados dos seus consumidores.[35]

É verdade que a proteção dos consumidores poderia se dar por meio da legislação da proteção de dados, pois, apenas para citar como exemplo, no âmbito europeu, o artigo 22 (1) do RGPD,[36] prevê o direito de o titular dos dados de não ficar sujeito a nenhuma decisão tomada com base no tratamento automatizado, incluindo a definição de perfis. De forma semelhante, no Brasil, a LGPD, em seu artigo 20, *caput*, confere ao titular dos dados o direito de revisão de decisões tomadas com base em tratamento automatizado de dados pessoais, incluídas as decisões destinadas a definir o seu perfil de consumo.[37]

Porém, parece uma situação deveras cômoda e omissa ao Direito do Consumidor deixar para a questão protetiva dos dados pessoais condutas que podem ser enquadradas como práticas abusivas, como é o caso do direcionamento, com base em filtros de dados e padrões de consumo, de publicidade às gestantes.[38]

Ora, o artigo 39 do CDC dispõe sobre a proibição de práticas consideradas abusivas por parte dos fornecedores. Dentre elas estão: (inciso IV) "prevalecer-se da fraqueza ou ignorância do consumidor, tendo em vista sua idade, saúde, conhecimento ou condição social, para impingir-lhe seus produtos ou serviços" e, ainda (inciso X) "elevar sem justa causa o preço de produtos ou serviços".

No que tange às gestantes, o inciso IV facilmente as contempla, pois há uma condição que lhes atinge psicologicamente e é explorada pelo mercado para vender mais. Ainda, quanto ao inciso X, verifica-se a possibilidade de aumento de preços por parte dos fornecedores

---

[35] MASSENO, Manuel David. Protegendo os cidadãos consumidores em tempos de Big Data: uma perspectiva desde o Direito da União Europeia. *Revista Luso Brasileira de Direito do consumidor*, v. VII, n. 27, p. 37-60, 2017. p. 40-45.

[36] "Art. 22. (1). O titular dos dados tem o direito de não ficar sujeito a nenhuma decisão tomada exclusivamente com base no tratamento automatizado, incluindo a definição de perfis, que produza efeitos na sua esfera jurídica ou que o afete significativamente de forma similar".

[37] "Art. 20. O titular dos dados tem direito a solicitar a revisão de decisões tomadas unicamente com base em tratamento automatizado de dados pessoais que afetem seus interesses, incluídas as decisões destinadas a definir o seu perfil pessoal, profissional, de consumo e de crédito ou os aspectos de sua personalidade".

[38] "Por exemplo, os big data podem indicar que um anúncio colocado no Facebook tem um impacto X nas pessoas que residem em determinado local, acessem à Internet a determinada hora e gostam de determinada página". (CARVALHO, Jorge Morais de. Desafios do Mercado Digital para o Direito do Consumo. *In*: CARVALHO, Diógenes Faria; FERREIRA, Vitor Hugo do Amaral; SANTOS, Nivaldo (Org.). *Sociedade de consumo*: pesquisa em direito do consumidor. Goiânia: Editora Espaço Acadêmico, 2017. p. 260).

que, sabedores de antemão da necessidade das gestantes em relação a determinado produto, poderão aumentar o preço quando da oferta direcionada a elas.[39]

O conhecimento de um imenso acervo de dados por parte dos fornecedores e o uso desses dados para prever comportamentos dos consumidores desequilibra ainda mais o abismo existente nas relações de consumo, sendo, portanto, imprescindível, a observância ao princípio da boa-fé objetiva,[40] segundo o qual o comportamento dos contratantes deverá ser pautado pela ética, de modo a serem esses leais, corretos e honestos. Dentre outras, esse princípio tem a função de limitar o exercício de direitos subjetivos, coibindo comportamentos abusivos.[41] Como lembra Paulo Nalin, quanto maior for o distanciamento socioeconômico entre as partes, maior será a necessidade de preenchimento da boa-fé no espaço do contrato, servindo como parâmetro para dosar a responsabilidade do contratante mais forte.[42]

É preciso mais equilíbrio nessas relações[43] e, ainda que não haja previsão expressa no Código de Defesa do Consumidor[44] no que tange

---

[39] "Mais informação circulando significa mais capital circulando, uma vez que o sistema opera em função da propaganda. Em suma: ao navegar, os usuários produzem informações que têm valor monetário, na medida em que essa informação é capturada pelos operadores do sistema. Estes, por sua vez, organizam tais dados por meio de algoritmos e lucram, mobilizando os usuários a acelerarem seus comportamentos de consumo, seja de bens físicos ou de dados, e a produzirem cada vez mais informações sobre si mesmos, o que permite, em tese, que a propaganda dirigida exerça maior controle". (ANTUNES, Deborah Christina; MAIA, Ari Fernando. Big Data, exploração ubíqua e propaganda dirigida: novas facetas da indústria cultural. *Psicol*, USP [online], v. 29, n. 2, p. 189-199, 2018. p. 195).

[40] Artigo 422 do código civil: "Os contratantes são obrigados a guardar, assim na conclusão do contrato, como em sua execução, os princípios de probidade e boa-fé".

[41] MARTINS-COSTA, Judith. O direito privado como um "sistema em construção": as cláusulas gerais no projeto do código civil brasileiro. *Revista de Informação Legislativa*, Brasília, v. 35, n. 139, p. 5-22, jul./set. 1998. p. 15, 21.

[42] NALIN, Paulo. *Do contrato*: conceito pós-moderno em busca de sua formulação na perspectiva civil-constitucional. 2. ed. Curitiba: Juruá, 2008. p. 139.

[43] "Big data will create winners and losers, and it is likely to benefit the institutions who wield its tools over the individuals being mined, analyzed, and sorted. Not knowing the appropriate legal or technical boundaries, each side is left guessing. Individuals succumb to denial while governments and corporations get away with what they can by default, until they are left reeling from scandal after shock of disclosure. (...) We need a healthier balance of power between those who generate the data and those who make inferences and decisions based on it, so that one doesn't come to unduly revolt or control the other". (RICHARDS, Neil M.; KING, Jonathan. Three paradoxes of big data. *Stanford Law Review*, n. 41, 3 sept. 2013).

[44] "É a dinâmica do hiper, com o qual o direito ainda analógico parece não conseguir lidar". (SCHULMAN, Gabriel. www.privacidade - em - tempos - de - internet . com o espaço virtual e os impactos reais à privacidade das pessoas. *In*: TEPEDINO, Gustavo; TEIXEIRA, Ana Carolina Brochado; ALMEIDA JR., Vitor. (Org.). *O direito civil entre o sujeito e a pessoa*:

aos *big data,* as relações desenvolvidas na Internet ou aquelas que se indiciam com base em dados coletados e analisados, não podem furtar de observar, estritamente, a dignidade da pessoa humana, cabendo ao intérprete, tendo como norte o texto constitucional, privilegiar os interesses existenciais[45] protegidos pelo Direito.

5 Considerações finais

Longe de trazer respostas definitivas – e nem se poderia almejar tal triunfo ante o dinamismo das relações sociais e, consequentemente, de consumo – esse breve artigo pretendeu traçar linhas iniciais no que tange ao uso dos *big data* como ferramenta hábil a personalizar a publicidade.

Os benefícios econômicos para as sociedades empresárias são cristalinos e precisamente demonstram a abusividade por trás das (nem tão) novas práticas de mercado. Não se pode deixar que falsas promessas de mostrar ao consumidor apenas aquilo que pretende consumir mascarem uma prática altamente sedutora e capaz de aprisionar alguém em infindáveis compras. Eis a abusividade!

Está aí o alto valor das gestantes para o Mercado e, por estarem mais propensas às compras e serem mais valiosas, é que cabe ao Direito protegê-las, coibindo práticas abusivas. Não basta contar com a proteção de dados, instrumento valioso, é preciso que o Direito do Consumidor siga sendo exercido como direito fundamental. O mundo pode ser digital e a previsão exata dessas condutas pode não estar codificada. Porém, a exegese e a subsunção do fato à regra já foram há muito superadas.

Os números e a sua análise são frios e hábeis, especialmente quando disfarçados pelo Mercado de benefícios. Compete ao Direito, notadamente o do Consumidor, seguir erigindo a defesa da pessoa humana, protegendo-a e promovendo-a, resguardando a igualdade que lhe é prometida na Constituição e teimosamente roubada pelo Mercado.

Estudos em homenagem ao professor Stefano Rodotà. 1. ed. Belo Horizonte: Fórum, 2016. p. 334.

[45] TEFFE, Chiara Spadaccini; BODIN DE MORAES, Maria Celina. Redes sociais virtuais: privacidade e responsabilidade civil. Análise a partir do Marco Civil da Internet. *PENSAR (UNIFOR),* v. 22, p. 5, 2017. p. 111.

Referências

AEDF, CdE, AEPD. *Handbook on European data protection law*, 2018.

ANTUNES, Deborah Christina; MAIA, Ari Fernando. Big Data, exploração ubíqua e propaganda dirigida: novas facetas da indústria cultural. *Psicol*, USP [online], v. 29, n. 2, p. 189-199, 2018.

ATWOOD, Margaret. *The handmaid's tale (Kindle edition)*. Boston: Houghton Mifflin Harcourt, 1986.

BARRETO, Alice Medeiros. *Nove meses de consumo*: da maternidade à vulnerabilidade. 140f. Dissertação (Mestrado em Administração), Programa de Pós-Graduação em Administração, Universidade Federal da Paraíba, João Pessoa, 2012.

BAUDRILLARD, Jean. *A sociedade de consumo*. 2. ed. Lisboa: Edições 70, 2008.

BAUDRILLARD, Jean. *Simulacros e simulação*. (Trad. Maria João da Costa Pereira). Lisboa: Relógio d'água, 1991.

BAUMAN, Zygmunt. *Vida para consumo*: a transformação de pessoas em mercadoria. Rio de Janeiro: Jorge Zahar Editor, 2008.

CARVALHO, Jorge Morais de. Desafios do Mercado Digital para o Direito do Consumo. *In*: CARVALHO, Diógenes Faria; FERREIRA, Vitor Hugo do Amaral; SANTOS, Nivaldo (Org.). *Sociedade de consumo*: pesquisa em direito do consumidor. Goiânia: Editora Espaço Acadêmico, 2017.

CATALAN, Marcos Jorge; PITOL, Yasmine Uequed. Primeiras linhas acerca do tratamento jurídico do assédio de consumo no Brasil. *Revista Portuguesa de Direito do Consumo*, v. 87, p. 107-130, 2016.

CATALAN, Marcos Jorge. Uma ligeira reflexão acerca da hipervulnerabilidade dos consumidores no Brasil. *In*: DANUZZO, Ricardo Sebastián (Org.). *Derecho de daños y contratos*: desafíos frente a las problemáticas del siglo XXI. 1. ed. Resistencia: Contexto, 2019. v. 1.

DEBORD, Guy. *A sociedade do espetáculo*. (Trad. Estela dos Santos Abreu). Rio de Janeiro: Contraponto, 1997.

DUHIGG, Charles. How companies learn your secrets. *New York Times*, Nova York, 16 fev. 2012. Disponível em: https://www.nytimes.com/2012/02/19/magazine/shopping-habits. html?pagewanted=1&_r=1&hp. Acesso em 10 abr. 2020.

DAVENPORT, Thomas H; HARRIS, Jeanne G. The Dark Side of Customer Analytics. *Harvard Business Review*, n. 85, v. 5, p. 37-48, 2007. Disponível em: https://hbr.org/2007/05/ the-dark-side-of-customer-analytics. Acesso em 10 abr. 2020.

GUSTIN, Miracy B. S; DIAS, Maria Tereza Fonseca Dias. *(Re)pensando a pesquisa jurídica*: teoria e prática. 4. ed. Belo Horizonte: Del Rey, 2013.

ITS – INSTITUTO DE TECNOLOGIA E SOCIEDADE. *Big Data no projeto sul global*. Rio de Janeiro, 2016. Disponível em: https://itsrio.org/wp-content/uploads/2016/03/ ITS_Relatorio_Big-Data_PT-BR_v2.pdf. Acesso em 10 abr. 2020.

MARTINS-COSTA, Judith. O direito privado como um "sistema em construção": as cláusulas gerais no projeto do código civil brasileiro. *Revista de Informação Legislativa*, Brasília, v. 35, n. 139, p. 5-22, jul./set. 1998.

MASSENO, Manuel David. Protegendo os cidadãos consumidores em tempos de Big Data: uma perspectiva desde o Direito da União Europeia. *Revista Luso Brasileira de Direito do consumidor*, v. VII, n. 27, p. 37-60, 2017.

NALIN, Paulo. *Do contrato*: conceito pós-moderno em busca de sua formulação na perspectiva civil-constitucional. 2. ed. Curitiba: Juruá, 2008.

RICHARDS, Neil M.; KING, Jonathan. Three paradoxes of big data. *Stanford Law Review*, n. 41, 3 sept. 2013.

SANTOS, Andréia Cristina. O Impacto do Big Data e dos Algoritmos nas Campanhas Eleitorais. *In*: TEFFÉ, Chiara de; BRANCO, Sérgio (Org.). *Privacidade em perspectivas*. Rio de Janeiro: Lumen Juris, 2018.

SCHULMAN, Gabriel. www.privacidade - em - tempos - de - internet. com o espaço virtual e os impactos reais à privacidade das pessoas. *In*: TEPEDINO, Gustavo; TEIXEIRA, Ana Carolina Brochado; ALMEIDA JR., Vitor. (Org.). *O direito civil entre o sujeito e a pessoa*: Estudos em homenagem ao professor Stefano Rodotà. 1. ed. Belo Horizonte: Fórum, 2016.

SNOWDEN, Edward. *Permanent record (Kindle edition)*. New York: Metropolitan Books, 2019.

TEFFE, Chiara Spadaccini; BODIN DE MORAES, Maria Celina. Redes sociais virtuais: privacidade e responsabilidade civil. Análise a partir do Marco Civil da Internet. *PENSAR (UNIFOR)*, v. 22, p. 5, 2017.

TMI (Too Much Information). *In*: Merriam-Webester Dictionary. Disponível em: https://www.merriam-webster.com/dictionary/TMI. Acesso em 10 abr. 2020.

VARGAS LLOSA, Mario. *A civilização do espetáculo*: uma radiografia do nosso tempo e da nossa cultura. (Trad. Ivone Benedetti). Rio de Janeiro: Objetiva, 2013.

WP29 – WORK PARTY ARTICLE 29. *Opinion n° 03/2013 on purpose limitation*. Adopted on 2 April 2013.

Informação bibliográfica deste texto, conforme a NBR 6023:2018 da Associação Brasileira de Normas Técnicas (ABNT):

GERCHMANN, Suzana Rahde. Sob o olho dele: big data, gravidez e abusividade sob o prisma do direito do consumo. *In*: EHRHARDT JÚNIOR, Marcos; CATALAN, Marcos; MALHEIROS, Pablo (Coord.). *Direito do Consumidor e novas tecnologias*. Belo Horizonte: Fórum, 2021. p. 279-294. ISBN 978-65-5518-253-8.

EL ROL DEL PRINCIPIO PRECAUTORIO ANTE LOS AVANCES CIENTÍFICOS Y TECNOLÓGICOS

MARÍA LAURA ESTIGARRIBIA BIEBER
SERGIO JUNIORS SHWOIHORT

1 Introducción

Recientemente, la famosa y mundialmente reconocida revista *Science*, ha publicado los que considera como los diez descubrimientos científicos más importantes dados a conocer durante el transcurso del año 2020, trasluciendo información de sumo interés con relación a la temática que abordaremos.[1]

Entre ellos se mencionan los avances maratónicos en materias de vacunas contra el virus SARS-Cov-2 (COVID-19); las tijeras genéticas "CRISPR" que permiten el recorte de genes para modificar la estructura del ácido desoxirribonucleico (ADN); un nuevo modelo para el análisis del cambio climático para la medición más precisa de la temperatura del planeta, tendiente a resolver cuestiones vinculadas con el calentamiento global; el uso de inteligencia artificial y tecnología tridimensional para el estudio de estructuras de proteínas, que permitirá entender mejor el desarrollo de enfermedades, como también el mejoramiento genético de plantas para hacerlas resistentes a los cambios climáticos; los controladores de elite para paliar el síndrome de inmunodeficiencia

---

[1] Disponible en: https://vis.sciencemag.org/breakthrough2020/#/finalists/first-crispr-cures. Consultado por última vez el 02/04/2021.

adquirida (SIDA), por mencionar algunos de los más relevantes referidos en dicha publicación.

Resulta relevante destacar que, si bien se habla de descubrimientos, claramente no se trata de haber dado con soluciones casuales sino, por el contrario, ellos son fruto de un arduo trabajo científico tecnológico anterior, que ha conducido a dichos resultados y avances.

A esos adelantos podemos agregar tantos otros en desarrollo, como el caso de la sangre artificial, los vehículos automotores inteligentes, y toda la nueva corriente de la llamada "internet de las cosas" (que conlleva la aparición de utensilios de uso cotidiano, casas y, hasta ciudades inteligentes), las impresoras 3D, que pueden generar desde réplicas de obras de arte hasta miembros para implantes en seres humanos; sin mencionar el interesante y nuevo mundo generado por el "blockchain" que ha visto potenciado su desarrollo, especialmente por las posibilidades tecnológicas de acceso masivo por el público en general, a las llamadas criptomonedas.

Sin lugar a dudas, cada uno de los aspectos mencionados podría constituir el objeto de un estudio pormenorizado en obras teóricas o partes de ellas, lo que escapa con creces al cometido de este estudio, en el que solo se pretende mencionarlos a efectos de marcar la dimensión e importancia de las diversas problemáticas que los sistemas jurídicos deben afrontar actualmente, y las que puede depararles el futuro.

En suma, como puede apreciarse, el mundo ha cambiado y ello es una consecuencia necesaria del indefectible afán humano de evolucionar en la búsqueda de soluciones a las necesidades históricas y modernas que se presentan.

Ahora bien, todos esos avances y la evolución ocurrida en el plano de la realidad, de lo fáctico, como producto de los desarrollos de la ciencia, la tecnología y la innovación, se presentan en el mismo mundo que el Derecho –comprensivo tanto del plano normativo como el axiológico- que tiende a enmarcar y regular los eventuales conflictos que puedan derivarse del uso de los productos referidos.

Esto nos lleva a pensar en el tipo de relación que se establece entre el Derecho con la ciencia y la tecnología, y los productos que estas generan, como así también en los mecanismos disponibles para resolver cuestiones en las que el primero, lamentablemente, siempre irá unos pasos detrás.

Ciertamente, la regulación por medio de disposiciones normativas es útil para auspiciar soluciones *ex post facto* respecto de los problemas que ya existen, son palpables o, cuando menos se aprecian sin dificultad en el horizonte. Sin embargo, la cuestión no resulta tan sencilla cuando nos encontramos con la aplicación del Derecho a desarrollos de productos que aún no se han terminado o introducido en el mercado, que plantean – más allá de las cuestiones éticas- la necesidad de análisis acerca de si corresponde que el Derecho les imponga límites o si, más bien, debe darle rienda suelta al ingenio humano, sin coto alguno.

En el presente sucinto abordaje, pretendemos delinear esta cuestión, e intentaremos mostrar la utilidad que el principio precautorio puede traer en el diseño de soluciones justas para situaciones que, sin lugar a dudas, comprometen intereses sumamente diversos, muchas veces de carácter colectivo y hasta de toda la sociedad.

2 Los avances científico – tecnológicos y su relación con la ética

Liminarmente, merece la pena recordar que hablamos de ciencia[2] y de tecnología[3] como causantes de progresos y, a la vez, de mudanzas que se expresan en la vida cotidiana, produciendo, algunas veces, resultados disvaliosos. Sin lugar a dudas, excede nuestro cometido el análisis de las diversas cuestiones éticas que se han suscitado y continúan suscitándose con relación a los desarrollos científicos y tecnológicos.

Sentado lo anterior, tal vez el caso más paradigmático con relación a la ética y el Derecho, se ha dado en cuestiones de desarrollos de la medicina, especialmente genética, puesto que se vinculan de manera directa con la integridad física del ser humano como tal y, eventualmente, podrían afectar derechos humanos, fundamentales e irrenunciables, ligados a la dignidad de la persona.

Ello ha dado lugar a un ámbito específico de análisis de estos aspectos; la bioética, entendida como el estudio de los problemas éticos originados por la investigación biológica y sus aplicaciones, como en la ingeniería genética o la clonación.[4]

Estos análisis han cobrado una nueva fuerza y vigor en los últimos tiempos, en razón de los avances impulsados por el movimiento

---

[2] Según el diccionario de la Real Academia, es el conjunto de conocimientos obtenidos mediante la observación y el razonamiento, sistemáticamente estructurados y de los que se deducen principios y leyes generales con capacidad predictiva y comprobables experimentalmente. Disponible en: https://dle.rae.es/, consultado por última vez el 27/04/2021.

[3] De acuerdo al Diccionario de la Real Academia Española, es el conjunto de teorías y de técnicas que permiten el aprovechamiento práctico del conocimiento científico. Disponible en: https://dle.rae.es/, consultado por última vez el 27/04/2021.

[4] Conforme la conceptualización dada por el Diccionario de la Real Academia Española. Disponible en www.rae.es, consultado por última vez el 02/04/2021.

transhumanista.[5] El término "transhumanismo", como bien lo señala Monterde Ferrando, fue acuñado por Julián Huxley, quien auspició una visión religioso-científica en la

> que el ser humano podrá trascender su condición de especie para llegar a concentrar todos los fragmentos de su conciencia en una autoconciencia cósmica total que dé plenitud a la sustancia universal y única de la que todo forma parte" postulando "el deber moral de trascender los límites biológicos del ser humano y de dirigir conscientemente la evolución.[6]

Esto último, marca la relevancia que la ciencia y la tecnología asume para el cumplimiento de ese deber moral, puesto que se constituye en una herramienta fundamental para lograrlo.

De este modo, se avizora claramente que los desafíos bioéticos –a los que cabe agregar el plano jurídico, como veremos- ingresaran en los próximos tiempos en un camino en el que deberán profundizarse los debates que suscitará el avance de la ciencia, no solo ya vinculados a prácticas médicas y genéticas en las que tradicionalmente se han concentrado, sino también a otras que engloban desarrollos científicos tecnológicos mucho más amplios (por ejemplo, robóticos), que tienen como norte la evolución de los seres humanos, que procuran trascender, inclusive, esa misma condición.

No obstante, sin desconocer la importancia de estas cuestiones, como hemos adelantado, en este análisis nos concentraremos en aspectos estrictamente jurídicos que –aunque también ligados a lo ético- se presentan de manera concreta en este campo.

3 Los avances científico – tecnológicos y su relación con el Derecho

Sin lugar a dudas, las normas jurídicas son permanentemente sobrepasadas por el imparable avance tecnológico y científico. Respecto a ellos, tradicionalmente, el plano jurídico se ha centrado en aspectos ligados a la responsabilidad por los daños que derivan de sus desarrollos.

---

[5] Movimiento ideológico que defiende la mejora de las capacidades físicas, intelectuales y psíquicas del ser humano mediante el uso de la ciencia y la tecnología.

[6] MONTERDE FERRANDO, Rafael: *El transhumanismo de Julian Huxley: una nueva religión para la humanidad*, en Cuadernos de Bioética, año 2020, 31 (101), p. 85. DOI: 10.30444/CB.53.

En la zona que puede considerarse límite respecto de dicha afirmación, encontramos a la llamada responsabilidad por riesgos de desarrollo.

Al respecto señala Pizarro que

> se entiende por riesgo del desarrollo al que deriva de un defecto de un producto que al tiempo de su introducción era considerado inocuo, a la luz del estado de los conocimientos técnicos y científicos existentes a ese momento, resultando su peligrosidad indetectable, pero cuya nocividad es puesta de manifiesto por comprobaciones posteriores.[7]

En similar línea, Garrido Cordobera, quien ha profundizado sobre el tema, los considera como

> aquellas consecuencias dañosas de un producto elaborado que son desconocidas con la utilización de las técnicas científicas idóneas al momento de su producción en masa y su autorización para el consumo y comercialización, pero que luego, con el avance de las técnicas se descubre que ciertos daños son la consecuencia directa de la utilización de dicho producto.[8]

Sobre esta particular institución del derecho de daños, Benjamin, en Brasil, siguiendo a Vetri, sostiene que "es aquel riesgo que no puede ser científicamente conocido al momento de lanzamiento del producto al mercado, viniendo a descubrirse después de un cierto período de uso del producto o servicio".[9]

Como bien puede apreciarse y, sin perjuicio de otras tantas definiciones que puedan traerse a colación aquí, existe un elemento común en las nociones referenciadas, cual es el desconocimiento por parte del fabricante acerca de la nocividad del producto a la hora de introducirlo en el mercado. Es decir que, para que nos encontremos frente al supuesto bajo análisis, debemos tener un producto cuya

---

[7] PIZARRO, ramón D.: "Responsabilidad civil por riesgo creado y de empresa", Ed. La Ley, Tomo II, Bs. As., año 2.006, p. 391.

[8] GARRIDO CORDOBERA, Lidia M.: "Riesgos de desarrollo en el derecho de daños", Ed. Astrea, Buenos Aires, año 2016, p. 4.

[9] BENJAMIN, Antonio H., LIMA MARQUEZ, Claudia, ROSCOE BESSA, Leonardo: "Manual de Direito do Consumidor", Ed. Revista dos Tribunais, Sao Paulo (Brasil), año 2007, p. 129. Traducción libre efectuada por los autores del siguiente texto: "Define-se risco de desenvolvimento como sendo aquele risco que não pode ser cientificamente conhecido ao momento do lançamento do produto no mercado, vindo a ser descoberto somente apos um certo período de uso do produto e do serviço (Dominick VETRI, Profili della responsabilita del produttore negli Stati Uniti, Dano da prodotti e responsibilita dell'impresa, p. 71)".

composición haya sido controlada e investigada de conformidad con los conocimientos científicos y técnicos de un momento dado, lo cual conduce a que sea aprobada su introducción en la sociedad por los órganos de control pertinentes, no obstante lo cual, luego se comprueba su potencial dañoso.

En esa línea, ha señalado Wesendonck que

ellos ocurren en virtud de un producto que, teniendo un defecto indetectable en la época que fue fabricado o colocado en circulación, provoca daños a terceros. Por eso, es común afirmar que los riesgos de desarrollo demuestran la ocurrencia de daños tardíos, ya que solamente en un momento posterior, con el desarrollo de los conocimientos técnicos y científicos, se torna posible determinar que el producto es defectuoso.[10]

El principal problema radica, con relación a los riesgos de desarrollo, en si corresponde o no considerar tal circunstancia como un factor de eximición de responsabilidad para el proveedor, en estos supuestos; análisis que sin duda excede el cometido de este abordaje, aunque cabe destacar que nos volcamos por la respuesta afirmativa, especialmente en razón de la actuación de buena fe, la conducta responsable y la falta de previsibilidad de los perjuicios, al momento de incorporación del producto al mercado, proponiendo para su solución de los daños que causen, la implantación de un sistema de socialización de daños.[11]

En Brasil, sin desconocer las críticas y dificultades que un sistema de estas características acarrearía en ese ámbito, Junqueira Calixto ha sostenido que "no debe ser descartada, en principio, la idea de una reparación colectiva de daños, forma de socialización de los riesgos,

---

[10] WESENDONCK, Tula: O regime da responsabilidade civil pelo fato dos produtos postos em circulação. Uma proposta de interpretação do artigo 931 do Código Civil sob a perspectiva do direito comparado, Ed. Livraría do Advogado, Porto Alegre (Brasil), año 2015, p.172. Traducción libre efectuada por los autores del siguiente texto: "Eles ocorrem em virtude de um produto que, possuindo um defeito indetectável na data em que foi fabricado ou colocado em circulação, provoca danos a terceiros. Por isso, é comum firmar que os riscos dl desenvolvimento demostram a ocorrência de danos tardios, já que somente em um momento posterior, com o desenvolvimento dos conhecimentos técnicos e científicos, e que se torna possível determinar que o produto e defeituoso".

[11] Para ampliar, el tema ha sido abordado en profundidad en SHWOIHORT, Sergio Juniors: "Una visión trialista de la responsabilidad por riesgos del desarrollo en el Derecho del Consumo". El trabajo se corresponde con una Tesis de Maestria en Derecho Privado, aprobada y defendida en el Facultad de Derecho de la Universidad Nacional de Rosario (Argentina). Disponible en: https://repositorio.unne.edu.ar/handle/123456789/543,

requerida por la responsabilidad objetiva, a través de un fondo de garantía",[12] coincidiendo con el criterio expuesto en nuestra postura. Más allá de las posiciones doctrinarias al respecto, en Argentina, lo cierto es que el artículo 23 del Código de Defensa del Consumidor Brasileño[13] establece que la ignorancia del proveedor sobre los vicios o la calidad que hagan inadecuados a los productos y servicios, no lo exime de responsabilidad, con lo que la norma pareciera ser bastante clara en la no admisión de los riesgos de desarrollo como causal eximente de responsabilidad.

Sin embargo, como hemos destacado en las líneas precedentes, este aspecto de la relación tiene que ver, más bien, con aquellos desarrollos tecnológicos que ya se hallan introducidos en el mercado de consumo, hallándose discutido el aspecto relacionado con la viabilidad jurídica de su reparación y su imputabilidad.

Ahora bien, la temática objeto de estudio se vislumbra en una faceta anterior, inicial de todo proceso científico tecnológico. Es que, el Derecho, no solo influye en los momentos en que los daños se concretan, sino que se proyecta – y cada vez más – sobre la etapa misma de desarrollo de las innovaciones, previa a la introducción de los productos o servicios, en el mercado.

Desde esta perspectiva, lo importante será determinar si es necesario o no poner límites, desde lo jurídico, a ciertos avances que se den en el plano de la realidad, derivadas de los desarrollos científicos tecnológicos que tiendan a modificarla.

Es en este ámbito donde creemos que el principio precautorio constituye una herramienta sumamente útil y eficaz para calibrar si ello resulta necesario, enfocándonos, ya no en un aspecto resarcitorio de la responsabilidad civil, sino más bien, en la función preventiva de aquella, que se encuentra prevista en el artículo 1710 del Código Civil y Comercial, como principal función de la responsabilidad civil, a fin de evitar la causación de daños, pero aplicando el criterio precautorio, con sus peculiares características referentes a la fundamentación de su viabilidad.

---

[12] JUNQUEIRA CALIXTO, Marcelo: "A responsabilidade do fornecedor de produtos pelos riscos do desenvolvimento", Ed. Renovar, Rio de Janeiro (Brasil), año 2004, p. 248. Traducción libre efectuada por los autores del siguiente texto: "Não e de ser descartada, em princípio, a ideia de uma reparação coletiva dos danos, forma de socialização dos riscos requerida pela responsabilidade objetiva, através de um fundo de garantia".

[13] Artículo 23 do Código de Defesa dos Consumidores: "A ignorância do fornecedor sobre os vícios de qualidade por inadequação dos produtos e serviços não o exime de responsabilidade".

4 El rol del principio precautorio en la materia

Como bien han señalado Stiglitz y Echevesti,

acaecido el ilícito dañoso, el ordenamiento jurídico hace cargar sobre el responsable, la obligación de reparar el daño. Reacciona de tal modo a través de una de las especies de sanción civil (la resarcitoria), con la finalidad de restablecer la situación del damnificado y borrar los efectos del comportamiento contrario al Derecho. Pero al Derecho no le pasa inadvertido que los daños cualquiera sea su fuente, deben ser evitados. De modo que en el Derecho de Daños – en su moderna concepción- actúa también, y prioritariamente, la idea de prevención, con anterioridad a la producción del daño, y recién ocurrido el evento dañoso, la idea de prevención es desplazada por la de compensación.[14]

Es que no debemos olvidar que tiene plena vigencia la antigua regla auspiciada por el Derecho Romano, del *alterum non laedere*, esto es, la prohibición a cada miembro de la sociedad, de dañar a los otros.

De manera genérica, aunque categórica, esta regla aparece en el artículo 19 de la Constitución de la Nación Argentina, que expresamente consagra que las acciones de los hombres, *que no perjudiquen a terceros*, están reservadas a Dios y exentas de la autoridad de los Magistrados.

La función preventiva de la responsabilidad, fue expresamente consagrada en el Código Civil y Comercial argentino, en el ya mencionado artículo 1710, que expresa que

Toda persona tiene el deber, en cuanto de ella dependa, de: a) evitar causar un daño no justificado; b) adoptar, de buena fe y conforme a las circunstancias, las medidas razonables para evitar que se produzca un daño, o disminuir su magnitud; si tales medidas evitan o disminuyen la magnitud de un daño del cual un tercero sería responsable, tiene derecho a que *éste* le reembolse el valor de los gastos en que incurrió, conforme a las reglas del enriquecimiento sin causa; c) no agravar el daño, si ya se produjo.[15]

Como consecuencia de ello, establece la acción preventiva en el artículo 1711, como una herramienta para paliar toda acción u omisión antijurídica que haga previsible la producción de un daño, su

---

[14] STIGLITZ, Gabriel A., ECHEVESTI, Carlos A.: "Las acciones por daños y perjuicios", en MOSSET ITURRASPE, Jorge: *Responsabilidad Civil*, Ed. Hammurabi, Buenos Aires, año 1997, p. 507.

[15] Vigente desde el año 2015.

continuación o agravamiento, sin que sea exigible la concurrencia de ningún factor de atribución, ampliando la legitimación – a tales fines- a todo aquel que acredite un interés razonable en la prevención de dicho daño (artículo 1712 del Código Civil y Comercial de la Nación Argentina).

En Brasil, el Código de Defensa del Consumidor establece en su artículo 80, una norma protectoria con el mismo anhelo preventivo, en función de la cual se establece que

> los productos y servicios colocados en el mercado de consumo no acarrearán riesgos a la salud o seguridad de los consumidores, salvo los considerados normales y previsibles de acuerdo a su naturaleza y función; obligándose los proveedores, en cualquier hipótesis, a dar las informaciones necesarias al respecto, agregando en su parte final, una obligación específica de higienización de los equipamientos utilizados en la provisión de los productos o servicios, e informar específicamente acerca de los riesgos de contaminación.[16]

Ahora bien, a la par del principio de prevención – genérico – del daño, aparece uno que puede considerarse específico: el precautorio.

Es que, la prevención de los daños se refiere a todo tipo de estos y, especialmente, a los que son conocidos; existen acciones o actividades que son claramente riesgosas, y que conocemos a ciencia cierta su potencialidad dañosa, por lo que claramente debemos abstenernos de realizarlas, o bien, adoptar todas las medidas necesarias para evitar las consecuencias perjudiciales.

En esa línea, a modo de ejemplo, en zonas rurales la quema de pastizales es una actividad corriente y hasta necesaria para la regeneración de los verdes y abono de la tierra, aunque todos sabemos que el fuego es potencialmente dañoso y que de dicha acción pueden derivar graves perjuicios, como incendios, incluso, con consecuencias nocivas para el medio ambiente. Es por ello que, las quemas, deben ser

---

[16] CAPÍTULO IV – Da Qualidade de Produtos e Serviços, da Prevenção e da Reparação dos Danos SEÇÃO I – Da Proteção à Saúde e Segurança Art. 8º: "Os produtos e serviços colocados no mercado de consumo não acarretarão riscos à saúde ou segurança dos consumidores, exceto os considerados normais e previsíveis em decorrência de sua natureza e fruição, obrigando-se os fornecedores, em qualquer hipótese, a dar as informações necessárias e adequadas a seu respeito. §1. Em se tratando de produto industrial, ao fabricante cabe prestar as informações a que se refere este artigo, através de impressos apropriados que devam acompanhar o produto. §2. O fornecedor deverá higienizar os equipamentos e utensílios utilizados no fornecimento de produtos ou serviços, ou colocados à disposição do consumidor, e informar, de maneira ostensiva e adequada, quando for o caso, sobre o risco de contaminação".

controladas y existen protocolos específicos para ello, como medidas de prevención.

Sin embargo, existen ciertas actividades en las que los riesgos y eventuales daños, o el impacto de ellos, no son conocidos ni pueden conocerse a ciencia cierta al momento de realización de las acciones específicas que los podrían acarrear; es más, pueden evaluarse como inocuas al momento de su incorporación en la sociedad.

Es en este marco, frente a esa potencial peligrosidad, donde aparece un especial deber de prevención, que se ha dado en llamar "principio precautorio".

En Argentina, éste ha tenido consagración, en primer lugar, en el ámbito de protección ambiental, puesto que ha sido el espacio en el que se advirtió su necesidad, derivada de la falta de conocimiento específico acerca del impacto ambiental que ciertas actividades generan, y fue en ese campo donde tuvo su mayor desarrollo en el marco de la responsabilidad por daños.

Como consecuencia, se normativizó en el artículo 4º de la ley nº 25.675 (Ley General del Ambiente) que establece, en su parte pertinente, que "Cuando haya peligro de daño grave o irreversible la ausencia de información o certeza científica no deberá utilizarse como razón para postergar la adopción de medidas eficaces, en función de los costos, para impedir la degradación del medio ambiente".

No obstante, creemos que, ante los avances científicos actuales, el principio precautorio vuelve a cobrar una relevancia importante en la escena, más allá de la que ya tiene. En este sentido, no podemos desconocer que el ser humano, como ser viviente y en permanente interacción con su entorno, es parte de la naturaleza y del ambiente.

En esa línea, cobran relevancia actualmente, además de las consecuencias que las acciones humanas pueden tener para el contexto en el que se vive, aquellas eventualmente perjudiciales que puedan producirse por avances científicos y tecnológicos que tengan a la persona y sus elementos de uso cotidiano, como centro de atención.

Hemos referido con anterioridad, los diferentes e increíbles avances que se han dado en estos últimos tiempos en ese sentido, entre los que destacamos especialmente, las innovaciones médicas y genéticas, puesto que son las que pueden –sin dudas- producir consecuencias directas e inmediatas en el ser humano.

En esa orientación del razonamiento, es que consideramos que el principio precautorio tomará un rol fundamental como herramienta para calibrar, tanto los avances científicos tecnológicos, como por enarbolarse como un mecanismo que posee la flexibilidad suficiente para poner los pesos y contrapesos necesarios en el campo, y determinar de manera adecuada las responsabilidades que de ellos puedan derivarse. Cafferata nos aclara las diferencias existentes entre el principio de prevención y el precautorio, cuando expresa que

> Así como el principio de prevención tiende a evitar un daño futuro pero cierto y mensurable, el principio de precaución introduce una óptica distinta: apunta a impedir la creación de un riesgo con efectos todavía desconocidos y por lo tanto imprevisibles. Opera en un ámbito signado por la incertidumbre.[17]

En la prevención se enfrenta un peligro concreto, sin embargo, en la precaución intenta prevenirse un riesgo potencial, un peligro en abstracto que tiene posibilidades de afectar derechos fundamentales, a través de la ocurrencia de daños, por lo general irreversibles.

Sin lugar a dudas, el principio precautorio, a la par de la cuestión ligada a la responsabilidad por riesgos de desarrollo, se constituirán en las dos caras de la misma moneda que guiarán el rumbo de la responsabilidad por "daños derivados de lo desconocido", sin ignorar las diferencias existentes entre ambos.

Han señalado Trigo Represas y López Mesa que

> es verdad que precaución y riesgos del desarrollo comparten un origen común: una evaluación de riesgos basada en información científica y estadística disponible en determinado momento. Pero a simple vista, sus efectos son extremadamente distintos: la incertidumbre en virtud del principio precautorio, no justifica la inacción por parte de la autoridad, tendiente a evitar la actividad en cuestión. Por el contrario, una certeza razonable sobre la seguridad del producto lleva a la licitud de la comercialización del mismo, y a la exoneración de responsabilidad, en caso de riesgos y daños imprevisibles subsiguientes.[18]

Claramente, la interpretación del principio precautorio debe ser amplia y prudente, a fin de evitar que se constituya en un corsé que limite los avances necesarios para el ser humano, por previsión de eventuales consecuencias y responsabilidades.

---

[17] CAFFERATA, Néstor A. *El principio precautorio*. Gaceta Ecológica, núm. 73, octubre-diciembre, 2004, pp. 5-21 Secretaría de Medio Ambiente y Recursos Naturales Distrito Federal, México.

[18] TRIGO REPRESAS, Félix A., LOPEZ MEZA, Marcelo J.: "Tratado de la responsabilidad Civil", Tomo III, Ed.- La Ley, Buenos Aires, año 2004, p. 491-492.

Con buen tino han destacado Pizarro y Vallespinos que

> esto explica que se trate de un principio al que sólo cabe recurrir con muchísima prudencia y siempre que los antecedentes del caso así lo ameriten. Lo contrario conduciría inexorablemente a la inercia y a vulnerar los niveles de desarrollo sustentable deseables en una sociedad moderna. Será menester, de tal modo, que se acredite el riesgo, amenaza o peligro de grave e irreversible daño y la incertidumbre o ausencia de información científica a ese respecto. Las medidas precautorias que se adopten, como se ha dicho, deberán satisfacer suficientemente las exigencias de proporcionalidad, transparencia, provisoriedad y eficacia en función de los costos.[19]

Creemos que la línea de razonabilidad en su aplicación la ha marcado muy bien la Corte Suprema de Justicia de la Nación argentina, que ha dicho que

> el principio precautorio (artículo 4ª de la ley nº 25.675) produce una obligación de previsión extendida y anticipatoria a cargo del funcionario público... implica armonizar la tutela del ambiente y el desarrollo, mediante un juicio de ponderación razonable, por lo que no debe buscarse oposición entre ambos, sino complementariedad, ya que la tutela del ambiente no significa detener el progreso, sino, por el contrario, hacerlo más perdurable en el tiempo, de manera que puedan disfrutarlo las generaciones futuras.[20]

Sin mucho esfuerzo, puede apreciarse como consideraciones similares cabrían efectuarse respecto del principio precautorio en su relación con los desarrollos científicos y tecnológicos que vayan más allá de la vinculación con el ambiente – como hemos señalado –, pero que involucren de todos modos, la posibilidad de daño irreversible para los seres humanos.

5 Algunas reflexiones de cierre

Tal como hemos señalado en los párrafos precedentes, nos encontramos ante una realidad que avanza a pasos agigantados en lo que refiere a ciencia y tecnología, lo que conlleva la aparición de nuevos

---

[19] PIZARRO, Ramón D., VALLESPINOS, Carlos G.: "Instituciones de Derecho Privado. Obligaciones", Ed. Hammurabi, Buenos Aires, año 2012, p. 171.

[20] CSJN, Fallos: 332:663.

problemas en el plano jurídico, que impone la necesidad de buscar herramientas flexibles que oficien de filtro o límite, permitiendo una permeabilidad graduada que disminuya las posibilidades de riesgos y daños irreversibles para la humanidad, que puedan derivar de algunas innovaciones.

Justamente, creemos que deviene sumamente pertinente destacar aquí, que la cuestión auspiciada en estas líneas ha tenido un primer abordaje en las XIII Jornadas de Derecho Judicial de la Universidad Austral, llevadas a cabo el 3 de septiembre del año 2020.[21] En este sentido, el Taller I sobre "Dimensiones del mundo digital y sus proyecciones en el ámbito jurídico"[22] se dedicó al abordaje del interrogante relacionado con cuan relevante es el rol del principio de precaución, frente al lógico afán humano y las posibilidades que la tecnología pone a disposición.

En ese contexto, luego de un arduo debate se arribaron a cinco conclusiones relevantes sobre el asunto, que consideramos importante compartir, ya que constituyen un puntapié inicial para marcar algunos caminos de trabajo y análisis futuro.

Así, en primer lugar, se destacó que los límites del principio precautorio deben reconfigurarse permanentemente, redefiniendo sus contenidos, teniendo siempre en el horizonte la ética *transhumanista*.

Esto conlleva a repensar frecuentemente su contenido, especialmente en el entendimiento – como hemos señalado- que éste no debe constituir un corsé que encapsule e imposibilite el avance de la ciencia sino, más bien, un elemento que permite calibrar la evolución sobre pasos firmes, disminuyendo lo más posible los riesgos y daños ante casos de incertidumbre.

En segundo lugar, se ha sostenido que el principio precautorio debe aplicarse dependiendo del tema que se trate con mayor o menor intensidad, debiendo cobrar mayor importancia en aquellos aspectos que se hallen ligados a la misma naturaleza humana. Es que, tal como adelantáramos, las cuestiones que involucren de manera directa al ser humano y sus derechos fundamentales, son las más sensibles, puesto que comprometen, en algunos casos su continuidad misma, especialmente

---

[21] Las referidas Jornadas son organizadas anualmente por el Departamento de Derecho Judicial de la Facultad de Derecho de la Universidad Austral, a cargo del Dr. VIGO, Rodolfo L. Más información y conclusiones de las Jornadas disponibles en: https://www.austral.edu.ar/derecho/departamentos/derecho-judicial/.

[22] El grupo que abordó el eje en el seno de la Comisión estuvo coordinado por SHWOIHORT, Sergio J. (Corrientes, Argentina), y por CHRESTIA, María T. (Tucumán, Argentina).

en aquellos casos que conllevan modificaciones genéticas y aún su dignidad, en otros supuestos.

En tercer lugar, se ha sostenido que el principio de precaución no pierde -ni perderá- relevancia frente a los avances de la tecnología sino, por el contrario, constituirá una herramienta fundamental para calibrar, conjuntamente con la ética *transhumanista*, los límites y contrapesos necesarios para un desarrollo sustentable de aquella, tal como hemos adelantado.

En cuarto orden, se ha considerado relevante determinar cuáles son los parámetros disponibles en la programación de la inteligencia artificial, procurando tener en cuenta la protección de las personas en situación de vulnerabilidad, en cada avance.

Por último, se ha destacado que resulta fundamental la formación en esta temática, especialmente en aquellas personas que tendrán a su cargo la resolución de controversias que se deriven en estos ámbitos y, en general, de todos los operadores del Derecho.

Como bien puede apreciarse, son diversos los aspectos y desafíos que esta temática plantea al Derecho y, mostrarlas, ha sido uno de los objetivos de este trabajo.

Queda en manos de los operadores jurídicos, desde los distintos ámbitos, contribuir con el aporte de conocimiento en este campo. Esperamos que este abordaje, aunque sintético, haya despertado el interés en hacerlo.

Para poner de resalto la importancia de la adopción de soluciones jurídicas que den respuesta y solución oportunas a nuevas situaciones, cabe traer a colación la reflexión que expresara el Maestro Morello, en una conferencia a la que asistimos: "El Derecho debe vivir con su tiempo; de lo contrario, su tiempo vivirá sin él".

Informação bibliográfica deste texto, conforme a NBR 6023:2018 da Associação Brasileira de Normas Técnicas (ABNT):

BIEBER, María Laura Estigarribia; SHWOIHORT, Sergio Juniors. El rol del principio precautorio ante los avances científicos y tecnológicos. *In*: EHRHARDT JÚNIOR, Marcos; CATALAN, Marcos; MALHEIROS, Pablo (Coord.). *Direito do Consumidor e novas tecnologias*. Belo Horizonte: Fórum, 2021. p. 295-308. ISBN 978-65-5518-253-8.

OS DESAFIOS DO MERCADO DIGITAL PARA O DIREITO DOS CONTRATOS DE CONSUMO À LUZ DO DIREITO EUROPEU

MARTIM FARINHA
JORGE MORAIS CARVALHO

1 Introdução

É hoje impossível negar a crescente influência hegemónica que a revolução digital e a *Big Data* têm na nossa sociedade. Este fenómeno, que já não é novo, tornou-se ainda mais evidente com a pandemia da doença Covid-19, que acelerou este inevitável processo de digitalização, até nos sectores mais tradicionais. Este progresso tecnológico trouxe diversas vantagens económicas e sociais, mas também levantou uma miríade de desafios no Direito, pelo simples facto de que a inovação e a engenharia tendem a ser mais rápidas e criativas que os juristas e, em especial, os legisladores.

Na União Europeia, as instituições têm promovido iniciativas legislativas para (tentar) acompanhar as novas tecnologias disruptivas que vão surgindo, de forma a assegurar o funcionamento do mercado interno e proteger os seus cidadãos. A década passada foi marcada pela estratégia do Mercado Único Digital,[1] enquanto a que começa será a Década Digital.[2] Com estes esforços, a União Europeia reconheceu a

---

[1] Cf.: Shaping the Digital Single Market. *Comissão Europeia*, 2020. Disponível em: https://ec.europa.eu/digital-single-market/en/shaping-digital-single-market. Acesso em 29 abr. 2021.

[2] Cf.: Uma Europa preparada para a Era Digital. *Comissão Europeia*, 2020. Disponível em: https://ec.europa.eu/info/strategy/priorities-2019-2024/europe-fit-digital-age_pt. Acesso em 29 abr. 2021.

realidade: que as normas que vigoravam não eram suficientes, sendo necessário um *update* de muitas regras e a adoção de novos regimes jurídicos.

A área do direito dos contratos e, em especial, dos contratos de consumo tem sido uma das mais marcadas pela revolução digital,[3] com a criação de novos serviços e de novos modelos de negócios baseados na recolha e tratamento de grandes quantidades de dados pessoais, a hegemonia das plataformas digitais, a adoção de novos ativos digitais baseados em *Blockchain* e, entre outros fenómenos, contratos cujas cláusulas podem não só ser definidos por algoritmos, mas também celebrados inteiramente entre máquinas. É hoje considerada uma área prioritária pelo legislador europeu.

No presente texto iremos abordar várias destas matérias, apresentado alguns dos principais desafios levantados por certas inovações tecnológicas, apontando a forma como o legislador procurou intervir, com maior ou menor sucesso.

2   Dados pessoais e contratos

A grande revolução tecnológica do século XXI tem como principal combustível (como novo petróleo ou carvão) os dados pessoais dos cidadãos e consumidores. A sua recolha e tratamento permite treinar algoritmos, criar perfis, inferir novas informações, desenvolver inteligência artificial. Enfim, permite o surgimento de toda uma nova economia em torno da *Big Data*, com mercados e serviços próprios.

Antes de abordarmos a famosa e controversa questão de saber se os dados pessoais podem constituir uma contraprestação contratual (e todas as implicações que daí advêm), é necessário analisar primeiro a forma como o tratamento de dados pessoais está relacionado com a celebração e a execução de contratos no direito civil.[4]

---

[3]   TWIGG-FLESNER, Christian. Disruptive Technology – Disrupted Law? – How the Digital Revolution Affects (Contract) Law. *In: European Contract Law and the Digital Single Market – The Implications of the Digital Revolution.* Cambridge: Intersentia, 2016. p. 21-48. HOWELLS, Geraint; TWIGG-FLESNER, Christian; WILHELMSSON, Thomas. *Rethinking EU Consumer Law.* London: Routledge, 2017. Disponível em: https://doi.org/10.4324/9781315164830. Acesso em 29 abr. 2021.

[4]   BORGESIUS, Frederik Zuiderveen; HELBERGER, Natali; REYNA, Agustin. The perfect match? A closer look at the relationship between EU consumer law and data protection law'. *Common Market Law Review,* v. 54, n. 5, p. 1427-1465, 2017. Disponível em: https://kluwerlawonline.com/journalarticle/Common+Market+Law+Review/54.5/COLA2017118. Acesso em 29 abr. 2021.

O Regulamento (UE) nº 2016/679, do Parlamento Europeu e do Conselho, de 27 de abril de 2016, relativo à proteção das pessoas singulares no que diz respeito ao tratamento de dados pessoais e à livre circulação desses dados (doravante RGPD), é o principal diploma legal que rege os direitos dos titulares de dados e as obrigações dos responsáveis pelo tratamento face a estes titulares e aos dados que recolhem e tratam.

O RGPD, ao atualizar as normas da antiga Diretiva europeia, veio estabelecer que, para os dados pessoais poderem ser recolhidos e tratados, é necessário que se verifique o cumprimento de uma série de princípios basilares, elencados no seu artigo 5º. São estes aqueles que têm maior impacto na formação de contratos: licitude, lealdade e transparência em relação ao titular dos dados; limitação das finalidades (os dados pessoais são tratados para finalidades determinadas, explícitas e legítimas); minimização dos dados (o tratamento de dados está limitado ao que é necessário, adequado e pertinente para alcançar as finalidades).

Além de se impor uma mudança na mentalidade dos atores (em muito devido aos valores das coimas que os reguladores podem impor), mudou-se a própria forma como os contratos são celebrados. Por exemplo, devido à exigência de maior transparência, resultante dos deveres de informação consagrados nos artigos 13º e 14º do RGPD, vieram a generalizar-se as Políticas de Privacidade. Trata-se de documentos que surgem como adendas contratuais,[5] cujo visionamento é incluído na aceitação da proposta contratual, vinculando ambas as partes. Infelizmente, embora o objetivo destas seja informar, a grande extensão das Políticas de Privacidade vem contribuir para exacerbar o fenómeno de *overload* dos utilizadores, que já não conseguem analisar, ler e compreender os (incorretamente designados) Termos e Condições[6] da maioria dos serviços digitais em tempo útil, antes de prestarem a sua aceitação e o consentimento necessários para beneficiar do serviço.

Ao exigir que se indique uma base de licitude adequada para a realização de operações de tratamento, o RGPD forçou uma nova análise aos modelos de negócio de vários serviços digitais e à forma como os contratos estão redigidos. De entre as várias alíneas do nº 1 do artigo

---

[5] PAŁKA, Przemysław; LIPPI, Marco. Big Data Analytics, Online Terms of Service and Privacy Policies. *Research Handbook on Big Data Law, Edward Elgar Publishing Ltd., Forthcoming, 2020*. Disponível em: https://ssrn.com/abstract=3347364. Acesso em 20 abr. 2021.

[6] BERREBY, David. Click to agree with what? No one reads terms of service, studies confirm. *The Guardian*, 03 mar. 2017. Disponível em: https://www.theguardian.com/technology/2017/mar/03/terms-of-service-online-contracts-fine-print. Acesso em 20 abr. 2021.

6º, é de destacar o cumprimento de obrigações legais (o que justifica a recolha de dados de identificação para o combate ao branqueamento de capitais, por exemplo), o cumprimento das obrigações contratuais, o interesse legítimo do responsável pelo tratamento e o consentimento livre e revogável do titular de dados.

A escolha da base de licitude tem levantando diversos desafios. Por um lado, o consentimento tem sido excessivamente privilegiado por muitos agentes económicos, especialmente em fase próxima à entrada em vigor do RGPD.[7] Depois, mesmo em relação aos dados que têm de ser tratados para o cumprimento do contrato, surgem diversas dúvidas face a certos serviços digitais: a recolha e o tratamento de dados pessoais como a lista de amigos e interesses para personalizar o *feed* de uma rede social ao utilizador pode ser considerado como o cumprimento de uma obrigação contratual do *Facebook*?[8] E a recolha destes dados para treinar e melhorar este mesmo algoritmo, para ser ainda mais eficiente? Quais são os limites desta base de licitude? E será que a apresentação de marketing direcionado pode enquadrar-se no interesse legítimo da rede social?[9]

3 Dados pessoais como contraprestação

Antigamente, a homepage do *Facebook* referia que a inscrição e utilização dos seus serviços seriam para sempre grátis.[10] A mensagem entretanto mudou, na sequência de uma maior consciência social de que a afirmação não era de todo correta.

Como o *Facebook*, existe uma série de serviços digitais (desde motores de busca, redes sociais, plataformas de *video-sharing*, etc.) que

---

[7] BIETTI, Elettra. The Discourse of Control and Consent Over Data in EU Data Protection Law and Beyond. *Stanford University Aegis Paper Series*, 2020. Disponível em: https://ssrn.com/abstract=3759329. Acesso em 20 abr. 2021.

[8] Sobre esta temática, o Comité Europeu de Proteção de Dados adotou em 2019 as "Linhas de Orientação sobre a interpretação do artigo 6º-1 b)". (Cf.: Guidelines 2/2019 on the processing of personal data under Article 6(1)(b) GDPR in the context of the provision of online services to data subjects. *European Data Protection Board*, 08 oct. 2019. Disponível em: https://edpb.europa.eu/sites/edpb/files/files/file1/edpb_guidelines-art_6-1-b-adopted_after_public_consultation_en.pdf. Acesso em 20 abr. 2021).

[9] Sobre o interesse legítimo, ver a posição do Article 29 Working Party (órgão que antecedeu o atual Comité Europeu de Proteção de Dados) em: Opinion nº 06/2014 on the notion of legitimate interests of the data controller under Article 7 of Directive nº 95/46/EC. 2014.

[10] MOYNIHAN, Qayyah; ASENJO, Alba. Facebook quietly ditched the 'It's free and always will be' slogan from its homepage. *Business Insider*, 27 aug. 2019. Disponível em: https://www.businessinsider.com/facebook-changes-free-and-always-will-be-slogan-on-homepage-2019-8. Acesso em 14 abr. 2021.

não exige o pagamento de uma quantia monetária pelos utilizadores, preferindo a recolha (massiva) de dados pessoais, seja para a criação de perfis para publicidade direcionada e personalizada, seja para a transmissão a terceiros.[11]

Para aceder a estes serviços, os consumidores têm não só de aceitar os Termos de Utilização (incluindo a Política de Privacidade, que já prevê a recolha de dados para a execução do contrato e a prossecução de interesses legítimos), como também de prestar, de forma separada, o consentimento livre ao tratamento de dados.[12] É com base neste consentimento que o modelo de negócio de uma série de empresas permite que se alcancem receitas milionárias. Pelo exposto, não é possível dizer que estes contratos são gratuitos. Os dados pessoais são o "preço".[13]

A proteção dos dados pessoais é um direito fundamental reconhecido na União Europeia[14] e na Convenção Europeia dos Direitos do Homem[15] e a sua mercantilização é bastante controversa. No entanto, não há como negar a realidade, sendo necessário reconhecer que, neste tipo de contrato, a recolha e o tratamento de dados surge como uma autêntica contraprestação[16] ao fornecimento dos serviços e conteúdos.

No artigo 3º-1 e nos considerandos 24 e 25 da Diretiva nº 2019/770, sobre aspetos relativos aos contratos de fornecimento de conteúdos e serviços digitais (DCD), de que se falará de forma mais aprofundada no último ponto deste texto, faz-se a ponte necessária entre ambas as posições, alargando a aplicação das normas de proteção de consumidores, circunscritas em regra a nível europeu a contratos onerosos, a contratos de fornecimento de serviços digitais em que o consumidor faculte ou se comprometa a facultar dados pessoais ao profissional, além dos necessários à execução contratual e ao cumprimento de requisitos legais.

---

[11] ZECH, Herbert. Data as a Tradeable Commodity. *In: European Contract Law and the Digital. Single Market – The Implications of the Digital Revolution.* Cambridge: Intersentia, 2016. p. 51-79.

[12] Sobre os requisitos do consentimento como base de licitude do tratamento de dados, ver as linhas de orientação do Comité Europeu de Proteção de Dados (EDPB) em: Guidelines nº 05/2020 on consent under Regulation 2016/679 Version 1.1. Maio 2020.

[13] NARCISO, Madalena. «Gratuitous» Digital Content Contracts in EU Consumer Law. *EuCML – Journal of European Consumer and Market Law,* n. 5, 2017.

[14] Artigo 8º da Carta dos Direitos Fundamentais da União Europeia (2012/C 326/02).

[15] Artigo 8º da Convenção Europeia dos Direitos do Homem.

[16] A Autoridade Europeia para a Proteção de Dados (EDPS) demonstrou-se muito apreensiva com a utilização do conceito de dados como contraprestação, ver: "Opinion 8/2018 on the legislative package 'A New Deal for Consumers'" EDPS (2018). *European data Protection Supervisor,* 05 oct. 2018. Disponível em: https://edps.europa.eu/sites/edp/files/publication/18-10-05_opinion_consumer_law_en.pdf. Acesso em 05 abr. 2021.

4 Automatização na contratação a partir da Inteligência Artificial e da *Internet of Things*

Se no início da década de 2000, a celebração de contratos de forma automatizada, sem intervenientes humanos, já era um problema que levou à criação engenhosa do sistema *Captcha*,[17] para detetar e impedir *bots* de fingir serem pessoas para celebrar contratos (como criar milhares de contas de e-mail), a evolução dos algoritmos, *machine learning* e Inteligência Artificial tem levantado simultaneamente inúmeros problemas e múltiplas vantagens, incluindo para o direito dos contratos em geral e para o direito do consumo em particular.

Atualmente já é aceite que milhares de contratos sejam celebrados sem intervenção humana, seja nas bolsas de valores, leilões eletrónicos, *smart contracts*[18] integrados em sistemas de *Blockchain*, etc.. Esta realidade irá certamente continuar a aumentar, especialmente com o advento da *Internet of Things* (Internet das Coisas), que terá mais impacto nos consumidores.

A *Internet of Things* (IoT) consiste na maior integração de diferentes dispositivos, ligando acessórios pessoais a eletrodomésticos, meios de transporte, sistemas de videovigilância, etc., através da Internet, garantindo uma gestão inteligente (*smart*) destas coisas. Com o processamento de cada vez maiores volumes de dados, a IoT tornar-se-á num instrumento poderoso na contratação, em diversos domínios.[19]

Por agora, uma vez que estes dispositivos não têm personalidade jurídica própria, os contratos não são realizados entre coisas, mas entre as pessoas que são responsáveis pelos programas e que lhes indicam o sentido das declarações contratuais a emitir.

Em Portugal, no âmbito da transposição da Diretiva do Comércio Eletrónico, o artigo 33º do Decreto-Lei nº 7/2014 estabelece que se aplica o regime "à contratação celebrada exclusivamente por meio de computadores, sem intervenção humana, é aplicável o regime comum, salvo quando este pressupuser uma atuação", sendo "aplicáveis as disposições sobre erro [...] na formação da vontade, se houver erro de programação, [...] na declaração, se houver defeito de funcionamento da

---

[17] JUSTIE, Brian. Little history of CAPTCHA. *Internet Histories*, v. 5, n. 1, p. 30-47, 2021. DOI: 10.1080/24701475.2020.1831197.

[18] SKLAROFF, Jeremy. Smart Contracts and the Cost of Inflexibility. *University of Pennsylvania Law Review*, v. 166, 2017. Disponível em: https://ssrn.com/abstract=3008899. Acesso em 05 abr. 2021.

[19] WENDEHORST, Christiane. Consumers and the Data Economy. *Journal of European Consumer and Market Law*, n. 1, 2017.

máquina [... ou] na transmissão, se a mensagem chegar deformada ao seu destino", não podendo a outra parte "opor-se à impugnação por erro sempre que lhe fosse exigível que dele se apercebesse, nomeadamente pelo uso de dispositivos de deteção de erros de introdução".

Sendo que este regime já tem quase quinze anos, enquanto a automatização dos contratos e o impacto da *Big Data* têm progredido a níveis exponenciais em diversos setores como na *FinTech* e na *InsurTech*,[20] é necessário melhor regulação e um enquadramento legislativo para a Inteligência Artificial,[21] o que pode não estar muito longe na União Europeia.[22]

5 *Blockchain*, cripto-ativos e criptomoedas

Desde 2008, quando *Nakamoto* publicou o *white paper*,[23] detalhando o protocolo técnico da *Bitcoin*, estabelecendo assim a *Blockchain* (cadeia de blocos) desta primeira criptomoeda, que uma grande variedade de criptomoedas e novos tipos de cripto-ativos (também referidos como *tokens*) com diferentes funcionalidades e propósitos têm surgido a um ritmo acelerado, surpreendendo os legisladores a nível global.

A tecnologia *Blockchain* permite o armazenamento de dados encriptados de forma descentralizada, utilizando um sistema *peer-to-peer* para garantir a autenticação de todas informações que são registadas na cadeia. Aqueles que contribuem com poder computacional para manter o protocolo podem ser premiados com *tokens*, associados assim a carteiras virtuais pseudonimizadas, cujas transações são por sua vez registadas na *Blockchain*. Dependendo da forma como o protocolo é estabelecido, estes *tokens* podem ter diferentes funcionalidades e propriedades.[24]

---

[20] FRIAS, Hélder. *A Internet de Coisas (IoT) e o Mercado Segurador. FinTech – Desafios da Tecnologia Financeira*. Coimbra: Almedina, 2017.

[21] JABŁONOWSKA, Agnieszka *et al*. Consumer Law and Artificial Intelligence: challenges to the EU Consumer Law and Policy Stemming from the Business' Use of Artificial Intelligence – Final report of the ARTSY project. *EUI Department of Law Research Paper*, n. 11, 2018. Disponível em: https://ssrn.com/abstract=3228051 ou http://dx.doi.org/10.2139/ssrn.3228051. Acesso em 11 mar. 2021.

[22] Cf.: A Comissão Europeia apresentou recentemente uma proposta de regulamento sobre Inteligência Artificial. *European Commission*, 21 abr. 2021. Disponível em: https://ec.europa.eu/commission/presscorner/detail/en/ip_21_1682. Acesso em 11 mar. 2021.

[23] NAKAMOTO, Satoshi. *Bitcoin*: a Peer-to-Peer Electronic Cash System. 2008. Disponível em: https://bitcoin.org/bitcoin.pdf. Acesso em 11 mar. 2021.

[24] Sobre o enquadramento legal e qualificação dos diversos tipos de criptoativos, SANTOS, João Vieira dos. Regulação dos Criptoativos. *Cadernos do Mercado de Valores Mobiliários*, n. 64, CMVM, p. 30-70, dec. 2019.

Em primeiro lugar, a classificação destes ativos é desde logo uma das principais problemáticas[25] que se coloca no contexto contratual. Temos as criptomoedas, como a *Bitcoin* e a *Dogecoin*, cujo objetivo é serem utilizadas em substituição de moedas com corrente legal, como contraprestações contratuais. Há cripto-ativos que são emitidos e distribuídos em ofertas públicas (*Initial Coin Offerings (ICO)*), sendo que estes podem ter associados direitos de crédito e até alguns direitos societários, devendo ser considerados instrumentos financeiros. Existem *tokens* cujas funcionalidades estão ligadas ao acesso a serviços e conteúdos digitais, gestão e funcionamento de plataformas de *Smart Contracts* e, por fim, *tokens* não fungíveis (*Non-Fungible Tokens* ou NFTs) que tipicamente representam algum tipo de *item* único, seja uma obra de arte virtual,[26] seja um objeto físico a que esteja associado.

Todos estes ativos, devido à forma como estão concebidos e são transacionados, utilizando um sistema descentralizado, em que as identificações pessoais estão pseudonimizadas, representam uma série de riscos para aqueles que os procuram. Por um lado, um grande número de ICO resultou em fraude. Por outro lado, está em causa o caráter extremamente volátil do valor das criptomoedas e a especulação associada. Coloca-se ainda a questão da desconformidade dos *tokens* face ao que foi promovido pelos emitentes.

Em relação às criptomoedas, ainda que estas não sejam consideradas moedas com curso legal, não tendo de ser aceites como tal, podem, se houver acordo entre as partes, servir como uma prestação, isto é, um método de pagamento, implicando assim que estes contratos sejam onerosos. Dependendo dos ordenamentos jurídicos, as criptomoedas podem ser taxadas enquanto propriedade, o que implica que nestes casos, a aquisição de um bem tendo como contraprestação a transmissão

---

[25] A problemática da qualificação jurídica dos cripto-ativos, quais critérios e classificações que se devem adotar tem dividido entidades reguladoras e legisladores em inúmeros ordenamentos jurídicos, geralmente assumindo uma divisão tripartida, que enumerámos aqui: em criptomoedas (Criptocurrencies), ativos financeiros (Investment/Asset Tokens), e tokens com funcionalidades de produtos e serviços (Utility Tokens). Ver: NAKAVACHARA, V. *et al. Should All Blockchain-Based Digital Assets be Classified under the Same Asset Class?* 2019; PIER Discussion Papers 113, Puey Ungphakorn Institute for Economic Research; The Swiss Financial Market Supervisory Authority (FINMA). 2018. "ICO Guidelines" Switzerland; European Securities and Market Authority (ESMA), "Advice Initial Coin Offerings and Crypto-Assets" Janeiro 2019; "Crypto-Assets: Implications for financial stability, monetary policy, and payments and market infrastructures" European Central Bank, ECB, Occasional Paper Series No 223 / May 2019.

[26] CLARK, Mitchell. NFTs, explained. *The Verge*, 11 mar. 2021. Disponível em: https://www. theverge.com/22310188/nft-explainer-what-is-blockchain-crypto-art-faq. Acesso em 25 abr. 2021.

de criptomoedas, corresponde na verdade a um contrato de permuta, ao invés de um contrato de compra e venda.

Três iniciativas legislativas europeias vão procurar melhorar o enquadramento legal destes ativos:

1) A Quinta Diretiva de Branqueamento de Capitais[27] (AML5) vem introduzir o conceito de moeda virtual no artigo 1º-1-c), impondo certas obrigações aos emissores de cripto-ativos em ICO;[28]

2) Com a transposição da DCD, os consumidores que adquirirem estes ativos enquanto conteúdos digitais ou serviços de acesso e gestão de carteiras terão acesso aos meios gerais de ressarcimento para os casos de não fornecimento e de falta de conformidade (com os novos requisitos de conformidade subjetiva e objetiva),[29] sendo que o conceito de preço irá também contemplar a transmissão de uma representação digital de valor, que pode incluir criptomoedas;[30]

3) A proposta de Regulamento sobre mercados de Cripto-ativos[31] tem em vista a criação de um regime legal para a proteção de consumidores e investidores. A proposta, que ainda terá de passar pelo Parlamento Europeu e pelo Conselho, estabelece novas categorias de cripto-ativos e regras relativas à emissão, registo, publicação de prospetos a descrever as características dos cripto-ativos, requisitos para a criação e gestão de plataformas de *trading* e prestação de serviços relacionados com cripto-ativos.

6 Plataformas digitais

As plataformas digitais, como a *Airbnb*, a *Booking*, a *UberEats* ou o *OLX*, trazem novas dinâmicas à contratação. As relações deixam de

---

[27] Diretiva (UE) nº 2018/843 do Parlamento Europeu e do Conselho, de 30 de maio de 2018, que altera a Diretiva (UE) nº 2015/849 relativa à prevenção da utilização do sistema financeiro para efeitos de branqueamento de capitais ou de financiamento do terrorismo e que altera as Diretivas nº 2009/138/CE e nº 2013/36/UE.

[28] Mais a fundo sobre este tópico, ver: HAFFKE, Lars; FROMBERGER, Mathias; ZIMMERMANN, Patrick. Virtual Currencies and Anti-Money Laundering – The Shortcomings of the 5th AML Directive (EU) and How to Address Them. *Journal of Banking Regulation*, n. 21, v. 2, p. 125-138, 2020. Disponível em: https://papers.ssrn.com/sol3/papers.cfm?abstract_id=3328064. Acesso em 15 abr. 2021.

[29] Cripto-ativos inserem-se na definição de conteúdo digital (artigo 2º-1 da DCD).

[30] Artigo 2º-7, em conjunção com o considerando 23, ambos da DCD.

[31] Regulamento (UE) COM (2020)593 final.

estar circunscritas a duas partes, surgindo terceiros que, com graus de intervenção diversos, têm grande importância na economia contratual.[32]

Colocam desde logo em causa os conceitos tradicionais de consumidor e de profissional. No direito europeu, não se aplica a legislação de consumo se um contrato é celebrado entre não profissionais (ou particulares).

No Ac. do TJUE, de 9.11.2016 (C-149/15, *Wathelet*), conclui-se no sentido da aplicação do regime em causa (venda de bens de consumo) aos casos em que o profissional "atua como intermediário por conta de um particular", não informando "devidamente o consumidor comprador do facto de que o proprietário do bem vendido [um automóvel usado] é um particular", isto independentemente de o intermediário ser ou não remunerado pela sua intervenção. Nestes casos, o profissional surge perante o consumidor como contraente/vendedor, pelo que responde como tal.[33]

A identificação da contraparte poderá precisamente nem sempre ser fácil, em especial nos casos em que o contrato é celebrado numa plataforma digital, muitas vezes não sendo evidente com quem é que se está a contratar.[34]

No caso da *Uber*, apesar de esta indicar nas condições gerais que não presta serviços de transporte, deve concluir-se que a empresa não é simples intermediária, sendo parte no contrato.[35] Como a atividade é exercida a título profissional, estamos perante um contrato de consumo.

---

[32] BALLELL, Teresa Rodríguez de las Heras. *El Régimen Jurídico de los Mercados Electrónicos Cerrados (E-Marketplaces)*. 2006; CARVALHO, Joana Campos. *From Bilateral to Triangular*: concluding Contracts in the Collaborative Economy. 2019. No setor dos empréstimos *peer-to-peer*, podemos observar um fenómeno distinto, que corresponde a uma *reintermediação* (OLIVEIRA, Madalena Perestrelo de. *As recentes tendências da FinTech*: disruptivas e colaborativas. 2017. p. 62), ocupando a plataforma o lugar tradicionalmente reservado ao banco. Para uma análise da questão no que respeita à atividade seguradora, v. REGO, Margarida Lima; CARVALHO, Joana Campos. *Insurance in Today's Sharing Economy*: new Challenges Ahead or a Return to the Origins of Insurance? 2020.

[33] DODSWORTH, Timothy J. *Intermediaries as Sellers – A Commentary on Wathelet*. 2017. p. 214; PAISANT, Gilles. «*Droit de la Consommation*». 2019. p. 26. Para uma análise sobre a aplicação desta decisão em Portugal, v. MONTEIRO, António Pinto; BARBOSA, Mafalda Miranda. *A imposição das obrigações decorrentes do DL nº 67/2003, de 8 de Abril, ao intermediário na venda*. 2018.

[34] PAISANT, Gilles. «*Droit de la Consommation*». 2019. p. 376, salienta que o utilizador "não está em condições de determinar" a qualidade na qual intervém a sua contraparte, o que "parece colocar em causa o direito do consumo".

[35] CARVALHO, Jorge Morais. *Uber in Portugal*. 2015. p. 64; CARVALHO, Jorge Morais. *Developments on Uber in Portugal*. 2015; CARVALHO, Joana Campos. *A Proteção do Consumidor na Sharing Economy*. 2016. p. 306; CARVALHO, Joana Campos. *Enquadramento Jurídico da Atividade da Uber em Portugal*. 2016; BUSCH, Christoph *et al*. *The Rise of the Platform Economy*.

Já no caso de outras plataformas, como o *OLX* ou o CustoJusto, a relação com estas empresas é de consumo (se o comprador destinar a coisa a um uso não profissional), mas a relação estabelecida com o vendedor do bem poderá ou não ser de consumo, consoante este venda os bens usados com caráter profissional ou não.[36]

A fronteira que delimita o caráter profissional de uma atividade, que pode definir a aplicação de regras jurídicas muito diversas,[37] não é fácil de traçar. Nos extremos, a solução é clara. Assim, se uma pessoa resolve vender através de uma aplicação o carrinho de bebé do filho que, entretanto, cresceu, não está a exercer uma atividade a título profissional. Já se o negócio for comprar e vender carrinhos de bebé nessas aplicações ou arrendar casas, o caráter profissional do exercício da atividade é claro. Mais complexa é a conclusão quanto à verificação do elemento relacional em situações intermédias. Por exemplo: a pessoa em causa compra e, posteriormente, vende um carrinho de bebé de seis em seis meses através do OLX (ou um por mês ou de dois em dois meses). As plataformas digitais, além de constituírem, elas próprias, um negócio com grande relevância social e económica, potenciam a existência de muitos negócios à sua volta. Se pensarmos na *Airbnb*, muitas pessoas passaram, nos últimos anos, a exercer uma atividade profissional, ainda que não seja a sua principal atividade, ao oferecer serviços de alojamento local, celebrando, assim, contratos de consumo.

Chamado a pronunciar-se sobre esta questão, o TJUE veio definir alguns critérios que podem ser utilizados para decidir um caso concreto, embora assinalando que esses critérios não são taxativos nem exclusivos: (i) verificar se a venda na plataforma em linha foi realizada de forma organizada; (ii) se essa venda teve fins lucrativos; (iii) se o vendedor tem informações e competências técnicas relativas aos produtos que propõe para venda que o consumidor não tem necessariamente, de forma a colocar-se numa posição mais vantajosa face a esse consumidor; (iv) se o vendedor tem um estatuto jurídico que lhe permite praticar atos comerciais e em que medida a venda em linha está ligada à atividade comercial ou profissional do vendedor; (v) se o vendedor é sujeito passivo de IVA; (vi) se o vendedor, atuando em nome de um determinado profissional ou por sua conta, ou por intermédio de outra pessoa que atue em seu nome ou por sua conta, recebeu uma remuneração ou

---

2016. p. 8. No sentido de que a Uber presta serviços de transporte, v. Ac. do TJUE, de 20.12.2017, que não se pronuncia, no entanto, sobre questões contratuais.

[36] CARVALHO, Joana Campos. *A Proteção do Consumidor na Sharing Economy*. 2016. p. 124-125.

[37] DODSWORTH, Timothy J. *Intermediaries as Sellers – A Commentary on Wathelet*. 2017. p. 213.

uma participação nos lucros; (vii) se o vendedor compra bens novos ou usados para revenda, conferindo, assim, a esta atividade, um caráter de regularidade, uma frequência e/ou simultaneidade em relação à sua atividade comercial ou profissional; (viii) se os produtos à venda são todos do mesmo tipo ou do mesmo valor, nomeadamente, se a proposta está concentrada num número limitado de produtos.[38]

Poderá ser suficiente o cumprimento de um dos critérios para se concluir que estamos perante um profissional, mas o cumprimento de um ou mais critérios não determina necessariamente uma conclusão nesse sentido. Ainda assim, deve concluir-se que alguns critérios, como a compra para revenda, apontam de forma mais clara no sentido do exercício, para este efeito, de uma atividade profissional.

Este problema é tido em conta na Diretiva nº 2019/2161, mas de forma manifestamente insuficiente. Por um lado, não são indicados critérios para determinar quando é que uma pessoa poderá ser qualificada como profissional.[39] Por outro lado, propõe-se que seja o próprio contraente a indicar à plataforma se é ou não profissional, o que é problemático, desresponsabilizando-se quase totalmente a plataforma quanto à veracidade da informação prestada.

Os contratos celebrados através de plataformas digitais também constituem um teste para as regras gerais e para as regras de proteção do consumidor. Cada plataforma tem o seu próprio modelo de negócio, suscitando problemas distintos.[40]

As instituições europeias têm estado muito ativas no estudo da matéria.[41]

Em 2019, foi publicado o Regulamento nº 2019/1150, relativo à promoção da equidade e da transparência para os utilizadores profissionais de serviços de intermediação em linha. Este diploma regula as relações contratuais entre as plataformas ou, com mais rigor, as pessoas que as operam, e os profissionais que comercializam bens

---

[38] V. considerandos 38 e 39 do Ac. do TJUE, de 4.10.2018 (*Kamenova*). Para um exemplo da aplicação destes critérios, v. MACHADO, Ana Catarina; NOVAIS, António Maria; PIRES, Carolina Pereira. O Frigorífico que a Ana comprou ao Pedro no OLX. *In: Casos Práticos de Direito do Consumo.* Almedina, 2019. p. 166.

[39] TWIGG-FLESNER, Christian. Bad Hand? The «New Deal» for EU Consumers. *15 European Union Private Law Review (GPR)*, p. 166-175, 2018. p. 172.

[40] Neste sentido, segundo GATA, João E. *A Economia de Partilha.* 2016. p. 207, "para aferir até que ponto os direitos do consumidor são garantidos, ter-se-á que conhecer o funcionamento de cada plataforma, já que as garantias dadas por uma plataforma poderão não ser idênticas às de outra plataforma, similarmente ao que sucede no comércio eletrónico em geral".

[41] CAUFFMAN, Caroline. *The Commission's European Agenda for the Collaborative Economy – (Too) Platform and Service Provider Friendly?* 2016.

ou serviços através de plataformas, não se ocupando das relações de consumo subjacentes a esta relação tripartida.

As Diretivas nº 2019/770 (DCD) e nº 2019/771 (venda de bens de consumo) também referem as plataformas nos seus considerandos, estabelecendo que os Estados-Membros são livres de alargar a aplicação das diretivas a operadores de plataformas que não cumprem os requisitos para serem considerados profissionais nos termos das diretivas. Isto significa que os Estados-Membros podem estabelecer regras nos termos das quais as plataformas digitais são responsabilizadas, a par do vendedor ou fornecedor de conteúdos ou serviços digitais, pelo incumprimento da obrigação de fornecimento ou de conformidade que incumbe a estes.

É igualmente visível uma mudança de paradigma no que respeita às formas de proteção do consumidor, associadas às novas tecnologias e às redes sociais, cada vez mais baseadas no autocontrolo da qualidade dos bens e serviços pelos próprios consumidores, através de mecanismos de avaliação em linha da experiência com o profissional.[42]

As *reviews* (comentários, opiniões, análises) feitas por outros consumidores são, muitas vezes, fundamentais na decisão de contratar. Já o eram antes, mas o ritmo atual de circulação da informação institucionalizou-as (atualmente, ninguém ignora, por exemplo, a pontuação da *Booking* antes de marcar um hotel), tendo sido integradas nas estratégias de marketing dos profissionais, em particular dos intermediários que atuam no mercado digital.

Um dos grandes desafios do direito civil nos próximos anos, em particular na área do consumo, será regular adequadamente estes mecanismos de avaliação,[43] garantindo a sua autenticidade.

Um exemplo paradigmático do problema aqui identificado é o do falso restaurante *The Shed at Dulwich* (www.theshedatdulwich.com), inventado pela jornalista Oobah Butler, que esteve cotado na plataforma

---

[42] CARVALHO, Joana Campos. *A Proteção do Consumidor na Sharing Economy.* 2016. p. 307-308; BUSCH, Christoph. *Crowdsourcing Consumer Confidence – How to Regulate Online Rating and Review Systems in the Collaborative Economy.* 2016; NARCISO, Madalena. *Review Mechanisms in Online Marketplaces and Adverse Selection:* a law and Economics analysis. 2017. p. 3; PAISANT, Gilles. *Droit de la Consommation.* 2019. p. 378.

[43] BUSCH, Christoph. *Towards a «New Approach» in European Consumer Law:* standardisation and Co-Regulation in the Digital Single Market. 2016. p. 198; RANCHORDÁS, Sofia. *Online Reputation and the Regulation of Information Asymmetries in the Platform Economy.* 2018. Para um exemplo dos problemas que se podem colocar a este nível, v. FREITAS, Eduardo. O Telemóvel 5 Estrelas. Casos Práticos de Direito do Consumo. Almedina, 2019.

do *TripAdvisor*, durante algum tempo, em novembro de 2017, como o melhor restaurante de Londres.[44]

A Diretiva nº 2019/2161 dá um passo no sentido da regulação desta matéria, impondo requisitos exigentes de informação às plataformas que facultem mecanismos de avaliação, nomeadamente no que respeita à questão de saber quem pode avaliar e como é que os resultados são apresentados.

7 Conteúdos e serviços digitais e bens com elementos digitais

Os conteúdos e os serviços digitais estão, em geral, no centro da revolução tecnológica em curso. Com a democratização do acesso a computadores e telefones inteligentes (*smartphones*), todos eles ligados à Internet, passaram a ser cada vez mais comuns os contratos que têm como objeto conteúdos e serviços digitais, podendo considerar-se que têm mesmo uma função central na contratação contemporânea.[45]

Estes contratos são, naturalmente, ignorados pela legislação civil geral mais antiga, mas também por legislação mais recente, da primeira década do século XXI, como a que regula o comércio eletrónico.

A Diretiva nº 2011/83/UE, do Parlamento Europeu e do Conselho, de 25 de outubro de 2011, relativa aos direitos dos consumidores, regulou, ainda que de forma tímida, alguns aspetos relacionados com os conteúdos digitais.

Em Portugal, o art. 8º-1 da Lei de Defesa do Consumidor (LDC), diploma para o qual foi parcialmente transposta a Diretiva nº 2011/83/UE, estabelece que "o fornecedor de bens ou prestador de serviços deve, tanto na fase de negociações quanto na fase de celebração de um contrato, informar o consumidor de forma clara, objetiva e adequada", entre outros aspetos, da "funcionalidade dos conteúdos digitais, nomeadamente o seu modo de utilização e a existência ou inexistência de restrições técnicas, incluindo as medidas de proteção técnica, quando for o caso" e de "qualquer interoperabilidade relevante dos conteúdos digitais, quando for o caso, com equipamentos e programas informáticos

---

[44] HORTON, Helena. Garden shed becomes top-rated London restaurant on TripAdvisor after site tricked by fake reviews. *The Telegraph*, 06 dec. 2017. Disponível em: https://bit.ly/2Nu410l. Acesso em 14 mar. 2021.

[45] TWIGG-FLESNER, Christian. Disruptive Technology – Disrupted Law? – How the Digital Revolution Affects (Contract) Law. In: *European Contract Law and the Digital Single Market – The Implications of the Digital Revolution*. Cambridge: Intersentia, 2016. p. 31.

de que o fornecedor ou prestador tenha ou possa razoavelmente ter conhecimento, nomeadamente quanto ao sistema operativo, a versão necessária e as caraterísticas do equipamento". A interoperabilidade é um aspecto muito relevante no que diz respeito a conteúdos digitais, uma vez que só esta garante a utilização do conteúdo digital em diferentes equipamentos por parte do consumidor.

Em Portugal, o DL nº 24/2014, que transpôs a generalidade das regras da Diretiva nº 2011/83/UE, define conteúdo digital como os

> dados produzidos e fornecidos em formato digital, designadamente programas e aplicações de computador, jogos, músicas, vídeos ou textos independentemente de o acesso aos mesmos ser feito por descarregamento ou *streaming*, a partir de um suporte material ou de qualquer outro meio [art. 3º-*d*)], e estabelece regras quanto à informação pré-contratual e ao direito de arrependimento quando este seja o objeto do contrato.

Tendo em conta as especificidades resultantes do seu objeto, a União Europeia preparou legislação sobre contratos de fornecimento de conteúdos e serviços digitais,[46] tendo sido aprovada a Diretiva nº 2019/770. Em simultâneo decorreu o processo legislativo relativo a uma nova diretiva sobre venda de bens de consumo. A Diretiva nº 2019/771 prevê expressamente o conceito de bens com elementos digitais.

A Diretiva nº 2019/770 aplica-se a contratos de fornecimento de conteúdos ou de serviços digitais (art. 3º-1). Nos termos do segundo parágrafo do mesmo preceito, para a aplicação do regime, é necessário que exista uma contrapartida, mas essa contrapartida não tem de ser em dinheiro, como já se referiu neste texto, podendo resultar do fornecimento de dados pessoais.

Note-se que a Diretiva nº 2019/770 se aplica a contratos relativos a um suporte material que seja utilizado exclusivamente como meio de disponibilização de conteúdos digitais (art. 3º-3). É o caso, por exemplo, de um CD de músicas. Neste caso, não se aplicam as regras da Diretiva relativas ao fornecimento, sendo aplicáveis, por se tratar de um bem, as normas da Diretiva nº 2011/83/EU que regulam a entrega e a transferência do risco.

A Diretiva nº 2019/771 é aplicável a contratos de compra e venda (art. 3º-1) e a contratos "para o fornecimento de mercadorias a fabricar ou a produzir" (art. 3º-2). Encontram-se apenas abrangidos contratos onerosos, pelos quais "o consumidor paga ou se compromete a pagar

---

[46] LEHMANN, Michael. *A European Market for Digital Goods*. 2016. p. 115.

o respetivo preço".[47] Não é aplicável aos contratos abrangidos pela Diretiva nº 2019/770.

A Diretiva nº 2019/771 aplica-se, ainda, integralmente, aos designados "bens como elementos digitais", incluindo-se assim no seu âmbito os

> conteúdos ou serviços digitais que estejam incorporados em bens, ou com eles estejam interligados (...) e sejam fornecidos com os bens nos termos de um contrato de compra e venda, independentemente de os conteúdos ou serviços digitais serem fornecidos pelo vendedor ou por um terceiro (art. 3º-3).

Se um consumidor comprar um automóvel num stand, com uma aplicação de GPS instalada, a situação é integralmente abrangida pela Diretiva nº 2019/771. Quanto ao automóvel propriamente dito, trata-se de um contrato de compra e venda de uma coisa móvel [arts. 2º-5)-a) e 3º-1]. Já no que respeita à aplicação de GPS, o art. 3º-3 da Diretiva nº 2019/771 estabelece que o diploma "é aplicável a conteúdos ou serviços digitais que estejam incorporados em bens", como a aplicação de GPS instalada no carro. O carro é, portanto, qualificado como um bem com elementos digitais [v. art. 2º-5)-b)]. Refira-se, ainda, no mesmo sentido, que o art. 3º-4 da nº Diretiva 2019/770 estabelece que esta não é aplicável nestes casos.

Podemos colocar ainda a hipótese de o consumidor comprar um automóvel num stand, com uma aplicação de GPS instalada, comprometendo-se o vendedor a fazer atualizações de *software* durante um ano. Em comparação com a situação anterior, nesta, além do conteúdo digital (aplicação de GPS), o contrato inclui ainda um serviço digital (a atualização de *software*). Aplica-se também, neste caso, a Diretiva nº 2019/771, por se tratar de um serviço digital incorporado numa coisa.

Também pode suceder que o consumidor compre um automóvel num stand, sem aplicação de GPS instalada, e vá depois à Internet adquirir a última versão de uma aplicação de GPS. Ao contrário do que sucede nos casos anteriores, neste temos de distinguir o contrato de compra e venda do automóvel, ao qual se aplica a Diretiva nº 2019/771, e o contrato de fornecimento da aplicação de GPS, que não está incorporado no automóvel e, por isso, não se encontra abrangido no âmbito desse diploma. Aplica-se ao contrato de fornecimento da aplicação de GPS a Diretiva nº 2019/770 [arts. 2º-1) e 3º-1].

---

[47] Art. 2º-1.

Para concluir se a aplicação de GPS está ou não incluída no contrato de compra e venda é necessário analisar o conteúdo do contrato,[48] constituindo um problema de interpretação das declarações das partes, nomeadamente a declaração do profissional. Este aspeto resulta de forma clara do considerando 15 da Diretiva nº 2019/771, podendo aplicar-se este diploma mesmo nos casos em que os conteúdos ou serviços digitais não estejam pré-instalados e tenham de ser descarregados posteriormente, fazendo parte do objeto do contrato de compra e venda. Veja-se igualmente o considerando 22 da Diretiva nº 2019/770:

> Outro exemplo é o caso em que é *expressamente acordado* que o consumidor compra um telemóvel inteligente sem um sistema operativo específico e posteriormente celebra com um terceiro um contrato para o fornecimento de um sistema operativo. Nesse caso, o fornecimento do sistema operativo comprado em separado não faz parte do contrato de compra e venda. (Itálico nosso). Parece-nos que o critério das expetativas razoáveis do consumidor é decisivo [v. art. 7º-1-d) da Diretiva nº 2019/770].

Se um consumidor adquirir um ficheiro de uma música, trata-se igualmente de um contrato de fornecimento de um conteúdo digital, aplicando-se a Diretiva nº 2019/770. A conclusão seria a mesma se o consumidor tivesse adquirido um CD, ou seja, uma coisa corpórea, com essa música. Com efeito, a Diretiva é aplicável "a qualquer suporte material utilizado exclusivamente como meio de disponibilização dos conteúdos digitais" (art. 3º-3).

No contrato celebrado com a Netflix, que permite aceder aos conteúdos disponibilizados por esta empresa, tendo o contrato duração indeterminada, com fidelização de um mês, o objeto é um serviço digital,

---

[48] SEIN, Karin; SPINDLER, Gerald. *The new Directive on Contracts for the Supply of Digital Content and Digital Services. Scope of Application and Trader's Obligation to Supply.* 2019. p. 274, constituindo um problema de interpretação das declarações das partes, nomeadamente a declaração do profissional (tendo em conta os critérios de conformidade elencados no ponto seguinte deste estudo). Este aspeto resulta de forma clara do considerando 15 da Diretiva nº 2019/771, podendo aplicar-se este diploma mesmo nos casos em que os conteúdos ou serviços digitais não estejam pré-instalados e tenham de ser descarregados posteriormente, fazendo parte do objeto do contrato de compra e venda. Veja-se igualmente o considerando 22 da Diretiva nº 2019/770: "Outro exemplo é o caso em que é *expressamente acordado* que o consumidor compra um telemóvel inteligente sem um sistema operativo específico e posteriormente celebra com um terceiro um contrato para o fornecimento de um sistema operativo. Nesse caso, o fornecimento do sistema operativo comprado em separado não faz parte do contrato de compra e venda" (itálico nosso). Parece-nos que o critério das expetativas razoáveis do consumidor é decisivo [v. art. 7º-1-d) da Diretiva nº 2019/770].

através do qual o consumidor pode aceder a dados em formato digital [art. 2º-2)-a)], pelo que é aplicável a Diretiva nº 2019/770 (art. 3º-1).

O contrato celebrado com a empresa gestora do Finantial Times, nos termos do qual esta envia todos os dias a versão digital do jornal por e-mail para o consumidor, é um contrato de fornecimento de conteúdos digitais [art. 2º-1)], aplicando-se a Diretiva nº 2019/770 (art. 3º-1).

Ambas as diretivas impõem o fornecimento em conformidade com o contrato, respondendo o profissional no caso de falta de conformidade.

As atualizações constituem uma questão nova e importante em ambas as diretivas, que diz respeito principalmente a bens com elementos digitais, a conteúdos digitais e a serviços digitais.

Quando estiver envolvido um único ato de fornecimento (ou vários atos individuais de fornecimento), o profissional deve fazer atualizações no prazo que o consumidor possa razoavelmente esperar, tendo em conta o tipo e a finalidade dos bens e dos elementos, conteúdos ou serviços digitais, bem como as circunstâncias e a natureza do contrato.[49]

Caso os conteúdos digitais ou os serviços digitais devam ser fornecidos de forma contínua durante um determinado período de tempo, o profissional deve atualizá-los durante esse período.[50] No caso de bens com elementos digitais, esse período não pode ser inferior a dois anos.[51]

O consumidor não tem o dever de instalar atualizações, mas o incumprimento desse ónus tem consequências negativas. O profissional não é responsável pela falta de conformidade resultante da falta de atualização, desde que (i) tenha informado o consumidor da disponibilidade da atualização e das consequências da sua não instalação e (ii) a não instalação ou a instalação incorreta da atualização pelo consumidor não tenha sido devida a deficiências nas instruções de instalação.[52]

A Diretiva nº 2019/770 estabelece que, salvo acordo em contrário das partes, os conteúdos digitais ou serviços digitais devem ser fornecidos na versão mais recente disponível no momento da celebração do contrato.[53] Embora esta regra não esteja prevista na Diretiva nº 2019/771, não há razão para que não se aplique também aos contratos de compra e venda. Em primeiro lugar, deve aplicar-se aos elementos

---

[49] Arts. 7º-3-a) da Diretiva nº 2019/771 e 8º-2-b) da Diretiva nº 2019/770.

[50] Arts. 7º-3-b) da Diretiva nº 2019/771 e 8º-2-a) da Diretiva nº 2019/770.

[51] Art. 10º-2 da Diretiva nº 2019/771.

[52] Arts. 7º-4 da Diretiva nº 2019/771 e 8º-3 da Diretiva nº 2019/770.

[53] Art. 8º-6.

digitais dos bens com elementos digitais. Mas deve também aplicar-se aos próprios bens. Se as partes acordarem em celebrar um contrato de compra e venda de um automóvel novo do modelo X, deve ser entregue a versão mais recente desse modelo.

8 Conclusão

Se a última década revolucionou a forma como vivemos e o tipo de bens e serviços a que queremos ter acesso, a experiência da pandemia veio acelerar ainda mais o processo de digitalização de tudo nas nossas vidas.

A inovação na área dos contratos é um reflexo da evolução em curso, interagindo e evoluindo, como sempre acontece, com a realidade subjacente. Isto apesar de as estruturas existentes terem, em muitos casos, a solidez necessária para resistir à revolução.

A era dos dados, que estamos neste momento a viver, tem um impacto significativo quer no processo de celebração de contratos, cada vez mais digitais e, em especial, cada vez mais a caminhar no sentido da autonomização, quer no próprio conteúdo dos contratos. Por um lado, os dados são um objeto contratual, quer pelo valor que têm enquanto contraprestação não monetária em contratos de consumo quer pelo valor monetário que têm quando são depois transmitidos entre empresas. Por outro lado, muitos dos bens que hoje são considerados mais valiosos não são coisas corpóreas, como casas, carros e barcos, mas zeros e uns, que, uma vez combinados, permitem a realização das necessidades das pessoas.

Os desafios são exigentes, mas particularmente desafiantes. A cada dia que passa, a inovação tecnológica ultrapassa a criatividade dos juristas, obrigando a uma atualização constante e a estudo sistemático e interdisciplinar.

Informação bibliográfica deste texto, conforme a NBR 6023:2018 da Associação Brasileira de Normas Técnicas (ABNT):

FARINHA, Martim; CARVALHO, Jorge Morais. Os desafios do mercado digital para o direito dos contratos de consumo à luz do direito europeu. In: EHRHARDT JÚNIOR, Marcos; CATALAN, Marcos; MALHEIROS, Pablo (Coord.). *Direito do Consumidor e novas tecnologias*. Belo Horizonte: Fórum, 2021. p. 309-327. ISBN 978-65-5518-253-8.

DAÑOS CAUSADOS POR UN AGENTE ARTIFICIAL: REFLEXIONES ACERCA DE LA LEGITIMIDAD PASIVA[1]

ERIKA ISLER SOTO

1 Introducción

Si bien la dogmática civil tradicional había atribuido a la responsabilidad civil una función eminentemente resarcitoria, hoy en día no existe duda acerca de que la consagración y puesta en práctica de estatutos indemnizatorios, produce consecuencias jurídicas y prácticas que exceden con creces el otorgamiento a la víctima de una prestación patrimonial destinada a mejorar la desventajada posición en la cual la situó la ocurrencia de un accidente.[2]

---

[1] Este trabajo se ha redactado en el marco del Proyecto de investigación PID 2020-115352GB-100, "Daños en el entorno digital: desafíos en torno a su reparación" (IP: María José Santos y Sara Martín Salamanca), en el cual la autora participa como coinvestigadora.

[2] La función principal de la responsabilidad civil es la resarcitoria, a la cual se agregan otras secundarias: FERNÁNDEZ CRUZ, Gastón (2001) p. 94; LE TOURNEAU, PHILIPPE (2004) p. 21; PANTALEÓN PRIETO, Fernando (2000) p. 173; PATTI, Salvatore (2017) p. 7. La indemnización del daño extrapatrimonial no alcanza a ser explicada por la función resarcitoria: BARRIENTOS ZAMORANO, Marcelo (2008) p. 102; SÖCHTING HERRERA, Andrés (2006) p. 56. Posición crítica de PANTALEÓN, Fernando (2000) p. 179: "la responsabilidad civil extracontractual no es, no debe concebirse como un polivalente (preventivo, redistributivo) instrumento de Ingeniería Social, sino como una institución elemental del Derecho Civil, que contempla el daño como un problema interindividual entre dañante y dañado y obliga al primero a indemnizarlo al segundo cuando existe una razón de justicia conmutativa (ante todo «culpa», pero también «actividad lucrativa especialmente peligrosa» y «sacrificio en interés ajeno») que así lo exige".

Así en un estadio *exante*, la configuración de reglas de responsabilidad, implicará una asignación de derechos por parte del legislador: "Si el derecho subjetivo es un poder concedido a un sujeto para la satisfacción de sus necesidades, es obvio que éstas no se pueden obtener sin sacarle algo a otro. En un mundo de escasez, es natural que el ejercicio de un derecho dañe a otro".[3]

De la misma manera, las reglas positivas (prescripción, sujeto pasivo, daños indemnizables, etc.) que contenga el estatuto una vez que ha entrado en vigencia, desde luego serán tomadas en consideración por los individuos, al momento de orientar su conducta en una dirección u otra, por lo que se les atribuye también una función preventiva.[4] Así Kornhauser explica:

la protección del derecho impone un precio a las decisiones del agente. La decisión de incumplir una obligación resulta de una ponderación establecida entre el costo relativo del incumplimiento respecto del costo relativo del cumplimiento, mientras que la decisión sobre el nivel o intensidad de la actividad de agente resulta de la magnitud del costo en que incurre como resultado de cumplir o incumplir con la norma.[5]

Por su parte, en la fase de concretización judicial, una condena u absolución podría en determinados supuestos también evidenciar la polifuncionalidad de la responsabilidad civil,[6] en el sentido de que en ocasiones podría además cumplir un objetivo de declaración,[7] prevención, punición, etc.

---

[3] LORENZETTI, Ricardo Luis (1996) p. 9.

[4] La responsabilidad civil tiene también una función preventiva: FLAH, Lily R.; Aguilar, Rosana I. (2011) p. 166; LE TOURNEAU, PHILIPPE (2004) p. 21; MORENO, Valeria (2018) p. 198; SAN MARTÍN NEIRA, Lilian (2019) p. 126. La función preventiva se evidencia en la instauración de los daños punitivos, incorporados al ordenamiento jurídico chileno precisamente a propósito de la relación de consumo (Arts. 53 C y 24 inc. 5 LPDC), MENDOZA ALONZO, Pamela (2019) p. 67. La función preventiva de la responsabilidad civil es secundaria: MOLINARI VALDÉS, Aldo (2004) p. 186; PANTALEÓN PRIETO, Fernando (2000) p. 173. En contra de la función preventiva de la responsabilidad civil: FEMENÍAS SALAS, Jorge Andrés (2017).

[5] KORNHAUSER, LEWIS A. (2000) p. 22. Una reflexión similar respecto de la responsabilidad por productos: COOTER, Robert; ULEN, Thomas (2008) p. 17.

[6] SAN MARTÍN NEIRA, Liliana (2020) pp. 29-54.

[7] Pensemos por ejemplo, en las indemnizaciones simbólicas. No obstante, su adscripción a la responsabilidad civil es discutida, así ATIENZA NAVARRO, María L. (2013) p. 226 señala: "La indemnización simbólica (…) nada repara. Su razón de ser parece más bien la del reconocimiento de que ha habido una agresión del derecho, y, sin embargo, esta función no es propia de la responsabilidad civil".

En este escenario una de las decisiones relevantes que los legisladores habrán de tomar, dice relación con el sujeto llamado a hacerse cargo de los daños causados por un accidente. Así lo señala Kemelmajer: "la responsabilidad consiste en hacer recaer sobre alguien las consecuencias dañosas producidas: o las soporta la víctima, o las soporta otro, o se distribuyen; este es el nudo gordiano de la teoría general de responder".[8] En efecto, y tal como recuerda Pantaleón "indemnizar no borra el daño del mundo, sino simplemente lo cambia de bolsillo".[9]

Desde luego, esta necesidad también se presenta respecto de los agentes artificiales, esto es constructos mecánicos que emulan funciones que los seres humanos suelen realizar, sirviéndose de su propia inteligencia o aptitud,[10] y cuya utilización en el ámbito de las relaciones domésticas y de consumo ha aumentado progresivamente (aspiradoras robots, cocinas inteligentes, etc.).

El ordenamiento jurídico debe decantarse así, por atribuir el riesgo de su puesta en circulación y uso, a uno o más individuos determinados – en tal caso ¿a quién? –, o bien diluir la legitimidad pasiva en un colectivo mayor. Una opción en uno u otro sentido, o bien, la suscripción de una solución mixta, no será neutra, sino que, por el contrario, normalmente obedecerá a consideraciones no sólo jurídicas, sino que también de otra índole.[11] Así explica Barros Bourie, que hoy en día el Derecho de Daños se concibe como un conjunto de incentivos y desincentivos capaz de dirigir la conducta del ser humano, hacia estándares socialmente aceptables.[12]

A continuación se examinarán algunos sistemas de atribución de responsabilidad que pueden ser utilizados al momento de configurar un régimen indemnizatorio destinado a resarcir daños causados por un agente artificial.

---

[8] KEMELMAJER DE CARLUCI, Aida (2001) p. 672.
[9] PANTALEÓN, Fernando (2000) p. 174.
[10] AMUNÁTEGUI PERELLÓ, Carlos (2020) p. 11.
[11] Se ha recomendado la elaboración de un estatuto indemnizatorio especial: Resolución del Parlamento Europeo, de 16 de febrero de 2017, con recomendaciones destinadas a la Comisión sobre normas de Derecho civil sobre robótica, 16 de febrero de 2017; Informe con recomendaciones destinadas a la Comisión sobre un régimen de responsabilidad civil en materia de inteligencia artificial, 5 de octubre de 2020; CASADESUS RIPOLL, Paula (2020) p. 373.
[12] BARROS BOURIE, Enrique (2007) p. 43.

2 La concretización del sujeto pasivo

Una primera solución consistiría en hacer radicar la responsabilidad en uno o más sujetos determinados. En este caso, además se deberá decidir en concreto, quién debería soportar los daños derivados de un accidente. Así señala Pantaleón:

> a la hora de diseñar un sistema de responsabilidad extracontractual, el legislador de turno, una vez cumplidamente satisfechas las exigencias compensatorias de la justicia conmutativa, deberá elegir aquel, si alguno, que resulte más adecuado para reducir la frecuencia de las conductas que someten a los demás a riesgos irrazonables de daño.[13]

Los criterios que se pueden utilizar para realizar lo anterior, pueden ser diversos, entre otros, la formulación de un juicio de diligencia,[14] el análisis del sujeto que se encuentre en mejores condiciones para soportar el daño,[15] etc. Nuevamente, la decisión que se adopte no será neutra.

Podría el legislador así, decantarse por hacer cargar la responsabilidad al fabricante o productor del producto. Ello encontraría justificación en que un eventual defecto de fabricación o de diseño – por ejemplo en la instrucción del agente artificial – que pudiere dar lugar a un daño tendría su origen en su propia esfera de cuidado. Lo anterior, debido a que las decisiones tomadas por los agentes artificiales obedecen a ciclos de entrenamientos a los cuales han sido sometidos previamente, en base a inclusiones y exclusiones algorítmicas.[16]

Con todo, una opción normativa en tal sentido se sustentaría mayoritariamente sobre la base de la culpa, toda vez que se presumirá que probablemente la defectuosidad de la prestación provendrá de una conducta deficiente del sujeto de quien se reclama responsabilidad. Ahora bien, tal consideración habría de ser matizada con la posición que el mismo legislador adopte respecto de la posible recepción de los

---

[13] PANTALEÓN, Fernando (2000) p. 171.

[14] De acuerdo a PANTALEÓN, Fernando (2000) pp. 171-172, en este caso sería necesario comparar los costes de las medidas de precaución disponibles (incluida la cesación o disminución de la actividad de que se trate) con los riesgos de daños que su utilización pudiere evitar.

[15] Se ha sostenido que la regla del *deeppocket*, atribuye responsabilidad a aquella de las partes que tenga una mayor solvencia económica (*richparent*). Al respecto se puede consultar KINNAIRD, Dennis E. (1963) pp. 597-607.

[16] Sobre ello se puede consultar: EBERS, Martin (2016) p. 4.

riesgos de desarrollo como causal de exención de la responsabilidad y su eventual naturaleza jurídica.[17]

Por otra parte, es posible que entre en juego la incorporación de una imputabilidad determinada de acuerdo a un factor locativo – la industria o empresa –, más cercana a la responsabilidad por riesgo, si se lo utiliza como parámetro de delimitación de la exterioridad del caso fortuito.[18]

Asimismo la legitimidad pasiva del productor o fabricante podría también encontrar sustento en su concepción como el sujeto que se encuentra en mejores condiciones para soportar el riesgo. Calabresi argumenta que

> Si por lo general, un costo importante resulta más oneroso al ser afrontado por una sola persona, en vez de ser dividido entre varios, entonces, una de las funciones del derecho de la responsabilidad extracontractual, en concordancia con otras funciones, debiera ser asignar los costos de los daños a quienes pueden afrontarlos con más facilidad.[19]

En un sentido similar reflexiona Jara Amigo respecto de la relación de consumo:

> en la asignación de recursos y responsabilidades entre los consumidores y los proveedores, en su condición de potenciales causantes de perjuicios, resulta más eficiente colocar ciertas cargas en los posibles responsables, en lugar de ponerlas en las víctimas, por cuanto para los proveedores sería más eficiente asumir los riesgos de sus actuaciones, entre otras cosas, porque poseen mayor información respecto del bien o servicio que producen o comercializan.[20]

Ahora bien, este fundamento resulta adecuado para explicar la radicación de la responsabilidad cuando exista una asimetría entre las partes intervinientes – por ejemplo en la relación de consumo –, pero su aplicación pierde fuerza cuando una de ellas no se encuentre sometida a alguna vulnerabilidad.

---

[17] Se discute acerca de si los riesgos de desarrollo corresponden a una causal de exclusión de la culpabilidad, de la causalidad o de la antijuridicidad. Al respecto se puede revisar: MANTILLA ESPINOSA, Fabricio; TERNERA BARRIOS, Francisco (2014) pp. 39-66.

[18] Acerca de la utilización de criterios subjetivos u objetivos para la determinación de la exterioridad en el caso fortuito: BRANTT ZUMARÁN, María Graciela (2009) pp. 39-102.

[19] CALABRESI, Guido (2005) p. 152.

[20] JARA AMIGO, Rony (1999) p. 47.

Por otra parte, la opción por este sistema y las reglas que lo integren, probablemente incidirá en las decisiones que adopte el sujeto eventualmente responsable respecto del ofrecimiento la prestación y el cumplimiento de las expectativas formadas en el usuario. Así explican Cooter y Ulen:

> Supongamos que un fabricante sabe que su producto dañará a veces a los consumidores. ¿En qué medida mejorará la seguridad del producto? Para una empresa maximizadora de su ganancia, la respuesta depende de dos costos: primero, el costo real de la seguridad, el que a su vez depende de ciertas características del diseño y la manufactura, así como del costo de emitir alertas para los usuarios; segundo, el 'precio implícito' de los perjuicios causados a los consumidores que se debe pagar mediante la responsabilidad legal del fabricante. La responsabilidad es una sanción por lesionar a otros. (…) Luego de obtener la información necesaria, el productor comparará el costo de la seguridad con el precio implícito de los accidentes. Para maximizar los beneficios, el productor ajustará la seguridad hasta que el costo real de la seguridad adicional se iguale al precio implícito de los accidentes adicionales.[21]

Con todo, los estatutos de responsabilidad por productos, que dicho sea de paso por regla general ponen de cargo del fabricante los riesgos de la cosa producida, han sido dictados con la finalidad de abordar la acción indemnizatoria destinada a resarcir los daños causados por un producto defectuoso, en un momento en el cual no se tenía en vista la irrupción de la inteligencia artificial. No obstante, en la práctica y frente a la ausencia de una regulación especial y pertinente, han sido igualmente invocados como regímenes aplicables aún a estos casos.[22]

3 Extensión y dilución de la responsabilidad

El eventual desincentivo en el desarrollo de una industria que pudiere derivarse de la atribución de responsabilidad a una entidad determinada, se salva mediante la dilución de la asunción de los riesgos en una colectividad mayor (todos o muchos responden), como podría ser la sociedad, un gremio, la seguridad social o incluso el Estado. Al respecto, resulta útil recordar la explicación de Calabresi: "el impacto

---

[21] COOTER, Robert; ULEN, Thomas (2008) p. 17.

[22] Actualmente los robots, incluidos los autónomos e inteligentes son considerados jurídicamente productos: CASADESUS RIPOLL, Paula (2020) p. 358.

total de los daños puede ser disminuido por una distribución apropiada de sus costos".[23]

Ahora bien, la sustracción del deber de indemnizar de quién ha provocado el daño para situarlo sobre hombros difusos o colectivos, tendrá justificación en la medida de que la realización de la conducta riesgosa además sea útil a un número importante de individuos, o bien se vincule con bienes jurídicos no disponibles o de interés social.[24]

Así, aunque referido a los riesgos de desarrollo, Prieto Molinero formula una reflexión atingente a lo señalado:

> La innovación es un elemento clave y, en lo que hace a sus efectos contraproducentes, también se ha visto que permite salvar más personas de las que indudablemente terminan siendo víctimas de ella. Entonces, la disyuntiva real será, ¿corresponde que por exigirle al fabricante que intente cubrirse aun respecto de unos pocos se terminen perdiendo los beneficios, e incluso las vidas, de la mayoría?[25]

Al respecto cabe señalar que si bien muchos derivados de la Inteligencia Artificial se insertan dentro del campo de los intereses domésticos (*smart home*), es innegable que muchos otros se vinculan con el interés público, como podrían ser por ejemplo, los robots médicos, de diseño de ciudades (*smart city*), vigilancia, etc. En ese sentido la investigación de este fenómeno efectivamente resulta necesaria en un mundo cada vez más automatizado, sobre todo considerando que estadísticamente las máquinas yerran menos que los seres humanos.

Con todo, las técnicas por las cuales podría obtenerse una dispersión de la atribución de las consecuencias pueden ser diversas.

Podría por ejemplo el propio Estado decidir cargar con las consecuencias dañosas que se deriven del funcionamiento defectuoso de un agente artificial,[26] solución que en todo caso deberá descansar sobre razones justificadas, tales como la salud pública – tecnología aplicada a prestaciones médicas –, el resguardo de intereses colectivos, seguridad nacional, etc.

---

[23] CALABRESI, Guido (2005) p. 152.

[24] De acuerdo a PATTI, Salvatore (2017) p. 8, se debe permitir la realización de actividades peligrosas – que representen un riesgo más alto que lo normal para la comunidad –, siempre que se obtenga de ello una utilidad social.

[25] PRIETO MOLINERO, Ramiro (2005) p. 145.

[26] Este mecanismo se utilizó en España, cuando se concedieron ayudas a las víctimas del medicamento Talidomida (Real Decreto 1006/2010, procedimiento de concesión de ayudas a las personas afectadas por la talidomida en España durante el periodo 1960-1965, BOE 6 de agosto de 2010). Análisis del caso: NAVARRO-MICHEL, Mónica (2016) pp. 133-148.

Otro mecanismo de dilución de la responsabilidad consiste en la exigencia de suscripción de seguros de responsabilidad civil a aquellos individuos que introduzcan el riesgo a una sociedad, mediante la fabricación o comercialización de un agente artificial. Esta solución presenta la ventaja de que no desincentiva la investigación y desarrollo de nuevas tecnologías que puedan ser de utilidad para la sociedad toda, a la vez que favorece y fortalece la acción indemnizatoria que pudiere ostentar una eventual víctima para ser resarcida de los perjuicios causados por un robot.[27]

No se trata de una técnica nueva en todo caso, desde que ya ha sido utilizada a propósito de los ensayos clínicos,[28] precisamente con el objetivo de impedir la inhibición de estudios por parte de un laboratorio o investigador, a causa de la eventual amenaza de tener que desembolsar sumas de dinero – en ocasiones cuantiosas – para resarcir perjuicios sufridos a quienes voluntariamente se han sometido a los procedimientos.

Con todo, la propuesta del Parlamento Europeo referente a un estatuto indemnizatorio aplicable a los daños causados por un agente artificial precisamente se dirige en esta senda. Así, ya en el año 2017, sostuvo tal entidad, que la complejidad propia de la asignación de responsabilidad en el ámbito de dispositivos cada vez más autónomos, podía neutralizarse mediante la incorporación de un sistema de seguro obligatorio, que cubra todos los riesgos emanados de todas las responsabilidades de la cadena (Resolución del Parlamento Europeo, de 16 de febrero de 2017, con recomendaciones destinadas a la Comisión sobre normas de Derecho civil sobre robótica, 16 de febrero de 2017, Nº 57).

Como se señaló este mecanismo presenta la virtud de no desincentivar el desarrollo de estudios e investigaciones destinados a la obtención de nuevos productos o bien a la mejora de los ya existentes,

---

[27] EBERS, Martin (2016) p. 16.

[28] Real Decreto 1090/2015, España; *Arzneimittelgesetz*, Alemania; *Loi relative aux expérimentations sur la personne humaine*, Bélgica; Código Sanitario, Chile; Ley 3301, Buenos Aires; Guía de Buenas Prácticas de Investigación Clínica en Seres Humanos, Ministerio de Salud Resolución 1490/2007, Argentina; Reglamento de Ensayos Clínicos, Perú; Reglamento de la Ley General de Salud en Materia de Investigación para la Salud, México; Resolución 8430 del Ministerio de Salud, de 1993 y Resolución 2378 del Ministerio de la Protección Social de 2008, Colombia; Resolución 466 del Ministerio de Salud, de 2012, Brasil; *The Medicines for Human Use (Clinical Trials) Regulations* 2004, Reino Unido; *Compilation of Patient Protection and Affordable Care Act*, Estados Unidos de Norteamérica; Directiva 2001/20. En México se exige que en el presupuesto de la investigación se incluya la disposición de un fondo financiero para garantizar el pago de eventuales indemnizaciones, el cual puede ser cubierto con el seguro del estudio (Art. 5.14. Norma Oficial NOM-012-SSA3-2012).

lo cual tendrá una especial relevancia cuando ellos se vinculen con el ámbito sanitario o de seguridad nacional. No obstante, utilizado de manera excesiva, puede conducir a un encarecimiento de la prestación, si se termina traspasando al consumidor el costo de la prima del seguro.

4 Reflexiones finales

El fenómeno de Inteligencia Artificial es de dificilísima conceptualización. En efecto, atendida la velocidad con la que avanza la tecnología, probablemente cualquier concepto que se pueda otorgar de ella, se torne en obsoleta en poco tiempo. No obstante, en principio se puede sostener que busca la creación de dispositivos que emulen actividades típicamente humanas, con una mayor o menor autonomía.

Enfrentados a esta realidad, los ordenamientos jurídicos deben contemplar estatutos indemnizatorios que aborden la acción que tiene una víctima para ser resarcida de los daños causados por un agente artificial. Asimismo, en la configuración de las reglas que los integren, el legislador deberá decidir qué sujeto o sujetos habrán de soportar económicamente el riesgo señalado.

Una primera solución podrá consistir en la atribución de responsabilidad al fabricante del bien, la cual podría tener justificación en la reiteración del criterio tradicional de la culpa, o bien en la aplicación de un sustento de carácter económico. Con todo, es posible que la opción por tal mecanismo implique un desincentivo a la investigación, producción y comercialización de dispositivos tecnológicos.

Tal efecto puede evitarse mediante la dilución del deber de resarcir en una subjetividad más amplia, a través de diversas técnicas, entre otras, la exigencia de suscripción de pólizas de seguros de responsabilidad civil, la incorporación de las prestaciones en la seguridad social o incluso asumiendo el Estado las consecuencias dañosas.

Referencias bibliográficas

AMUNÁTEGUI PERELLÓ, Carlos (2020) *Arcana Technicae. El Derecho y la Inteligencia Artificial* (Valencia, Tirant lo Blanch).

ATIENZA NAVARRO, María L. (2013) "Indemnizaciones de daños y perjuicios e intromisiones ilegítimas en los derechos al honor, a la intimidad y a la propia imagen", *Revista Boliviana de Derecho N° 15*, pp. 216-233.

BARRIENTOS ZAMORANO, Marcelo (2008) "Del daño moral al daño extrapatrimonial: La superación del *PretiumDoloris*", *Revista Chilena de Derecho, Vol 35, N°1*, p. 85-106.

BARROS BOURIE, Enrique (2007) *Tratado de responsabilidad extracontractual* (Santiago, Editorial Jurídica de Chile. Reimpresión 2014).

BRANTT ZUMARÁN, María Graciela (2009) "La exigencia de exterioridad en el caso fortuito: su construcción a partir de la distribución de los riesgos del contrato", *Revista de Derecho Pontificia Universidad Católica de Valparaíso XXXIII*, pp. 39-102.

CALABRESI, Guido (2005) "Acerca de la causa y el derecho de la responsabilidad extracontractual", en ROSENKRANTZ, Carlos F. (Comp.): *La responsabilidad extracontractual* (Barcelona, Editorial Gedisa) pp. 149-169.

CASADESUS RIPOLL, Paula (2020) "Inteligencia artificial y responsabilidad civil: perspectivas jurídicas y retos legislativos", *Revista de la Facultad de Derecho de México, Tomo LXX N° 278*, pp. 353-373.

COOTER, Robert; ULEN, Thomas (2008) *Derecho y Economía* (México, Fondo de Cultura Económica).

EBERS, Martin (2016) "La utilización de agentes electrónicos inteligentes en el tráfico jurídico: ¿Necesitamos reglas especiales en el Derecho de la responsabilidad civil?, en *InDret, Revista para el análisis del Derecho N° 781*, Barcelona, julio de 2016, pp. 1-22.

FEMENÍAS SALAS, Jorge Andrés (2017) "La pretendida función preventiva de la responsabilidad civil como título habilitante para la tutela del medio ambiente", *El Mercurio Legal*, 9 de marzo de 2017, disponible en http://derechoymedioambiente.uc.cl/prensa-y-opinion/81-coordinador-de-investigacion-programa-derecho-y-medio-ambiente-jorge-femenias-la-pretendida-funcion-preventiva-de-la-responsabilidad-civil-como-titulo-habilitante-para-la-tutela-del-medio-ambiente.html revisado el 21 de mayo de 2021.

FERNÁNDEZ CRUZ, Gastón (2001) "Las transformaciones funcionales de la responsabilidad civil: La óptica sistémica. Análisis de las funciones de incentivación o desincentivación y preventiva de la responsabilidad civil en los Sistemas del Civil Law", *Revista de Derecho, Universidad Nacional de San Agustín de Arequipa N° 3*, pp. 93-118.

FLAH, Lily R.; Aguilar, Rosana I. (2011) "Responsabilidad de las tabacaleras y el papel del Estado en la protección de los derechos fundamentales. Cuestiones que se suscitan", *Revista Chilena de Derecho Privado N° 16*, pp. 163-186.

JARA AMIGO, Rony (1999) "Ámbito de aplicación de la Ley chilena de protección al consumidor: inclusiones y exclusiones", en CORRAL TALCIANI, Hernán (Ed.): *Derecho del Consumo y protección al consumidor: Estudios sobre la Ley N° 19.496 y las principales tendencias extranjeras. Cuadernos de Extensión* (Santiago, Universidad de los Andes) pp. 47-74.

KEMELMAJER DE CARLUCI, Aida (2001) "Los dilemas de la responsabilidad civil", *Revista Chilena de Derecho Vol. 28 N° 4*, pp. 671-679.

KINNAIRD, Dennis E. (1963) *"Determination of the Product Market and the Deep Pocket Rule", California Law Review, Vol. 51, N° 3*, pp. 597-607.

KORNHAUSER, LEWIS A. (2000) "El nuevo análisis económico del derecho: Las normas jurídicas como incentivos", en: Roemer, Andrés, (edit.), *Derecho y economía: Una revisión de la literatura* (México, Fondo de Cultura Económica), pp. 19-50.

LE TOURNEAU, PHILIPPE (2004) *La responsabilidad civil* (Colombia, Editorial Legis).

LORENZETTI, Ricardo Luis (1996) "Situaciones jurídicas abusivas lesivas de libertades del consumidor" en *Derecho del Consumidor N° 7*, pp. 9-16.

MANTILLA ESPINOSA, Fabricio; TERNERA BARRIOS, Francisco (2014) "El riesgo de desarrollo en la responsabilidad por productos del derecho colombiano", *Ius et Praxis Año 20 Nº 1*, pp. 39-66.

MENDOZA ALONZO, Pamela (2019) "Introducción al estatuto de la responsabilidad del proveedor", en MORALES ORTIZ, María Elisa (Dir.); MENDOZA ALONZO, Pamela (Coord.) *Derecho del consumo: Ley, doctrina y jurisprudencia* (Santiago, Der Ediciones), pp. 63-84.

MOLINARI VALDÉS, Aldo (2004) "De la responsabilidad civil al Derecho de Daños: tutela preventiva civil", en MARTINIC GALETOVIC, María Dora (Coord.): *Nuevas tendencias del Derecho* (Santiago, LexisNexis) pp. 185-199.

MORENO, Valeria (2018) "Evolución y actualidad de la responsabilidad civil", *Anales de la Facultad de Ciencias Jurídicas y Sociales, Universidad Nacional de La Plata, Año 15 Nº 48*, pp. 185-210.

NAVARRO-MICHEL, Mónica (2016) "Daños causados por la Talidomida. La batalla legal que no cesa. Comentario a la STS de 20 de octubre de 2015", en *Revista de Bioética y Derecho Vol. 37*, pp. 133-148.

PANTALEÓN, Fernando (2000) "Cómo repensar la responsabilidad civil extracontractual (también la de las Administraciones públicas)", *Anuario de la Facultad de Derecho de la Universidad Autónoma de Madrid Nº 4*, pp. 167-192.

PATTI, Salvatore (2017) "La evolución de la responsabilidad en Italia", BARRÍA DÍAZ, Rodrigo; FERRANTE, Alfredo; SAN MARTÍN NEIRA, Lilian (Ed.) *Presente y futuro de la responsabilidad civil* (Santiago, Thomson Reuters), pp. 5-33.

SAN MARTÍN NEIRA, Liliana (2020) "¿Hacia una función social o asistencial de la responsabilidad civil?", en MORALES ORTIZ, María Elisa; MENDOZA ALONZO, Pamela (Coord.) *Estudios de Derecho Privado. II Jornadas Nacionales de Profesoras de Derecho Privado* (Santiago, Der Ediciones) pp. 29-54.

SAN MARTÍN NEIRA, Liliana (2020) "¿Hacia una función social o asistencial de la responsabilidad civil?", en MORALES ORTIZ, María Elisa; MENDOZA ALONZO, Pamela (Coord.) *Estudios de Derecho Privado. II Jornadas Nacionales de Profesoras de Derecho Privado* (Santiago, Der Ediciones) pp. 29-54.

SÖCHTING HERRERA, Andrés (2006) "Criterios para determinar el indemnizatorio en el daño moral. Un estudio de la jurisprudencia española", *Revista Chilena de Derecho Privado Nº 7*, pp. 51-88.

Informação bibliográfica deste texto, conforme a NBR 6023:2018 da Associação Brasileira de Normas Técnicas (ABNT):

SOTO, Erika Isler. Daños causados por un agente artificial: reflexiones acerca de la legitimidad pasiva. *In*: EHRHARDT JÚNIOR, Marcos; CATALAN, Marcos; MALHEIROS, Pablo (Coord.). *Direito do Consumidor e novas tecnologias*. Belo Horizonte: Fórum, 2021. p. 329-339. ISBN 978-65-5518-253-8.

SOBRE OS AUTORES

Arthur Pinheiro Basan
Doutor em Direito pela Universidade do Vale do Rio dos Sinos (UNISINOS). Mestre em Direito pela Universidade Federal de Uberlândia (UFU). Pós-graduado em Direito Constitucional Aplicado pela Faculdade Damásio. Professor Adjunto da Universidade de Rio Verde (UNIRV). Associado Titular do Instituto Brasileiro de Estudos em Responsabilidade Civil (IBERC).

Carlos Nelson Konder
Professor do Departamento de Direito Civil da Universidade do Estado do Rio de Janeiro (UERJ) e do Departamento de Direito da Pontifícia Universidade Católica do Rio de Janeiro (PUC-Rio). Doutor e mestre em Direito Civil pela Universidade do Estado do Rio de Janeiro (UERJ). Especialista em Direito Civil pela Universidade de Camerino (Itália). Advogado.

Cristina Stringari Pasqual
Advogada. Doutora e Mestre em Direito pela Universidade Federal do Rio Grande do Sul (UFRGS). Especialista em Processo Civil pela Pontifícia Universidade Católica do Rio Grande do Sul (PUC-RS). Professora da Graduação e Pós-Graduação da Fundação Escola Superior do Ministério Público (FMP).

Dennis Verbicaro
Doutor em Direito do Consumidor pela Universidade de Salamanca (Espanha). Mestre em Direito do Consumidor pela Universidade Federal do Pará (UFPA). Professor da Graduação e dos Programas de Pós-Graduação *Stricto Sensu* da Universidade Federal do Pará (UFPA) e do Centro Universitário do Pará (CESUPA). Líder do Grupo de Pesquisa "Consumo e cidadania" (CNPQ). Diretor do Brasilcon. Procurador do Estado do Pará e Advogado.

Erika Isler Soto
Profesora de Derecho Civil, Universidad de Talca (UTALCA). Doctora en Derecho, Pontificia Universidad Católica de Chile (PUC-Chile). Magíster en Derecho, mención Derecho Privado, Universidad de Chile. Magíster en Ciencia Jurídica, Pontificia Universidad Católica de Chile (PUC-Chile). Licenciada en Ciencias Jurídicas y Sociales, Universidad Austral de Chile (UACh). Licenciada en Estética, Pontificia Universidad Católica de Chile (PUC-Chile). Abogada.

Flavia Trentini
Professora Associada do Departamento de Direito Privado e de Processo Civil da Faculdade de Direito de Ribeirão Preto, da Universidade de São Paulo (USP)

e do Programa de Mestrado da mesma instituição. Possui doutorado em Direito pela Universidade de São Paulo (USP). Pós-doutorado realizado na Scuola Superiore Sant'Anna di Studi Universitari e Perfezionamento (SSSUP) Pisa-Itália, com bolsa FAPESP e Pós-Doutorado em Administração/Economia das Organizações (FEA/USP). É Livre Docente em Direito Agrário pela FDRP-USP (2018). Atua na área de Direito Privado, com ênfase em Direito Agroambiental e Direito do Consumidor.

Geraldo Frazão de Aquino Júnior
Doutor em Direito pela Universidade Federal de Pernambuco (UFPE). Graduado e Mestre em Direito e em Engenharia Elétrica pela Universidade Federal de Pernambuco (UFPE).

Helena Messias Gomes
Acadêmica de Medicina na Faculdade Pequeno Príncipe (FPP), em Curitiba/PR. Integrante da International Federation of Medical Students' Associations (IFMSA) e do comitê Brazil das Faculdades Pequeno Príncipe, na condição de Coordenadora Local (2020). Integrante da Liga Acadêmica de Humanização do Cuidado em Saúde da Pontifícia Universidade Católica do Paraná (PUC-PR).

Jéssica Andrade Modesto
Mestranda em Direito Público pela Universidade Federal de Alagoas (UFAL). Advogada e servidora pública federal.

Jorge Morais Carvalho
Professor Associado da NOVA School of Law. Diretor do NOVA Consumer Lab. Coordenador da Licenciatura da NOVA School of Law. Investigador do Centro de Investigação & Desenvolvimento sobre Direito e Sociedade (CEDIS).

Laís Bergstein
Doutora em Direito do Consumidor e Concorrencial pela Universidade Federal do Rio Grande do Sul (UFRGS). Mestre em Direito Econômico e Socioambiental pela Pontifícia Universidade Católica do Paraná (PUC-PR). Coordenadora Adjunta e Docente do Programa de Mestrado Profissional em Direito, Mercado, *Compliance* e Segurança Humana da Faculdade CERS (Recife) e Líder do Grupo de Pesquisa em Direito do Consumidor, Contratos, Tempo e Globalização na mesma Instituição. Advogada.

Lis Arrais Oliveira
Graduada em Direito pelo Centro Universitário do Estado do Pará (CESUPA). Advogada (OAB/PA 31017). Mestranda em Direito, Políticas Públicas e Desenvolvimento Regional pelo Programa de Pós-Graduação em Direito do Centro Universitário do Estado do Pará (PPGD/CESUPA).

Lorenzo Caser Mill
Mestrando em direito processual e bacharel pela Universidade Federal do Espírito Santo (UFES). Membro do grupo de pesquisa "Desafios do Processo" (UFES). Advogado.

SOBRE OS AUTORES | 343

Luciano Henrique Caixeta Viana
Bacharel em Direito pela Faculdade de Direito de Ribeirão Preto da Universidade de São Paulo (FDRP-USP), com Iniciação Científica realizada na área de Direito Tributário e Administração Pública. Atua na área de Direito Privado, com ênfase em Direito do Trabalho, Direito e Tecnologia e Direito do Consumidor.

Marco Antônio de Almeida Lima
Mestrando em direito civil pela Universidade do Estado do Rio de Janeiro (UERJ). Advogado.

Marcos Catalan
Doutor *summa cum laude* pela Faculdade do Largo do São Francisco, Universidade de São Paulo. Mestre em Direito pela Universidade Estadual de Londrina (UEL). Professor no PPG em Direito e Sociedade da Universidade LaSalle. *Visiting Scholar* no *Istituto Universitario di Architettura di Venezia* (2015-2016). Estágio pós-doutoral na *Facultat de Dret da Universitat de Barcelona* (2015-2016). Professor visitante no Mestrado em Direito de Danos da *Facultad de Derecho de la Universidad de la Republica*, Uruguai. Professor visitante no Mestrado em Direito dos Negócios da *Universidad de Granada*, Espanha (UGR). Professor visitante no Mestrado em Direito Privado da *Universidad de Córdoba*, Argentina (UNC). Editor da *Revista Eletrônica Direito e Sociedade*. Líder do Grupo de Pesquisas Teorias Sociais do Direito e cofundador da Rede de Pesquisas Agendas de Direito Civil Constitucional. Diretor do Brasilcon (2020-2022). Advogado parecerista.

Marcos Ehrhardt Júnior
Advogado. Doutor em Direito pela Universidade Federal de Pernambuco (UFPE). Professor de Direito Civil da Universidade Federal de Alagoas (UFAL) e do Centro Universitário Cesmac. Editor da Revista Fórum de Direito Civil (RFDC). Vice-Presidente do Instituto Brasileiro de Direito Civil (IBDCIVIL). Presidente da Comissão de Enunciados do Instituto Brasileiro de Direito de Família (IBDFAM). Associado do Instituto Brasileiro de Estudos em Responsabilidade Civil (Iberc) e Membro Fundador do Instituto Brasileiro de Direito Contratual (IBDCont).

Maria Eduarda Pinto Costa
Acadêmica do curso de Direito da Universidade Federal de Alagoas (UFAL). Atuou como estagiária na Justiça Federal de Alagoas e no Tribunal de Justiça do Estado de Alagoas. Foi monitora de Antropologia Jurídica e de Responsabilidade Civil, assim como participante dos projetos de extensão Mediação de Conflitos nas Escolas, como colaboradora, e do Núcleo de cidadania: orientação e encaminhamento jurídico-popular aos órgãos essenciais à justiça, como voluntária.

María Laura Estigarribia Bieber
Doctora en Derecho. Profesora Titular, por concurso, de las asignaturas "Fundamentos del Derecho Civil y Comercial" y "Derecho de contratos y títulos

valores" de la Facultad de Ciencias Económicas de la Universidad Nacional del Nordeste (UNNE), de Argentina. Profesora en Carreras de Doctorado, Maestrías y Especializaciones y de Cursos de Posgrado en distintas universidades de Argentina y del extranjero. Investigadora Categoría I, del sistema de incentivos de la Secretaría de Políticas Universitarias del Ministerio de Educación de la Nación (Argentina). Evaluadora de la CONEAU y del CONICET. Directora de la Revista de la Facultad de Ciencias Económicas de la Universidad Nacional del Nordeste (UNNE). Miembro correspondiente de la Academia de Derecho y Ciencias Sociales de Córdoba, Argentina.

Martim Farinha
Mestrando em Law and Technology na NOVA School of Law. Licenciado em Direito pela NOVA School of Law (2019). Investigador no NOVA Consumer Lab.

Sergio Juniors Shwoihort
Juez de Paz de la Primera Circunscripción Judicial con asiento en la Localidad de Mburucuyá, Corrientes, Argentina. Master en Política y Gestión Universitaria (Universidad de Barcelona (UB)), Magíster en Derecho Privado (Universidad Nacional de Rosario (UNR)). Magister en Magistratura y Derecho Judicial (Universidad Austral (UA)). Doctorando en Derecho (Universidad Nacional del Nordeste (UNNE)). Profesor Adjunto, por Concurso, de la Cátedra "Derecho de contratos y títulos valores", en la Facultad de Ciencias Económicas de la Universidad Nacional del Nordeste (UNNE), Argentina. Miembro del Círculo de Estudios Procesales (CEP) "Virgilio Acosta" de la Provincia de Corrientes. Miembro de la Asociación Argentina de Derecho Procesal (AADP). Miembro del Instituto Nordeste de la Academia de Derecho y Ciencias Sociales de Córdoba, Argentina.

Sergio Sebastián Barocelli
Profesor Regular adjunto por concurso. Contratos Civiles y Comerciales y Elementos de Derecho Civil (Universidade de Buenos Aires (UBA)). Profesor titular ordinario, Derecho Civil III (Universidade de Salamanca (USAL)). Profesor permanente de posgrado UBA-USAL-UCA-UNLPAM. Investigador adscripto al Instituto de Investigaciones Jurídicas y Sociales "Ambrosio L. Gioja" (Universidade de Buenos Aires (UBA)). Miembro de la Mesa Directiva de la Asociación Internacional de Derecho del Consumidor (IACL). Secretario Académico del Instituto Argentino de Derecho del Consumidor (IADC). Director Nacional de Defensa del Consumidor y Arbitraje de Consumo de Argentina.

Suzana Rahde Gerchmann
Advogada. Mestranda na Nova School of Law Universidade Nova de Lisboa (UNL). Pesquisadora vinculada ao Grupo Teorias Sociais do Direito e ao #NOVAConsumerLab em Portugal.

SOBRE OS AUTORES | 345

Tales Calaza
Pós-graduado em Processo Civil e em Direito do Consumidor na Era Digital pela UniDomBosco. Pós-graduando em Direito Digital pelo Instituto New Law. Extensão em Direito Contratual pela Harvard University. Fundador das iniciativas Calaza Legal Studio, Direito Para Viagem e Café Jurídico. Head de inovação e direito digital em escritório de advocacia. Membro das comissões de Processo Civil e de Direito 4.0 e Compliance da OAB Uberlândia/MG. Pesquisador do Grupo de Estudos em Direito, Tecnologia e Inovação Tecnológica da Pontifícia Universidade Católica do Paraná (PUC-PR). Integrante do Grupo de Estudos Tech Law da Universidade de São Paulo (USP). Coordenador da Comunidade Internacional de Estudos em Direito Digital (CIED). Mentor da Liga de Direito dos Negócios (LIGARE). Head Member da Comunidade Uberhub Legaltech. Autor de livros e palestrante.

Thaise Maria Neves Duarte Pacheco
Advogada. Mestre em Direito pela Fundação Escola Superior do Ministério Público (FMP).

Esta obra foi composta em fonte Palatino Linotype, corpo 10
e impressa em papel Pólen Bold 70g (miolo) e Supremo 250g (capa)
pela Gráfica Paulinelli.